社会調査と数量化(増補版)

社会調査と数量化(増補版)
―― 国際比較におけるデータの科学 ――

林　知己夫　著
鈴木達三

岩波書店

序　本書の意図

　本書は，狙いからいえば社会調査方法論である．しかし，通常の書き方とは全く異なったものになっている．「社会調査の方法について書いたものをみると，手法の説明は理解できても，社会事象のデータによる現象解析の中でどう活用したらよいかが解らない」という話をよく耳にする．つまり，方法が解り適用法が解っても，社会現象の解明という大きな問題に立ち向ったとき，どの方法をどのように用いてデータ解析を展開していけば問題を解き明かすことができるか，が解らないというわけである．これが解るような本を書いてほしいといわれる．陳列棚の中のプラスティックのご馳走ではなく，湯気の立つ本物のご馳走を出してくれという注文なのであろう．これは，それぞれの要求に応ずるオーダー・メイドの解析であって，お仕着せの解析の手引きでは駄目だという意味と考えればよい．こうした本は書けるものだろうかと考えてみた．
　その方法として，具体的な問題を捉えて，探索的にあるいは探偵的な考え方や方法でデータによる現象解析を行ない，これまでの一通りの方法では解らなかったことが，こうした一連の方法を用いると隠されていた情報がベールを脱いで現出するということであれば目的が達せられよう．つまり，体験的方法である．しかし，これは単にデータの計算方法によるだけの問題ではない．こういう考え方に立って，いかに調査の組み立てを行ない，調査を実施するか，という根本問題にも関連が深い．調査による現象解析の根本的なフィロソフィーの確立が重要であり，調査の始めから終りまで一貫した考え方が必要である．しかし，これは何もかも掌の上で最後まで見透さなければならないということを意味しない．実際に，「事実は小説より奇なり」であって，最初に我々の考えたことは必ずしもすべて終りまで正しいとは限らない．複雑な問題を取扱うときは本文にも書いた通り，試行錯誤をくりかえし，ある仮説からデータ分析を通して新しい仮説へ，データからさらに新しいデータへと進み，一つ解り問題が解かれ，一つ解らなくなり新しい問題提起がなされるというふうに考える必要がある．こうして進むうちに情報が体系化され人間の知恵が増加してくる．さらにこの上に立って社会調査が進むということになる．
　こうした考え方が具体的に実現されるためには，どのように考え，どうしたらよいかというアプローチの方法から始め，またこうすればどのようにして知識が体系化されるかに終る過程を本書で書いてみようと考えた．つまり，血の通った社会調査法の本を書いてみたいと意図したわけである．これが社会調査法の一つのモデルであってほしいと願っているわけである．
　次に素材としてなぜ社会調査による国際比較の方法が取り上げられたかを説明しよう．社会調査の方法が未熟であった場合は，国内調査の分析を通して新しい方法が開発され，従来の方法で

解らないことが解ってきた．しかし，ある程度に達すると新しい方法が生れなくなる．国内データ解析の型がきまり，これである程度のことが解ったとして満足してしまうのである．ここに，国際比較が持ちこまれたらどうなるか．通常は国内で得られた方法を用い，国際比較も同じように考えてデータ分析を行なってしまう．単純に考えて集計された回答分布をもとに解釈をつけてしまう．これが通常のやり方である．しかし，よくデータを見ると解らなくなる，つまり，日本のデータ解析の考え方の常識では，説明のつかないことが起ってくる．こうなってきたときが大事である．一問一問の回答分布(%)の比較ではたいして差がないのに，何かその出方，比率の大小の方向が日本の結果のようになっていないことをハワイの日系人調査で経験した．このとき，「考えの筋道」つまり質問群に対する回答メカニズムともいうべきもの，質問群を通してその回答を規定する考えの軸，大げさにいえばデータの中に思想を見出す問題の重要性がわかってきた．これは，同じ日本人のデータを解析していたときには見逃していたことである．そこで，このためのデータ解析の方法を工夫することになった．これには我々がかねて研究していた「質的データの数量化」[1]の方法が極めて有効なことが解った．こうして分析してみると日系人と日本人との間に大きな「考えの筋道」の差のあることが解ってきた．これを等閑視していたのでは単純な集計結果の楽観的な読みは大きな誤解につながっていく．この「考えの筋道」という観点から見ると，今まで釈然としなかったデータの構造の差異がすっきりと整理されて見えてきたし，回答分布の位置付けも可能になってきた．

　逆にこの方法を用いて日本国内の時系列データを分析すると，これまで思いも掛けなかった事実が現れてきた．大きな知見が出てきたのである[2]．

　つまり，国際比較というこれまでにない対象を手がけたために新しい視点や方法が得られ，これが国内データの解析に新しい視点を与え，新しい情報をえぐり出してきた一つの例である．国際比較では考えるべきことがまだまだ沢山あり，この未開の領域に分け入ることによって新しい方法が開発され，これが一般の社会調査に還元されることになる．こうした意味で，国際比較調査は難しいが手が全く付かぬほど難しくもなく，また容易なものでもない．私どもの考えている対象に対する「国際比較」の研究は，社会調査法研究の宝庫であり，これを極めていけば，調査法，データの解析法が発展してくることになる．こうして，方法が鍛え上げられていけば，より困難な比較研究や複雑な社会事象の解明に切り込むことが可能になってくる．

　国際比較をとりあげたのには，もう一つの理由がある．最近，社会調査に基づく国際比較が多く行なわれるようになった．それらをみると，質問を作り，これを翻訳し，調査を適宜行なって意見分布を比較し，これを心の赴くままに解釈していろいろ深い議論がなされているようである．こうした楽観的な研究傾向が定着するかに見えてきた．社会調査には社会調査の論理があり，国際比較にはさらにむずかしい方法論上の問題がある．これが安易に処理され，ただ調査が行なわ

れ，その結果のみが比較されているとしたら，これは問題である．つまり，こうした比較調査は，客観的にみると科学的方法という名の下に国際誤解を撒き散らしているに過ぎないのである．しかも，重大なことにはこのような事実を調査の生産者と消費者とがともに気付いていないのではないかとさえ思われることである．こうした傾向は，「社会・人文現象の解明の科学」にとってはなはだ危険なことである．比較調査の妥当性はどこに求むべきかを，統計数理・行動計量学の立場から明らかにしておく必要性を感じ，薄明の中にある比較方法の道を探る姿を示すことが──その確立はまだ先のことであるとはいえ──この道を志すものにとって焦眉の問題と考えたからである．

以上の意味において，国際比較研究のある部面を素材として取り上げて，これを解明するための方法を作る過程を示すことにした．このような態度や考え方や方法は，社会調査による現象解明に対して重要であると考えたからである．特殊な問題を取扱っているが，かえって，どうアプローチすればよいかの手掛かりを与える広いものと考えている．

なお，社会調査による意識の国際比較の研究は，著者両名の緊密な共同研究によって形成されつつあるものである．一応の執筆分担は，第II部第2章§2，§3および§5のii，第III部第1章§2，第3章および第6章，第IV部第3章，第V部第2章および第VI部総括，あとがき，が鈴木によるもので，第III部第7章は文字通りの合作，あとは林による．

なお，ここでは主として人々の考え方，感じ方という意識・感覚の面での問題をとりあげたが，国際比較がよく用いられるのは「いわゆる実態」に関するものである．これは，社会構造，生活様式，風俗習慣に規定されているところが多く，これによる差が圧倒的になる．実態的データは，この点をよく考えて分析すべきで，単なるデータ・ブックは誤解のもととなる．その多くは顕在的に異なってはいても背景を考えればそれを理解することは容易で，特に問題にすることはないものである．しかし，実態的データの背景を無視して，自己流に深い意味を与えて理解することは大きな誤りとなる．なお，こうした実態的なものの中には，意識や心に関することで大きな影響を与えるものもあると考えられるが，これは意識や心に関する分析で本書に述べた方法でよい．

比較調査，特に国際比較調査は少数の人だけでできるものではない．本書で行なった比較研究調査も多くの機関，人々の協力の上に成り立っている．統計数理研究所国民性調査委員会のメンバー，文部省科学研究費海外調査，日本学術振興会，トヨタ財団，国際交流基金など，各方面からいただいた直接の支援は研究の重大な柱となっている．この他多くの方々に直接・間接お世話になった．深く感謝の意を表するものである．

1)　例えば，林知己夫(1974)，『数量化の方法』東洋経済新報社；林知己夫・樋口伊佐夫・駒沢勉(1970)，『情報処理と統計数理』産業図書；駒沢勉(1982)，『数量化理論とデータ処理』朝倉書店．
2)　この間の事情は，例えば，林知己夫・西平重喜・野元菊雄・鈴木達三(1974)，『比較日本人論』中央公論社；林知己夫(1982)，『日本人研究三十年』至誠堂，など参照．

増補版について

　本版において，前書の誤植を訂正し，また，誤解を招きやすい表現のあった個所を書き改めた．しかしその後の国民性調査結果に関するものについては，『第5日本人の国民性』(出光書店)等に発表されているし，傾向的に差異が見られていないので，あえて新しいものに変えなかった．ここでは，新しい第Ⅴ部として，本書で述べた意識の国際比較における新しい方法である連鎖的比較調査分析法(Cultural Link Analysis CLA と略称)を用いて行った7ヵ国調査*及び日系人——ハワイ*及びブラジル**——調査の結果を示すことにした(1987—1993の調査)．国際比較調査の一つの方法論的あり方を示すことを意図したものである．

　　　1997年4月

林　知己夫
鈴木　達三

*　連鎖的方法による意識の国際比較方法論に関する研究及びその実用化に関する研究．林知己夫，鈴木達三，佐々木正道，三宅一郎，吉野諒三，林文，村上征勝(文部省科学研究費補助金：特別推進研究(1)，国際学術研究，及び試験研究(A)による)．

**　ブラジル日系人の意識．ブラジル日系人の意識研究会，林知己夫，水野坦，鈴木達三，吉野諒三，林文，サンパウロ人文科学研究所山本勝造，河合武夫，脇坂勝則，宮尾進，森幸一(笹川平和財団による助成)．

目　次

　序　本書の意図

第 I 部　比較における方法論 …………………………………… 1
　§1　何のための比較研究か ……………………………………… 1
　§2　比較研究の基本的立場 ……………………………………… 2
　§3　比較研究を進める上での根本的態度 ……………………… 4
　§4　比較研究の方法論 …………………………………………… 6
　§5　報告書作成を通しての研究 ………………………………… 10

第 II 部　第 I 部の方法論的注 ………………………………… 13
　第1章　標本の性格について …………………………………… 13
　第2章　質問文について ………………………………………… 17
　　§1　翻訳しても理解されない質問 …………………………… 17
　　§2　原日本文から英語への翻訳と日本文への再翻訳による検討 ……… 18
　　§3　原英語文から日本語への翻訳と英語文への再翻訳による検討 …… 23
　　§4　質問文の内容理解の検討 ………………………………… 29
　　§5　日英両語による質問文の調査による検討 ……………… 36
　　　 i　日本人大学生における比較 …………………………… 37
　　　 ii　両国語を理解する日系アメリカ人における調査 …… 55
　　　 iii　〔後注〕中間回答について …………………………… 68

第 III 部　データの分析 ………………………………………… 75
　第1章　集団の位置付け ………………………………………… 76
　　§1　比較すべき多数集団の位置付けの方法論 ……………… 76
　　§2　比較文化研究における多数社会集団の位置付けとその意義 …… 80
　第2章　属性の利き方による比較 ……………………………… 87

第3章　コウホート分析によるマクロ分析 …… 93

§1　コウホート分析の有用性 …… 93
　　i　変化のデータと分析の視点 …… 95
　　ii　コウホート分析法とその問題点 …… 96
　　iii　新しい型のコウホート分析の方法 …… 97

§2　コウホート分析の進め方―国民性調査データへの適用から― …… 98
　　i　手法の適用可能性に関する検討 …… 99
　　ii　各質問項目の分析結果の検討 …… 100
　　iii　〈年齢効果〉と〈コウホート効果〉について …… 106
　　iv　〈時代効果〉と〈コウホート効果〉について …… 109
　　v　まとめ …… 119

§3　コウホート分析による宗教に関する継続調査データの国際比較 …… 128
　　i　宗教に関する意識調査項目と比較可能性 …… 128
　　ii　宗教に関連する継続調査データとコウホート分析 …… 129
　　iii　コウホート分析結果の検討 …… 136

第4章　考えの筋道による比較 …… 140

§1　考えの筋道を知る重要性 …… 140
§2　対象とする諸グループとデータ …… 143
§3　義理人情に関する質問群による分析 …… 143
　　i　質問文と全体の傾向把握 …… 143
　　ii　義理人情という考えの筋道 …… 147
　　iii　意識構造の差異による各種グループの位置付け …… 149

§4　日本的「伝統―近代」意識構造の比較 …… 153
　　i　質問文と概要 …… 153
　　ii　考えの筋道としての「伝統―近代」 …… 154
　　iii　グループ別の意見構造の差異 …… 156
　　iv　各グループで何が意見を分けているか …… 157

第5章　質問群の構成と比較 …… 161
――日米意識構造の比較――

§1　一般的分析 …… 161

§2 比較における相互理解のための方法 …………………… 162

第6章 質問群構成の変化と意識構造の変容による探究 …… 168
　　　──社会環境の変化と"ものの考え方"の関連──
　§1 概　　要 ……………………………………………………… 168
　§2 現時点における日本人・アメリカ人の"ものの考え方"
　　　の類似性と差異のあり方 …………………………………… 169
　　ⅰ 高度産業社会における日常生活の'くらし方','仕事に対する考え方' … 169
　　ⅱ 基礎にある考え方と日常生活レベルの考え方の関連からの理解 ……… 175
　§3 日本における社会変化と"ものの考え方"の変化……………… 183
　§4 「連鎖的比較研究」の手法を用いた日本・アメリカの比較 ……… 189
　　ⅰ 回答パタンの分析 ……………………………………………… 189
　　ⅱ 日本・ハワイ・アメリカ各社会における"ものの考え方"の相互関係… 193
　§5 異なる文化の間の相互干渉による"ものの考え方"の
　　　変化過程のモデルと例示─日本における変化の過程─ ……………… 197

第7章 「連鎖的比較研究」の手法の拡張とその適用例 ……… 204
　　　──日本・フランス・アメリカ(ハワイ)の比較──
　§1 「連鎖的比較研究」の手法再考 ………………………………… 204
　§2 日本・フランス・アメリカ(ハワイ)の比較 ……………………… 206
　　ⅰ 比較研究のデータ ……………………………………………… 206
　　ⅱ 比較対象社会としてのフランスの位置付け ……………………… 210
　　ⅲ 各社会における回答パタンの分析 ……………………………… 215

第8章 お わ り に ………………………………………………… 225

第Ⅳ部　第Ⅲ部の方法論的注 ………………………………………… 227

　第1章 対象間の非親近性をもとにする全貌把握 ……………………… 227
　第2章 属性別利き方の表現と情報集約の方法 ………………………… 234
　　§1 方法の説明 ………………………………………………… 234
　　§2 属性別データに適用する方法 ……………………………… 237
　　§3 実例─お化け調査を用いて─ ………………………………… 239
　第3章 コウホート分析の方法 …………………………………… 244

xii 目次

第4章 考えの筋道を探り出す方法 …… 256
§1 方法の説明 …… 257
§2 パタン分類の数量化のもう一つの解釈 …… 266
§3 この方法を有効に用いるためのいくつかの注意 …… 272

第V部 連鎖的比較調査分析法（CLA）による7ヵ国の国民性の比較研究 …… 275

第1章 国民性比較の基本的考察と計画 …… 276
§1 国民性研究の目的 …… 276
§2 国民性の概念的定義―個と集団― …… 277
§3 調査分析の基本―データの科学(Data Science)― …… 278
§4 調査項目とサンプリング …… 280
§5 国際比較について …… 281
§6 国際比較調査の概要 …… 282

第2章 標本抽出計画と実際の諸問題 …… 287
§1 はじめに …… 287
§2 各国(地域)における調査の標本抽出計画 …… 287
§3 §2で取り上げた各調査の調査実施経過の概要―調査員の調査状況― …… 298
§4 他の資料を利用した各調査の標本企画，調査結果の検討 …… 300
§5 いくつかの問題点と検討事項 …… 305
§6 おわりに …… 310

第3章 諸国の国民性比較 …… 313
§1 日本人と日系人と諸国の連鎖―大局的位置付け― …… 313
§2 領域によって変る諸国の類似と非類似 …… 318
§3 各国に共通する一次元尺度の存在とそれによるマクロ分析 …… 330
§4 一次元尺度に基づくミクロ分析 …… 333
§5 質問文 …… 337

第VI部 総括 …… 355

あとがき …… 363

第Ⅰ部　比較における方法論

　ここに比較における方法論とは，いわゆる cross-societal あるいは cross-cultural な統計調査による比較研究の方法論を指すものとする．仮説をたて，これを験証するという自然科学的方法が社会調査やその分析において基本的な配慮であるべきであるが，未知の部分の多い比較研究の場においては，それ以前の「素直にものを観察する」という態度が重要な意味をもつ．「素直にものを見る」といっても，視点なくしてものを見ることはできない．したがって，最初の仮説をたてるのは当然のことであるが，あまりこれを剛直に守りその枠を出ないような研究方法は得策ではない．つまり仮説験証ばかりに固執することなく，新しい問題の発見，新しい仮説の発見を志向することがより一層大事である．

　現在までの我々の研究では，新しい調査・分析を行なえば必ず新しい方法論の知見を得るということが続いている．未熟といえば未熟なことであるが，この方面の研究はまだ未熟の段階にあるといわざるを得ない．我々の研究の知見は，偶然に支えられると見られようが，剛直な仮説をきっちりたてずに，可能性を求めて柔軟に考え，多くの仮説をたて問題を設定し，データのまにまに分析を進め次の仮説を考えるという思想があずかって力あるものと考えている．

　以下に，我々のよって立つ方法論について述べてみたい．

§1　何のための比較研究か

　比較研究を始める問題意識から考えを進める必要がある．これは比較という漠然としたものに，明確な形を与えていこうとするとき考えねばならない第一歩である．我々としては，骨董いじりの文化的興味に終るのではなく，彼我の間に起り得る生きたコミュニケーションにおける問題提起とその解明を志向するという意図を持っている．これは，

　i)　自らをよりよく知るための鏡としての比較，
　ii)　国際交流における無用な摩擦・障害の排除，相互理解の方法を見出すこと，
　iii)　我々が他の文化を理解し，もっと情緒的にいえば感得し，それを実り豊かに享受し，我々の文化創造の糧と動因たらしめること，
　iv)　他の国の人々が，日本および日本人，その文化を理解しようとする意欲を持っている場合，その理解を容易にするための科学的手段を提供し，その道をつけること．相手が「日本

がわかった」と考え，感じ得るための内容を科学的レトリックにより示すこと，に繋がるものであることを期待するものである[1]．これはさらに進めると人間理解の方法にまで高められるものである．

我々の統計的方法に基づく計量的比較研究方法は，大局を逸せずはっきり捉えること，「中(あた)らずと雖(いえど)も遠からず」ということを根底に据えて考えることである．こうした，計量的方法は科学の共通の言語である．そこに日本固有の論理――日本人には容易に理解できるが日本人以外には理解し難い論理――を介入させないのである．データをしてデータに語らしめつつ，その国の心の構造を計量的方法で分析し，その方法の妥当性のあることをその国の人に理解させる．この方法で日本人の心の方を分析し，そのデータの出方によって日本の姿を知らしめようとするのである．このあたりに，理論優先の解釈を介入させないのである．解釈はもとより否定するべきでなく，解釈は次のデータによる解析のための仮説という立場を堅持するのである．共通の論理で特殊や同一性，類似と差異の構造を理解させようとするのである．

計量的方法以外のものの好ましいところ，注意すべきところもいろいろあるが，これは主題を外れるので他書[2]に譲るが，ただ一つ，こうした手法は一つの固定的立場で現象を切りまくり，都合のよい事例のみを引用し解釈し，説得的に理論を構成するもので，時に肯綮に当り時に大曲解を生むものである点を指摘するに止めよう．その特色は洞察力と構想力にある．この点，前にも述べた計量的方法のあたらずといえども遠からずを狙う方法と趣きを異にする．

計量的方法は，日本人とても一様ならず，外国人とても一様ならず，ヨーロッパは一つならず，アジアは一つならず，しかし，一様でないままに大局的に似ているところ，異なっているところの筋を客観的に，つまり彼我ともに理解し合える科学的方法によって見通すことを考えるのである．相手が理解しようと思えば理解し得る論理，つまり普遍を通して共通のところはもとより特殊をも理解し得るようにすることである．このために，どうするかを方法論的に考えることになる．ある結果が示されたときに，一面的に解釈せずに仮説を一歩一歩深めて探っていくのであって結論を焦らぬということが大事である．

§2 比較研究の基本的立場

最も基礎的な考え方は上述の問題発見を重視するという思想であるが，これをもう少し押し進めてみたい．科学的立場から比較するということは，同じ物差し（尺度，スケール）を用いて計測し，同じ所，異なる所を明らかにするところに意味がある．したがって，あまりに明らかに差異があるもの，比喩的にいえば月とスッポンとは比較にならないわけである．共通の尺度が存在しないというところで話が終りである．しかし，月とスッポンの共通点は何かという考えの下に共

通点を見出すための尺度を工夫することには意味があり，工夫しても見出せない構造差があるというところにも意味がある．科学的な比較は，このように共通点，異なった点を見出すための尺度構成が可能かどうか，可能ならばそれをいかに構成するかを念頭におくことが出発点となる．この尺度は，完全なものが始めから期待できるものではない．不完全ではあるが，ひとまずそれらしいものを考え，それを土台に異なった所，同じ所を析出させ，問題を見出し，さらにそれを良くしていくという逐次近似の思想に立つことが必要である．

　つまり，これまでの方法で事実がある程度わかりながら，その上に立って問題点を見出し，新しい知見を得て一層事実をはっきりさせる方法を考えて進むというプロセスそのものが重要なのである．これと同時に，前述のように問題発見つまり探索的な接近方法が重要である．言いかえると，継続・連続調査の分析を通して次第に問題が明らかになっていくのであって，常に出発点に立ち戻りつつ高まっていくという上昇螺旋状に研究が進むということになる．このように比較研究を進めていくところに，方法論の特色があるわけである．

　次に社会調査により人々の考え方，ものの見方，感じ方を明らかにしようとする方法の利点と欠点とを考えなくてはならない．社会調査の方法では，all or nothing という抜本的な立場は得策ではないという思想が根底にある．利点はいうまでもなく客観的な方法により共通の土俵に立ちつつ上述の方法論で次第に成果を積みあげ，事を運ぶことができるという点である．しかし，調査で調べ得ることは限りがあり，タテマエ的な回答が出やすく，ホンネが出にくいことである．したがって現実の行動の予測につながり難いという欠点があげられる．これをいかに補うかの工夫がなくてはならない．タテマエはタテマエとして重要な意味があり，これが人間の顔であることに間違いはない．ホンネだけでは世の中は動かないのである．ホンネの肉付けとして必ずタテマエが用いられるので，ものの考え方としてタテマエの分析は重要な意味を持つ．なお，行動の根本原理としては，タテマエのみでなくホンネが主要な動機を与えていることは事実であろう．タテマエとホンネのダイナミックスが人間の社会行動を形成しているということができる．これをどう捉えるかが課題である．ホンネを探り出すことは，従来の質問法，分析法を工夫して，ある程度まで接近できるがもとより十分ではない[8]．ホンネをさぐる手法も手をつけられているが，いまのところ十分ではない．

　以上のような限界を十分心得た上で，より一段，より一段と高めていく心構えが，社会調査方法論として大事なことであって，あまりにも楽観的に問題を処理し事は終ったとすることは危険なことで戒めねばならない点である．

§3 比較研究を進める上での根本的態度

§2で上昇螺旋という形で研究を進める重要性を述べた．ここで基本に立ち返ってみれば，比較対象をいかに選定して事を進めることが有利か，また分析のために何をユニットとして事を運ぶことが研究戦略上有利であるかを考慮することが大事である．我々の得た結論は，いきなり異なったものを比較するのではなく，相似たところと異なるところがあるものを比較するという考え方である．連鎖的調査計画法というのが，事を理解するのに都合がよいということである．例えば，我々のグループの行なっている例を次に示しておく．日本を起点として，まずアメリカとの比較研究を進める場合を考えよう．基本となる日本の調査は，1953年以来5年おきに今日まで続いており[4]，質問票の問題をはじめ種々のことがわかってきている．日本を起点として，日本と近いところでハワイの日系人，さらにハワイ生まれの非日系アメリカ人，アメリカ本土生まれでハワイ在住の非日系アメリカ人（ほとんどが白人）[5]，アメリカ本土在住のアメリカ人（白人）[6]というように調査対象を拡げ，調査を続けていく．少しずつ似たところを重複させて同異の相を露呈させ，離れて相異なるものを次々繋げながら理解しようとする考え方である．異なるものが異なるだけでは理解を絶するのみで深い情報とはならない．同異の相を連鎖的に理解しつつ相離れて異なるものを了解しようとする立場である．

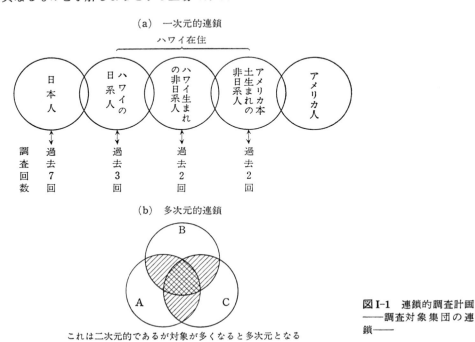

図I-1 連鎖的調査計画 ——調査対象集団の連鎖——

図に示していないもう一方の鎖として，日本の大学生，フィリピン(バギオの大学生)[7]，シンガポール[8]，インドネシア[8]，マレーシア[8]，タイ(バンコク)[8]の大学生というように東南アジアの大学生をとりあげて，文化受容(近代化)と国民性という立場から，それを拡げつつある．また，日本人の自然観とドイツ人・フランス人の自然観の同異をしらべる調査を行なっている[9]．これは多次元的連鎖計画と考えるべきもので3者相互に似たところと異なったところを想定しての比較である．問題が限定され自然という基本問題を取り扱っているため，非常に隔絶した姿も示されているものの，これを理解する鍵は見出すことが容易であった．

以上は対象の方であるが，質問も連鎖的に連関のあるものをとりあげるのがよい．まず人間である以上，喜怒哀楽の感情，快・不快の感情など基本的感情は同じものだということが出発点になくては調査はできない．人間としての基本条件である．質問はそれぞれの国に固有と思われる質問群，近代化社会に共通する質問群(これは，それぞれの国に共通する部面となる)，人間として基本的な素朴な感情ないしは習慣，宗教感情などに関係する質問群(ある程度共通なものとなると予想される)などから構成されるのが情報を豊かにすると考えられる．

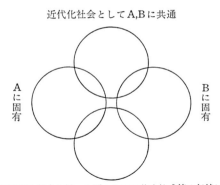

図 I-2　連鎖的調査計画
——質問項目の選択——

対象のとり方，質問の構成，これらに関連するデータの分析法，あわせて連鎖的調査計画・分析法と名付けることにする．英文では Cultural Link Analysis (CLA と略称) という．

さて，各質問群に入れる質問は，その素姓がよく知られていればいるほど情報量が多くなる．日本での継続調査に用いられその変化，不変の相を通して性格がわかっていること，数多くの調査に用いられ他の諸質問との関連性においてその性格がわかっていること，国際比較調査に用いられその質問の意味するところが外国と日本で同じか異なっているかの様相が知られていること，外国の調査でよく用いられておりその性格が解明されていること，などが重要である．こうした質問文を手なれた道具として用い，上述の質問群を構成するのである．また，分析対象とする集団を個別に分析し，その結果を比較するとともに，二つの集団をあわせて——ボンド・サンプル

という——分析し，それぞれの特色が浮かびあがるものか，また両集団がまざり合い個人差が浮かびあがるものか，などについて分析を行なうことも有効である[10]．個別集団とボンド・サンプルによる分析はそれぞれ全く異なった機能を持つもので，これらの特色を巧妙に用いることは深い情報をえぐり出すのに有用である．

さらにまた，分析に用いる質問文も適宜入れかえ，それらを用いて意識構造を描き出した結果がどう異なってくるかを知ることも重要な意味をもつ．質問文の性格がよくわかっていると，質問文の入れかえで結果が変わる，変わり方の意味を探り出すことができる．

上述のような質問文の入れかえと分析対象の選択（個別集団，ボンド・サンプルを随時併用する）とを絡めて分析し，問題に様々な角度から切り込んでいくというダイナミックないき方からわかってくることは多いものである．こうしたいき方は，結論をすっぱり示すというより，あれこれ考えて情報を探り出していくというものであって，比較研究の方法として望ましいものと考えられ，文化摩擦の生じる意識の仕組み，文化の相互理解への鍵を見出すのに適した方法ということができる．

なお，質問文の選択として日本において事情がよくわかっている日本的質問なるものを第一に用いることは，日本人にとって有利ないき方である．つまり，日本人が日本人自身をこうした客観的方法で知っておき，また，これが外国でどうなっているかを見ることは，日本人は「日本人の見方」なるものを抜け切れないのであるから重要な意味がある．日本人の見方・考え方が外国でも通じると不用意に考えると誤解が生じ，摩擦を生む第一歩となるのであるから，こうした方法によって，日本の論理がどういう形で外国に現われるか，また，どうして通じないかを知ることは大事なことである．こうした日本的質問の他に比較研究として重要であると言及した各種の性格を持つものを加えて，内容を拡大していけば，正鵠を得た情報をつかみ出していくことができる．

§4　比較研究の方法論

これは，具体的に比較研究を進める上で，いかなる手だてを工夫するかに関係している．

ア．もとになるデータの性格を十分把握することについて

いかなる対象が，いかなる測定法に基づいているのか，その妥当性・信頼性・精度はどのようなものか，どのような歪み・偏りがあるもの等の評価がまず重要である．

イ．標本の性格について

どのような性格のサンプルか．調査対象の集りをどう規定し，ランダム・サンプル[11]をいかにとるべきか．もし，ランダム・サンプルとしての性格が弱いとするならば，その代表性を確かめ

る必要がある．我々のアメリカ調査は調査地点を確率抽出し，調査地点内では改良された割当法[12]を用いる，ギャラップ調査であるため多少不安があった．このため共通質問を用い，次の比較を行ない，妥当性を確かめた．――日本人における年次比較(ランダム・サンプル)．ハワイ日系人の年次比較(ランダム・サンプル)．ハワイ・ホノルル在住のアメリカ人とアメリカ本土在住のアメリカ人の比較(ランダム・サンプル)．ミシガン大学社会調査研究所(Institute for Social Research)の調査(ランダム・サンプル)とギャラップ調査(クォータ・サンプル)[13]の比較――これらの比較によると，諸質問における回答の比率の間に極めて高い相関が見られた．標本誤差を考慮に入れればほとんど一致していると認められた．しかし，日本人とハワイの日系人の間ではやや不一致が見られ，日本人とアメリカ本土在住のアメリカ人との間では回答比率は大きなバラツキが認められた．このような検討を経て標本の信憑性を確かめるのも一方法である．

なお，全国調査が不可能な場合は，特色ある諸地域(同じ特色をもつものを少なくとも2地域以上とる)を選び，これについてランダム・サンプルをとり，その結果を比較することにより，全国の模様を察するという考え方が望ましい．

ウ．質問について

どのような質問を作るか，これには§3で述べた連鎖的調査計画・分析法によるのが望ましいが，多くの仮説に基づいて幅広い質問を加えておくのが望ましい(初めから仮説をせばめ，問題をあまり絞り込まない方がよい)．その上で，前述のように質問の種類，数，組み合せ等を適宜入れ替えながら分析を進め，質問の持つ意味・機能を調べながら比較そのものの情報をとり出すといういき方が有用である．さらに質問文の作り方などは，質問法の研究成果を基礎とすることは当然である．

比較研究である以上，質問文の翻訳の問題がある．まず字面の検討が第一であるが，日本文・英文質問についてその方法を説明したのが図I-3である．

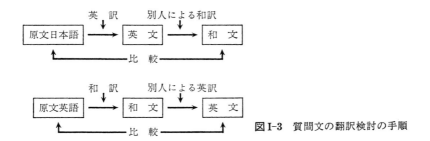

図I-3 質問文の翻訳検討の手順

翻訳(和訳・英訳)は例えば，英訳の場合は英語の上手な人による翻訳であって，いわゆる我々のような素人による翻訳ではないのはもちろんである．ここで，原文と再翻訳文とを比較することによって日・英両語で同じ質問文が出来ているかどうかを検討するのである．我々の調査票で

は，一般にこの程度までは検討を経たものを用いている．

　字面が同一でも異なったことを訊ねているということもありうる．日本文・英文のニュアンス，イメージの違いがあるかも知れないので，日本固有の質問，ある義理人情に関する質問文の与えるイメージをハワイのアメリカ人に質問してみたが，回答分布は異なるものの，質問によって与えられるイメージは全く同一という興味ある結果が得られている．しかし，すべての質問についてこれを行なうことは不可能で，別の検討を必要とする．

　そこで，日・英両語が同じように理解できるグループを折半し，日・英両語で調査をして，回答パタンを比較することが考えられる．しかし，英文・日本文ともに理解できるグループを見出すことはなかなか難しい．英文の理解は不十分でも一応英文を理解できる――ニュアンスまではとても無理と考えられるが――のは日本において集団として存在するのは大学生である．一方，逆の場合つまり英語を国語とする国で，日本文も理解するグループを見付けることは困難である．日本文の理解が不十分でも一応日本文を理解できるグループを集団として見出すことが現実的である．ハワイの日本語専攻学生や日系の宗教団体において見出すことができよう．これを対象に等質のグループをつくり，一方は日本文による調査，一方は英文による調査を行ない，その結果を検討してみるという試みも一つの接近法である．

　こうした比較検討の結果，両者よく一致するものもあるが，英文のニュアンスの不理解，誤解（誤訳して回答することも含む）もあると考えられるものもあり，この方法の妥当性についてはさらに分析を進めなくてはならない．

　このような基本的検討をいくら行なっても十分首肯できるところまではいくものではない．以上の基本を踏まえた上で，データ分析を種々の角度から行ない，質問の妥当性や意味を考え，比較可能性を頭に入れて，あちらへひねり，こちらへひねって考えを深めつつ研究を進め，逐次核心に迫るといういき方がとられるべきものであろうと思う．

　こうしたなかで次のような考え方も有効なものとなる．ある程度性格のわかっている質問群の構成を前述のように種々変えることにより――質問群構成のダイナミックスといおう――比較対象群の結果がどう変わってくるか，これらを通して比較対象群に対して持つ質問の性格がより一層明確になるとともに比較対象の性格も把握できてくるという試みも大事である．質問群構成のダイナミックス，とりあげる集団のダイナミックスの相互作用によって両者の性格がより一層明確になってくるという方法を用いるのである．この一つとして前述したように，東京工大の亀山貞登氏が日本の工学部学生と東南アジア工学部大学生の比較に用いたボンド・サンプル（結合サンプル）の方法は興味深い．それぞれのグループでの意見構造の把握をパタン分類の数量化（III類）（第IV部参照）を用いて分析するほか，すべてのグループをあわせ，その中での意見構造を見るという方法を用い，それらの間の差異や全グループを集めた中において各グループの特色がど

う出るか，意見群の布置がどのようになるか（各国大学生の学生気質を分離する項目が浮かび上がってくるか，国を捨象し，全学生の個人差——タイプ——を析出する形になるか）等を調べることは，より豊かな情報を得ることになる．

このためには，以下に述べる分析方法と上述のような配慮とが相互に相携えて進まねばならない．なお，このためには，長い間の継続調査や比較研究を通して，その性格のよくわかっている質問群を中核として話を進めることが望ましい．この意味で，比較して探るための道具として質問そのものを大事にしていかなくてはならない．

エ．データ獲得の方法について

これは調査実施法に関するもので，データの性格・質に関係するところが多く，調査法を精査し，比較可能性を検討する必要がある．

オ．データ分析方法について

データの性格に応じて分析を実施し，その中に潜む情報を過不足なく剔抉しなければならない．このために多種多様な方法が開発されねばならない．これについて第III部で具体例について述べてみたい．

以上，分析方法まで含めて，どれも完全というものはないことを繰り返しておこう．前にも述べたが重要なので重ねて強調しておきたい．一つずつを完全にしてからでないと比較はできないとなると同一箇所に拘泥してそこに留まってしまう．そこに滞っていて完全にできればよいが，そこだけの知識で完全に話が進むものではない．いわば泥沼にあがくようなものである．科学の全体の水準が上がり，他の進んだ知識がポテンシャルとなって，この問題が一歩推し進められるようなことになる．同じ所を攻撃し続けても突破できないとき，他の所々を攻め，得られた成果を土台にし，あらためて，もとに戻り攻撃を繰り返せば容易にそこを突破できることも多い．ある箇所をある程度まで高めておき（質問法のところを考えていただきたい），次に標本の比較可能性の検討に進む，これも完全に可能とは限らないがあるところまで突き詰める，こうして獲得されたデータを種々ひねりまわして分析を加える．もとより分析方法も完全なものではないので，現状で可能な限りの新しい有効な方法の開発を行なう．ここである種の知見を得ることになる．こうしたことが可能となるということで質問法の問題へ戻るし，対象の選択のことも考えなおすことになる．このようにもろもろの不完全な道具を使いながら問題を探索的に究めると同時に，調査法という道具をより妥当なものに作りかえつつさらに探索を進めるという形になる．初めに述べた上昇螺旋的研究方法である．仮説から仮説へと進みながら，なにがしかの知見を増しつつ核心に迫ろうとする態度である．

喩え話でいえば碁の進め方のようなものである．一箇所ずつ結末をつけて他へ移るというのは

全くの素人である．ある所まで打って別の箇所へ移る．ここもまたある所まで打ちかけて他へ転進する．それらが次第に関連付けられてくる．最後に全体の関連がしっかり付いて，結末がわっと浮き上がるという形である．部分と全体とが関連しながら同時に出来上がる仕組みは，我々のいう比較研究とはなはだ似ていると言うことができる．

§5　報告書作成を通しての研究

　同一のデータを用い，比較の対象となった異なる社会双方の研究者が別々に報告書を作りあげる．このような研究では，データ解析や分析のための視点，解釈の他に，次のアプローチ，問題発見，新しい方法の開発意図といった方面のことが問題になるので，出来上がった報告書の相互検討を通して初めて，より一歩進んだ知見が得られ，比較研究のレベルが上がることになる．このことは一見容易で可能と見えながら，双方研究者のレベルが揃っていること，同一プロジェクトを相互に信頼し合い人間関係がよく，緊密に連繋させて行ないつつ，しかも考え方が全く同一でないこと，同一の熱意のあること，双方柔軟な考え方の持主であることが必要不可欠のことである．こうした共同研究者を得ることは，非常に難しいと思われるが，このことが共同研究成功の鍵である．必ず一方が他方に隷属する形になり，一つの報告書しか出来上がらないことが多いのである．このような相互検討における誤解・理解を通して，しかもより高い段階へ進むための建設的意見が形成されるためには，§1〜§5で述べた方法論による比較研究が相互に認め合えるということが基本的に重要なことであろうと思う．

　これまで示してきた方法論もここで述べたことが不磨の大典というのではなく，拠って立つ一つの立場を示したものであって，この相互検討が進行すれば，さらに望ましい結果が今後導き出されてくるものと思う．

---

1)　国際交流においては，相互の差異がわかったとしても直ちに友好関係が成立するとは限らないことに注意したい．わかり抜いたとしても日本人同士の不和が解消していないのをみてもわかる．ただ，無用な誤解や摩擦，この一層の拍車に基づく不協和を避けることはできる．これは妥当な論述が正しく伝えられたときのことである．しかし，論述者の善意にもかかわらず，計量的ならざる方法による諸論稿——日本人への警告を籠めて書かれたものは日本人への反省を与えるものとして興味があるが，誇張や曲解もあるし，他の論点に立てば全く反対の結論もあり得る——が不用意に翻訳されることになると，国際誤解を助長するようになる．我々が外国の何を翻訳するか，何を自ら他国語に翻訳するか，また何を外国人に翻訳させるかは重大な問題である．我々としては，相互理解を手堅く促進するための方法論を探究しているわけである．また，日本や日本人を理解しようとする動機には，知的興味のほか，情緒的なもの（芸術・文化等における）との接触や，実用的な目的が強く関与しているといえよう．
2)　林知己夫・米沢弘(1982)，『日本人の深層意識』日本放送出版協会，終章，223-228頁．
3)　林知己夫(1979)，「ノンメトリック多次元尺度解析についての統計的接近」『統計数理研究所研究リポート』No. 44；林知己夫(1981)，『日本人研究三十年』至誠堂，104-121頁．
4)　統計数理研究所国民性調査委員会による．

5) 日本学術振興会による日米共同調査(1971),文部省科学研究費海外調査(1977-78)による.
6) トヨタ財団助成金「アメリカ人の価値意識」(1978)による.
7) 文部省科学研究費特定研究「国際環境」(1975),『日本人の対外国人態度』「日本人研究」V(1977),至誠堂,による.
8) 文部省科学研究費特定研究「文化摩擦」(1978, 1979),林知己夫・鞆山貞登共編著(1982),『日本と東南アジアの文化摩擦』出光書店,による.
9) 日本学術振興会・日独共同研究「森林生態に関する統計的研究」(1977),森林環境研究会(会長・四手井綱英,石田正次,北村昌美など)による「森林環境に対する住民意識の比較に関する研究」トヨタ財団助成研究報告書 I-007, 1981年9月. 四手井・林共編(1984),『「森林と文化」国際シンポジウムからの報告——森林をみる心』共立出版.
10) ボンド・サンプルの分析は東京工大の鞆山貞登氏のアイディアによるもので,前掲『日本と東南アジアの文化摩擦』に詳しい.
11) random sample, 無作為抽出標本ともいう.
12) 従来の割当法のように,抽出標本の社会属性の構成を調査対象集団全体の構成比率にそろえるというものではなく,調査地域における社会階層別の在宅率を考慮し,調査実施計画を立て,全体の代表となるように工夫された標本.
13) quota sample, 割当法による有意選出標本のこと. 例えば,King, B. F.(1983), Quota Sampling, *Incomplete Data in Sample Surveys*, Vol. 2, Part II, p. 63-71.

第II部　第I部の方法論的注

第1章　標本の性格について

　どういう集団を捉えて調査するかは，もちろん調査の狙いにかかっている．特殊な集団を捉えて全体を論ずるのはおかしいということは自明のことであり，国内調査では，問題外のところである．しかし，国際比較となると，これがまかり通ることになる．それは外国で厳格な調査を実施することが現実的に不可能に近いからである．本来ならば科学的に許されるべきものではなく，やはり，どういう対象をどのように選んで調査したかを踏まえて比較をしなければならない．

　調査対象の集りをさだめ母集団を構成し，ランダム・サンプルを抽出し，厳格に調査をするということは，日本を除いては，我々にとっては，ハワイを例外とすればまず不可能である．アメリカ調査，ヨーロッパ調査なら，一般的には調査対象集団の抽出枠をさだめた質のよいクォータ調査ということになる．ヨーロッパ諸国においても国により質の上下は当然起ころう．東南アジア，中近東ならイスラエルを除き——イスラエルはランダム・サンプル可能である——，一般対象の調査とは何を意味するものか，ということから考えてかからねばならない．調査対象の集りとして何をとるのか，我々との比較になるかということから考えて比較研究を進めなくてはならなくなる．

　ここで説明したようなことは場合により種々様々である．我々が東南アジアとの文化摩擦の研究を考えたとき，「近代化と国民性」という主題を選んだ．対象として東南アジアの最重点としている「近代化」の尖兵である工学部の大学生を対象とし，かつその国のエリート・コースともいうべき大学を選んだ．今後の近代化を考えるときの対象として明確であり，その担い手として重要なものと考えられること，日本人との接触対象としてその頻度が高いと考えられること，一般対象はこのような調査に適するほど近代化が熟していないこと，がその理由であった．比較すべき日本としてはもちろん，工学部大学生と一般人（一般人は工学部大学生の日本人一般の中の位置付けのため必要）ということになった．

　一般人の調査が可能である国々においてもクォータ調査がほとんどであることに注目したい．これを補う方法としてはランダム標本調査との対比を考えることが望ましい．我々の行なったアメリカ調査(1978)を素材として検討してみよう．用いた質問票は後掲するので，ここでは省略す

る．アメリカ調査はギャラップ調査である．地点の選定のところまではランダム・サンプル的である．層別も行なっているが，不思議なことに層への割当てに言及されていない．地点から人の抽出がクォータ方式であり，繰り返し訪問はせずに必要な数のサンプルを次々ととっていく方式である．最後に，属性別・地域別などのウェイトを乗じて集計するというやり方で，これを見る限り，我々にとっては不安なものであった．ここでは，ミシガン大学社会調査研究所(ISR)調査との比較のほか，ハワイの日系人調査(1971, 1978)，ホノルル市民調査(1978)も行なっているから，これを介して調査結果を比較してみよう．これらの諸調査に共通する質問を用いてあるので，これをもとに分析を進める．なお，以下の図(図II-1～図II-7)の中にある点は質問の回答肢を示すもので，軸の尺度はパーセントである．

まず，ランダム・サンプルによる調査の調査時期別にみた安定性をみよう．図II-1はハワイ日系人に対する1971年調査と1978年調査の比較であり，図II-2は日本における1973年調査と1978年調査とを比較したものである．こまかくみれば，その動きに変化の特色はあるものの，同一母集団に対する調査結果には大局的にみるとこの程度の安定性があるものと思っていただきたい．

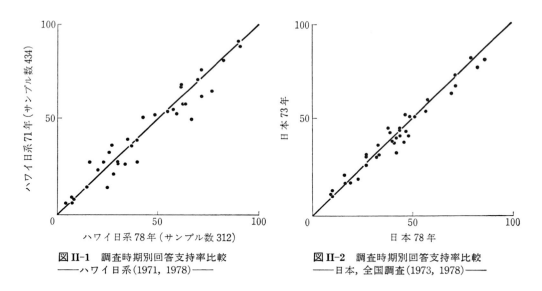

図II-1　調査時期別回答支持率比較
——ハワイ日系(1971, 1978)——

図II-2　調査時期別回答支持率比較
——日本，全国調査(1973, 1978)——

次に，ハワイ・ホノルル市民調査とアメリカ調査の結果を比較してみよう．図II-3は日本の国民性調査固有の質問項目に関する比較であり，図II-4はそれ以外の共通質問項目に関する両調査結果の比較である．

国民性調査固有の日本的質問項目以外の共通質問をとりあげてみたのが比較(2)の図II-4であるが，図II-3の比較(1)よりやや安定性があるように見てよい．アメリカ本土の調査とハワイ調

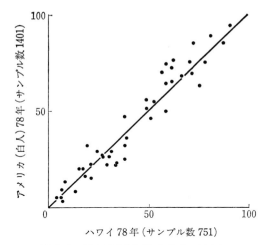
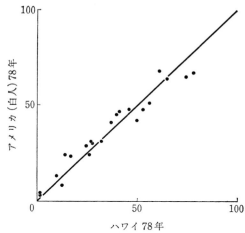

図 II-3　調査対象別回答支持率比較(1)
——日本の国民性調査固有の質問項目について（アメリカ〔白人〕，ハワイ，1978）——

図 II-4　調査対象別回答支持率比較(2)
——国民性調査の質問項目以外の項目について（アメリカ〔白人〕，ハワイ，1978）——

査の類似性がつかめ，アメリカ調査の信憑性の一部がつかめたように思われる．

　次に，アメリカ本土の ISR 調査——ランダム・サンプルによる——が行なっている質問項目をアメリカ調査に加えたので，この両者の比較を行なってみよう．ISR 調査の時点は 1971 年のものであるが著しく変化するような項目ではないと考えられる．図 II-5 に示すようにこれまでのグラフとくらべ同じ程度のよい一致を示している．こうみてくるとギャラップによるアメリカ調査は一応分析に堪えるものと考えて話を進めることができる．クォータ調査といいながら，さすがにプロの調査機関ということができる．

　次に参考のため，日本(1978)とアメリカ(1978)の比較をあげてみると，正に無相関に近い形が

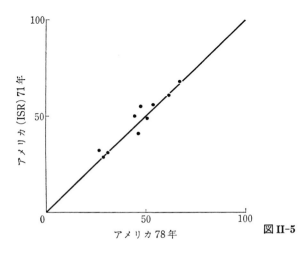

図 II-5

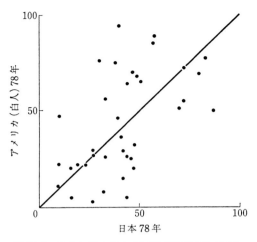

図 II-6 日本とアメリカの回答支持率の比較(1)
——国民性調査固有の質問項目について
(1978)——

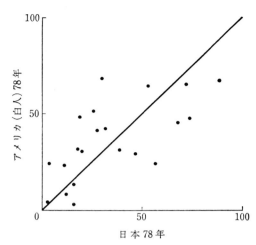

図 II-7 日本とアメリカの回答支持率の比較(2)
——国民性調査の質問項目以外の項目について
(1978)——

出ており，その差が，これまでのものと全く異なるのに一驚する（図 II-6 は図 II-3 に対応する項目群の比較であり，図 II-7 は図 II-4 に対応するものである）．

　クォータ調査のほかに，ランダム・サンプル調査のあるものは上述のような分析・検討が可能である．しかし，ランダム・サンプルのとれない国がほとんどであろう．すべてを我々の手で厳格に調査することにしても，外国でランダム・サンプル調査を行なうことは不可能であるし，我々の経験としては，共同研究の相手としてもそれを全国規模で実行し得る人は稀なものと考えてよい．それではどうするか．例えば，その国で特異と考えられないいくつかの地点（例えば市）を選び，それぞれの地点でランダム・サンプル調査を共同研究の相手とともにすることは我々の経験でそれほど困難なことではない．こうしてできた諸地点の調査と全国クォータ調査との比較によってクォータ調査の意義を知ることができる．また，クォータ調査の結果から特異的と思われる地点をいくつか選び，そこでランダム・サンプル調査を行なって，その地点間の差の出方を検討し，全国調査を補完することも意味のあることである．クォータ調査しかないとき，こうした吟味調査，補完調査を行ない，クォータ調査を位置付けて考えるといういき方はとるべきものと思う．

第2章　質問文について

　質問文の問題を考えるとき，まず第一に注意すべきことは，「何を質問しているかという質問の同一性は常に保持されていなくてはならないこと」，さらにそれより前に必要なことは，「何を質問しているかが理解され，回答できるような内容でなくてはならないこと」であるとされている．これをひとまず土台として考えを進めることにする．こうした基本が検討されたあと，翻訳によって「何を質問しているか」がどう変容してくるものか，あるいは素直に受けとられるように翻訳されているかの検討に入るわけである．このようなことを含めて順次質問文の問題を取り扱ってみたい．

§1　翻訳しても理解されない質問

　翻訳して内容が理解されないような質問がある．こうした質問は比較研究からは除外されることになる．一例を次に示そう．
　「飛行機の事故があったとします．あなたは，つぎのどちらの社長の態度がよいと思いますか．
　　1. 社長はまず犠牲者の家をあやまってまわる．
　　2. 社長は原因の調査などに努力をする．」
　日本では意味のある質問であるから，ハワイ調査のとき用いようとして，翻訳作業に入ったのであるが，翻訳してもどうにも意味がないという．'あやまってまわる'という状況が考えられないし，最初からあやまったのでは保険金もとれぬという．あまりにも日本的状況すぎるので，質問項目の状況設定がアメリカに通用しないというわけである．
　このようなとき，日本人の翻訳者に依頼した場合，外国語がいかに堪能であっても外国の事情に不案内であると，このまま翻訳してしまうことになる．これは危険なことである．日本語調査票の翻訳は日本のことをよく知り日本語のきわめて上手な外国人がよい．あるいは，外国生活が長く，その国の人と機微にふれた付き合いをしておりその国の言葉が母国語のようにわかる日本人ということになる．いずれにしても人を選ぶ必要があり，互いに検討しつつ翻訳された質問文が作られねばならないのである．少なくともこのくらいの配慮をすれば，意味のない翻訳は避けることができる．

§2 原日本文から英語への翻訳と日本文への再翻訳による検討

まず，我々のグループのつくった日本文の質問がもとにあり，これを英訳し，これを再翻訳したものがある．これをくらべてどの程度の歪みが生じているかを検討してみよう．

検討した質問項目は，日本において経年的変化をみるため，過去何回か継続して利用されてきた項目で，ハワイ日系人との比較研究のときに利用した二十数項目である．一つ一つの質問項目それぞれの原日本語質問文および翻訳英語質問文は，この章の§5に多くの例が示されているので，ここでは検討の手順および検討した結果について二，三例示することにする．

a) 検討の手順

検討の手順を図式的に示すと，図 II-8 のようになる．

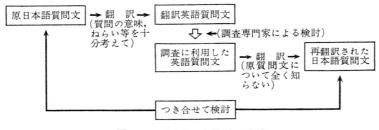

図 II-8　質問文翻訳検討の手順

すなわち，原日本語質問文を英語に翻訳する場合には，英語に翻訳した質問文が，英語圏では調査可能になるように考えており，調査実施に当たっては，実際の調査経験豊かな専門家による検討を加えて調査票にまとめている．

したがって，この実際に利用した英語調査票にある質問文が，もとの日本語調査票の原質問文と同等であるかどうかが問題となる．この問題を検討する一つの方法がここで述べている質問文の翻訳⇄再翻訳による検討になるわけである．再翻訳の場合は調査に利用した英語質問文を原日本語質問文を全く知らない翻訳の専門家に，できるだけ英文に忠実に翻訳してもらい，このようにして日本語に再翻訳された質問文を原質問文とつき合せて検討することにした．このとき，

1) 質問の意味は損なわれていないか？
2) 質問のねらいが損なわれていないか？
3) 日本文として両者のくい違いはどうか？
4) 言外の意味，ニュアンス等のくい違いはどうか？

等について検討した.

b) 検討結果と例示

検討の結果,大多数の質問項目では 1),2)について問題点はほとんど見出せなかった.しかし,3),4)に関していえば,原日本語質問文と,再翻訳の質問文とをくらべたとき,少しくい違いの認められる質問項目もみられた.とくに,原質問文が長い場合,翻訳上の種々の問題点が集積して結果が悪くなるのではないかと予想されたが,実際には,このようなことはなく,かえって,質問文のねらい,意味が明瞭になり,質問文にもり込まれた状況設定が誤りなく伝達される可能性が高くなるのではないかと判断された(次の§4を参照).これとは逆に,短い文章,あるいは単語で,質問のねらい,あるいは,意味が限定されてくるような質問文では,たとえ翻訳に十分の考慮をはらって質問文を作りあげたとしても,問題のあることがはっきりしてきた(これに関しては§5を参照).

ここでは,まず,検討の結果,問題のほとんどない質問項目の例1から示す(質問文および主要な回答選択肢を示す).

例1〔原日本語質問文〕
こういう意見があります.
「国をよくするためには,すぐれた政治家がでてきたら,国民がたがいに議論をたたかわせるよりは,その人にまかせる方がよい」
というのですが,あなたはこれに賛成ですか,それとも反対ですか?
  1 賛 成
  2 反 対
〔調査に利用した英語質問文〕
Some people say that if we get outstanding political leaders, the best way to improve the country is for the people to leave everything to them, rather than for the people to discuss things among themselves. Do you agree with this, or disagree ?
  1 Agree
  2 Disagree
〔再翻訳の例文〕
「すぐれた政治家がいるとすれば,国をよくしていく最もよい方法は,自分達で議論するよりも,彼等にすべてを任せることである」
という人がいます.あなたはこれに賛成ですか,不賛成ですか?
  1 賛 成
  2 不賛成

原日本語質問文と,再翻訳の例文とをくらべてみれば,両者はよく似ていることがわかる.

次の例2は原質問文が長い場合の例である.

例2〔原日本語質問文〕
あなたが,ある会社の社長だったとします.その会社で,新しく職員を1人採用するために試験をしました.入社試験をまかせておいた課長が,
「社長のご親戚の方は2番でした.しかし,私としましては,1番の人でも,ご親戚の方でも,どちらで

20   第II部　第I部の方法論的注

もよいと思いますがどうしましょうか」
と社長のあなたに報告しました．あなたはどちらをとれ（採用しろ）といいますか？
1　1番の人を採用するようにいう
2　親戚を採用するようにいう

〔調査に利用した英語質問文〕
Suppose that you are the president of a company. The company decides to employ one person, and then carries out an employment examination. The supervisor in charge reports to you saying, "Your relative who took the examination got the second highest grade. But I believe that either your relative or the candidate who got the highest grade would be satisfactory. What shall we do?" In such a case, which person would you employ?
1　One with the highest grade
2　Your relative

〔再翻訳の例文〕
あなたがある会社の社長だったとします．会社が社員を1名採用しようとして，採用試験を実施します．人事部長があなたにこう報告します．「社長のご親類の方が2番の成績ですが，1番の人もご親類の人もどちらもよさそうです．どう致しましょうか」
1　1番の成績の人
2　親類の人

この例では，質問文は長いが，質問にとり込まれた〈ねらい〉，〈意味〉，あるいは質問文の状況設定が明確であるから，原日本語質問文と再翻訳の例文を比較してもほとんどくい違いはみられない（実際の調査結果をみても日本とアメリカとでほとんど差がない項目の一つである）．

次の例3は，質問文が長く，状況設定がかなり複雑な場合である．

例3〔原日本語質問文〕
〔リスト〕*)　ある会社につぎのような2人の課長がいます．もしあなたが使われるとしたら，どちらの課長につかわれる方がよいと思いますか，どちらか1つあげて下さい？
1　規則をまげてまで，無理な仕事をさせることはありませんが，仕事以外のことでは人のめんどうを見ません
2　時には規則をまげて，無理な仕事をさせることもありますが，仕事のこと以外でも人のめんどうをよく見ます

〔調査に利用した英語質問文〕
〔CARD〕
Suppose you are working in a firm in which there are two types of department chiefs. Which of these two would you prefer to work under?
1　A: A man who always sticks to the work rules and never demands any unreasonable work, but who, on the other hand, never does anything for you personally in matters not connected with the work
2　B: A man who sometimes demands extra work in spite of rules against it, but who, on the other hand, looks after you personally in matters not connected with the work

〔再翻訳の例文〕
あなたの働く会社につぎの2つのタイプの部長がいるとします．どちらの部長の下で働きたいと思いますか．
1　A：つねに仕事の規則を固く守って不当な仕事もやらせない代り，仕事を離れると，個人的には何もやってくれない人
2　B：ときには規定にそむいて余分の仕事をやらせることもあるが，仕事を離れた個人的な面では面

倒をみてくれる人
　　*) リストとあるのは，回答選択肢をリストの形にして回答者に示しながら回答を求める形式の質問項目を示す．

　原日本語質問文と再翻訳した例文とをくらべてみると，前に示した例1，例2より，やや状況設定の複雑なところにくい違いの可能性がよみとれる．しかし，A, B両課長のイメージとして浮かぶものは両者とも大差ないものと考えられる．（実際，次の§4で示すように，原日本語質問文にとりあげたA, B二人の課長と，英語質問文の二人の課長のイメージの間にはそれほど見当はずれのものは見られないことがわかった．）

　次の例として，原日本語質問文と再翻訳例文との間で，上に述べた例よりややひらきがあると考えられる質問項目の一つを例示する．

例4〔原日本語質問文〕
「先生が何か悪いことをした」というような話を，子供が聞いてきて，親にたずねたとき，親はそれがほんとうであることを知っている場合，子供には，
「そんなことはない」
といった方がよいと思いますか，それとも，
「それはほんとうだ」
といった方がよいと思いますか？
　1　そんなことはないという
　2　ほんとうだという

〔調査に利用した英語質問文〕
Suppose that a child comes home and says that he has heard a rumor that his teacher had done something to get himself into trouble, and suppose that the parent knows this is true. Do you think it is better for the parent to tell the child that it is true, or to deny it?
　1　Deny it
　2　Tell the truth

〔再翻訳の例文〕
子どもが家に帰ってきて，先生が何か問題を起こしたという噂だよ，と言ったとします．そして親は，その噂が本当であると知っているとします．親は子どもに噂が本当であると言った方がよいでしょうか，それとも否定した方がよいと思いますか？
　1　否定する
　2　本当のことを教える

　原日本語質問文と再翻訳の例文をくらべてみると，両者はよく似ているが，多少，文脈中の力点のおき方にズレが出ているようにみえる．すなわち，原日本語質問文で「……，子供には，……」とあるところが，再翻訳の例文（英語質問文も）では「……親は子供に……」という形になっている．

　このような点が実際の調査事例ではどのような影響を与えているのか？　これは，質問文の文章のつき合せによる検討だけでははっきりしないが，§5の質問文翻訳検討調査のところで再びとりあげることにする．

　これまでに述べた例でもわかるように，質問文としては日本語質問文，英語質問文の両者のく

い違いはごくわずかと考えられた．これ以上に問題になるところは，前にも述べたように短い文章，単語等で，翻訳にあたっては一見さほど問題がないと思われるものに関してである．例えば，特殊な問題で，調査対象になった両社会の一方では意味がわかるが他方では意味のないもの，あるいは考えることはできても実態のわからないもの等——具体的には「恩返し」とか「見合い結婚」のような特殊なもの——は翻訳のときどうすべきか議論されるが，「特殊である」という認識が調査企画者の側に事前からあるので，実際にはそれほど問題にはならない．

これに反して，「会社」とか，「子供」とか「友達」とか，どこにでもあると考えられ，翻訳のときも普通名詞で何の注意も払わずに通りすぎてしまうものの方が重大な影響を与えることがある．このような問題の例として，例えば，次のようなものがある．

例5〔日本語質問文〕
小学校に行っているくらいの子供をそだてるのに，つぎのような意見があります．
「小さいときから，お金は人にとって，いちばん大切なものだと教えるのがよい」
というのです．あなたはこの意見に賛成ですか，それとも反対ですか？
　1　賛　成
　2　反　対
　3　いちがいにはいえない

〔英語質問文〕
In raising children of elementary school age, some people think that one should teach them that money is the most important thing. Do you agree with this or not ?
　1　Agree
　2　Disagree
　3　Undecided

この両者には，翻訳の言葉の上では問題はないようにみえるが，日本語の'いちばん'大切が，英語では'(one of) the most' important になっているところに問題があるといわれている．

また，例6のように'養子'，'家をつがせる'等の日常生活上，それぞれの社会で特有の意味のあるような事項を問題にするときにも注意が必要である．

例6〔日本語質問文〕
子供がないときは，たとえ血のつながりがない他人の子供でも，養子にもらって家をつがせた方がよいと思いますか，それとも，つがせる必要はないと思いますか？
　1　つがせた方がよい
　2　つがせないでもよい，意味がない
　3　場合による

〔英語質問文〕
If you had no children, would you think it desirable to adopt a child in order to continue the family line, even if there is no blood relationship ? Or do you not think this is important ?
　1　Would adopt
　2　Would not adopt
　3　Depends on...

§3 原英語文から日本語への翻訳と英語文への再翻訳による検討

こんどは，もとに英語文の質問があり，これを日本語らしくいわば意訳的に翻訳し——直訳調でないという意味——これを日本語質問文というつもりにして再度英訳を試みたものである．

検討した質問項目は，我々のグループが実施した日米比較調査の際，調査にとりあげた質問項目である．

これらはアメリカのミシガン大学社会調査研究所の実施した「アメリカ人の生活の質」の調査から（許可を得て）利用した信頼感覚スケールの3項目，同研究所の他の調査から1項目，EC(ヨーロッパ共同体)で実施しているユーロ・バロメータ調査から1項目，および法意識研究会の実施した調査から1項目である．

まず，検討の手順を§2同様，模式的に示しておこう．

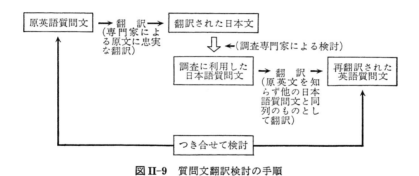

図 II-9　質問文翻訳検討の手順

この手順に沿って，まず，信頼感覚スケール[1]の質問文の例1から示してみよう．

例1〔原英語質問文〕
Would you say that most of the time, people try to be helpful, or that they are mostly just looking out for themselves?
　1　Try to be helpful
　2　Look out for themselves

〔翻訳の一例〕
人は大てい(は)人の役にたとうとしているか，あるいは自分のことだけに気を配るか，どちらだと思いますか？
　1　人の役にたちたいとしている
　2　自分のことだけに気を配る

〔実際の調査に利用した日本語質問文〕
〔質問A〕たいていの人は，他人の役にたとうとしていると思いますか，それとも，自分のことだけに気をくばっていると思いますか？
　1　他人の役にたとうとしている

2　自分のことだけに気をくばっている

〔再翻訳の一例〕
Do you think that most people try to be as helpful to other people as they can, or do you think that most people think only of themselves?
 1　Try to be helpful to others
 2　Think only of themselves

　原英語質問文から日本語質問文への翻訳および日本語質問文から英語への再翻訳の段階において，それぞれの質問文をくらべてみると，翻訳の上で問題になるような点はほとんどない．しかし，原英語質問文と再翻訳した例文をつき合せてみると，両者はよく似ているが，日本語質問文で「……'他人'の役にたとうとしている……」というところが少し強く，その結果が再翻訳の例文に「……'as they can'……」がつけ加えられた形になって反映している．すなわち，日本語質問文の方が原英語質問文にくらべて，回答選択肢1を選択する人が少なくなる可能性があるものと考えられる．
　次の例2も信頼感覚スケールの質問項目である．

例2〔原英語質問文〕
Do you think that most people would try to take advantage of you if they got the chance, or would they try to be fair?
 1　Take advantage
 2　Try to be fair

〔翻訳の一例〕
人は機会があれば，あなたを利用しようとすると思いますか，それとも，公平であろうとすると思いますか？
 1　利用しようとする
 2　公平であろうとする

〔実際の調査に利用した日本語質問文〕
〔質問B〕他人は，スキがあれば，あなたを利用しようとしていると思いますか，それとも，そんなことはないと思いますか？
 1　利用しようとしている
 2　そんなことはないと思う

〔再翻訳の一例〕
Do you think that other people are always out to make use of you if ever they see an opportunity, or do you think that's not true?
 1　They are out to make use of you
 2　Not true

　原英語質問文とくらべたとき，'公平であろうとする'を'そんなことはない'と変更した点が異なる．
　原英語質問文と再翻訳の例文を対比させてみると，両者はよく似ているが，日本語質問文の「……利用しようとしている……」を「……'つけ込む'……」とした方がよいのではないかという意見がある．

次の例3は，信頼感覚スケールの最後の項目である．

例3〔原英語質問文〕
Generally speaking, would you say that most people can be trusted or that you can't be too careful in dealing with people ?
1　Can be trusted
2　Can't be too careful

〔実際の調査に利用した日本語質問文〕
〔質問C〕たいていの人は信頼できると思いますか，それとも，用心するにこしたことはないと思いますか？
1　信頼できると思う
2　用心するにこしたことはないと思う

〔再翻訳の一例〕
Do you think you can put your trust in most people, or do you think it's always best to be on your guard ?
1　People can be trusted
2　Always best to be on your guard

原英語質問文と再翻訳の例文とはよく似ている．しかし，日本語質問文の後半の「……用心するにこしたことはない……」が日本での調査の場合，多少強く選択される傾向がみられた．

以上，3項目の信頼感覚スケールの質問文については，原英語質問文を日本語質問文に直すときの翻訳上のゆらぎによる影響をみるため，次のような形の吟味調査を行なった．これは，質問A，B（例1，例2）については，「他人」を「人」に直したものとの比較，質問C（例3）では，「用心するにこしたことはないと思う」を「用心した方がよいと思う」としたものとの比較である[2]．「他人」を「人」とした場合には回答分布はほとんど変化しなかったが，質問Cでは表II-1のようになり，「用心するにこしたことはないと思う」という場合より「用心した方がよいと思う」とする場合の方が「信頼できる」という回答の比率が10%くらい高くなる．

表II-1

たいていの人は信頼できると思いますか，それとも，用心するにこしたことはないと思いますか？

1　信頼できると思う ………………………	28.6
2　用心するにこしたことはないと思う ……	71.4
	100.0(353)

たいていの人は信頼できると思いますか，それとも，用心した方がよいと思いますか？

1　信頼できると思う ………………………	38.4
2　用心した方がよいと思う …………………	61.6
	100.0(177)

また，3項目の回答を組にした回答パタンの分布をみると，表II-2のようになる．回答パタンは全体として，やや信頼感覚ありの方へ動くがほぼ安定しており，質問文を小変更した影響はみられない．アメリカ調査の回答パタンとの比較から考えてみると，信頼感覚のスケール値の分布

はかなり異なっている．しかし，考え方の筋道としてのスケール値の動きは，表II-3のようになり，いずれの場合も安定していることがわかる．質問A（例1）については，回答1「他人の役にたとうとしている」の選択割合が低くなっている．（§5の大学生を対象にした日本語，英語質問文の比較検討調査においても，質問Aの回答1は日本語調査より英語調査の場合により多く選択されており，かなりの差がある．前に述べた点を裏づけているといえる．）

表II-2 信頼感覚スケールの回答分布

回答パタン			岐阜吟味調査		日本	アメリカ
A	B	C	質問文小変更	質問文元のまま	1978	1978
1	1	1	2.7	0.3	1.9	1.5
1	1	2	5.4	6.1	5.6	3.8
1	2	1	8.2	8.7	6.4	36.8
1	2	2	5.4	6.1	6.7	9.2
2	1	1	11.6	4.2	4.7	4.7
2	1	2	27.9	33.7	30.7	22.7
2	2	1	17.7	12.2	15.2	11.3
2	2	2	21.1	25.3	28.8	9.9
サンプル数			(147)	(312)	(1693)	(1173)

表II-3

スケール値	3	2	1	0
回答パタン[*]	(121) →〔信頼感覚あり〕	(221) →	(222) →	(212)〔信頼感覚なし〕

[*] 回答パタンは表II-2と同一にしてある．

次のいくつかの例は，回答選択肢をリストの形式に印刷して，回答者に見せながら質問して，回答をとる形式の質問項目である．例4は法意識研究会からの質問項目である[3]．

例4〔原英語質問文〕
Whom do you consider more desirable as a man?
  1 Mr. S. who is friendly and can be counted on to help others but is not an efficient worker
  2 Mr. T. who is an efficient worker but is indifferent to the worries and affairs of others

〔翻訳の一例〕
つぎのうち，人間として望ましいのはどの人だと思いますか？
  1 親切でたよりになるが，仕事ぶりは有能ではないS氏
  2 仕事ぶりは有能であるが，他人のことや心配ごとには無関心であるT氏

〔実際の調査に利用した日本語質問文〕
つぎのうち，あなたはどちらが人間として望ましいとお考えですか？
  1 他人と仲が良く，なにかと頼りになるが，仕事の上ではパッとしない人
  2 仕事はよくできるが，他人の事情や心配事には無関心な人

〔再翻訳の一例〕
Of the following two types which do you think is preferable as a person?
  1 Somebody who gets on well with everybody and is someone to rely on, but who's not very bright

when it comes to work matters
2 Somebody who is good at his job, but is indifferent to other people's circumstances and problems

　原英語質問文と日本語質問文とを対比してみると，まあおかしくない出来であり，日本語質問文と再翻訳の例文とをつき合せてみると，これも翻訳としてはよいものといえる．しかし，原英語質問文と再翻訳の例文をくらべてみると，かなりニュアンスが異なっているといえる．この原因の一つとして，日本語質問文の回答選択肢1を「……仕事の上ではパッとしない人」としたところにあるのではないかということを専門家から指摘されている．
　次の例は，ヨーロッパ共同体の調査からの項目である．

例5〔原英語質問文〕*)
Which one of the three following views toward one's society comes closest to yours?
　1　The entire way our society is organized must be radically changed by revolutionary action
　2　Our society must be gradually improved by reforms
　3　Our present society must be valiantly defended against all subversive forces

〔翻訳の一例〕
社会に対するつぎの3つの見方のうち，どれがあなたの見方に最も近いですか？
　1　われわれの社会の組織全体は革命的に根本から改革すべきである
　2　われわれの社会は，改革によって徐々に改善すべきである
　3　現在のわれわれの社会は，あらゆる破壊勢力から，断固守るべきである

〔実際の調査に利用した日本語質問文〕
〔リスト〕社会について，つぎの3つの考え方のうち，どれがあなたの考え方に一番近いでしょうか？
　1　今の社会の構造は，革命によって一挙に変えるべきだ
　2　今の社会の悪いところは，少しずつよくしてゆくべきだ
　3　今の社会の体制を，あくまで守り通すべきだ

〔再翻訳の一例〕
(Show list) Which one of these three opinions about society is closest to your own?
　1　Society needs to be changed fundamentally by a revolution
　2　The things that are wrong with society needs to be changed gradually
　3　We need to keep society just the way it is now

　　*) この質問の出所は，
　　Commission of the European Communities: "Euro-barometre", No. 7 (Basic attitude to social change), July 1977.
　　である．

　この質問文の翻訳の一例と，実際の調査に利用した日本語質問文とをならべて例5に示す．この二つを対比してみると，実際に利用した日本語質問文は回答選択肢を原英語質問文よりかなり簡略化していることがわかる．とくに回答選択肢の1および3はそうである．
　したがって，日本語質問文を再翻訳した例文と原英語質問文とをつき合せて検討するまでもないが，参考までに，日本語調査票を再翻訳した例文を示しておく．ここで一つ注意すべき点は，回答選択肢2において，日本語質問文の「……社会の悪いところは……」となっているところである．「……悪い……」とあるために，原英語質問文と再翻訳の例文では異なっている．このため，日本語質問文を用いた実際の調査の場合には2の回答が選択される可能性が高くなるという

ことも考えられる．

最後の例は，仕事に関する項目である．

例6〔原英語質問文〕*)
Here are some of the things people usually take into account in relation to their work. Which one would you personally place first ?
   1 A good salary so that you do not have any worries about money
   2 A safe job with no risk of closing down or unemployment
   3 Working with people you like
   4 Doing an important job which gives you a feeling of accomplishment

〔実際の調査に利用した日本語質問文〕
〔リスト〕ここに仕事について，ふだん話題になることがあります．あなたはどれに一番関心がありますか？
   1 かなりよい給料がもらえること
   2 倒産や失業の恐れがない仕事
   3 気の合った人たちと働くこと
   4 やりとげたという感じがもてる仕事

〔再翻訳の一例〕
(Show list) Here are the various things people most commonly talk about concerning jobs. Which are you most concerned about ?
   1 Getting a fairly good salary
   2 Not having to fear bankruptcy and unemployment
   3 Having workmates you get on well with
   4 A job that gives you a sense of achievement

  *) Inglehart, Ronald : "*The Silent Revolution, Changing Values and Political Styles among Western Publics*", Princeton University Press, Princeton, New Jersey, 1977.
〔邦訳〕 三宅一郎ほか訳(1978)，『静かなる革命』東洋経済新報社．

　この質問項目の翻訳⇄再翻訳の過程で問題になるところは，回答選択肢1である．原英語質問文の「金の心配がない」ほどのよい給料を，調査用の日本語質問文では「かなりよい給料がもらえること」としている．このため，再翻訳の例文ではfairly good salaryと訳され，これはgood salaryよりも下の感じになる．（話は横道にそれるが，程度を問題にする場合，'非常に'とか'かなり'とか'まあ'とか'あまり……でない'という修飾語をつけて，段階を細かくして回答させる質問形式をとることが多い．これらの修飾語を調査目的・質問項目に応じてどのように選定すれば，比較可能性を高めることができるか？　ということは今後研究すべき一つの大きな問題点である．）

　以上，いくつかの例をひいて，原英語質問文を翻案して，比較調査用の日本語質問文を作成し，同等性，比較可能性を高めるための基礎作業過程の一端を示した．前節§2の場合とあわせて，比較調査用の質問文は，一応，調査票としてまとめ，比較調査を実施したが，もとより試行錯誤の域を出ない．今後ともあらゆる角度から検討を加え，比較可能性を高める方策を考えるべきである．

　別の観点からの検討を，以下の§4, §5で述べる．

§4 質問文の内容理解の検討

§2, §3 は文字面からする同等性を検討してみたものである．字面が同じでも質問の受け取り方が異なれば異なったものになるであろうし，字面が一見異なっても質問の核心が同じであるという場合も考えられる．質問文のように短い文に明確な意味を持たせようとしているものの翻訳は実に難しいことであると思う．誤訳という技術レベルの問題を超えているようなところもある．

表 II-4

質問 「ある会社につぎのような2人の課長がいます．もしあなたが使われるとしたらどちらの課長につかわれる方がよいと思いますか，どちらか1つあげて下さい？」
（と質問し，つぎのリストを示して選ばせるのである．）

甲　規則をまげてまで，無理な仕事をさせることはありませんが，仕事以外のことでは人のめんどうを見ません

乙　時には規則をまげて，無理な仕事をさせることもありますが，仕事のこと以外でも人のめんどうをよく見ます

甲・乙両課長のイメージ

	めんどうをみない　甲課長	めんどうをみる　乙課長
（＋）イメージと名づける	公私の別をわきまえた人，合理的な人，割り切ってさっぱりしている人，近代的，やさしそうでさっぱりしている人，几帳面な人，実直な人，規則正しい人，責任ある人，まじめな人，正しい人	暖かい人，人情味のある人，融通性がある人，太っ腹の人，親分肌，思いやりのある人，やさしい人，こういう生き方が本当，人間的，仕事熱心，親切な人，よい人，円満な人，部下を信用している人，親しみやすい人，よい感じの人，人づきあいのよい人，皆のためを思う人，責任感のある人，立派な人，社会性のある人，やり手，人間の本質をもっている人，理解のある人，豊かな人，統率力のある人，徳のある人
（±）イメージと名づける	現代人，先生，ワンマン，理論的な人，まじめ一方，厳格な人，おとなしい人	世話好き，世話やき，野人という感じの人，ワンマン課長，人をうまくつかう人，世渡りのうまい人，ふつうの人，現実的な人
（－）イメージと名づける	冷たい人，人間味（人情）のない人，融通のきかない人，官僚的，典型的サラリーマン，これでは仕事ができない，頑固もの，個人本位（主義）の人，内向的な人，頼りにならない人，事務的な人，自分本位（勝手）の人，堅い感じの人，仕事だけしか考えない人，いやな感じの人，理屈っぽい人，気の小さい人，心のせまい人，社会性がない，無理解な人，日より見主義の人，枸子定規の人	公私混同，勝手な人，小心で心のせまい人，デタラメな人，穏便主義の人

そこで日本において決定的な傾向を示している——つまりこの30年間全く変化していないで多数意見を示しており，学生調査においても全く同じ傾向をみせている——「めんどうをみる課長」の質問をとりあげ，その課長のもつイメージを調査してみたものがある．一つは，もちろん日本における国民性調査の吟味調査[4]（全国 1967）であり，一つは，ハワイのホノルル市民調査（1978）である．

質問文と日本人のイメージを表II-4に示しておこう．

なお，この回答はあらためて示すまでもないことであるが，この30年間の結果を示すと表II-5のようになり，年齢別にみても全く差異がない．

表 II-5

	めんどうを みない課長	めんどうを みる課長	その他，DK	計
1953	12	85	3	100
1958	14	77	9	100
1963	13	82	5	100
1968	12	84	4	100
1973	13	81	6	100
1978	10	87	3	100
1983	9	89	2	100

ハワイ調査での英文は表II-6の通りである．

表 II-6

QA. Suppose you are working in a firm in which there are two types of department chiefs. Which of these two would you prefer to work under?
[ANSWER SHEET shown]
  1. A: A man who always sticks to the work rules and never demands any unreasonable work, but who, on the other hand, never does anything for you personally in matters not connected with the work
  2. B: A man who sometimes demands extra work in spite of rules against it, but who, on the other hand, looks after you personally in matters not connected with the work

QB. What kind of images do you have of the department chief A above? Say whatever comes to your mind.

QC. What kind of images do you have of the department chief B above? Say whatever comes to your mind.

全体での回答を示すと，表II-7のようになる．

表 II-7

	めんどうを みない課長 A	めんどうを みる課長 B	その他 DK	計
日　系	35	63	2	100
非日系ハワイ生まれ	37	60	3	100
非日系本土生まれ	44	55	1	100

まず，回答分布で日本人と大きな差のあることに気が付く．しかし，イメージの方についていえば，大局的に，日本人の場合と同様，よく質問の意図がくみとられ，我々にとってよく理解できるものが出ていた．とくに性格のところでは，かなりよく似たイメージが示されていることがわかる．この質問は，アメリカ人には内容がよく伝わっている質問ということができる．これをコード化したのが表II-8である．<u>英文は修正せず</u>，そのままあげておいた．よくみていると，日本人と異なるところやいろいろの特色も出ている．これを次に示そう．

表II-8 A, B 課長イメージ

A 課 長	B 課 長	A, B 課長両方に出てくるもの
1-1 A ±	2-1 B ±	3-1⎫ 4-1⎫
5-1 A +	6-1 B −	3-2⎬ AB + 4-2⎬ AB −
5-2 A +	6-2 B −	3-3⎭ 4-3⎭
5-3 A +	6-3 B −	
5-4 A +	6-4 B −	
7-1 A −	8-1 B +	
7-2 A −	8-2 B +	
7-3 A −	8-3 B +	
7-4 A −	8-4 B +	

＋はよいイメージ，−はわるいイメージ，±はどちらともいえないイメージ．
符号化は細目ではない．いずれも多少の例外はある．＋，−はA, B課長の好みの選択から判断した．

A ±

1-1 strict, austere, stern
businesslike
companyman, unionman, union official, close to union official
manager, sales manager, manager—large enterprise, a bank president
don't like his social personality, but I like his job related personality
ordinary man

A ＋

5-1 carry on
5-2 business is business, personal matter is personal matter, separate business and personal matter, respect you for your work, uninterfere social life, no personal involvement, not involved private life, employer and employee have relationship only concern work, people don't like go to work to make friends
strictly businessman, strictly business, straight shooter, professional, management principle, interested in work, methodical person, mind his business, clear guidance, how all department chief should work, flexible enough not to cause

B ±

2-1 give and take, expects something in return, depends on how much he demands
aggressive, looking for advancement, strict, stern
companyman
assistant manager, not manager, manager—small enterprise
common in our life, diplomatic, gregarious, don't like his personality on job situation but like it socially

B −

6-1 not really loyal to company and be trouble for his company, not suppose to belong with company
6-2 personal stuff make up for unreasonable demands, personal involved (mixed) with business, involved of personal life, too personal, confuse individual matters with work, if you get into trouble with after work that's not good, interfere personal matters
unprofessional, not sure of himself, not so careful in his work, incapable of his position toward the practice of the company, he'd be likely to turn the other way, out of line, inefficient, busying what's not

undue demands, do his job, do job right, know his work very well, job going right, know where he stands no uncertainty, does his work the way it's supposed to be done, fulfills his job

do the right things at all times, sound judgement, just person, succeed in businessman, devoted to company, loyal, use his own judgement, mind—his judgement independently

easier to work, interested in work, to get along with me, good as a manager, best in work situation, what's expected of me, well-organized, punctual, abides by rules, applying to rules, he obeys his parents well, rules—only fair way to do it

disciplined, when it's work—he works, when it's play—he plays, protestant-ethic, family man

typical boss

5-3 integrity, straight, straightforward, serious, sincere, consistent, solemn, sort of one-track minded

reliable, man of his word, prim and proper

objective, without prejudice, not favorite, equal, not play favorite, no feeling for his employees, quiet, colourless, I never did like having a secretary get coffee for me

steady, correct, not too aggressive

quiet, cool head, not putting himself out

5-4 gracious, charming, excellent, nice personality, kind of man you want, introverted, flexible

malleable, energy

self-reliant, self-sufficient

like myself (= the respondent)

not disciplinarian

entitled to, busy body, he has no confidence, has to do it other ways

give and take, take advantage of you and have obligation to him, take advantage of one, advantage on feeling of obligation, use and take advantage of his situation with his workers, expect extra work for personal favors, take an interest, might give you a promotion, you scratch my back and I'll scratch your back

disorganized, poor administration, misleading, unpredictable, not strict guidance, as a manager he's rather poor, not as concerned rules, breaking the rules, not completely understanding of his job

involved emotion on decision, emotional

6-3 dishonest, bribe, bribery, under handed, con-man

uncertain, casual, inconsistence, shaky, put work on others, two-faced, good in two shoes, never around when you need him, fluctuating changeable, weak, politician (than dedicated worker)

favoritism, play favorite, unbalanced, partiality, one-sided-like, not see everyone as equal, patronizing

one-way-guy, square-type, difficult

domineering, overbear, patriarchal, over powering, demanding

6-4 obsessive, nosy, Brown nose man, Brown noser, loud, concerned, meddlesome, too-intimate, too-friendly, sticking his nose in my business, hail-fellow-well-met, humble, self-centered

driver, slave driver, pusher, manipulator, trying to succeed himself, hard driving man, may get sticky if he asks to work extra hours, man who likes to get things done, do anything to get to the top, want's the extra work to make himself look good, do-gooder

to get on boss side, might have connections

obligated, condescending, giving under cover work isn't, patronizing

boot-licker, get along with better, collusion between personal and work matters, stab you in the back, bordering on a thief

do-gooder, sentimental loyalty, sloppy, wishy-washy, long lunch breaks

partisan, buddy

A −

7-1 not keep people happy

unproductive, his development is not efficient, a boring office, I don't think he's really a company man

B ＋

8-1 know that employees are happy, his company runs well when there is harmony in working place

happy and productive, high productive,

receive less work and loyalty from employee, not good working relationship, not get along with, hard to get along, 'would have difficulty getting my respect, support and loyalty', apparently doesn't care if his office workers like him or not, lacks wisdom of good management principle, harder to work with personally, no regard for personal relationship, nobody cares about quality of work

exercise control, strong regulation type, upright regimented

7-2 not succeed in business, not good for business, poor businessman, not get ahead, never get to the head of company, he won't to do his work

only business (work), all work, work (business, task)-oriented, workhorse, everything is duty, no fun work for him, nice to work but that's it, cares about his business, more economic than social, no feeling for his works, have to give and take, law abiding, doesn't care about job or about me

7-3 cold, heartless, dictatorial, cruel, unhumourous, cool, ruthless, cold fish, too rigid

inflexible, follow the letter, a judge who'd stick to the book (letter), by the book, care only for rule, regulation, stick to rules, think in black and white, rule maker, hard nosed, commanding, one track mind, narrow-minded

unfriendly, unkind, not buddy-buddy type, inconsiderate, not compassionate, unconcerned, indifferent, insensitive, close-minded

calculating, mechanical, robot, impersonal, unhuman, cut and dry, adamant, unfeeling, dull, like an ox, somebody who never smiles, stuffy, stubborn

self-satisfied, bureaucrat, detailed, individual, self-interest, narrow-minded, too businesslike, conservative, close-minded, civil service mentality, looking out for himself, typical business attitude, think about himself

lonely man, sorry man, not social type, unhappy, distance aloof, uncooperative

7-4 pedantic, aristocratic, high level, snob, profit, domineering, military, tyrant, apathetic, compulsive, commanding

Mr. Scrooge, money guy, economic—just interested in money, sell out to the highest bidder

uncreative, unimaginative

passive, introverted, man with no guts, not achieve height, up and up, get advancement, achieve oriented, play both ways, efficient for work

combination of company as well as family, make the work easier, better relationships, aware of interpersonal harmony, to get along with, care both people and the company, wouldn't mind more work, look after employees, loyal to his employees, combines work and pleasure, good morale, looking out for his people's morale and they achieve greater efficiency, 'take an interest, give a promotion'

personal relationships than rule, can not have clear cut rule, can not always stick to rules for best results, the job is more important than the rules

8-2 go ahead succeed in business, successful, not afraid to take a chance, will go far in his company

take my creativity and ability into account, know how to motivate, know what people want, plays up to employees, basic knowledge of people, work well with people, make employee rise to the occasion and give them a challenge, very interested in his work and his co-workers, I'd respect more and be respected more in return, has good of employees in mind, care more about human values, who wouldn't step me, interested in his employee's welfare, loyal to his employees, he cares personal problem which is important, has good management principle

8-3 warm, man with a heart, generous, kind, flexible, adaptable, dynamic

friendly, likes people, friend—the type who'd like to be a friend, concerned, care for, care about, compassionate, charitable, lenient, dealing with people is good, kind, has individual feeling

human, nice personality, unselfish

paternalistic, family-man, a part of family, father like, person oriented, soft-hearted, big-hearted, good-minded, open-minded, look up to your personal matter, scratch back

complete man, happy man

mellow, bent, condescending

8-4 good leader, leadership, teacher, boss character, thoughtful, considerate, helpful, sound judgment, someone who knows what has to be done

expect a lot and give a lot, would make everyone get in line, has high expectations of himself and others, like to get

pusher, yes man
set in his ways, son of a bitch, lifer, freak, angry man, greedy, unjust, Spock image (STAR TREK SERIAL character)

things done
regular guy (boss), ideal man, real man, I wish I could be like this one, nice guy, good guy, usually white are that sort
devoted to job, dedicated to job, achiever, overzealous, striver, hustler, hard worker, sincere, loyalty, cares for company, not wants to get all he can for as little as he can
more people like B than A
less stagnated, could create problem, dynamic, energetic, better moral stimulate, know the value of extend his limit, progressive, hustler, tough person
self-control, cooperative
charisma, great, working the possible, strict, interesting, personality man, super great guy—but you can't find him, Kirk image (STAR TREK SERIAL character)

AB +

3-1　work for him
　　all right, good, likeable, ok, good boss, good guy, nice guy
　　reasonable
　　responsible
　　middle aged, mean
　　young
3-2　respectable, personable, honourable
　　fair, fair play, square
　　dependable (depend on), helpful
　　trustful, trusted, trustworthy
　　good sense, no nonsense
　　understand
　　conscious, conscientious
　　thoughtful, well-meaning
3-3　efficient, productive
　　hard work, diligent
　　pragmatic, practical, realistic
　　justice, equitable, right on, rightful
　　honest, upright
　　intelligent
　　considerate
　　pleasant, appreciates what you do, comfortable, that's the way work should be

AB −

4-1　not work for him
　　not good for boss, don't like
　　unreasonable
　　unresponsible
　　older person
4-2　inrespectable, not personable
　　not fair, unfair
　　undependable, not helpful
　　untrustful, do not trust
　　creepy
4-3　easy going, he meets his workers halfway, slack
　　ambitious, get ahead, initiative, emulate, interesting in succeeding
　　to push too much
　　severe, hard, strong
　　authoritarian
　　selfish, impatient, look after himself, self-centered
　　demanding, demands extra work
　　not comfortable, no family, unpleasurable, obnoxious, insecure, shun off

a) A課長，B課長とよんでおくが，好ましいとして選んだ場合に両課長に共通の言葉が出てくるのである．

A, B両課長によく出てくるイメージとして，

・fair, conscientious, reasonable

というのがある．'extra work をさせない，規則を破らない'から，A課長にこうしたイメージが

あり，'extra work, 面倒をみる' という両方のバランスをとっているから，B課長に対してこうしたイメージが出ているのではないかと思われる．

- dependable
    A課長——規則通りきちんとする
    B課長——機械的でなく，いわゆる頼りになる

という感じでつけられているのであろう．

- responsible, trustful
    A課長——仕事をきちんとやる
    B課長——仕事を無理してもやりあげる
- honest
- hard work
- strict

というのも両方にあがっている．これがデータの上でかなりの比率があるのが特色となっている．

また，give and take はよい意味にも悪い意味にもなるということがわかる．

b) 日本人と異なるとみられるものでは，パーソナリティ的なイメージのほか，productive とか unproductive, up and up, can not have clear cut rule, good moral のような仕事の仕方の評価という観点からのものがあり（B課長に多い），日本ではあまりみられなかったイメージが出ている．これはコードの3-3, 5-1(ほとんどない)，6-1(少ない)，7-1, 7-2, 8-1, 8-2 に主としてあらわれている．＋，−イメージに関し日本と共通にみられるものは 5-2, 5-3, 5-4, 6-2, 6-3, 6-4, 7-3, 7-4, 8-3, 8-4 である．±のイメージとしても共通なものは見受けられる．

c) ホノルル市民のイメージを量的にみたのが表II-9, 表II-10に示すものである．

A課長に対するイメージのコード別比率をみよう．なお，二つ以上あげたものがあるが，全対象を100として比率は計算してあるので，パーセントの総計は100以上になる．A課長を選んだもののうちで，A課長のイメージとして，1-1, 3-1, 3-2, および3-3を選んだものは64%, 5-2, 5-3というパーソナリティを選んだものは52%となっている．7-1, 7-2, 7-3は全く少数である．なお，日系人，非日系ハワイ生まれ，非日系本土生まれについてみると，前者はそれぞれ58%, 63%, 75%であり，5-2, 5-3では46%, 61%, 53%となって，同様な傾向でホノルル市民の間

表II-9 A課長に対するイメージ(%)

	1-1	3-1	3-2	3-3	4-1	4-2	4-3	5-1	5-2	5-3	5-4	7-1	7-2	7-3	7-4
A課長を選んだもの	10	17	20	17	1	0	2	2	41	11	4	0	1	10	1
B課長を選んだもの	6	3	3	4	5	2	14	0	3	2	0	7	10	55	11

で特異な差はない．B課長を選んだものについてのA課長のイメージは 7-3 というパーソナリティを選んだものに固まっており 55% の数字を示しているが，7-3, 7-4 をあわせると 66% と多くなる．

こんどはB課長に対するイメージをみよう．これについても日系人，非日系ハワイ生まれ，非日系本土生まれの3者の間に大きな差はないが，A課長を選んだもののB課長のイメージでは 6-2, 6-3, 6-4 というパーソナリティをあげたものが 60% と大きく出ており，4-3 と 8-3 に小さな山がある．一方，B課長を選んだもののB課長のイメージは，A課長を選んだもののA課長のイメージのときと同様に 2-1, 3-1, 3-2, 3-3 をあげたものが 53% と大きく出ている．また，8-3, 8-4 というパーソナリティを選んだものが 55% と大きく出る．ただ，仕事のやり方に関係した 8-1, 8-2 というイメージを言うものが 23% もあるのは注目してよい．

表II-10 B課長に対するイメージ(%)

	2-1	3-1	3-2	3-3	4-1	4-2	4-3	6-1	6-2	6-3	6-4	8-1	8-2	8-3	8-4
A課長を選んだもの	6	4	2	2	8	5	14	2	24	13	23	3	1	12	4
B課長を選んだもの	10	14	19	10	0	0	5	0	2	0	1	14	9	40	15

以上見てきたところでは，A，B両課長に対するイメージはホノルル市民においても——本土生まれの非日系はほとんど白人であり，この人々と日系人，ハワイ生まれの非日系人との間でもイメージの差のないことは注目してよい——かなりはっきりした像が示されており，我々に（日本人の考え方においても）十分理解できる姿が出てきているということができる．

こうした方法をすべての質問について行なえばよいわけであるが，厖大な調査，分析作業力を必要とし，いくつかの質問以上にこの考えを拡大することは非現実的である．そこで次に別の考え方に立って日英両質問文の検討をすることにした．

§5 日英両語による質問文の調査による検討

質問文の翻訳およびその同等性の検討は，§2, §3 で述べたように，日本語・英語両語に堪能な人を何人もわずらわして，何回か繰り返しの翻訳をした上で，両者の一致度を確認しながら調査票を作成し，調査実施の段階に進んだのである．したがって，これらの質問文は，翻訳等，言語上の点からみて，一応，可能な限り両者が同等になるようにつめたものである．しかし，実際に一般の人々を調査する場面にこれら日本語・英語両調査票を適用してみたとき，どのような問題が生じるか．これに答えるためには，日本語・英語ともに理解できるグループに対し日本語調査票・英語調査票を用いて調査し，内容がどのくらい一致するかを調べてみることである．これ

は§2, §3, §4の方法を補うものである．日本語・英語を同程度に理解できる人はごく稀であり，我々が調査票の翻訳を依頼できるほどの人々である．集団として捉えられるのは日本語(英語)が母国語であり一応は英語(日本語)がわかるというグループしかない．正に不十分なものであるがこのグループでもなにがしかの情報となる．日本では大学生(2～3年が一般的なことに関しては英語力が高い．ほとんど20歳以上であるので，問題の内容理解もある)となる．しかし，日本だけでは語学力は不足の点もあり，また日本人の英語理解となるので偏っていると考えてよい．そこでハワイの日系宗教団体の定例集会に参集する人々で，英語・日本語両方できるものを対象とし，日系アメリカ人における日本語・英語両調査票に対する回答の一致性をも検討した．

i 日本人大学生における比較

日本語・英語の両調査票を同一人に課してその同等性を検討するという行き方もあるが，これはむしろこの方面のエキスパートに対して用い，その差異を考察し議論するという段階において望ましい方法である．こうした特異な調査を受けるのであるから履歴効果を想定するのが自然である．そこで，学生を等質の2集団に折半するために，ランダムにどちらかの群に学生を割り付けるスプリット・ハーフ方式を用いた．なお，大学生調査では自記の調査方式とした(辞書持参．テストでなく意見調査であることを十分説明した)．

いずれの群でも日本語・英語の同一の質問文を重複させて2群の同質性を検討できるようにした．日本語中心の質問文，英語中心の質問文を次に掲げる．最初の6問(3問日本文イ，ロ，ハ；3問英文A, B, C)は共通質問である．筑波大227人(日本語調査票使用117人，日群と名付ける；英語調査票使用110人，英群と名付ける)に対して調査を行なった．

日本語

日　本　語　調　査　票

性　別　　1. 男　　2. 女

年　齢　　昭和＿＿＿年＿＿＿月＿＿＿日生まれ

学　年　　　　学部＿＿＿＿＿＿　　学科＿＿＿＿＿＿　　専攻＿＿＿＿＿＿

学籍番号　＿＿＿＿＿＿＿＿＿＿

氏　名　　＿＿＿＿＿＿＿＿＿＿＿＿＿＿

記　入　の　要　領

1) この調査票の質問の順序通りに上から1問，1問回答を記入してください．
2) 回答の記入は回答欄の該当する答の前の数字を，原則として1つ○でかこんでください．
3) どうしても，あてはまる回答が印刷してないときは回答欄の余白に回答の要点をお書きください．
4) A, B, C の質問については，回答のほかに，日本語に訳したものも記入してください．

 A What matters the most is how effective I am in getting what I want out of my life.
  1. Agree strongly
  2. Agree somewhat
  3. Disagree somewhat
  4. Disagree strongly

 B I let the situation develop itself rather than pushing my own ideas through, when I am with people.
  1. Agree strongly
  2. Agree somewhat
  3. Disagree somewhat
  4. Disagree strongly

 C I find satisfaction in being able to figure things out in advance in such a way as to enable my idea to come through at the end of any meeting.
  1. Agree strongly
  2. Agree somewhat
  3. Disagree somewhat
  4. Disagree strongly

 イ　飛行機の事故があったとします．あなたは，つぎのどちらの社長の態度がよいと思いますか？

| 1　社長はまず犠牲者の家をあやまってまわる |
| 2　社長は原因の調査などに努力する |

 ロ　中学生が先生の引率で旅行に行ったところ，ある生徒が夜中に1人で外出して自動車にひかれたとします．つぎの意見のうち，あなたの意見に近いのはどちらですか？

| 1　学校の旅行中に起きた事件だから先生に責任がある |
| 2　その生徒は夜中に1人で外出したのだから先生に責任はない |

英語

英　語　調　査　票

性　別　　1. 男　　2. 女

年　齢　　昭和＿＿＿年＿＿＿月＿＿＿日生まれ

学　年　　　　学部＿＿＿＿＿　学科＿＿＿＿＿　専攻＿＿＿＿＿

学籍番号　＿＿＿＿＿＿＿＿＿

氏　名　　　＿＿＿＿＿＿＿＿＿＿＿

記　入　の　要　領

1) この調査票の質問の順序通りに上から1問，1問回答を記入してください．
2) 回答の記入は回答欄の該当する答の前の数字を，原則として1つ○でかこんでください．
3) どうしても，あてはまる回答が印刷してないときは回答欄の余白に回答の要点をお書きください．
4) A, B, Cの質問については，回答のほかに，日本語に訳したものも記入してください．

イ　飛行機の事故があったとします．あなたは，つぎのどちらの社長の態度がよいと思いますか？

> 1　社長はまず犠牲者の家をあやまってまわる
> 2　社長は原因の調査などに努力する

ロ　中学生が先生の引率で旅行に行ったところ，ある生徒が夜中に1人で外出して自動車にひかれたとします．つぎの意見のうち，あなたの意見に近いのはどちらですか？

> 1　学校の旅行中に起きた事件だから先生に責任がある
> 2　その生徒は夜中に1人で外出したのだから先生に責任はない

ハ　イソップの物語の中に怠け者のキリギリスと働き者のアリの話があります．夏中，歌ばかりうたっていたキリギリスが，冬になって食べる物がなくなり困ってしまい夏中働いていたアリの所へやってきました．この時のアリの答えには次のような2つの型があります．あなたは，このお話しの結びとして，この中のどちらがご自分の気持にしっくりしますか？

> 1　夏中怠けていたのだから，困るのが当然だと追い返してしまう
> 2　怠けていたのはいけないけれども，これからはちゃんと働くのですよといさめた上で食べ物をわけてあげる

A　What matters the most is how effective I am in getting what I want out of my life.
   1. Agree strongly
   2. Agree somewhat
   3. Disagree somewhat
   4. Disagree strongly

B　I let the situation develop itself rather than pushing my own ideas through, when I am with people.
   1. Agree strongly
   2. Agree somewhat
   3. Disagree somewhat
   4. Disagree strongly

40　第II部　第I部の方法論的注

ハ　イソップの物語の中に怠け者のキリギリスと働き者のアリの話があります．夏中，歌ばかりうたっていたキリギリスが，冬になって食べる物がなくなり困ってしまい夏中働いていたアリの所へやってきました．この時のアリの答えには次のような2つの型があります．あなたは，このお話しの結びとして，この中のどちらがご自分の気持にしっくりしますか？

| 1　夏中怠けていたのだから，困るのが当然だと追い返してしまう |
| 2　怠けていたのはいけないけれども，これからはちゃんと働くのですよといさめた上で食べ物をわけてあげる |

問1　もし，一生，楽に生活できるだけのお金がたまったとしたら，あなたはずっと働きますか，それとも働くのをやめますか？

| 1　ずっと働く　　　　　　　　　　　2　働くのをやめる |

問2　こういう意見があります．
「日本の国をよくするためには，すぐれた政治家がでてきたら，国民がたがいに議論をたたかわせるよりは，その人にまかせる方がよい」
というのですが，あなたはこれに賛成ですか，それとも反対ですか？

| 1　賛成〔まかせる〕　　　　　2　反対〔まかせっきりはいけない〕 |

問3　小学校に行っているくらいの子供をそだてるのに，つぎのような意見があります．
「小さいときから，お金は人にとって，いちばん大切なものだと教えるのがよい」
というのです．あなたはこの意見に賛成ですか，それとも反対ですか？

| 1　賛成　　　　　2　反対　　　　　3　いちがいにはいえない |

問4　こういう意見があります．
「世の中は，だんだん科学や技術が発達して，便利になって来るが，それにつれて人間らしさがなくなって行く」
というのですが，あなたはこの意見に賛成ですか，それとも反対ですか？

| 1　賛成〔人間らしさはへる〕　　　　　2　いちがいにはいえない |
| 3　反対〔人間らしさ，不変，ふえる〕 |

問5　ある人が犯罪を犯したとき，実際にやった行為によってその人を罰するべきでしょうか，それとも，しようと意図したことによって罰するべきでしょうか？

| 1　実際にやった行為　　　　　　　2　意図したこと |

問6-1　あなたが，ある会社の社長だったとします．その会社で，新しく職員を1人採用するために試験をしました．入社試験をまかせておいた課長が，
「社長のご親戚の方は2番でした．しかし，私としましては，1番の人でも，ご親戚の方でも，どちらでもよいと思いますがどうしましょうか」
と社長のあなたに報告しました．あなたはどちらをとれ（採用しろ）といいますか？

| 1　1番の人を採用するようにいう |
| 2　親戚を採用するようにいう |

C   I find satisfaction in being able to figure things out in advance in such a way as to enable my idea to come through at the end of any meeting.
1. Agree strongly
2. Agree somewhat
3. Disagree somewhat
4. Disagree strongly

1   If you were to get enough money to live as comfortable as you would like for the rest of your life, would you continue to work or would you stop working?
1. Continue to work
2. Stop working

2   Some people say that if we get outstanding political leaders, the best way to improve the country is for the people to leave everything to them, rather than for the people to discuss things among themselves. Do you agree with this, or disagree?
1. Agree
2. Disagree

3   In raising children of elementary school age, some people think that one should teach them that money is the most important thing. Do you agree with this or not?
1. Agree
2. Disagree
3. Undecided

4   Some people say that with the development of science and technology, life becomes more convenient, but at the same time a lot of human feeling is lost. Do you agree with this opinion or do you disagree?
1. Agree
2. Disagree
3. Undecided

5   Do you think a punishment for a criminal offense should reflect what the individual actually did, or what as individual intended to do?
1. What individual actually did
2. What individual intended to do

6-1   Suppose that you are the president of a company. The company decides to employ one person, and then carries out an employment examination.
The supervisor in charge reports to you saying, "Your relative who took the examination got the second highest grade. But I believe that either your relative or the candidate who got the highest grade would be satisfactory. What shall we do?"
In such a case, which person would you employ?
1. One with the highest grade
2. Your relative

問6-2 それでは，このばあい，2番になったのがあなたの親戚の子供でなくて，あなたの恩人の子供だったとしたら，あなたはどうしますか？（どちらをとれといいますか？）

| 1 1番の人を採用するようにいう |
| 2 恩人の子供を採用するようにいう |

問7 つぎのうち，大切なことを<u>2つ</u>あげてくれといわれたら，どれにしますか？

| 1 親孝行をすること | 2 恩返しをすること |
| 3 個人の権利を尊重すること | 4 自由を尊重すること |

問8 あなたは，自分が正しいと思えば世のしきたりに反しても，それをおし通すべきだと思いますか，それとも世間のしきたりに，従った方がまちがいないと思いますか？

| 1 おし通せ | 2 従え | 3 場合による |

問9 ある会社につぎのような2人の課長がいます．もしあなたが使われるとしたら，どちらの課長につかわれる方がよいと思いますか，どちらか1つあげて下さい？

| 1 規則をまげてまで，無理な仕事をさせることはありませんが，仕事以外のことでは人のめんどうを見ません |
| 2 時には規則をまげて，無理な仕事をさせることもありますが，仕事のこと以外でも人のめんどうをよく見ます |

問10 自然と人間との関係について，つぎのような意見があります．あなたがこのうち真実に近い（ほんとうのことに近い）と思うものを，1つだけえらんで下さい？

| 1 人間が幸福になるためには，自然に従わなければならない |
| 2 人間が幸福になるためには，自然を利用しなければならない |
| 3 人間が幸福になるためには，自然を征服してゆかなければならない |

問11 つぎのうち，あなたはどちらが人間として望ましいとお考えですか？

| 1 他人と仲がよく，なにかと頼りになるが，仕事の上ではパッとしない人 |
| 2 仕事はよくできるが，他人の事情や心配事には無関心な人 |

問12a つぎのような意見があります．
「法を犯さなければ何をしてもよい」という意見に，賛成ですか，反対ですか？

| 1 賛　成 | 2 やや賛成 |
| 3 やや反対 | 4 反　対 |

b では，
「たいていのことは金でなんとかなる」という意見には，賛成ですか，反対ですか？

| 1 賛　成 | 2 やや賛成 |
| 3 やや反対 | 4 反　対 |

c では，
「人の身の上に起きることは，よいことでもわるいことでも，その人の責任だ」
というのですが，あなたはこの意見に賛成ですか，反対ですか？

| 1 賛　成 | 2 やや賛成 |
| 3 やや反対 | 4 反　対 |

6-2   In the last question we supposed that the one getting the second highest grade was your relative. Suppose that the one who got the second highest grade was the son of parents to whom you felt indebted. Which person would you employ?
   1. One with the highest grade
   2. Son of your benefactor

7   If you were asked to choose two most important items out of the following, which two would you choose?
   1. Filial piety, respect to your parents
   2. Repaying obligations to benefactors
   3. Respecting rights of the individual
   4. Respecting freedom of the individual

8   If you think a thing is right, do you think you should go ahead and do it even if it is contrary to usual custom, or do you think you are less apt to make a mistake if you follow custom?
   1. Go ahead
   2. Follow custom
   3. Depends on

9   Suppose you are working in a firm in which there are two types of department chiefs. Which of these two would you prefer to work under?
   1. A : A man who always sticks to the work rules and never demands any unreasonable work, but who, on the other hand, never does anything for you personally in matters not connected with the work
   2. B : A man who sometimes demands extra work in spite of rules against it, but who, on the other hand, looks after you personally in matters not connected with the work

10   Here are three opinions about man and nature. Which one of these do you think is closest to the truth?
   1. In order to be happy, man must follow nature
   2. In order to be happy, man must make use of nature
   3. In order to be happy, man must conquer nature

11   Whom do you consider more desirable as a man?
   1. Mr. S. who is friendly and can be counted on to help others but is not an efficient worker
   2. Mr. T. who is an efficient worker but is indifferent to the worries and affairs of others

12-a   As long as I do not break any law, I may do as I please.
   1. Agree
   2. Agree somewhat
   3. Disagree somewhat
   4. Disagree

12-b   Money can solve most problems.
   1. Agree
   2. Agree somewhat
   3. Disagree somewhat
   4. Disagree

12-c   What happens to me, success or failure, is my own doing.
   1. Agree
   2. Agree somewhat
   3. Disagree somewhat
   4. Disagree

第Ⅱ部　第Ⅰ部の方法論的注

問 13 あなたはつぎの意見の，どちらに賛成ですか．1つだけあげてください？

```
1  個人が幸福になって，はじめて日本全体がよくなる
2  日本がよくなって，はじめて個人が幸福になる
3  日本がよくなることも，個人が幸福になることも同じである
```

問 14 ここに，これからの日本で考えていかなければならないことが，いくつか書いてあります．この中からえらぶとしたら，一番重要なものはどれですか？

```
1  国の秩序を維持すること
2  重要な政策をきめるとき，ひとびとがもっと発言すること
3  物価の上昇をくいとめること
4  言論の自由を守ること
```

問 15 たいていの人は，他人の役にたとうとしていると思いますか，それとも，自分のことだけに気をくばっていると思いますか？

```
1  他人の役にたとうとしている
2  自分のことだけに気をくばっている
```

問 16 他人は，スキがあれば，あなたを利用しようとしていると思いますか，それとも，そんなことはないと思いますか？

```
1  利用しようとしていると思う
2  そんなことはないと思う
```

問 17 たいていの人は信頼できると思いますか，それとも，用心するにこしたことはないと思いますか？

```
1  信頼できると思う
2  用心するにこしたことはないと思う
```

問 18a あなたは，何か信仰とか信心とかを持っていますか？

```
1  もっている，信じている
2  もっていない，信じていない，関心がない  →  問bへ
```

　　b それでは，いままでの宗教にはかかわりなく，「宗教的な心」というものを，大切だと思いますか，それとも大切だとは思いませんか？

```
1  大　切              2  大切でない
```

13 Please choose from among the following statements the one with which you agree most.
   1. If individuals are made happy, then and only then will the country as a whole improve
   2. If the country as a whole improves, then and only then can individuals be made happy
   3. Improving the country and making individuals happy are the same thing

14 If you had to choose, which one of the things on this card would you say is most desirable?
   1. Maintaining order in the nation
   2. Giving people more say in important governmental decisions
   3. Fighting rising prices
   4. Protecting freedom of speech

15 Would you say that most of the time, people try to be helpful, or that they are mostly just looking out for themselves?
   1. Try to be helpful
   2. Mostly just look out for themselves

16 Do you think that most people would try to take advantage of you if they got the chance, or would they try to be fair?
   1. Try to take advantage of you if they got the chance
   2. Try to be fair

17 Generally speaking, would you say that most people can be trusted or that you can't be too careful in dealing with people?
   1. Most people can be trusted
   2. You can't be too careful in dealing with people

18-a Do you have any personal religious faith?
   1. Yes
   2. No

18-b Without reference to any of the established religions, do you think a religious attitude is important, or not important?
   1. Important
   2. Not important

なお，1979年においては国際基督教大学の学生（社会心理学受講者）91名（日群45人，英群46人）に対して同様の調査を行なった．質問はかなり重複させてあり，修正を含めると著しい違いはない．質問の形式的特色と80年，79年調査項目の対比を表II-11に掲げておく．なお，80年調査は，後述する日米比較のとき用いた質問項目の多くを含めてある．

表 II-11 学生調査：質問項目の対比（日英比較のもののみ）

		79年	80年	
二つの選択肢 （中間なし）	日	1 一生働くか 2 先生悪事 5 犯罪の罰（行為か動機か） 6 恩人キトク 8 スジかまるくか 9 人情課長 11 仕事か仲よくか	1 一生働くか 2 政治家にまかせるか 5 犯罪の罰（行為か意図か）㊥㊐とも変更 6-1 入社試験　親戚 6-2　　　　　恩人の子 9 人情課長 11 仕事か仲よくか 18 宗教　a 持っているか 　　　　 b 宗教心大切か	
	米	16 他人の役にたとうとしているか 17 スキあれば利用か 18 人は信頼できるか	15 他人の役にたとうとしているか 16 スキあれば利用か 17 人は信頼できるか	㊥ 選択肢のところ 下線回答欄の文章省略なし
二つの選択肢 （中間あり）		3 金は大切と教えるか 4 人間らしさ	3 金は大切と教えるか 4 人間らしさ　㊥ cannot say → undecided 8 しきたりに従うか	
三つ以上の選択肢 （段階でない）		10 くらし方 13 社会変革 14 就職の条件 15 日本の考えるべきこと	10 自然と人間 13 日本と個人の幸福 14 日本の考えるべきこと	
三つ以上の選択肢 （段階）		12 a 法を犯さねば何をしてもよい 　 b たいていの事は金で 　 c 何事もその人の責任	12 a 法を犯さねば何をしてもよい 　 b たいていの事は金で 　 c 何事もその人の責任	㊥ 選択肢1,4の strongly とる
回答を二つ以上選ぶ		7 大切な道徳 　四つの徳目をあげ，二つを選択させる	7 大切な道徳	

（注）―――は同一質問，-------は一部修正，無印はその年のみの質問．

まず，日群・英群の同質性をみるために共通項目の回答関係をみよう．図II-10にこれを示すが，横軸は日群のある回答肢への反応比率，縦軸は英群のある回答肢への反応比率を表し，点は各質問の同じ回答肢に対する両群の結果（%）を示す．この図から両群はよく一致しており，変化はランダム変動の範囲であることがわかる．図の曲線はランダム変動の限界を示すものである．これは45°の直線上を中心とし半径 $2\sqrt{\dfrac{P(1-P)}{n}}$ の円周の包絡線として描かれている．p_1, p_2 は両群のある回答肢の比率，n_1, n_2 はそれぞれの標本数，2は信頼度95%を示す係数，$n_1 \fallingdotseq n_2 \fallingdotseq n$，

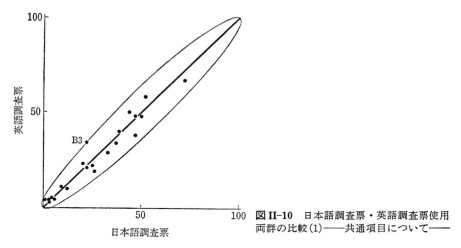

図 II-10 日本語調査票・英語調査票使用両群の比較(1)――共通項目について――

$p_1 ≒ p_2 ≒ P$ として計算してある．P が 1 もしくは 0 に近いところは不正確である．

両群の一応の同質性がわかったので各質問における回答の関係をみよう．図 II-11 中の曲線は前述の通りである．

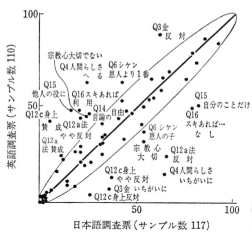

図 II-11 両群の比較(2)――各質問項目の回答支持率について――

また，日英両群の回答比率の差

$$p_日 - p_英 = p$$

を考え，この差の大きさが，

$$E(p_日) = E(p_英) = P$$

と仮定したときのランダム変動の範囲 σ_P を超えるかどうか検討した．ここで，σ_P は

$$\sigma_P = \frac{2\sqrt{2P(1-P)}}{\sqrt{n}}$$

である(ただし, $n_1 \fallingdotseq n_2$ (117 と 110) なので $n \fallingdotseq 100$ と考え, $\sqrt{n} \fallingdotseq 10$ とした).

図II-12は，横軸に P をとり，縦軸には $|p_日 - p_英|$ をとり, σ_P のグラフも示した. σ_P の曲線外にある点(項目)がランダム変動 ($E(p_日) = E(p_英) = P$ としたとき)の範囲を超えたものであることを示している.

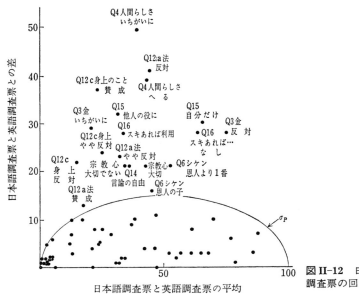

図II-12　日本語調査票と英語調査票の回答支持率の差

これらを通して, ランダム変動を超えたものはどのようなものかを調べてみよう. 大きく分類してみると表II-12のようになる.

表II-12

Q3	金は一番大切と教えるか	ともに「いちがいにはいえない」が選択肢の中に入っている
Q4	科学文明観	
Q6	恩人の子か一番か	日本的質問
	宗教的な心は大切か	日本語のニュアンスが英語で読みとれぬのではないか
Q12 a		回答に段階のついた質問
c		Q12 b は一致している(一つの回答肢への回答率が極めて高い)
Q14		選択肢が多い
		英語のとき言論の自由が多くなる
Q15		原文が英語で, この意味するところを明確に理解するには高
Q16		い語学力を必要とする

まず, Q3, Q4であるが, 「いちがいにはいえない」が日本文の中に入っている. これは日本人の好きな回答で, これを選択肢の中へ入れると必ず大きな数字を示す(とくに, 自記式調査の場合はいちじるしい). 英語で undecided (あるいは can not say, depend upon circumstances) という場合と, 日本語の「いちがいにはいえない」とでは, 日本人の大学生に与える言葉のニュアン

スが異なることと思われる．このため，英文で質問すると割り切ってしまう回答が多くなり，日本文で質問すると「いちがいにはいえない」が多くなり，割り切ってしまうことがより少なくなる．Q3の'「金は大切」と教える'という質問項目のように反対が大きな比率を占めるものでもこの傾向があり（'いちがいにはいえない'が日本文で40%），Q4のようなものでは70%近く出てしまう．こういう意味で，中間的回答を入れることは，日本人にとって，英文による調査は異なったものになることがわかる．これがアメリカ人の場合に日英両語で調査したときどうなるのか？は，はなはだ興味あるところである（中間回答の問題についてはiii)後注で述べる）．

'入社させるのに，恩人の子供か成績が1番か'の質問では，'恩人'という語感と'you felt indebted'という語感が日本人にとって異なるのではないか．'恩人'ということの日本人大学生がもつイメージは'you felt indebted+α'ということではなかろうか．英文では，'恩人の子より1番の人'が多目に出るのである．'宗教的な心は大切'も同様な語感で日本語の方が多く出ている．

Q14で'言論の自由'が英語に多いのは'protecting freedom of speech'という語感であろうが，この点は判然としない．

Q12のa,cは，質問文を短くした（つまり，よくよく考えると多義的になる傾向がある）上での段階付けの回答の問題である．賛成，やや賛成，やや反対，反対とagree, agree somewhat, disagree somewhat, disagreeが短い質問の文章のニュアンスとの絡みで日本人にとって必ずしも対応しないのではないかと思われる．Q12のbは'金で万事解決できる'ということなので問題はきわめて明快で，'反対'が多く回答が偏っているので差が出ていないのではないかと思われる．

Q15, Q16は，原文が英語のものでなかなか語学的に難しい問題である．日本文と英文との意味が日本人大学生にとって異なったものになっていると考えてよい．同じ系列でQ17は不一致側に出ていない．これも日本語の語感としての'自分のことだけ考えている'，'スキがあれば利用しようとしていることはない'と英文の感覚とが対応して受け取られていないと見てよかろう．

以上のほかのものは，ランダム変動の範囲内にとどまっており，全22問中で回答のパーセントがこの意味で一致しているものは13問であり，Q3, Q4の不一致は十分理解できるところである．Q14も一つの回答のみであり，ランダム変動の範囲を外れてはいるがそう大きい差ではない．Q6の'恩人の子'，'宗教'での違いも理解できないことではないし，範囲からの外れも少ない方である．したがって，日本文・英文による調査結果で両者のくい違いが大きく，問題とすべき質問項目あるいは調査方法は，段階のつけ方の問題，原文英語の2問ということになり，検討すべきものである．

79年度に行なった国際基督教大学の結果をみると，ランダム変動の範囲外にあるものは両年に共通した問題Q3, Q4（表II-11参照）という「いちがいにはいえない」という選択肢の入った場合，Q12のaとc，Q16の'スキがあれば利用しようとしている'という質問文で，80年の筑波大学生

の調査結果と同じようなものが外れている．なお，Q14，Q15はこの場合はランダム変動の範囲に入っている．なお，Q12 の段階付けは，このときは賛成，やや賛成，やや反対，反対，英語の方は agree strongly, agree somewhat, disagree somewhat, disagree strongly である．80年では strongly を落としてある．いずれにしても質問文を短くした上での段階付けの回答は質問文の多義性と回答との対応において，言語の問題を含めて難しいものであり，中間回答「いちがいにはいえない」を持つ質問とともに比較研究において不明の点が多く，避けた方が賢明であると考えられる．

なお，上記分析中で問題となった原文英語の質問の2問(Q15, Q16)と，やはり，原文英語のQ17を加えたものについて分析を行なってみよう．この3問はアメリカにおいて，人間の信頼感についてスケールをうまく作るといわれているものである．日本文と英文でどうなるか（筑波大学生の場合）．

表 II-13

			回答 %	
			日本文	英文
Q15	1	他人の役に立とうとしている	16	48
	2	自分のことだけ考えている	81	51
	DK		3	1
Q16	1	スキがあれば利用しようとしている	21	48
	2	そんなことはない	78	50
	DK		1	2
Q17	1	信頼できる	58	55
	2	用心するにこしたことはない	40	44
	DK		2	1

表 II-13 は単問での集計で，これを組み合せたものを示せば表 II-14 のようになる．

日本語では回答パタンが表 II-14 の記号で２２１というタイプがきわめて多く，他の日本人調査にも見られる特色をよくあらわしており，表 II-14 中の東京工大のデータの傾向もそうである．英文によるとバラバラに分布し正にランダムの様相を呈しているのは面白い．参考のために日本語調査票による東京工大，英語調査票によるバンコクのチュラロンコン大学工学部，バンコクのアジア工大（各人種が集まっている），シンガポール大学の各調査の比率の多いところをみると，やはり日本の英語調査票使用群と著しく異なっており，日本の英語での調査はそれなりの特色をもっている．マレー語のマレーシア大学の調査も著しく違う．しかし，東南アジア人同士の方が多い比率を示すところがより似ており，日本よりは近い．日本での英語調査で特別の型がでないということは，質問文の真意がよく理解されていない——語学力不足——ということを裏書きし

表 II-14

回答パタン Q15 16 17	% 日本語	英語	参　考　% 東京工大 (日本語)	チュラロンコン大学 (英語)	マレーシア大学 (マレー語)	シンガポール大学 (英語)	アジア工大 (バンコク) (英語)
2 2 1	41	15	30	7	1	12	2
2 2 2	22	11	14	12	12	9	8
2 1 2	13	12	24	32	48	30	20
1 2 1	9	17	14	9	2	13	30
2 1 1	4	13	5	9	4	6	9
1 1 1	3	10	3	4	0	5	6
1 2 2	3	7	8	5	6	10	14
1 1 2	1	14	1	22	27	13	12
その他	4	1					

ているとの仮説が成り立とう．

　それでは，日英両質問文の場合，"考えの筋道"はどうなるか．この問題を検討するため，前記質問文(38～45頁参照)中，後に述べる日米比較の柱となっている質問をとりあげた．

　まず，第III部で詳しく述べる「伝統―近代」という"考えの筋道"を明確にあらわしている質問，2, 6-1, 6-2, 7, 9, 11 をとりあげる．なお，1978年国民性調査において20～24歳の年齢層で特異な傾向を示し始めた質問，8, 10, 13 は除外した[5]．次に，アメリカと日本と類似の傾向を示す'人間の信頼感'，'科学文明観'，'仕事に対する意見'に関する質問，1, 4, 15, 16, 17 をとりあげ，パタン分類の数量化(第IV部第4章参照)の方法を用いて"考えの筋道"を出してみた．とりあげた質問と図II-13中のアルファベットの対照は表II-15の通りである．添字は回答選択肢を示す．

表 II-15　対照表

質問	記号	質問	記号
1	A	10*	K
2	B	11	L
3*	C	12a*	M
4	D	12b*	N
5*	E	12c*	O
6-1	F	13*	P
6-2	G	14*	Q
7	H	15	R
8*	I	16	S
9	J	17	T

* パタン分類の数量化の分析に入れなかった質問を示す．

　「伝統―近代」に関する質問群の分析からみよう．図II-13にみられるように日群・英群の回答結果を解析すると，日本語調査票，英語調査票の図において，軸の傾き方に差異はあるものの，大局的には両者とも日本人の考え方からみて伝統的回答と近代的回答とを対比させて考える軸が

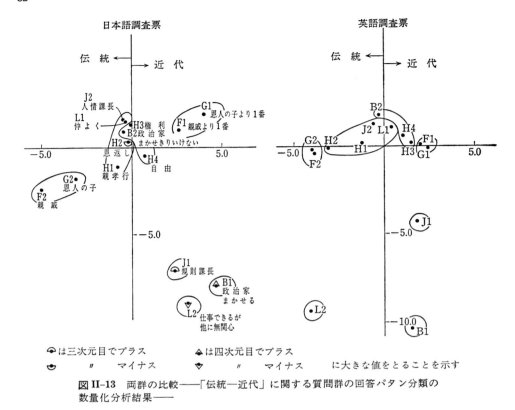

図 II-13 両群の比較――「伝統―近代」に関する質問群の回答パタン分類の数量化分析結果――

はっきり析出されていることがわかる（これを「伝統―近代」の軸と名付けることにする）．支持比率の少ない少数意見である，'政治家にまかせる'，'規則を守る課長がよい'，'仕事はできるが他のことに無関心な人がよい'の，三つの回答が日英両方で同じように飛び抜けて離れているのである．この質問群に関する限り同じ傾向ということができ，妥当性の一例とみることができる．参考のため全国調査(1978)の分析結果および20～24歳の年齢層の分析結果をあげておく（図II-14）．学生と同様の傾向が出ているが，図II-14にみられるように，この方が二次元的に意見のクラスターができ，意見の分離がキメが細かく，筑波大学生の方に単純構造が示されていると考えてよかろう．（筑波大学生の分析結果で大きく外れる上記の3回答を除き，甲の線上に投影してみると「伝統－近代」の軸が単純化されてくる．）

次に，日米比較で日本の結果とアメリカの結果とが同様な構造を示した質問項目の組について分析をしてみると，図II-15のようになり，'人間の信頼感'の軸ははっきり出ている――三重分類表であると，さきに示したように英文調査の結果ではバラバラに散ってしまうが，この場合には軸が見えている――．'仕事観'がやや異なって日本語調査の結果だと独立に第2軸を形成しているが（日本語の全国調査と同傾向），英語調査の場合は，'信頼感・不信感'の軸の上に乗り，アメ

リカの傾向に似ている（第III部第4章～第6章の日米比較の項参照）．'科学文明観'については，日群・英群でははなはだしく異なっている．これは，'いちがいにはいえない'という回答が前に示したように，日本語調査できわめて多く，英語調査の場合に少ないという理由で，回答構造が異

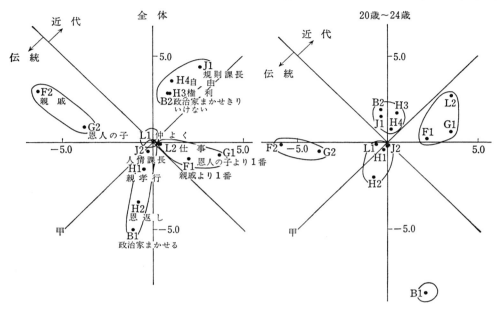

図 II-14 「伝統―近代」に関する質問群の回答パタン分類の数量化分析結果
――全国調査(1978)，および 20～24歳の年齢層――

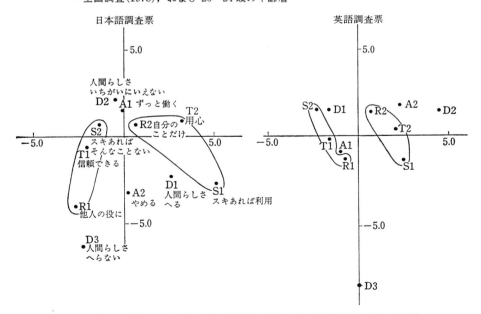

図 II-15 両群の比較――信頼感，仕事観等の回答パタン分類の数量化分析結果――

なったものになっているためと考えられる．

　以上，"考えの筋道"の立場からみると，回答頻度の特に少ないもの，回答の質の異なるものを除いて，頻度に差はあるものの日英両質問文による回答構造は，筑波大学生において大略同一の形を析出しているものと見てよかろう．この点は注目しておくべきところである．

翻訳の比較検討調査の日本語調査票

調　査　票

統計数理研究所（東京）

始めの挨拶のしかた（調査のおねがい）

統計数理研究所では，これまで20年以上にわたって日本において各種の意見調査をおこなっております．このたび研究所ではハワイ在住のかたがたの意見調査を実施する計画をたて，調査をおこなっております．いろいろなことに関して，あなたのお考えをお聞かせいただきたいと存じます．
　この調査は全く学問的な研究をするのが目的ですから，あなたのお名前を出したり，あなたのお答えを他人にもらしたりするようなことは絶対にいたしません．
　しばらくの間，よろしくお願いいたします．

　　　　被調査者番号 No.＿＿＿＿＿＿＿
　　　　調査者氏名＿＿＿＿＿＿＿
　　　　被調査者氏名＿＿＿＿＿＿＿
　　　　訪問回数　1　2　3　　　　　　調査時間＿＿＿から＿＿＿まで

1. もういちど生れかわるとしたら，あなたは男と女の，どちらに，生れてきたいと思いますか？

1　男に	2　女に
3　その他〔記入〕	4　D. K.

2. 小学校に行っているくらいの子供をそだてるのに，つぎのような意見があります．
　「小さいときから，お金は人にとって，いちばん大切なものだと教えるのがよい」
　というのです．あなたはこの意見に賛成ですか，それとも反対ですか？

1　賛成	2　反対
3　いちがいにはいえない	
4　その他〔記入〕	5　D. K.

3. 子供がないときは，たとえ血のつながりがない他人の子供でも，養子にもらって家をつがせた方がよいと思いますか，それとも，つがせる必要はないと思いますか？

1　つがせた方がよい	2　つがせないでもよい，意味がない
3　場合による	
4　その他〔記入〕	5　D. K.

ii 両国語を理解する日系アメリカ人における調査

前節 i では日本人に対する検討を行なったが，ここでは，原日本語質問文から英語質問文への翻訳に関連した問題点を検討するため，ハワイにおけるホノルル一般市民調査と並行してホノルル市で実施した比較検討調査の結果を示す[6]．

翻訳の比較検討調査の英語調査票

<u>Confidential</u>   Winter 1977-78

Questionnaire
for
A Study of Japanese-Americans in Honolulu

The Institute of Statistical Mathematics, which has been conducting opinion surveys in Japan for twenty years, has decided recently to expand its study to include Japanese overseas. This is the Institute's first attempt to study how Japanese-Americans live in Hawaii. We would like to know your views on various things. The survey is conducted solely for the purpose of academic reasons. Consequently, individual responses will be kept completely confidential. We would very much appreciate your answering our questions as quickly as you can.

Institute of Statistical Mathematics
Tokyo, Japan

    Sample No. _____
    Interviewed by : _____
    Respondent Name _____
    Number of times contacted : <u> 1   2   3 </u>   Time : _____ to _____

1. If you could be born again, would you rather be a man or a woman?
    1. Man   2. Woman
    3. Other _____   4. DK

2. In bringing up children of primary school age, some people think that one should teach them that money is the most important thing. Do you agree with this or not?
    1. Agree   2. Disagree
    3. Undicided   4. Other _____
    5. DK

3. If you had no children, would you think it desirable to adopt a child in order to continue the family line, even if there is no blood relationship? Or do you not think this is important?
    1. Would adopt   2. Would not adopt
    3. Depends on   4. Other _____
    5. DK

4. こういう意見があります．
「世の中は，だんだん科学や技術が発達して，便利になって来るが，それにつれて人間らしさがなくなって行く」
というのですが，あなたはこの意見に賛成ですか，それとも反対ですか？

1 賛成〔人間らしさはへる〕	2 いちがいにはいえない
3 反対〔人間らしさ，不変，ふえる〕	
4 その他〔記入〕	5 D.K.

5. もし，一生楽に生活できるだけのお金がたまったとしたら，あなたはずっと働きますか，それとも働くのをやめますか？

| 1 ずっと働く | 2 働くのをやめる |
| 3 その他〔記入〕 | 4 D.K. |

6. あなたは，自分が正しいと思えば世のしきたりに反しても，それをおし通すべきだと思いますか，それとも世間のしきたりに，従った方がまちがいないと思いますか？

1 おし通せ	2 従え
3 場合による	
4 その他〔記入〕	5 D.K.

7. 「先生が何か悪いことをした」というような話を，子供が聞いてきて，親にたずねたとき，親はそれがほんとうであることを知っている場合，子供には
「そんなことはない」
といった方がよいと思いますか，それとも
「それはほんとうだ」
といった方がよいと思いますか？

1 「そんなことはない」という	2 「ほんとうだ」という
3 時と場合による	
4 その他〔記入〕	5 D.K.

8. こういう意見があります．
「すぐれた政治家がでてきたら，国民が互いに議論をたたかわせるよりは，その人にまかせる方がよい」
というのですが，あなたはこれに賛成ですか，それとも反対ですか？

| 1 賛成（まかせる） | 2 反対（まかせっきりはいけない） |
| 3 その他〔記入〕 | 4 D.K. |

9. こういう意見があります．
「どんなに世の中が機械化しても，人の心の豊かさ（人間らしさ）はへりはしない」
というのですが，あなたはこの意見に賛成ですか，それとも反対ですか？

1 反対（へる）	2 いちがいにいえない
3 賛成（へらない）	
4 その他〔記入〕	5 D.K.

4. Some people say that with the development of science and technology, life becomes more convenient, but at the same time a lot of human feeling is lost. Do you agree with this opinion or do you disagree?

  1. Agree   2. Cannot say
  3. Disagree   4. Other _____
  5. DK

5. If you were to get enough money to live as comfortably as you would like for the rest of your life, would you continue to work or would you stop working?

  1. Continue to work   2. Stop working
  3. Other _____   4. DK

6. If you think a thing is right, do you think you should go ahead and do it even if it is contrary to usual custom, or do you think you are less apt to make a mistake if you follow custom?

  1. Go ahead   2. Follow custom
  3. Depends on   4. Other _____
  5. DK

7. Suppose that a child comes home and says that he has heard a rumor that his teacher had done something to get himself into trouble, and suppose that the parent knows this is true. Do you think it is better for the parent to tell the child that it is true, or to deny it?

  1. Deny it   2. Tell the truth
  3. Other _____   4. DK

8. Some people say that if we get good political leaders, the best way to improve the country is for the people to leave everything to them, rather than for the people to discuss things among themselves. Do you agree with this, or disagree?

  1. Agree   2. Disagree
  3. Other _____   4. DK

9. Some people say that however mechanized the world gets, nothing can reduce the richness of human feelings. Do you agree with this opinion, or do you disagree?

  1. Disagree   2. Cannot say
  3. Agree   4. Other _____
  5. DK

〔ここで調査票リストの用意をする〕

10. 〔リスト〕自然と人間との関係について，つぎのような意見があります．あなたがこのうち真実に近い（ほんとうのことに近い）と思うものを，ひとつだけえらんで下さい？

    | 1　人間が幸福になるためには，自然に従わなければならない |
    | 2　人間が幸福になるためには，自然を利用しなければならない |
    | 3　人間が幸福になるためには，自然を征服してゆかなければならない |
    | 4　その他〔記入〕　　　　　　　　　　　　　　　　5　D.K. |

11. 〔リスト〕あなたが，ある会社の社長だったとします．その会社で，新しく職員を1人採用するために試験をしました．入社試験をまかせておいた課長が，
    「社長のご親戚の方は2番でした．しかし私としましては，1番の人でも，ご親戚の方でも，どちらでもよいと思いますがどうしましょうか」
    と社長のあなたに報告しました．
    あなたはどちらをとれ（採用しろ）といいますか？

    | 1　1番の人を採用するようにいう　　　2　親戚を採用するようにいう |
    | 3　その他〔記入〕　　　　　　　　　　　　　　　　4　D.K. |

12. 〔つぎのリスト〕それでは，このばあい，2番になったのがあなたの親戚の子供でなくて，あなたの恩人の子供だったとしたら，あなたはどうしますか？（どちらをとれといいますか？）

    | 1　1番の人を採用するようにいう　　　2　恩人の子供を採用するようにいう |
    | 3　その他〔記入〕　　　　　　　　　　　　　　　　4　D.K. |

13. 〔リスト〕ある会社につぎのような2人の課長がいます．もしあなたが使われるとしたら，どちらの課長につかわれる方がよいと思いますか，どちらか1つあげて下さい？

    | 1　規則をまげてまで，無理な仕事をさせることはありませんが，仕事以外のことでは人のめんどうを見ません |
    | 2　時には規則をまげて，無理な仕事をさせることもありますが，仕事のこと以外でも人のめんどうをよく見ます |
    | 3　その他〔記入〕　　　　　　　　　　　　　　　　4　D.K. |

14. 〔リスト〕人のくらし方には，いろいろあるでしょうが，つぎにあげるもののうちで，どれが一番，あなた自身の気持に近いものですか？

    | 1　一生けんめい働き，金持ちになること |
    | 2　まじめに勉強して，名をあげること |
    | 3　金や名誉を考えずに，自分の趣味にあったくらし方をすること |
    | 4　その日その日を，のんきにクヨクヨしないでくらすこと |
    | 5　世の中の正しくないことを押しのけて，どこまでも清く正しくくらすこと |
    | 6　自分の一身のことを考えずに，社会のためにすべてを捧げてくらすこと |
    | 7　その他〔記入〕　　　　　　　　　　　　　　　　8　D.K. |

10. Here are three opinions about man and nature. Which one of these do you think is closest to the truth? (Show Answer Sheet)
    1. In order to be happy, man must follow nature
    2. In order to be happy, man must make use of nature
    3. In order to be happy, man must conquer nature
    4. Other _____   5. DK

11. Suppose that you are the president of a company. The company decides to employ one person, and then carries out an employment examination. The supervisor in charge reports to you saying, "Your relative who took the examination got the second highest grade. But I believe that either your relative or the candidate who got the highest grade would be satisfactory. What shall we do?" In such a case, which person would you employ? (Show Answer Sheet)
    1. One with the highest grade
    2. Your relative
    3. Other _____   4. DK

12. In the last question we supposed that the one getting the second highest grade was your relative. Suppose that the second was the son of parents to whom you felt indebted. Which person would you employ? (Show Answer Sheet)
    1. One with the highest grade
    2. Son of your benefactor
    3. Other _____   4. DK

13. Suppose you are working in a firm in which there are two types of department chiefs. Which of these two would you prefer to work under? (Show Answer Sheet)
    1. A man who always sticks to the work rules and never demands any unreasonable work, but who, on the other hand, never does anything for you personally in matters not connected with the work
    2. A man who sometimes demands extra work in spite of rules against it, but who, on the other hand, looks after you personally in matters not connected with the work
    3. Other _____   4. DK

14. There are all sorts of attitudes toward life. Which one of the following statements would you say comes closest to your way of life? (Show Answer Sheet)
    1. Work hard and get rich
    2. Study earnestly and make a name for yourself
    3. Don't think about money or fame; just live a life that suits your own taste
    4. Live each day as it comes, cheerfully and without worrying
    5. Resist all evils in the world and live a pure and just life
    6. Never think of yourself, give everything in service of society
    7. Other _____   8. DK

15. 〔リスト a から d まで共通〕
    a あなたは,「民主主義」について, どう思いますか. このうち, あなたの意見に一番ちかいのはどれですか?
    b それでは,「資本主義」についてどう思いますか?
    c では,「自由主義」についてはどうですか?
    d では,「社会主義」についてはどうですか?

a 民主主義	1 よい 2 時と場合による 3 よくない 4 その他〔記入〕 5 D.K.		
b 資本主義	1 よい 2 時と場合による 3 よくない 4 その他〔記入〕 5 D.K.		
c 自由主義	1 よい 2 時と場合による 3 よくない 4 その他〔記入〕 5 D.K.		
d 社会主義	1 よい 2 時と場合による 3 よくない 4 その他〔記入〕 5 D.K.		

16. 〔リスト〕 法律について, つぎのような2つの意見があります. あなたはどちらの意見に賛成ですか?

1 法律はおたがいにぐあいよく生活できるように, つくるべきである 2 法律は世の中に正義がおこなわれるように, つくるべきである 3 その他〔記入〕   4 D.K.

17. 〔リスト〕 つぎのうち, 大切なことを2つあげてくれといわれたら, どれにしますか?

1 親孝行をすること	2 恩返しをすること
3 個人の権利を尊重すること	4 自由を尊重すること
5 その他〔記入〕	6 D.K.

F 1. 性
   1. 男   2. 女

F 2. あなたのお生れはいつですか? ＿＿＿＿＿＿＿＿年生れ
   1. 1956 – 1960   2. 1951 – 1955   3. 1946 – 1950
   4. 1941 – 1945   5. 1936 – 1940   6. 1931 – 1935
   7. 1926 – 1930   8. 1921 – 1925   9. 1916 – 1920
   10. 1911 – 1915   11. 1910 年以前

F 3. あなたのお生れはどこですか?
   1. ハワイ： 何島の何町(市)か聞く＿＿＿＿＿＿＿
   2. 米国内： 何州の何町(市)か聞く＿＿＿＿＿＿＿
   3. 日　本： どの県の出身か聞く＿＿＿＿＿＿＿
   4. その他：＿＿＿＿＿＿＿

F 4. あなたの学歴はなんですか?
   1. 小学校, 学歴なし   2. 中学校
   3. 高等学校   4. 実業学校
   5. 短大, 大学   6. その他：学校名記入＿＿＿＿＿＿＿

15. What do you think about "Democracy", "Capitalism", "Liberalism", and "Socialism"? Would you point out on this List (Show Answer Sheet) the opinion that comes closest to yours?
    1. Favorable
    2. Depends on
    3. Unfavorable
    4. Other _____   5. DK

Democracy	1	2	3	4	5
Capitalism	1	2	3	4	5
Liberalism	1	2	3	4	5
Socialism	1	2	3	4	5

16. Here are two opinions about law. Which one would you agree with? (Show Answer Sheet)
    1. To provide people with a way to get along together easily
    2. To bring about justice in society
    3. Other _____   4. DK

17. If you were asked to choose two out of the following, which two would you choose? (Show Answer Sheet)
    1. Filial piety, obligational respect to your parents (Oya-kōkō)
    2. Repaying obligations to friends and benefactors (On-gaeshi)
    3. Respecting rights of the individual
    4. Respecting freedom of family members, friends, and others
    5. Other _____   6. DK

F 1. Sex
    1. Male   2. Female

F 2. When were you born?
    1. 1956 – 1960   2. 1951 – 1955   3. 1946 – 1950
    4. 1941 – 1945   5. 1936 – 1940   6. 1931 – 1935
    7. 1926 – 1930   8. 1921 – 1925   9. 1916 – 1920
    10. 1911 – 1915   11. 1910 or earlier

F 3. Where were you born?
    1. Hawaii: specify town or city and island _____
    2. Elsewhere U. S. A.: specify state _____
    3. Japan: specify prefecture _____
    4. Elsewhere: specify _____

F 4. What is your educational background?
    1. Elementary school or less
    2. Junior high school
    3. Senior high school
    4. Technical or business school
    5. University or college
    6. Graduate work or professional school (e. g., law school)

F 5. あなたのお仕事(職業)は何ですか？
仕事の性質，内容等を記入：職業名_____　内容_____
1. 専門的・技術的職業：大学教授，医師，教師，技術者，法律家
2. 管理的職業：政府の高級公務員，大企業の重役，支配人
3. 熟練的・技能的労働者：大工，電気工事技能者，職人
4. 農業
5. 半熟練および単純労働者：バス運転手
6. 事務的職業：事務員，保険外交員，巡査
7. サービス従業者：給仕，理髪職人，タクシー運転手
8. 主婦
9. 小企業主

F 6. 日本語をどのくらいうまく使えますか？
1. うまく使える　　　　　　　　2. ある程度使える
3. 日本語は分かるが話すことはできない　4. ほとんど使えない
5. 全然だめ

F 7. では，英語はどうですか(どのくらいうまく使えますか)？
1. うまく使える　　　　　　　　2. ある程度使える
3. 英語は分かるが話すことはできない　4. ほとんど使えない
5. 全然だめ

F 8. あなたは何世ですか？
1. 一世　　　　　　　　　　　　2. 二世
3. 三世　　　　　　　　　　　　4. 四世
5. 五世　　　　　　　　　　　　6. 両親が一世と二世
7. 両親が二世と三世　　　　　　8. 両親が三世と四世
9. 帰米(Kibei)　　　　　　　　10. 非日系人

F 9. 米国に何年くらい住んでおられますか？
1. 0－1年　　　　　2. 2－5年　　　　　3. 6－10年
4. 11－15年　　　　5. 16－20年　　　　6. 21－25年
7. 26－35年　　　　8. 36－45年　　　　9. 46年以上

F 10. あなたのご家族はあなたのことを何とよびますか？
1. 日本の名前でよぶ　　2. アメリカの名前でよぶ　　3. 両方

F 11. あなたの国籍はどこですか？
1. 米国で生まれ米国籍　　　　　2. 米国に帰化し米国籍
3. 永住権はあるが日本籍　　　　4. その他_____

F 12. おそれ入りますがあなたのお名前と電話番号をお教え下さい
名前_____　電話番号(　　　)_____

ご協力，どうもありがとうございました．

F 5. What is your regular occupation ? _____ Be specific.
   1. Professional : professor, physician, teacher, engineer, lawyer
   2. Managerial : high gov't official, manager, proprietor (large)
   3. Skilled worker : carpenter, electrician, machinist
   4. Farmar : agricultural worker
   5. Semi-skilled or unskilled worker : bus driver, laborer
   6. Clerical worker : clerk, insurance salesman, policeman
   7. Service worker : waiter, barber, cab driver
   8. Housewife
   9. Small businessman : small store owner/manager

F 6. How well do you use Japanese ?
   1. Fluently   2. Passably
   3. I can understand it, but I cannot speak it
   4. Very poorly   5. Not at all

F 7. How well do you use English ?
   1. Fluently   2. Passably
   3. I can understand it, but I cannot speak it
   4. Very poorly   5. Not at all

F 8. What generation are you ?
   1. Issei   2. Nisei
   3. Sansei   4. Yonsei
   5. Gosei   6. Parents : issei and nisei
   7. Parents : nisei and sansei   8. Parents : sansei and yonsei
   9. Kibei   10. Blank : non-Japanese

F 9. How long have you lived in the United States ?
   1. 0 – 1 year   2. 2 – 5 years   3. 6 – 10 years
   4. 11 – 15 years   5. 16 – 20 years   6. 21 – 25 years
   7. 26 – 35 years   8. 36 – 45 years   9. 46 years or more

F 10. What does your family call you ?
   1. Japanese name   2. American name   3. Both

F 11. What is your citizenship ?
   1. U. S. (born)   2. U. S. (naturalized)
   3. Japan (U. S. permanent resident)   4. Other _____

F 12. May I have your name and telephone number just in case in my office wants to verify this interview ? ENTER NAME AND PHONE NUMBER. IF NO PHONE OR REFUSED, CIRCLE APPROPRIATE CODE NUMBER

RESPONDENT'S NAME : _____   TELEPHONE NUMBER : _____
                                                    AREA
                                                    CODE   NUMBER
   1. No phone number   2. Refused phone number

IF TELEPHONE NUMBER IS GIVEN, ASK A :
   A. Is this phone located in your own home ?
   3. Yes   4. No (SPECIFY WHERE PHONE IS LOCATED)

比較の方法は，iの場合と同じく日本語および英語の両言語に堪能な人々からなる調査対象集団を折半して同じような2組に組分けし，この一方の組には英語調査票で，他方の組には日本語調査票で，この場合はiの自記式調査と異なり，それぞれ個別面接調査を行なった(調査の実施には，天理教ハワイ伝導庁のご協力を得た).

検討した質問項目は，「翻訳の比較検討調査の日本語(および英語)調査票」にある17項目である.

調査の実施過程で，日本語調査票使用の組の中でも，日本生まれの人とハワイ生まれの人の間では回答結果の異なるところが多く認められたので，結果の比較分析には，日本語調査票使用グループと英語調査票使用グループの間の全体を比較するだけでなく，表II-16に示したように，3者の間の比較をも行なうことにした．すなわち，a, bの間の比較により，一応，翻訳による差異をみることができ，b, cの間の比較により，日本とハワイとの間の差をみることができることになる．

表II-16 比較分析のグループ分け

	生まれ	使用調査票	回答者数
a)	ハワイ生まれ	英語調査票	87
b)	ハワイ生まれ	日本語調査票	59
c)	日本生まれ	日本語調査票	50

調査結果の検討に入るまえに，上記の3グループの間の属性構成別の差異について述べておく．以下の分析検討では，

A：〔英語調査票グループ〕対〔日本語調査票グループ〕

B：〔ハワイ生まれ・英語調査票グループ〕対〔ハワイ生まれ・日本語調査票グループ〕

C：〔ハワイ生まれ・日本語調査票グループ〕対〔日本生まれ・日本語調査票グループ〕

の3対を比較するので，これらの各対の属性構成についてみると表II-17のようになり，年齢構成以外の基本的な属性の差はみられない．しかし，言葉の問題になると，英語調査票使用のグループは英語に堪能な度合いが強く，日本語調査票使用のグループでは日本語に堪能な度合いが強くなっており，ランダムに折半したサンプルを調査実施する上での困難さを反映している．(すなわち，両言語に堪能な人はそれほど多くないので，日常生活では両言語に堪能と思われていても，調査の場面で，自分の不得意の言葉で質問される場合には，調査を受けるのを拒否するという形になる可能性が高くなり，これが調査結果に反映しているものと考えられる．この点は，こうした研究ではありがちなことで注意する必要がある．)

表 II-17　3グループの属性構成

問番号	質問項目	回答肢	(1) 英語グループ	(2) 日本語グループ	(3) ハワイ生まれ英語	(4) ハワイ生まれ日本語	(5) 日本生まれ日本語	計算されたχ^2の値より大きい値を示す確率		
								(1)と(2)の間(A)	(3)と(4)の間(B)	(4)と(5)の間(C)
F1	性	1. 男	43	44	41	49	40			
		2. 女	56	55	58	51	58	0.718	0.488	0.379
F2	年齢	1. 1956-60	9	11	8	9	14			
		2. 1951-55	14	9	12	12	4			
		3. 1946-50	13	13	13	15	10			
		4. 1941-45	7	6	7	3	10			
		5. 1936-40	5	3	6	—	6			
		6. 1931-35	3	5	3	—	12			
		7. 1926-30	15	9	15	5	14			
		8. 1921-25	12	14	13	17	8			
		9. 1916-20	10	7	10	14	—			
		10. 1911-15	7	5	7	9	2			
		11. 1910 以前	5	15	6	12	20	0.008	0.234	0.001
F3	生まれ	1. ハワイ	94	53	100	100	—			
		2. 米国	—	—	—	—	—			
		3. 日本	7	45	—	—	100	—	—	—
F4	学歴	1. 小学	7	12	7	15	8			
		2. 中学	10	14	9	10	20			
		3. 高校	39	33	39	32	36			
		4. 実業	15	5	16	7	2			
		5. 大学	27	32	25	31	32			
		6. 大学院	1	3	1	3	2	0.242	0.396	0.482
F5	職業	1. 専門職	11	18	9	14	20			
		2. 経営	8	5	8	10	—			
		3. 熟練工	9	8	9	10	6			
		4. 農業	—	—	—	—	—			
		5. 半熟練	3	1	2	—	2			
		6. 事務職	20	9	22	12	6			
		7. サービス業	9	6	8	7	6			
		8. 主婦	17	29	17	19	42			
		9. 商店主	8	8	7	10	6			
		10. その他	11	10	12	14	6	0.081	0.846	0.073
F6	日本語	1. うまく話せる	22	57	17	34	86			
		2. ある程度	48	35	52	54	14			
		3. 分かるが話せない	7	5	7	9	—			
		4. ほとんどダメ	16	2	16	3	—			
		5. 全くダメ	4	—	5	—	—			
F7	英語	1. うまく話せる	77	51	77	76	20			
		2. ある程度	19	39	21	19	62			
		3. 分かるが話せない	—	3	—	2	4			
		4. ほとんどダメ	2	6	1	2	12			
		5. 全くダメ	—	2	—	2	2	—	—	—
	各グループの回答者数		93	111	87	59	50			

注）表中の (1)〜(5) 列の数字はパーセントを示す．

次に，各質問項目の結果についてみると，表II-18のようになる．(翻訳検討調査の17項目のうち，1項目は翻訳が不整合のため，以下の検討は行なわない．)

表II-18 翻訳の比較検討調査の結果一覧表

国民性調査[†] ♯番号	質問項目	翻訳検討調査の問番号	比較検討したグループ					
			A 英語・日本語調査票の差		B		C 日本語調査票	
			全体		ハワイ生まれ		生まれ別分析	
			χ^2	P[††]	χ^2	P	χ^2	P
2.8	一生働くか	5	0.025	—	0.00	—	0.02	—
4.10	他人の子供を養子にするか	3	0.501	—	3.26	—	5.83	*
4.4	先生が悪いことをした	7	30.61	***	10.99	***	9.37	***
4.5	子供に「金は大切」と教えるか	2	21.14	***	6.92	**	8.68	**
7.1	人間らしさはへるか	4	9.27	***	2.16	—	8.38	**
2.1	しきたりに従うか	6	9.77	***	3.37	—	7.83	**
8.1	政治家にまかせるか	8	0.408	—	0.015	—	0.035	—
7.2	心の豊かさはへらないか	9	10.96	***	3.11	—	4.39	—
2.5	自然と人間との関係	10	4.819	*	1.035	—	3.49	—
5.1 D	大切な道徳　親孝行	17 a	0.172	—	0.00	—	0.10	—
	恩返し	b	9.77	***	3.06	*	5.18	**
	権利尊重	c	0.627	—	0.03	—	0.66	—
	自由尊重	d	0.297	—	0.00	—	0.62	—
5.1 C-1	入社試験　（親戚）	11	4.061	**	2.98	*	0.08	—
5.1 C-2	入社試験　（恩人の子）	12	1.57	—	0.396	—	0.67	—
5.6	人情課長	13	14.82	***	2.02	—	8.17	***
7.13 C	法律の精神	16	2.63	—	0.201	—	1.83	—
2.4	くらし方	14	21.78	***	17.05	***	2.44	—
6.2	生まれかわり	1	0.03	—	0.04	—	0.09	—

[†] 国民性調査の報告書に共通している質問項目のコード番号を示す．
[††] P：χ^2検定の符号を示す．
— 有意差なし
* 10%
** 5% で有意
*** 1%

これからみると，〔英語調査票グループ〕対〔日本語調査票グループ〕による比較では，見かけ上両者の間に差のある質問項目が多くなっている．しかし，これは，〔質問文翻訳上の問題〕プラス〔社会・文化的属性の構成上の差によるもの〕と考えられる．後者については，調査対象グループをランダムに折半するということで対処したわけであるが，実際の調査実施上の経過をみると，すでに述べたように，両言語の得意・不得意による無回答・回答拒否に基づく選別の影響が出ている．

したがって，この影響を簡潔に回避するため，前記の3グループを構成し，ハワイ生まれのグループについて，両調査票の差を比較し，日本語調査票グループでは'生まれ'別に差を比較検討することにした．これにより，翻訳上，問題のありそうな項目は，検討した延べ19項目のうち，♯4.4 '先生が悪いことをした'[7]，♯4.5 '子供に「金は大切」と教える'，♯2.4 'くらし方' の3項目

表 II-19　差のある質問項目の回答分布の一例　　（表中の数字はパーセント）

問番号	質問項目	回答肢	英語グループ	日本語グループ	(a)ハワイ生まれ英語	(b)ハワイ生まれ日本語	(c)日本生まれ日本語
Q7	先生が悪いことをした (#4.4)	1. 否定する 2. 本当だという 3. 時と場合による	5 76 16	10 39 50	6 77 15	10 51 36	8 26 66
Q2	子供に金は大切と教える (#4.5)	1. 賛成 2. 反対 3. いちがいにはいえない	5 89 3	8 66 26	6 89 3	9 76 15	8 52 40
Q13	人情課長　(#5.6)	1. めんどうみない 2. めんどうみる	39 42	18 74	37 44	29 63	6 86
Q14	くらし方　(#2.4)	1. 金持ち 2. 名をあげる 3. 趣味 4. のん気 5. 清く正しく 6. 社会につくす	8 2 23 37 8 5	5 2 39 14 8 18	8 1 22 39 8 3	5 3 37 15 7 15	4 — 40 14 10 20

　があげられる．この他，'大切な道徳'の「恩返し」の翻訳も多少問題がありそうにみえる．これ以外の項目では両調査票の差はほとんどない．

　両調査票による調査結果に差のある項目のうち，#4.4'先生が悪いことをした'および#4.5'子供に「金は大切」と教える'の各項目では，英語調査票の調査結果の方が，日本語調査票使用の場合より「明確な回答」の比率が高く，日本における学生調査の場合と似た傾向が示されている．

　また，#2.4'くらし方'のうち，'その日その日をのんきにクヨクヨしないでくらすこと'は，日本語の場合より，英語の方が'くらし方'の他の回答選択肢と比較したとき，相対判断として抵抗感なく受け入れられる傾向がみられた．この他，#5.1D'大切な道徳'の「恩返し」は，回答選択肢の翻訳上の問題とみられる．「恩返し」は，英語になりにくい言葉の一つであると専門家も指摘する通り，英語調査票の場合'大切な道徳'としてあげてある他の項目より親近感がなく，イメージとしてもとらえにくい可能性があり，調査の結果は英語調査票による調査の方がとりあげられる比率が低くなっている．

　これらの質問項目は(#2.4'くらし方'の質問項目を除いて)，日本語調査票を使用したハワイ生まれのグループと日本生まれのグループの間の比較においても回答分布に差がみられた．

　この他，日本語調査票を使用した「ハワイ生まれのグループ」と「日本生まれのグループ」の間の比較で，両者の回答に差のある項目をみると，#5.6'人情課長'および#2.1'しきたりに従うか'，#7.1'人間らしさはへるか'等の質問項目である．これらの項目のうち，#5.6'人情課長'以

外の項目について，回答分布のあり方をみると，♯4.4 '先生が悪いことをした' あるいは ♯4.5 '子供に「金は大切」と教える' の両項目のところで述べたように，いずれの項目でも日本生まれのグループの回答分布は 'いちがいにはいえない'，'時と場合による' 等の中間的回答の比率が高い形になっていることが共通の特徴となっている．

中間的回答のあり方の問題は，前節でも述べたように，比較研究（とくに日本と他の国との間）の問題点の一つであり，今後の組織的な研究が必要であろう．

♯5.6 '人情課長' は，質問文翻訳の当時から，日本と欧米諸国との間の"ものの考え方"の差異のうち最も大きいものの一つであろうといわれてきた．日本語の同一調査票を使用しても，日本生まれのグループの回答結果は日本の調査結果に類似し，ハワイ生まれのグループの回答結果は一般のハワイ（あるいはアメリカ）の調査結果に類似して，ハワイ生まれの英語調査票グループの結果に近づく．したがって両社会の差がはっきり示された形である．これらの点からみると，同じ日本語調査票による調査でもハワイ生まれの人は基礎となる言語が英語であろうから，英語でものを考えている．すなわち，世の中を英語の「めがね」でみているということが推測される．ひるがえって我々は逆に世の中を日本語の「めがね」でみているわけで，これは質問文の作成から比較分析の手法全般にわたるものであるといえる．

以上，翻訳の比較検討調査の結果の概要を述べたが，翻訳上の問題点として，これまでに述べてきたことの他，調査実施上の問題を含めて "中間的回答" の処理をどのように考えればよいか？ が比較研究においては重要なことがはっきりしてきた．すなわち，面接調査においても，自記式調査においても，質問文に対する回答を，調査票に事前に印刷してある回答選択肢を利用して記録する場合には，調査実施上どのようにすべきか重要な問題点となる．

この問題は，さらに，比較研究に当って調査の同等性を確保するには，調査実施上の諸点をどのように管理，運営するのがよいかという問題にまで進むことになる．面接調査において比較研究を念頭においた調査法上の研究はこれまでほとんどないので，これも今後の課題である[8]．

iii 〔後注〕中間回答について[9]

1. 日本語および英語による調査票における中間回答について

本文で述べたように，日本人学生の調査結果をみると，日本語および英語の同一内容の質問文において，日本語調査票を使用した場合の方が，英語調査票を使用した場合よりも中間的回答が多いことがわかったし，ハワイの日系アメリカ人調査においても同様なことがわかった．そこで，今度は，アメリカ人学生（AM と略称）についての調査でどうなるかを再度検討した．筑波大学生（TKB と略称）の補足として，ハワイ在住の日本人留学生（JPN と略称）に対して日本語・英語両

調査票で調査を行なった．なお，調査票の種類は群のあとでJ（日本語），E（英語）という略号をつけた．アメリカ人学生の多くのサンプルは英語のみの調査である（AMRと略称）．日本語のできる大学生はアメリカ人ではごく少数で14人しか得られなかったため，このグループでは日・英両調査票で調査をした．結果は表II-20に示すが，中間的回答はTKBE, JPNE, AMR, AMEで少なく，多いのはTKBJ, JPNJ, AMJである．つまり，英語調査票ではいずれも低く，ほとんど似た回答が出ている．一方，日本語調査票ではTKBもJPNも多く，AMJもかなり多いが日本人より少な目である．

表 II-20 中間回答のある質問での平均比率*

	断定的回答	中間的回答	その他	サンプル数
TKBE	70.3	29.4	0.3	110
TKBJ	41.6	58.4	0	117
JPNJ	44.2	54.3	1.5	136
JPNE	60.4	36.8	2.8	133
AMR	69.1	30.3	0.6	284
AME	70.2	29.8	0	14**
AMJ	54.8	45.2	0	14**

* 6問はTKBではそのうち3問．
** 日本語調査票および英語調査票を調査の時期をズラして同一対象者に実施した．

いずれにしても，日本語調査票での中間的回答は，英語調査票に比べて，回答されやすい傾向があるという特色を認めることができる．さらに，アメリカ人では中間的回答が少ないのではないかという仮説がここでも考えられるので，この仮説を検討してみた．

2．中間回答についてのより進んだ分析——ウェイト付き回答法による——

二者択一の質問の場合をとりあげ，回答肢を選択するとき回答に重みを付けさせ——割り切って回答することは一方にのみ重みを付けることを意味する——，その重み付けの仕方に，日本人・アメリカ人に差があるかどうか，を明らかにすることを試みた．1982年3月，東京23区内の日本人400人（回収率81%，325人）に対してと，東京およびその周辺在住の英米人254人（『ジャパン・タイムス』読者名簿からのランダム・サンプル，回収率26%，66人，その4/5はアメリカ人）に対して行なった意識調査で，重みを付けた回答をとる質問を試み，このほか比較のためi, iiで述べたものと同様，中間的な回答肢をリストの中に提示して回答をとる質問を加えた．重み付き回答をとるためには，"おはじき"を5個用意し，それを自分の思う程度に応じて各回答肢に分けてもらった．質問の仕方は表II-21に示す通りである．

この"おはじき"を使った方法は，1980年の政治意識調査（東京，サンプル数1602）で初めて採用したが，その結果と今回の日本人の結果はかなり近く（M1, M8の質問において），日本人として安定性のあることがわかった．回答は予想された通り，英米人には"おはじき"を二つの回答

表 II-21 "おはじき"を使った質問

M1) 政治のあり方として，次のそれぞれのどちらがより大切だと思いますか？ 大切と思われる割合によって，この5つのおはじきを分けてみてください．大切な方により多く，大切でない方により少なく分けることになります． 〔おはじき5個使用〕

(1) 〔リスト36提示〕
 ア．国民にあまり細かいことは知らせないが，問題にいちはやく対応する政治……… □個 〔合計5個〕
 イ．対応が遅れることがあっても，国民に一から十まで細かくくわしく知らせる政治…… □個

(2) 〔リスト37提示〕
 ア．国民の大多数が納得するまでは，ものごとに手をつけない政治……………… □個 〔合計5個〕
 イ．少数の反対意見は出ても，強い指導力をもって，実行していく政治…………… □個

(3) 〔リスト38提示〕
 ア．現在の国民の負担がふえることがあっても，将来の財政を見通して，……… □個 〔合計5個〕
   先手・先手を打っていく政治
 イ．将来，国の財政状態が悪化する可能性があっても，
   現在の国民の負担をふやさない政治 ……… □個

(4) 〔リスト39提示〕
 ア．手間やお金がかかっても，声なき声を尊重し，困っている人に思いやりのある政治… □個 〔合計5個〕
 イ．細かい点の配慮に多少欠けることがあっても，効率がよく，お金のかからない政治… □個

M2) 〔リスト40提示〕 あなたは，人が生きていく上で「お金」と「人間どうしのつながり」とでは，どちらが頼りになると思いますか？ こんどは，5個のおはじきを，あなたの気持のしっくりする方に多く置くという仕方で分けて下さい． 〔おはじき5個使用〕

 1．人間どうしのつながりよりも，お金の方が頼りになる ……………………… □個 〔合計5個〕
 2．お金よりも，人間どうしのつながりの方が頼りになる ……………………… □個

M3) 〔リスト41提示〕 イソップの童話の中に，怠け者のキリギリスと働き者のアリの話があります．夏中歌をうたっていたキリギリスが，冬になって食べるものがなくなり困ってしまい，夏中働いていたアリのところへやって来ました．この時のアリの答えには，次のような2つの型があります．あなたはこの話のむすびとして，このうちのどちらがご自分の気持にしっくりしますか？ いまと同じように，しっくりする方に多くのおはじきを置くという仕方で分けて下さい．
 〔おはじき5個使用〕

 1．夏中怠けていたのだから，困るのが当然だと追い返してしまう ……………… □個 〔合計5個〕
 2．怠けていたのはいけないけれども，これからはちゃんと働くのですよと
   いさめた上で食べ物をわけてあげる ……… □個

M4) 〔リスト42提示〕 ここに，甲，乙，2つのいき方があります．あなたは，どちらが好きですか．あなたの気持のしっくりする方に多くのおはじきを置くという仕方で分けて下さい．
 〔おはじき5個使用〕

 1．㈲ 自分にすぐれた能力があっても，ふだんはそれをあまり世間に知 ………… □個 〔合計5個〕
   らせず，肝心かなめのときにこそ，それを発揮するようにする
 2．㈪ 自分にすぐれた能力があれば，そのことをはっきり世間に示し，
   あらゆる機会をとらえて，積極的にそれを発揮するようにする ……… □個

M5)〔リスト43提示〕では，あなたは，次の2つの意見のうちどちらに賛成しますか．こんどは賛成の程度に応じておはじきを分けて下さい．賛成の方により多く置くようにして下さい．
〔おはじき5個使用〕
1. ㋕ 自分の能力は広く世間一般に評価されなくても，たとえ少数でも本当に .... □個
   自分のことを理解してくれる人びとが評価してくれればそれでよい
2. ㋛ いかにすぐれた能力でも広く一般に評価されなければ宝のもちぐされだ .... □個
〔合計5個〕

M6)〔リスト44提示〕もう少しお願いします．つぎの2つの意見のうち，あなたはどちらの意見に近いと思いますか．あなたの気持のしっくりする方に多くのおはじきを置くという仕方で分けて下さい．
〔おはじき5個使用〕
1. ㋕ たとえ自分が悪いことをしていても，それを承知のうえで，他の人の .... □個
   悪いところは，ためらわず指摘すべきだ
2. ㋛ 自分が悪いことをしていたら，他の人の悪いことについて，とやかく .... □個
   言う資格はない
〔合計5個〕

M7)〔リスト45提示〕よいことにせよ，わるいことにせよ，何かがあなたの身の上に起るとき，その原因が，全体として自分自身と他人やなりゆきと，それぞれ，どの位重要な要素となっていると思いますか．この5個のおはじきを重要さに応じて，重要な原因と思う方に多く，重要でない方に少なく，2つに分けて下さい．
〔おはじき5個使用〕
1. 自 分 自 身 .... □個
2. 他の人やなりゆき .... □個
〔合計5個〕

M8)〔リスト46提示〕総理大臣にとって必要と思われる性質のうち，主な5つをあげてみました．これをくらべてみて下さい．そしてどのくらい大切かという程度にあわせて，こんどは，10個のおはじきをそれぞれに分けてみて下さい．大切なものほど多く，大切でないものほど少なく分けることになります．
〔おはじき10個使用〕
1. 心が温かく人間味があること .... □□個
2. お金や人間関係について清潔であること .... □□個
3. ものごとをテキパキと実行する能力があること .... □□個
4. 人の意見をよく聞き話し合えること .... □□個
5. 国の将来を早く正確に見通せること .... □□個
〔合計10個〕

肢に2—3，3—2と置く回答，つまり，あまり割り切って考えない考え方が比較的少なく，日本人に多いことがわかった．

　M2, M7において英米人に"おはじき"2—3, 3—2の回答が多く，日本人と差のないのは質問が彼らにとって難しく，回答し難いためと思われる．

　なお，在日英米人も日本にいるため，日本的回答態度を表明したがる傾向があるということは，面接の際の応答において確認された．これが"おはじき"2—3, 3—2の回答が日本に在住したことのない人より多くなっているのではないかと予想される．

　また，中間的回答のある質問（Q29～Q31）では，'いちがいにはいえない'，'場合による'は，リストに掲げて見せると，日本人・英米人ともに多くなるが，英米人では日本人に比してずっと少ないことがわかった．

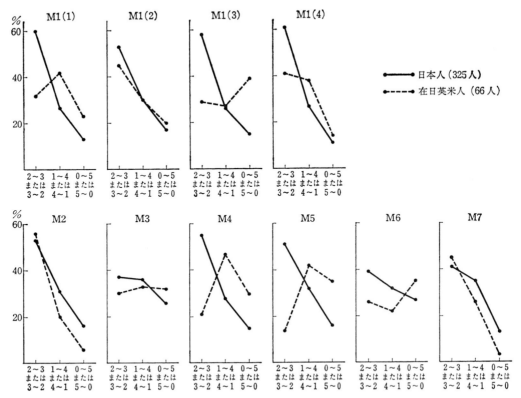

図 II-16 ウェイト付き回答法の結果（日本人，東京 23 区，1982，および在日英米人）

表 II-22 中間的回答のある質問

Q29) 〔リスト 18 提示〕 小学校に行っているくらいの子供をそだてるのに，次のような意見があります．「小さいときから，お金は人にとって，いちばん大切なものだと教えるのがよい」というのです．あなたはこの意見に賛成ですか，それとも反対ですか？
　　1. 賛　　成
　　2. 反　　対
　　3. いちがいにはいえない

Q30) 〔リスト 19 提示〕 こういう意見があります．
　　「世の中は，だんだん科学や技術が発達して，便利になって来るが，それにつれて人間らしさがなくなって行く」というのですが，あなたはこの意見に賛成ですか．それとも反対ですか？
　　1. 賛成（人間らしさはへる）
　　2. いちがいにはいえない
　　3. 反対（人間らしさは不変，ふえる）

Q31) 〔リスト 20 提示〕 あなたは，自分が正しいと思えば世の中のしきたりに反しても，それをおし通すべきだと思いますか．それとも，世間のしきたりに従った方がまちがいないと思いますか？
　　1. おし通せ
　　2. 従　　え
　　3. 場合による

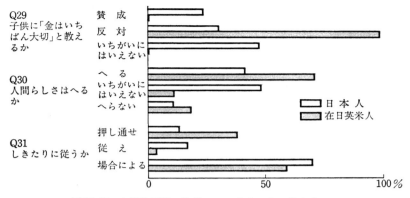

図 II-17 中間的回答の比較──日本人・在日英米人──

　以上,全般的にみると,質問の内容と回答肢のたて方にもよるが,i, ii で分析した通り,英米人は日本人に比べ重み付けが片寄る,どちらかに割り切って考えるタイプがより多いことが確かめられた.このことは,質問を作る上でも,データの結果を比較する上でも注意して取り扱わなければならない問題である.

　ここまで国際比較のための質問文のことを検討してくると,「翻訳とは何か」というきわめて重大な問題に打ち当ることになる.この章で述べたことは,翻訳では何が可能で何が不可能か,翻訳は何の何をどのように伝えるものなのか,ということを考えるための科学的検討の一つの過程を示したことにもなっていると考えられる.現在これ以上の進展は期待し得ないが,今後この種の問題へのアプローチの手掛りとなれば幸いである.

1) 例 1, 2, 3 の 3 項目の質問文の出所はミシガン大学社会調査研究所である.参考文献として,たとえば,Campbell, Angus, Philip E. Converse and Willard L. Rodgers (1976), *The Quality of American Life*, Russell Sage Foundation, New York.
2) 調査は岐阜市における調査法研究調査の際にくみこみ,実施した.『統計数理研究所研究リポート』52, (1981) 参照.
3) 参考文献として,Podgorecki, Adam, Wolfgang Kaupen, J. Van Houtte, P. Vinke and Berl Kutchinsky (1973), *Knowledge and Opinion about Law*, Law in Society Series, edited by C. M. Campbell, W. G. Carson and P. N. P. Wiles, Martin Robertson, London.
4) 統計数理研究所国民性調査委員会 (1970),『第 2 日本人の国民性』90-98 頁,至誠堂.
5) 統計数理研究所国民性調査委員会 (1982),『第 4 日本人の国民性』198-207 頁,出光書店.
6) 実際に利用した調査票の問 5 (#2.8)'一生働くか'の質問項目は,原英語質問文を日本語質問文にしたものである.
7) 以下では,国民性調査の質問項目,回答カテゴリを引用するときは,共通の # 番号で略称を使用することがある.
8) ハワイ調査の実施および結果の解析に当って,若干問題点を指摘した.
鈴木達三 (1973),「比較文化研究に対する一つの統計的分析の試み I」『統計数理研究所彙報』21 巻 2 号,125-171 頁.
9) ハワイ大学の黒田安昌教授の協力による.

第 III 部　データの分析

　比較研究におけるデータの分析法は様々である．比較して，データに潜む情報を探り出すことが大事である．前にも述べているように，同じところ，異なるところ，似ているようで異なり，異なっているようで似ている，という相をキメ細かく描き出すことが大事なのである．質問群の構成の仕方と分析とが表裏一体となって情報が露呈されてくるのであって，多くの試行錯誤の過程そのものに意義があるのである．大局を捉え，細目に至り，また細目から大局を見通すことを考えていくのである．質問の構成と分析とのダイナミックスから情報をくみ出さねばならないのである．以下に，我々のこれまでの経験からいって基本となるべきいくつかの具体例をあげておきたい．もとより，比較研究のデータ分析はこれに停滞するものではなく，いくらもやり方は存在する．次の視点を開披するための一つの動機を与えることを意図するものである．

第1章 集団の位置付け

§1 比較すべき多数集団の位置付けの方法論

二つの国の比較の場合であっても，対象2国の内部で多くの部分集団がとりうる場合は，多数集団の比較となる．多くの集団があるとき大局的にどう位置付けるか？ つまり，どの集団とどの集団が似ており，どの集団とどの集団とが異なっているかをつかむことである．異なっている，似ているとはどういうことか，直観的にいうならば，質問群での各回答分布に差があるかどうかということになる．各質問で集団の回答分布が同じなら似ていると考え，異なっているならば違うというのが素朴な第一次的分析である．

しかし，各質問ごとに回答分布の差のあり方が異なっているので，ただ見ているだけでは，同じであったり，違ったりしていて，全貌がつかめない．これを大局的に，かつ総合的に把握するために，各質問ごとの差異を総括して表現する手法が必要になってくる．そこで，質問ごとの差異を積みあげて，集団間の類似－非類似の度合いを表現してみることにする．こうしたマクロ的な見方からだけでは深い比較研究にとって，不十分であることは後に述べるが，まず全体の位置付けを考え，大局的・総合的に把握する第一歩として自然である．

さて，i, i' という集団を考えよう．i という集団で j という質問項目で k_j というカテゴリに反応している比率(% でもよい)を $^iP(j, k_j)$ としておく．

$$\sum_{k_j}^{K_j} {}^iP(j, k_j) = 1$$

は，比率である以上当然成立する．ただし，K_j は j 項目のカテゴリ総数(カテゴリの中に，その他，DK を含める)である．

そこで i, i' 集団の距離(乖離度というべきであろう) $d_{ii'}$ を次のように定義する．

$$d_{ii'} = \frac{1}{K} \sum_j^R \sum_{k_j}^{K_j} |{}^iP(j, k_j) - {}^{i'}P(j, k_j)|$$

もしくは，

$$d_{ii'}^2 = \frac{1}{K} \sum_j^R \sum_{k_j}^{K_j} ({}^iP(j, k_j) - {}^{i'}P(j, k_j))^2$$

ただし，R は質問項目の総数，$K = \sum K_j$ はカテゴリ総数とする．

こうして定義された $d_{ii'}$ は，各集団の各質問ごとの意見分布——周辺分布という——の差異の一つの総合的指標とみることができる．これをもとに考えを進めるのである．

これからの計算では，その他，DK のカテゴリを除いて計算してある．このため用いるカテゴリは K_j ではなく $K_{j'}=K_{j-1}$ としてある．その他，DK の比率は，〈賛成〉,〈反対〉等の比率から導かれるので，独自の情報がないものとして除外してある．

この d という指標は，i, i' 集団の一応の分布の差を総合的にあらわす目安となるが，厳密な意味でメトリック的なものと考えるべきではない．d が大きければ違っており d が小であれば類似しているという目安にすぎない．したがって d の値そのものを用いて解析することは適切なことではない．そこで d の順位付けで事を処理してもよいが，順位は，それほど意味もない．d を遠い，近いのいくつかの段階にわけて表現しておく方が妥当である．一つの例示として我々のデータを用いて，この方法を説明してみよう．

日本および東南アジアの工学部学生に対して行なった文化摩擦に関する調査を引き合いに出して説明しよう．質問総数 R は 22 である．とりあげた大学名および記号は表 III-1 の通りである．

表 III-1

記号	大 学 名
A	室 蘭 工 大
B	東 京 工 大
C	長岡技術科学大
D	豊 橋 工 大
E	鹿児島大・工
F	琉 球 大 ・ 工
I	東京在住アジア留学生 (東京工大)
J	シンガポール日本語学校
K	シンガポール大・工
L	チュラロンコン大・工
M	アジア工大 (在バンコク)
N	バンドン工大
O	マレーシア工大
P	マレーシア大・工

ここで，$d_{ii'}$ を計算した．その分布をとってみると図 III-1 のようになり，一様でなく分布に山と谷とがあり，そこで 5 段階にわけるのが妥当と思われた (分割点を △ 印で示す)．

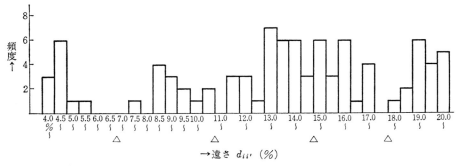

図 III-1 回答分布の差 $d_{ii'}$ の頻度分布

各段階の頻度は，

    1 近い 11
    2   13
    3   29
    4   20
    5 遠い 18

となる．こうしてできた国の間の遠さ近さをあらわす非類似度のマトリックスは表III-2のようになる．

表III-2 回答分布の非類似度によるクラス分け

		A	B	C	D	E	F	I	J	K	L	M	N	O	P
1	A	0													
2	B	2	0												
3	C	1	2	0											
4	D	1	2	1	0										
5	E	1	2	1	1	0									
6	F	1	2	1	1	1	0								
7	I	3	3	3	3	3	3	0							
8	J	4	4	4	4	4	4	2	0						
9	K	4	4	4	4	4	4	2	2	0					
10	L	3	4	3	3	3	3	2	3	3	0				
11	M	4	4	3	4	4	4	2	2	2	3	0			
12	N	5	5	5	5	5	5	4	3	4	3	3	0		
13	O	5	5	5	5	5	5	2	3	3	3	3	3	0	
14	P	5	5	5	5	5	5	3	3	3	3	3	3	1	0

こうした情報を集約して国々の間の遠さ近さをユークリッド空間に射影して，空間の位置・距離で，このような情報を見やすい形に表現するという方法を用いるのが望ましい．これはまさに多次元尺度解析法MDSのうち，MDA-OR(Minimum Dimension Analysis〔最小次元解析法〕のordered class belonging法の略称)といわれるものである[1](第IV部参照)．この図柄は図III-2に示すが，マトリックス情報を二次元で再現しうる程度は相関比 η^2 であらわされ，$\eta^2=0.97$ ときわめて高いので十分信頼できる．

日本の大学がすべて一団となって左側の極に固まっている．これは，他の国の大学生とくらべ日本の大学の差はきわめて小さいことを意味している．この対極をなすものがマレーシアの2大学とバンドン工大という一群が固まってくる．この三つは，回教圏であるという予想をたてる人もあろう．このデータだけをみると日本と最も遠くなる関係にあるのが回教圏であるということは一つの仮説となろうが，これだけで焦って力むことは慎んだ方がよい．もう少し突っ込んで考えの筋道，考えのシステムがどうかを探ってみなければならない．（この一部は後述するが，この問題については他書に譲ろう[2]．）

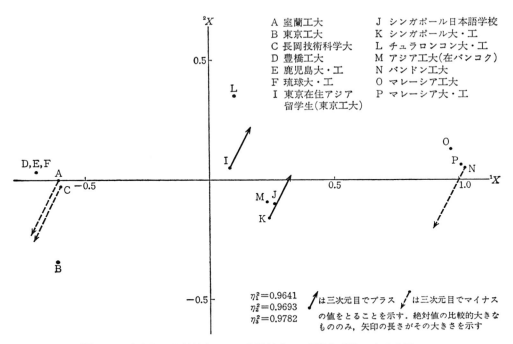

図III-2　各大学の非類似度による位置付け——MDA-OR による布置——

　これら両極の中間に，タイのチュラロンコン大，東京工大における東京在住東南アジア留学生，シンガポール日本語学校，在バンコクのアジア工大，シンガポール大というのがくる．この大きな分類は理解しやすいし，一次元目の意味するものであるが，すでに一次元目での相関比が0.96ときわめて高い．このあと二次元目，三次元目を求めると相関比は0.97，0.98とわずかに上昇する．そのとき集団から離れるものをみると，これも理解できるが，いわば少しの色付けぐらいのものである．日本では東京工大・室蘭工大・長岡技術科学大が離れる．中間部では，まず在バンコクのチュラロンコン大とアジア工大，シンガポール大，シンガポール日本語学校が両極に，中間に東京在住アジア留学生（東京工大）がくるという形になる．三次元目ではこのなかからシンガポール大が抜け出す．日本の大学と対極をなす回教圏の大学では三次元目でマレーシアの大学とインドネシアのバンドン工大が分離する．いずれも常識的に理解しやすい形となっている．

　以上のような分析をまず行ない全体の位置付けを頭において——ここだけで結論を焦ってはいけない——今後の分析を考えるのが望ましい．予想したものが出てくればそれはそれでよく，意外なものが出てきたらその意味をデータに戻って考えて，情報を深めればよい．

§2 比較文化研究における多数社会集団の位置付けとその意義

ここで，もう一つ，多数社会における単純な調査結果の大局的な比較の効用について実例を示しておこう．これは，§1で見た通り，個票がなくとも，単純集計結果があれば可能な方法で，公表された簡単なデータに基づいて，一つの情報を取り出すときに向いており，多くの使い途がある．

この方法による分析の細目にはいる前に，§1で簡単に素朴な第一次的分析といったが，こうした方法を用いる意義について比較研究という立場を踏まえてもう一度考えてみたい．

前にも示したように，比較研究は広い視野の下で進める必要がある．すなわち，比較研究を進める場合，研究の進展に応じた各段階で，比較研究の対象となった社会の中の相互関係だけでなく，それ以外の他の社会との間の相対的な関係(位置付け)を絶えず考えに入れておくことが重要である．例えば，① 研究調査を企画する段階で，広く既存の資料(調査データ，結果表など)を収集し，調査・企画に照らして検討することが，それ以降の調査・企画の進行にとって有効である．また，② 比較研究・調査を実施した後の段階において，得られた結果が，比較研究の対象となった社会内の意識構造を明らかにするばかりではなく，対象以外の社会とどのような関係にあるかということが明らかになれば，今後の比較研究の発展の方向を見定める上で有効な情報となる．さらに，③ 比較研究に利用した質問項目が，各社会におけるマクロ的にみた回答分布を媒介にして，どのような性質をもっているか，すなわち，マクロ的回答分布の内容はどのような社会構造上の要因によって影響されているか，などのことが判明してくることになる．この点は，単一の社会のみを対象とした調査では決して明らかにならないことである．

ところで，このような広範囲にわたるデータ収集ではデータの性質の方が限定されてくる場合も多い[3]．手近な資料として容易に利用できるという点から考えれば，各社会(各国)で実施された調査結果の全国レベルの単純集計表，すなわち，各国別にみた各意見の回答分布(意見支持率のパーセント)表が主に利用される．

各国における調査結果の単純集計表を集積して比較・検討するとき，局所的な同異の検討よりも，まず，大局的な比較・検討が重要である．すなわち，共通の質問項目に関する各国別の回答分布が得られたならば，回答分布のパタンが似ている国はどの国とどの国か，回答分布のパタンが異なるのはどういう国々の間であるか，などのことを大局的にまずつかむ必要があろう．

このような検討を進める上で有力な手法は，§1に述べた，MDA-ORもその一つであるが，いま一つは，後に述べる「回答パタンの数量化」の応用と見なすことのできる「クロス表の数量化」

の手法である.

　この方法は,例えば,項目 A と項目 B のクロス表が与えられたとき,両項目の各回答カテゴリに適切な数値を付与し,その数値によってカテゴリ相互の類似関係を明らかにしようとする方法で,回答パタンの数量化の方法をクロス表のデータに応用したものに当たる.

　項目 A のカテゴリ a_i に数値 $x_i(i=1,2,\cdots,m)$,項目 B のカテゴリ b_j に数値 $y_j(j=1,2,\cdots,n)$ を対応させ,項目 A, B のクロス表を相関表と見なし,x_i と y_j の相関係数 $\rho(x,y)$ を最大にするように x_i, y_j を解くのがこの方法の考え方である.

　この方法をクロス表の方からみれば,クロス表の「行」を適当に入れ換え,あるいは「列」を適当に入れ換えて,表中のデータをなるべく対角線のまわりに集中させるようにすることに相当する.

　例えば,表 III-4 のように,国別の回答分布が与えられたとき,回答分布のパタンが似ている国どうしに対応する数値(国に与える数値は x_i でもよく y_j でもよい,国を x とすればカテゴリは y,国を y とすればカテゴリは x となる)は近い値となり,似ていない国どうしは離れた値になるような数値(スコア)が各国(あるいは各回答カテゴリ)に与えられることになる.

　このように,「クロス表の数量化」と「回答パタンの数量化」の手法は全く同じで,各国および各質問の各回答カテゴリに与えられるスコアは,回答パタンの数量化の場合と同様の計算により与えられる[4].

　ここでは,例として'くらし方'の質問に対する「13ヵ国価値観調査」[5]の結果および統計数理研究所の「日本人の国民性調査」[6]の継続調査結果に,我々の「アメリカ人の価値意識調査」[7]の結果を加えて分析した結果を示す.'くらし方'の質問項目の国民性調査で使用している質問文の日本版は以下の通りである.13ヵ国調査の英語版には,〈アメリカ,カナダ,オーストラリア〉型のものと〈イギリス〉型のものと二通りある.したがって,このような翻訳の点まで考えると,すでに(翻訳の問題の項で)述べたように比較・検討も難しくなるが,ここではまず,大局的な目安をたてることに重点をおこう.

表 III-3 'くらし方'の質問
〔リスト〕 人のくらし方には,いろいろあるでしょうが,つぎにあげるもののうちで,どれが一番,あなた自身の気持に近いものですか?
　1　一生けんめい働き,金持ちになること
　2　まじめに勉強して,名をあげること
　3　金や名誉を考えずに,自分の趣味にあったくらし方をすること
　4　その日その日を,のんきにクヨクヨしないでくらすこと
　5　世の中の正しくないことを押しのけて,どこまでも清く正しくくらすこと
　6　自分の一身のことを考えずに,社会のためにすべてを捧げてくらすこと
　7　その他〔記入〕　　　　　　　　　　　　　　　　　　　　　　　8　D.K.

表 III-4 'くらし方'に関する国別調査結果

		1 一生けんめい働き,金持ちになること	2 まじめに勉強して,名をあげること	3 金や名誉を考えずに,自分の趣味にあったくらし方をすること	4 その日その日をのんきにクヨクヨしないでくらすこと	5 世の中の正しくないことを押しのけて,どこまでも清く正しくらすこと	6 自分の一身のことを考えずに社会のためにすべてを捧げてくらすこと
13ヵ国価値観調査(一九七九)	オーストラリア	6.2	1.2	36.1	36.6	10.9	5.2
	ブラジル	13.2	7.4	31.8	15.8	23.1	5.6
	カナダ	8.7	1.3	45.5	27.6	10.0	2.8
	フランス	4.5	3.1	32.8	13.2	39.1	4.2
	インド	41.2	8.8	15.2	10.7	18.4	5.7
	イタリア	8.9	5.2	55.7	16.5	10.1	0.9
	日本	12.7	1.8	39.7	33.4	8.6	2.0
	フィリピン	34.1	5.9	24.3	15.6	17.8	2.2
	シンガポール	19.8	3.1	37.3	20.3	12.1	5.8
	韓国	16.0	5.3	40.1	6.6	22.8	7.9
	イギリス	8.4	0.9	14.6	43.1	30.2	2.5
	アメリカ	6.3	1.6	39.9	25.7	15.2	2.8
	西ドイツ	11.3	2.0	47.9	11.2	23.7	1.2
アメリカ人の価値意識調査	アメリカ 1978	6.8	6.1	36.4	35.5	10.0	1.9
日本人の国民性調査	日本 1953	14.9	5.6	21.2	11.3	29.1	10.4
	1958	17.3	2.5	26.4	19.0	22.4	6.4
	1963	17.4	3.7	29.9	18.9	18.0	6.0
	1968	17.0	3.0	32.4	20.0	16.8	6.0
	1973	14.2	3.2	38.5	23.4	11.4	4.5
	1978	13.9	2.0	39.1	21.6	10.7	6.6

'くらし方'の質問に対する国別回答パタンの分析結果は図 III-3 のようになる. 13ヵ国価値観調査の結果に国民性調査の継続調査結果を加えて「クロス表の数量化」の方法で分析した図 III-3 をみると,日本人の'くらし方'に対する考え方が1953年から1978年まで,他の国々との比較においてどのような足跡をたどってきているかが明瞭にわかってくる. また,逆に,日本における'くらし方'の質問に対する回答分布の変化過程を頭に入れて13ヵ国調査の結果をみると,種々の比較・検討が可能になる. たとえば,日本における1958年調査の結果(日本58)と韓国,ブラジルとの間の結果が類似している点をみると,一方ではオリンピックを数年後に開催するという社会の活力,他方ではその社会に生活する人々の'くらし方'に対する考え方が類似するという点でまことに興味ある結果である. この'くらし方'の質問項目が現代産業社会に生活する人々の生活の質に対する評価のよい指標となっていることをうかがわせるものである.

全体としてみれば,ヨーロッパ圏(フランス,イギリス,西ドイツ,イタリア),アメリカ,カナダ,オーストラリア,日本が上から右側に,左側にはインド,フィリピンが,中間には,ブラジル,韓国,シンガポールが位置する. 'くらし方'に対する考えは各社会の伝統的な側面の影響もみられるが,各国の経済的環境と密接に関連していることが推測される結果である. この後者

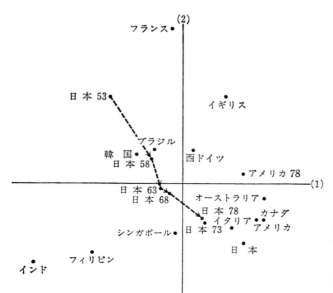

図III-3 'くらし方'に関する各国の位置付け――「クロス表の数量化」による――
(日本53, …, 日本78, アメリカ78以外は13ヵ国価値観調査の結果である)

の方の関連は単独の調査結果からは決して得ることのできない情報である．この点，比較研究・調査の適切な分析が，非常に多くの有効な情報を与えてくれることがわかる．

これにより，'くらし方'の質問に対する回答分布の関係を介して各国の相対的な位置付けが可能となり，大局的な目安の一つが得られたわけである．

次の例は，'仕事に関する考え方'をみる質問項目である．これは，ヨーロッパ共同体(EC)加盟

表III-5 '仕事に関する考え方'の質問項目に対する国別調査結果

〔リスト〕 ここに仕事について，ふだん話題になることがあります．あなたは，どれに一番関心がありますか？
　　1 かなりよい給料がもらえること　　2 倒産や失業の恐れがない仕事
　　3 気の合った人たちと働くこと　　　4 やりとげたという感じがもてる仕事
　　5 その他〔記入〕　　　　　　　　　6 D.K.

	1. よい給料	2. 倒産, 失業	3. 気の合った	4. やりとげた
西 ド イ ツ	38%	28	11	22
イ ギ リ ス	37	20	16	25
フ ラ ン ス	36	21	14	26
ベ ル ギ ー	34	23	20	22
イ タ リ ア	33	29	14	23
アイルランド	30	30	16	24
ルクセンブルグ	25	22	13	29
オ ラ ン ダ	23	18	26	29
デ ン マ ー ク	21	16	34	27
ア メ リ カ	16	19	14	50
日　　　本	7	23	30	38

資料出所：ヨーロッパ共同体1973年調査および1978年日本人の国民性調査．

の9ヵ国調査の結果と，我々の日米比較調査の結果を合せて分析したものである．質問文（日本版）および国別回答分布は表III-5のようになる．

この回答分布について，上に述べた'くらし方'の質問と同様の分析を行ない，各国の相対的な位置付けをみると図III-4のようになる．

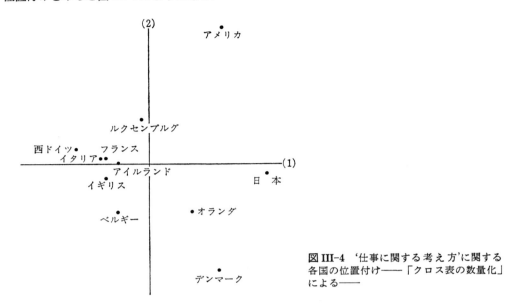

図III-4 '仕事に関する考え方'に関する各国の位置付け——「クロス表の数量化」による——

これからみると，イギリス，フランス，ドイツ，イタリアの各国はほぼ一体となって日本と対極にあり，アメリカと三極構造になっている．これらの中間にルクセンブルグ，オランダ等がはいり，デンマークはアメリカと対極に位置している．この'仕事に関する考え方'をみる質問項目は，本来，アメリカおよびEC諸国を対象にして，高度産業社会における価値観変化を調査するため，作成された項目である．これを日本で調査すると，いわゆる後発の高度産業社会でありながら，日本はアメリカと肩をならべて，EC諸国以上に"ものばなれ"の傾向を示すことになる．この結果は，測定の道具として作成される質問文，回答選択肢も，各社会の文化的背景によって異なる影響をうけている可能性があり，調査結果の一面的な解釈には危険が多いことを示唆するものである．

次に，'くらし方'の質問および'仕事に関する考え方'の質問の両方について，共通に調査結果のある6ヵ国（日本，アメリカ，イギリス，フランス，西ドイツ，イタリア）をとりあげ，上記2問の回答分布を組にして分析した結果が図III-5である．

ヨーロッパ圏の諸国に比較して，日本とアメリカの相対的位置が近いこと，フランスが日本とアメリカとの対極に位置していることがわかる．

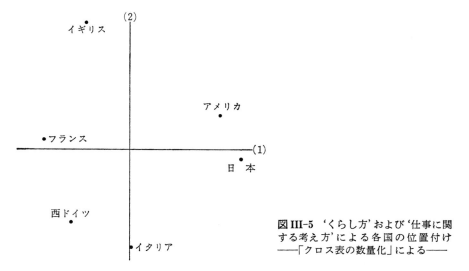

図III-5 'くらし方'および'仕事に関する考え方'による各国の位置付け
――「クロス表の数量化」による――

ここにおける分析は，とりあげた質問項目もわずか2項目であり，質問項目の内容も高度産業社会の間では日常的なものであった．その上，利用した調査データは，各国において共通の質問項目として調査された国別の調査の単純集計結果を深く吟味しないでよせ集めたものである．それにもかかわらず，国別にみた回答分布には一定の筋がみられ，それが，各国の相対的位置付けの中に反映しており，大局的な目安を立てる上に有効な情報となっていることがわかる．

次に，参考として（ここでは，詳しい質問項目は省略するが），前記の13ヵ国価値観調査で調査された項目すべてをとりあげ，同様の「クロス表の数量化」による分析をした結果を示そう．国別の相対的布置図を作ると図III-6のようになり，ヨーロッパの諸国は右上に，アメリカ，カ

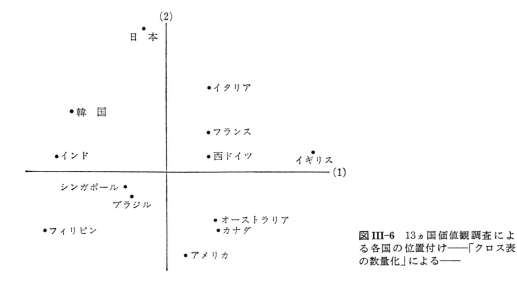

図III-6 13ヵ国価値観調査による各国の位置付け――「クロス表の数量化」による――

ナダ，オーストラリアは右下に位置し，日本，韓国，インドは左上，フィリピン，シンガポール，ブラジルが左下の象限に位置する形となる．ほぼ洋の東西をわける布置になる．

また，この布置図では，日本とアメリカとが第2軸にそって対極的な位置にあり，見方によれば日本はヨーロッパ圏の諸国とアジアの中間に位置し，先ほどの'くらし方'や'仕事に関する考え方'の質問項目についての分析結果とは大きく異なっている．すなわち，高度産業社会における日常的部分において日本とアメリカはよく似ているが，家族・宗教・対人関係等，それぞれの社会のあり方や伝統的な側面に関することを合せてとりあげると，大きく異なっている可能性があるということが推測される．そして，このような各社会のあり方，あるいは伝統的側面が，それぞれの社会に住む人々の意識構造を分ける大きな要因であり，東洋と西洋とを大局的に分けることにつながるものであることを示唆しているといえる．

このようにみてくると，国別に調査された単純集計結果も，ただパーセントの数値の比較・検討をするだけではなく，各社会(国)および各質問項目について，大局的にみて相対的な位置を把握するという視点に立って分析を進めるとき，各社会の相対的な位置付けばかりではなく，質問項目に対する回答分布のあり方について非常に有効な情報を得ることができるということがわかる．

そして，このようにして得られた情報が大綱を逸していないことは，後に述べる日本とアメリカとの比較および，日本とフランスおよびアメリカ(ハワイ)との比較分析により示される．

1) 林知己夫・飽戸弘編著(1977)，『多次元尺度解析法』サイエンス社，および，同(1984)，『多次元尺度解析法の実際』サイエンス社．
2) 林知己夫・籏山貞登編著(1982)，『日本と東南アジアの文化摩擦』出光書店．
3) もちろん，社会科学における研究調査データの蓄積と整理，保存システムおよびデータ利用システムができつつあり，この制約は徐々に改善されている．例えば，Inter-university Consortium for Political and Social Research, 1984, *Guide to Resources and Services 1984-1985*, Institute for Social Research, Ann Arbor, Michigan.
4) 「回答パタンの数量化」について詳しくは第IV部を参照のこと．
5) 1980年国際価値会議事務局(1980)，『13ヵ国価値観調査データ・ブック』(11)．
6) 統計数理研究所国民性調査委員会(1982)，『第4日本人の国民性』出光書店．
7) 前出．

第2章　属性の利き方による比較

　諸属性(例えば男女,年齢)について回答(結果)がどう異なるか,その異なり方が対照比較群(例えばアメリカ人と日本人)についていかに違っているかを述べることは重要な意味を持つ.

　日米ガン死亡率(罹患率)の分析で,男女年齢別・ガン部位別・年次別に比較したもの(アメリカ 1950, 1974, 日本 1950, 1974)を調べた結果があるが,日米双方においてその率の高低はあるものの,年齢別に全く同じ形——必ずしも年齢別に単調増加の傾向があるとは限らず,J字型のものもあり,年齢の途中で山の生じているものなど興味ある型を示すものもある——を示していることが見出され,きわめて考えさせる情報を暗示していることを知った[1].循環器疾患その他についても同様の分析は重要であると思われる.

　社会調査においても,属性別にどのような差異があるかを調べてみて,やはり興味ある結果を得た.表III-6に示す質問群[2]を用いて,日米双方で属性要因,性,年齢,学歴,年齢×学歴,居住地の都鄙別,宗教の有無について意見差がどう出るか——意見差の傾向としては,比率のレベルを越えて考えるべきことなので,属性別の回答比率の外分散によって表現してみた——を調べ,どの要因が利くかを,外分散の大きさの順位を用いて大局的に分析してみた.

表III-6

J1　あなたは,自分が正しいと思えば世のしきたりに反しても,それをおし通すべきだと思いますか.それとも世間のしきたりに,従った方がまちがいないと思いますか?
　　1. おし通せ　　　2. 従え　　　3. 場合による

J2　こういう意見があります.
　　「(日本の)国をよくするためには,すぐれた政治家がでてきたら,国民がたがいに議論をたたかわせるよりは,その人にまかせる方がよい」
　　というのですが,あなたはこれに賛成ですか,それとも反対ですか?
　　1. 賛成(まかせる)　　　2. 反対(まかせっきりはいけない)

J3　あなたはどちらかといえば,先祖を尊ぶ方ですか,それとも尊ばない方ですか?
　　1. 尊　ぶ　　　2. 尊ばない方　　　3. 普　通

J4　あなたが,ある会社の社長だったとします.その会社で,新しく職員を1人採用するために試験をしました.入社試験をまかせておいた課長が,
　　「社長のご親戚の方は2番でした.しかし,私としましては,1番の人でも,ご親戚の方でも,どちらでもよいと思いますがどうしましょうか」
　　と社長のあなたに報告しました.あなたはどちらをとれ(採用しろ)といいますか?
　　1. 1番の人を採用するようにいう
　　2. 親戚を採用するようにいう

J5 それでは，このばあい，2番になったのがあなたの親戚の子供でなくて，あなたの恩人の子供だったとしたら，あなたはどうしますか？（どちらをとれといいますか？）
1. 1番の人を採用するようにいう
2. 恩人の子供を採用するようにいう

J6 物事の「スジを通すこと」に重点をおく人と，物事を「まるくおさめること」に重点をおく人では，どちらがあなたの好きな"ひとがら"ですか？
1. 「スジを通すこと」に重点をおく人
2. 「まるくおさめること」に重点をおく人

J7 ある会社につぎのような2人の課長がいます．もしあなたが使われるとしたら，どちらの課長につかわれる方がよいと思いますか？　どちらか1つあげて下さい．
1. 規則をまげてまで，無理な仕事をさせることはありませんが，仕事以外のことでは人のめんどうを見ません．
2. 時には規則をまげて，無理な仕事をさせることもありますが，仕事のこと以外でも人のめんどうをよく見ます．

A1 たいていの人は，他人の役にたとうとしていると思いますか．それとも，自分のことだけに気をくばっていると思いますか？
1. 他人の役にたとうとしている
2. 自分のことだけに気をくばっている

A2 他人は，スキがあれば，あなたを利用しようとしていると思いますか，それとも，そんなことはないと思いますか？
1. 利用しようとしていると思う
2. そんなことはないと思う

A3 たいていの人は信頼できると思いますか，それとも，用心するにこしたことはないと思いますか？
1. 信頼できると思う
2. 用心するにこしたことはないと思う

M1 ここに仕事について，ふだん話題になることがあります．あなたは，どれに一番関心がありますか？
1. かなりよい給料がもらえること
2. 倒産や失業の恐れがない仕事
3. 気の合った人たちと働くこと
4. やりとげたという感じがもてる仕事

M2 もし，一生，楽に生活できるだけのお金がたまったとしたら，あなたはずっと働きますか，それとも働くのをやめますか？
1. ずっと働く　　　2. 働くのをやめる

M3 こういう意見があります．
「どんなに世の中が機械化しても，人の心の豊かさ（人間らしさ）はへりはしない」
というのですが，あなたはこの意見に賛成ですか，それとも反対ですか？
1. 賛成（へらない）　　2. 反対（へる）　　3. いちがいにはいえない

これを見やすい形に集約する方法は第IV部に詳述するが，結果は図III-7のようになる．この図の読み方だけをここで説明しておこう．図中の点は属性を示す．直線は各質問を示す．質問A, J, M——Aはアメリカの発想に基づく質問，Jは日本の社会を見るとき重要な意味を持つ日本

的質問，M は高度産業社会に共通すると考えられる質問を示す——という記号の次に数字がきているが，表 III-6 の質問番号に対応する．さて，図中の各点(属性)から質問を示す，ある直線に垂線を下ろす．その交点の順位を考えるのであるが，矢印のついた方が分散が大きい，つまり属性がその質問に対して利いている順位が出ているのである．このような形になるように点の位置と直線の方向とが計算されているのである(第 IV 部第 2 章)．したがって，点の位置と直線の方向(矢印の向きまで含める)とが似ていれば属性の利き方が似ているということになる．属性の質問項目に対する利き方の様相は，こうした図柄によって表現されることになるが，再現の効率は，この図から出てくる順位とデータによる順位(分散の大きさによる)との間のスピアマン順位相関係数によって示されることになる．これは図中の括弧内にかいてある数字である．図をみればわかるように，相関係数の値も高く，この方法によると，属性の利き方はよく表現でき大局を取り扱うのに便利である．

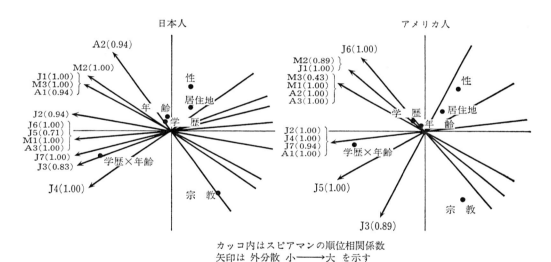

図 III-7　各質問項目に対する各属性の利き方の比較——日本・アメリカ(1978)——

さて図を見ればわかる通り，日本型質問(J)，アメリカ型質問(A)，近代社会に共通すると考えられる質問(M)を用いたとしても，日本とアメリカとは属性による意見の差のあり方はきわめて近いことがわかる．総合してみると，表 III-7 になり，ほとんどかわりがない．表中の数字は利いている総合的順位であり，数字の小さい方が利いていることを示している．年齢×学歴が一番利き，性，宗教の有無が利かぬ方にまわっている．

もう一度詳しくみよう．ここでとりあげた各質問項目に対する各属性の関連のあり方は，図 III-7 のように，日米両社会において比率のレベルは別として全く同じ利き方をしていることがわかった．この意味において，日米双方は，はなはだ似た社会といえる．

表 III-7

	性	年齢	学歴	居住地	年齢×学歴	宗教の有無
日本	5	3	3	5	1	6
アメリカ	6	3	2	4	1	6

こうして各属性要因の利き方を大局的につかんだ上で,さらに細かく要因別に「方向」まで同一か——外分散が同一であっても,例えば年齢別にみた方向,若い方により多い傾向か高年齢層により多い傾向か,ということはわからない——,また,比率のレベルも同じか,あるいは異なるのか,という細かいことを調べてみると必ずしもすべて一致するとは限らず,同じ傾向のもの,異なった傾向のもの,比率のレベルの同一のもの,異なったものがあり,この例は図III-8の通りである.

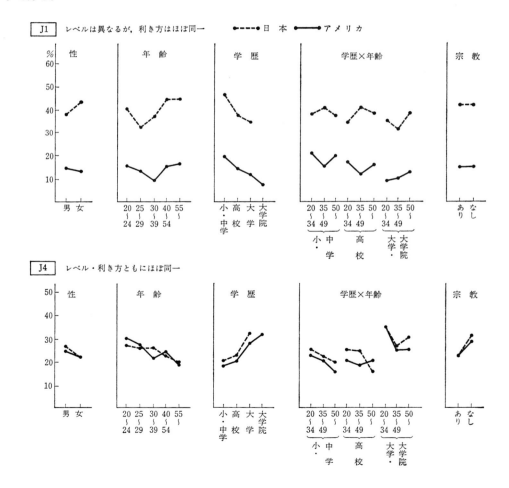

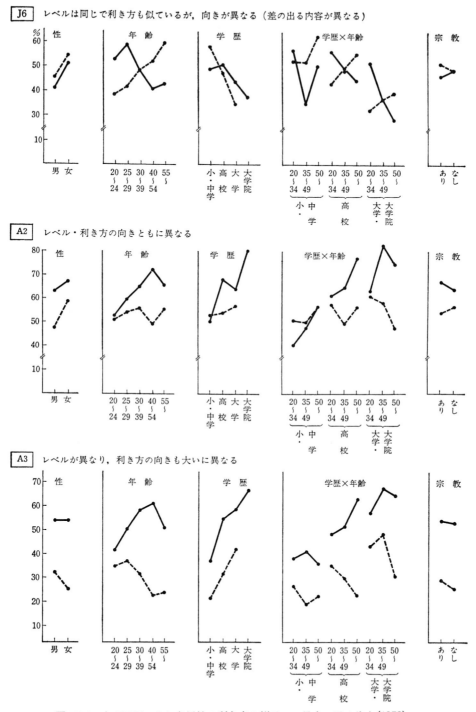

図 III-8 各項目別にみた各属性の利き方の例示——日本・アメリカ(1978)——

ここまできて，属性について，大局的には同じ利き方をしているが，細かく見れば質的に異なったものがあることがわかり，同異のあ̇や̇が把握されることになり比較の意味が深くなる．

1) Hirayama, T., ed., Comparative Epidemiology of Cancer in the U. S. and Japan ; Mortality, The U. S. -Japan Cooperative Cancer Research Program, 1977, 1978.
2) この選び方については第Ⅰ部に述べた通りである．連鎖的質問構成法に従い，日本に特色ある質問(J型)，アメリカに特色ある質問(A型)，近代社会に共通する質問(M型)という三つのタイプを混ぜてある．質問はいずれも過去の研究においてその性格，素姓の良くわかっているものである．

また後の第4章にもう一度繰り返す．

第3章 コウホート分析によるマクロ分析

§1 コウホート分析の有用性

　通常の国際比較研究は，比較の対象となった社会の環境およびその社会に住む人々の意識構造について，単一時点における調査に基づいて分析しているので，それぞれの社会を静態的にとらえて比較しているわけである．しかし，社会の環境やあり方は時代とともに変化・推移するものであるから，単一時点の比較分析では不十分であり，時には重大な誤りをおかす可能性すらある．すでに第1章§2でみたように，比較分析の中に動態的な視点をもちこむことにより，比較研究の範囲が拡大し，豊かな情報が得られる．例えば，比較の対象となったそれぞれの社会において実施されたいくつかの時点にわたる継続調査の結果により，はじめて，それぞれの社会における社会変化の動向と，意識構造の変化のあり方について，具体的な関連の資料が得られ，これにより，比較の対象である社会の間の同異が量的なものであるのか，質的なものであるのか，などの仕分けが可能となる．すなわち，単一時点の調査結果にみられる各社会の意識構造のさまざまな差異は，それぞれ，社会の基底部分の構造の差による本質的な分野のものであるのか，それとも，各社会の共通化が進めば解消されていく性質の表面的・流動的な分野のものであるのかなどの見通しが継続調査の動向分析により具体的に得られるので，本質的な的を射た比較研究が推進されることになる．

　ところで，このような組織的な継続調査は世界中にそれほど多くない．現実にデータが手に入るものを考えてみると十指に満たないくらいであろう．したがって，比較調査を企画する段階あるいは比較調査の結果を分析・検討する段階において，調査主題に関連した既存の継続調査データを見出すことは必ずしもできるとは限らない．これまでに実施されているいくつかの継続調査の例をみると，それぞれの社会の内部の重要な問題を主にとりあげており，社会意識の経年変化あるいは政治的態度の動向を調査主題にしたものが多く，国際比較の観点から，それぞれの社会を共通の尺度で動態的に比較しようというところまで考えているものはほとんどない．ようやく近年になって，動態的な国際比較の重要性が認識されはじめたところである．

　このようなわけで，たとえ継続調査データが仮にあったとしても，現在利用できる資料としては，単純集計表あるいは属性別にみたクロス集計表(例えば年齢別にみた各項目とのクロス集計表)などのマクロ・データが主である．これらの集計表を広く収集して，集積されたデータを素材にした時系列的データ解析に基づく比較分析をするのが精一杯のところである．

94　第Ⅲ部　データの分析

　しかし，このようなマクロ・データであっても，以下に詳述するように，各継続調査の各調査時点における年齢別クロス表を有機的に結びつけ，統一的な視点から解析をする「コウホート分析」をすることにより，その社会に住む人々の意識変化のあり方について非常に有用な情報が得られる．これを，その社会の社会的（経済的・政治的など）環境の変化のあり方と重ね合せて検討することにより，意識変化と社会環境の変化との間の関連のあり方を具体的に示すことが可能となる．

　このように，社会環境の変化と意識変化の相互関連のあり方について，より精密な情報を得ることが可能となり，その社会のあり方と，その社会に住む人々の"ものの考え方"とのかかわり方について，より深い知識が得られることになる．

　これにより，比較の対象となった複数社会のそれぞれについて，例えば，各社会の社会経済的環境の面における類似度が高まれば，それに関連する一定分野の意識の側面における共通性も高まる等の意識変化過程の要因分析をデータ解析の上から客観的に行なう糸口が開かれることになる．これらの情報を基礎知識にすえ，調査データの総合的解析へと進むことが，比較研究を実際的に進展させる上で有効な方策であり，以上のような基礎的作業を経てはじめて，動態的な比較研究が現実のものとなってくるわけである．

　ここで例示するものはごく限られたものであるが，得られた結果は，その社会の環境の変化のあり方が，その社会に住む人々の意識構造の変化とどのように関連しているのか，すなわち，社会の動きと，それに関連して動く，人々の内面的な"ものの考え方"の動向との間の相互関係を示すことになり，比較研究を進める上で有用な情報となるものである．

　具体的な分析例として，次の二つをとりあげる．

　第一の例は，「日本人の国民性」に関する継続調査の継続質問項目の結果に関する分析例である．これは直接には，国際比較研究とは関連しないが，日本の国内における社会環境の変化，あるいは長期間にわたって影響を与えてきたと考えられる，外部からの諸影響力，などに起因する，意識の面の変化の分析例と考えることができる．以下の分析に利用する，継続調査データの年齢別データのまとめ方の仕様や分析手法は具体的な分析結果とともに他の国際比較の分析研究にあたっても利用価値の高い有用なものであろう．

　いま一つは，宗教に関連する事項について，日本の「日本人の国民性」に関する継続調査（1953-83）から'宗教を信じるかどうか'，アメリカのミシガン大学社会調査研究所の継続調査（1952-82）から'教会に行くかどうか'[1]，およびオランダの国勢調査（1899-1969）の'宗教的なものに入っていない'[2]の各年齢別集計表に基づく国際比較分析結果である．

i 変化のデータと分析の視点

社会環境の変化と，人々の"ものの考え方"の変化とを対応させて検討するとき，社会変化の方は実態としてとらえられる部分が多いので割合にはっきりしているが，意見や"ものの考え方"の変化についてはあまり明確ではない．

社会調査の方法により，ある社会集団におこっている"ものの考え方"の面の変化をとらえるにはどうするか？ といえば，同一質問項目を繰り返し同一母集団を対象に調査した，いくつかの時点にわたる継続調査データを利用して，これらの意見あるいは"ものの考え方"の面の変化の状況をとらえるということが考えられる．

これらの調査データから意見の変化をとらえるため，

◎ 意見支持率の単純な時系列比較をする

◎ 各属性別(性・年齢層・学歴水準など)の意見支持率のあり方を時系列的に比較する

などのことが通常行なわれる．

ところで，意見支持率の単純な時系列比較についてみると，比較する時点の間隔が長期にわたれば，全体の意見支持率が変化したのは，① 新たに成人して調査対象集団に入った層，あるいは対象集団から去った層など，母集団に出入した層のためなのか，あるいは，② その調査期間の間ずっと対象集団に含まれていた人々の意見変化のためなのか，など種々のことが考えられ，変化要因についてはより一層の検討が必要となる．

通常の調査データは，どの調査でも20歳以上(あるいは18歳以上など)の成人を対象にして調査しているので，成人における意見の変化過程を検討することになる．意見の形成過程あるいは意見の変化について，例えば，イングルハート(1977)は，「個人の価値意識の基礎は，生まれ育った時代に形成され，それ以後あまり変らない．したがって個人の生まれ育った時代の経済的・政治的状況が意見形成の要因となる」として，ヨーロッパ諸国の価値観変化について述べている[3]．一方，インケリス等(1974)は，成人になってからの社会適応化が意見変化にとって重要であるとしている．すなわち，成人した後，個人がどのような組織に所属するか，社会的にどのような役割をはたしているか，などのことが意見変化の要因となる[4]，と述べている．

どのような要因によって，実際の意見変化が起っているのか，調査データから検討する場合の基本的要素についてまず考えておく．

1) 社会的・経済的環境の変化(時代の効果)：例えば，経済的によくなり社会が豊かになると，それに応じて人々の"ものの考え方"もその方向に変化する(国民性調査では1973年調査と1978年調査の間に満足度に関連する意識の面で，かなり大きな変化がみられた．社会環境の変化が人々の意識の面にも影響を及ぼす具体的な事例といえる)．

2) 個人のライフ・ステージに応じた変化(年齢の効果)：どの社会でも個人の社会的役割の基礎には年齢があり，物の見方にも年齢に応じた意見差がある．健康等の身体的要因も欠かすことはできない．

3) 個人の履歴・経験による継続的影響(コウホート[5]効果)：これは個人の生まれ育った〈時代の影響〉と，個人がちょうどその時期に成長して経験を重ねた〈加齢の影響〉とを含み，社会的状況と個人的受容の条件付きの交互作用として考えられる．その時代に生まれ育った層が他の時代に生まれ育った層との対比において，相対的にどのような位置を占めるかについて，生まれ育った時代の背景にある社会的・経済的・政治的環境とをあわせて広く考察することに力点をおく考え方である．

以上のことを踏まえて，社会の環境の変化と意見の変化との関連を検討する．すなわち，ここでは，意見の変化過程について，一般の人が誰でも影響を受ける外的な要因として，年をとること(年齢)による影響と，時代(社会的・経済的環境)の影響，および，同一時期に生まれ，育つ時期の外的環境を共通に体験した同一生年層(コウホート)の影響を加えて検討していく．

ii コウホート分析法とその問題点

例えば，表III-8のように，継続調査データを調査の時期別・年齢層別にみた意見支持率を行列の形にならべてみる．ここでは，例として，第1章§2で国別支持率の比較を行なった'くらし方'の質問項目のうち，'趣味にあったくらしをする'という意見の支持率をとりあげる．

この表III-8の縦方向は調査の時期別にみた年齢層別の意見支持率の動向が，横方向は年齢層別にみた時期の動向が，斜め右下の方向には同一生年層(コウホート)の加齢過程による動向が示される．

このようなデータ表から出発して，〈時代の影響〉，〈年齢の影響〉，および〈コウホートの影響〉を検討しようというのがコウホート分析であるが，これにはいくつかの問題点がある．

その第一は，解析的な問題点である．よく知られているように，表のままではそれぞれの要因の影響を分離してとり出すことは原理的に不可能であること，たとえば，縦・横・斜めの比較検討では，いずれも年齢・時代・生まれの各要因の複合効果しか得られない．したがって，何らかの仮定をおかなければならないが，これまでこの点について種々の問題点が指摘されてきた．

第二の問題点はデータの所在がごく限られていることであり，これに付随する第三の問題点として，コウホート分析における分析手法の妥当性の検討に関連することがある．

すなわち，技術的にみて各要因の効果を一定の方式で客観的に分離できるようになったとしても，これだけでは不十分である．

表 III-8 調査の時期別・年齢層別意見支持率の例
(♯2.4 'くらし方' の '趣味にあったくらしをする')

〈男〉年齢層	調査時期						
	1953	1958	1963	1968	1973	1978	1983
20-24	33.8	43.7	41.8	43.6	50.0	57.1	51.4
25-29	24.7	37.9	38.8	36.5	51.2	47.9	51.1
30-34	36.3	26.4	32.5	39.6	39.5	43.9	43.3
35-39	25.2	23.3	26.8	31.2	41.0	40.0	45.5
40-44	16.0	23.1	28.7	36.6	36.4	36.5	41.1
45-49	20.0	26.1	26.1	29.0	33.3	30.5	41.3
50-54	16.7	30.3	29.8	21.1	29.0	35.4	29.7
55-59	13.5	24.0	22.5	21.4	34.6	32.2	33.3
60-64	14.3	19.0	23.3	18.5	28.0	20.0	32.3
65-69	16.2	6.2	21.8	16.4	24.5	28.6	38.1
70-	14.3	7.1	10.7	12.7	17.7	22.2	21.6
合計	23.7	26.4	29.9	30.9	38.2	37.8	40.1

〈女〉年齢層	調査時期						
	1953	1958	1963	1968	1973	1978	1983
20-24	34.2	34.5	47.1	56.8	55.4	47.6	50.7
25-29	22.9	30.4	37.2	45.5	45.5	57.7	45.3
30-34	23.9	41.3	32.8	36.3	47.2	42.7	46.6
35-39	17.0	19.1	33.9	30.8	41.6	43.8	42.9
40-44	14.6	22.8	31.1	36.6	42.4	41.7	37.6
45-49	8.2	16.3	21.6	27.2	35.5	34.1	34.4
50-54	12.4	7.7	16.1	23.4	30.4	41.6	28.1
55-59	9.8	13.2	27.8	17.0	30.3	39.7	27.6
60-64	5.3	22.7	15.4	20.2	24.7	33.3	29.5
65-69	4.5	0.0	12.1	16.4	11.8	17.4	23.1
70-	0.0	13.0	13.1	7.7	11.1	9.8	15.9
合計	19.0	24.8	29.9	33.8	38.8	40.2	35.9

iii 新しい型のコウホート分析の方法

こうした問題点を解明するに際してデータに沿って合理的に解決するため，新しく開発されたコウホート分析[6]の一つの方法を説明しよう．

この方法は，時代・年齢・コウホートの各要因の影響（効果）を分離して推定できるようにするため，それぞれの要因の中では，相隣接する要因効果の大きさがそれほど急には変化しないという条件をとりいれた分析手法である．最適なモデルを選択するのに，ABIC と名付けられている赤池の情報量規準（第 IV 部参照）を利用しているのが特色である．このようなコウホート分析法の定式化により，

① これまで，時代・年齢・コウホートの各要因効果を分離するために考えられてきた各種の分析法のように，各要因効果のあり方に恣意的な仮定をしなくてもよく，コウホート分析法の一つの大きな難点を除くことが可能になった．これにより一層客観性に富む分析結果が得られることになった．さらに，

② 最適モデルの選択方式からみて，より一層合理性の高い結果が得られることになった，といえる．

前述したように，コウホート分析で本来考えているようなことは，〈年齢効果〉，〈時代効果〉，あるいは〈コウホート効果〉などについて，具体的な視点に立ってみると，「ある年齢になれば，誰でもその年齢を感じさせるような影響をうける」，「ある時代に生活すれば，誰でも〈その時代特徴〉というものに影響される」，あるいは「ある特定の生年層には，その前後の生年層とはよく似た，しかし，時代のへだたった世代とは異なる一定の特徴がみられる」などの〈効果〉を考えている．したがって，類似の質問項目，あるいは共通の問題点を含むような質問群を組にして考えたとき，質問内容に多少は依存しても，〈時代効果〉，〈コウホート効果〉などは共通に現われてくるべきものといえる．我々としては，このような分析を通して，従来の手法の限界，手法適用の限界を検討し，新しいコウホート分析法の合理性について研究を重ねてきた．以下で，こうした新しいコウホート分析の手法を国際比較の研究に適用するにあたり，この方法の進め方，考え方を説明する必要があるので，まず国民性調査の継続質問項目に適用し，検討してきた結果について述べてみよう．

§2 コウホート分析の進め方——国民性調査データへの適用から——

分析には国民性調査で5回以上継続調査している項目のうち，ここでは，以下の各章で利用する質問項目の分に限定して分析結果を示すことにする．

調査時期は固定されているから，〈時代の影響〉を考える場合，調査時期に含まれる1953年から1983年までの時代の動きあるいは〈社会変化〉がどのような形で進行しているかということを，まず考える必要がある．〈コウホート効果〉を考えるに当っては，調査に含まれる各世代の人々が生まれ育った時代の背景，社会環境も考えに入れる必要がある．これらのことを実用上は慎重に考えなければならない．

例えば，一般的な大きな動きをみる時代区分，あるいは少し時代区分を詳しく検討した上できめられるような区分も必要になるであろう．しかし，ここでは，実用性・適用可能性の検討資料として，まず，（第一近似的な）時代区分で大要をつかむため，ごく粗いものを考えておく．

また，年齢層の区分としては，調査時期が5年おきであるから，5歳きざみの年齢層をとり，この年齢区分も特定のコウホートに焦点をあてるようなことをせず，調査実施時点の年齢区分をそのまま利用した．コウホート分析に利用した年齢層は，20〜24歳の層から5歳きざみで65〜69歳までで，年齢層の数は10となる．70歳以上の層は回答者数の関係で分析から除いた．したがって，〈コウホート効果〉を考える場合の時代としては，ほぼ1880年以降になるが，最近5回継続質問の分析結果をあわせて時代を検討することにしたので，主に1900年以降(明治33〜37年生まれの層以降)のことを考えた．

実際には，図 III-9 のような手順により検討を進めていくことになる．

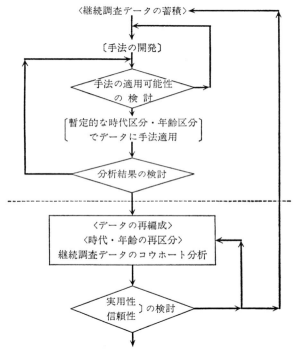

図 III-9 コウホート分析の検討手順

なお，以下の分析では，男性と女性とでは成人後における社会との関連のあり方が異なると推測されることから，男性・女性を分けてコウホート分析を行なっている．

i 手法の適用可能性に関する検討

ア) 学歴に対する分析結果

個人の学歴水準は成人では変化しない(もちろん社会人として活躍しながら通信教育等で高学

歴になることもあるが）．基本的に学歴水準はコウホート効果だけである．実際，この手法を国民性調査の継続調査データに適用してみると，学歴水準の分析結果には〈年齢効果〉はなく，〈コウホート効果〉だけが認められる．ただし，調査実施の諸条件が反映して，その影響が〈時代効果〉として現われることがある．

イ）　職業のうち農業等の分析結果

個人の職業は成人後に変わる可能性も多い．しかし，ここ20～30年の日本社会の実情を，農業に限ってみれば離農ということはあっても，逆のケースはそれほど多くないと考えられる．調査データのコウホート分析からみると〈年齢効果〉はなく，〈コウホート効果〉がはっきり認められる．とくに世代が新しくなるにつれ農業の層が減少している．

また，無職のうち〈主婦〉をとりあげると，女性は社会動態として20代前半は勤めて，それ以降大部分の女性は調査における職業区分上〈主婦〉ということになる．したがって，コウホート分析では〈年齢効果〉が主であると推測される．コウホート分析の結果は〈年齢効果〉がほぼ実態通りに検出され，さらに，〈コウホート効果〉も認められた．（これは国勢調査資料等から検討しなければならないところであるが，大正（1925）から昭和（1930）にかけての世代では〈主婦〉が少ないような結果である．）

この他，〈主婦〉の分析では調査時点における〈主婦〉の定義，調査手順の相違に起因する影響が〈時代効果〉の上に認められ，調査法上からみて予想された通りの結果を示している．

これらの基本的属性項目に対する分析結果からみて，この手法を一般の調査項目に適用したとき，それぞれの要因効果に関する情報をうまくとり出してくる可能性が高いと期待される．すなわち，データに含まれる情報の構造を誤りなくとり出していると考えられる．

ウ）　人工的データの分析結果

第IV部に示した人工データばかりでなく，実際の調査データの場合もデータの構造をきちんと再現する形の結果が得られている（第IV部，手法の解説の参考文献を参照）．

ii　各質問項目の分析結果の検討

ア）　'くらし方'の質問の'趣味にあったくらし'の分析例

コウホート分析の結果，各質問項目の回答カテゴリごとに検出された〈時代効果〉，〈年齢効果〉，および〈コウホート効果〉の有無は，コウホート分析結果一覧表（表III-18〔127頁〕）に示されている．この概要をまとめる前に，ここでは，まず，先に時代・年齢別データ（表III-8）を示した'くらし方'の質問の'趣味にあったくらし'に関する分析結果を示すことにする．

図III-10はコンピュータの出力そのままの形を模して示したものである．各〈時代効果〉，各〈年齢効果〉，および各〈コウホート効果〉のパラメータの値は，男性の結果については左から2列

第3章 コウホート分析によるマクロ分析　101

目，女性の結果については右から2列目に順次記されている．それぞれの値を視覚化して図示したものが図III-10の中央左の図(男)，および右の図(女)になる．

```
< GRAND MEAN >  総平均                                              総平均  < GRAND MEAN >
                -.8075        〈男〉              〈女〉            -.9906
              ( 30.84 )                                          ( 27.08 )
  時代効果                                                                    時代効果
  < PERIOD >           -1.0   .0   1.0       -1.0   .0   1.0               < PERIOD >
                     -+----+----+----+-    -+----+----+----+-
   1953     -.1205    |    *|    |          |    * |    |        -.2909     1953
   1958     -.0586    |    *|    |          |    *|    |         -.1195     1958
   1963     -.0218    |     *    |          |    |* |    |        .0319     1963
   1968     -.0159    |     *    |          |    | *|    |        .0958     1968
   1973      .0824    |     |*   |          |    |  *    |        .1823     1973
   1978      .0657    |     |*   |          |    |  *    |        .1580     1978
   1983      .0687    |     |*   |          |    *|    |         -.0576     1983
                     -+----+----+----+-    -+----+----+----+-

  年齢効果                                                                    年齢効果
  < AGE >                                                                   < AGE >
                     -+----+----+----+-    -+----+----+----+-
   20-24     .0822    |     |*   |          |    |  *    |        .1502     20-24
   25-29     .0417    |     *    |          |    |*    |          .0469     25-29
   30-34     .0069    |     *    |          |    *    |           .0021     30-34
   35-39    -.0168    |     *    |          |    *    |          -.0267     35-39
   40-44    -.0181    |     *    |          |    *    |          -.0062     40-44
   45-49    -.0254    |     *    |          |    *|    |         -.0603     45-49
   50-54    -.0329    |     *    |          |    *|    |         -.0557     50-54
   55-59    -.0202    |     *    |          |    *    |          -.0100     55-59
   60-64    -.0175    |     *    |          |    *    |           .0034     60-64
   65-69    -.0001    |     *    |          |    *|    |         -.0438     65-69
                     -+----+----+----+-    -+----+----+----+-

  コウホート効果                                                              コウホート効果
  < COHORT >                                                                < COHORT >
                     -+----+----+----+-    -+----+----+----+-
  1884-88   -.7001    | *   |    |         *|    |    |          -1.1297    1884-88
  1889-93   -.6983    | *   |    |         *|    |    |          -1.0947    1889-93
  1894-98   -.6240    |  *  |    |          |*   |    |           -.8769    1894-98
  1899-03   -.5254    |   * |    |          | *  |    |           -.7252    1899-03
  1904-08   -.4109    |   * |    |          |  * |    |           -.6231    1904-08
  1909-13   -.2734    |    *|    |          |   *|    |           -.4914    1909-13
  1914-18   -.1437    |    *|    |          |    *    |           -.1581    1914-18
  1919-23   -.0199    |     *    |          |    |*   |            .1053    1919-23
  1924-28    .0253    |     *    |          |    | *  |            .2753    1924-28
  1929-33    .1040    |     |*   |          |    | *  |            .3018    1929-33
  1934-38    .3360    |     | *  |          |    |  * |            .4295    1934-38
  1939-43    .3663    |     | *  |          |    |   *|            .6332    1939-43
  1944-48    .5457    |     |  * |          |    |   *|            .7617    1944-48
  1949-53    .5825    |     |  * |          |    |    *            .9087    1949-53
  1954-58    .7205    |     |   *|          |    |   *|            .7949    1954-58
  1959-63    .7152    |     |   *|          |    |    *            .8887    1959-63
                     -+----+----+----+-    -+----+----+----+-
```

図III-10 'くらし方'の'趣味にあったくらし'に関するコウホート分析の結果

　この図をみれば，男性の場合，①〈年齢効果〉はほとんどなく，②〈時代効果〉がわずかではあるが認められる．③1953年から1983年の30年間における全体の意見支持率の変化(24%から40%へ)のほとんどは〈コウホート効果〉，すなわち，世代の交代によってひき起こされた変化ということがわかる．

　一方，女性の場合は，〈時代効果〉および〈年齢効果〉も少し認められるが，全体の意見変化の内訳は，男性同様，大部分が〈コウホート効果〉で占められていることがわかる．しかも，意見変化の大きさ(53年の19%から78年の40%，および83年の36%)を反映して，男性より女性の方が〈コウホート効果〉の変化幅がより広くなっている．

　また，この'趣味にあったくらし'という意見では，時代効果の変化の傾向と，コウホート効果の変化の傾向をみると，最近までの時代効果の傾向が，それ以前の時代効果の傾向の反映である

コウホート効果の傾向と一致していることが一つの特徴である．

すなわち，'くらし方'のうち'趣味にあったくらし'をするという考え方は，大局的にみれば，生まれ育った時代の社会経済的環境により大きく影響され，共通の生活体験が，その世代の特徴を示す形となっていることがみられる．これを経年的にみれば，明治生まれよりは大正生まれ，大正世代よりは昭和一桁世代，さらに昭和二桁世代へと，より経済的に豊かな時代に生まれ育った世代ほど，この意見を支持する傾向が強いという一方向増大型のコウホート効果が示されており，社会経済的環境と人々の生活意識とが密接に関連していることが認められる．

他の項目について，このように一つ一つ分析を進める余裕がないので，ここで，それぞれの要因効果の有無について，全体的な概要をまとめておく．

イ）〈時代効果〉

これは，国民性調査の継続質問項目の各回答カテゴリのほとんどについて検出されている．例えば，以下でとりあげる各質問項目の主要な回答カテゴリ 45 項目についてみると，ほとんどすべての回答カテゴリに〈時代効果〉がみられる．これを回答支持率の経年変化（初回調査時点の支持率と 1983 年調査の支持率の差）と相関させてみると，表III-9 のようになっている．全体の回答支持率が低い場合でも，変化量が相対的に大きければ〈時代効果〉として検出されている．

表III-9 〈時代効果〉のある項目数

経年変化の大きさ	男	女
10% 以上	22	20
5 – 10%	13	14
5% 未満	8	9
45 項目中	43	43

しかし，回答支持率の経年変化の大きさ（パーセントの変化幅）と〈時代効果〉のパラメータの大きさ（変化幅）とは必ずしも相関していない．

前項の'くらし方'の質問で'趣味にあったくらしをする'という意見のコウホート分析結果からもわかるように，全体の意見支持率の変化幅には，意見支持率の変化の要因として，〈コウホート効果〉の要因，すなわち，世代の交代による意見支持率の変化が含まれているからである．（〈時代効果〉と〈コウホート効果〉を合わせた，意見変化過程に関する要因分析は以下で項をあらためて述べることにする．）

また，新しいコウホート分析手法の条件から考えて，急激な変化の場合はどのようになるかを検討してみると，図III-11 に示した♯2.5'自然と人間との関係'の'自然に従え'という回答は，1968 年調査から 1973 年調査へかけ，公害問題・自然環境問題などの影響で急激に大きく変化をした事例の一つであるが，コウホート分析の結果，この項目に関する〈時代効果〉は，ほぼ忠実に

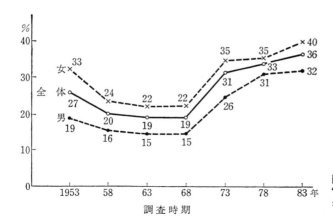

図 III-11 '自然と人間との関係'の'自然に従え'──全体および性別回答支持率(1953-1983)──

この変化を後づけ検出していることがわかる.

この場合,〈時代効果〉の推定パラメータの動きは,各項目の回答支持率の経年変化の傾向をほぼ忠実に再現していることがわかる(図 III-12 参照).

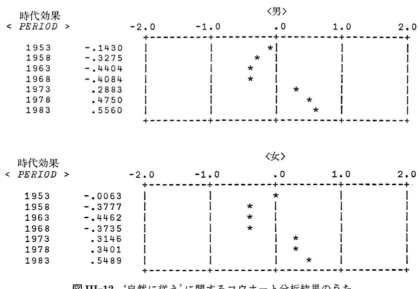

図 III-12 '自然に従え'に関するコウホート分析結果のうち
──〈時代効果〉について──

この例のように,短期間の間に社会の動向が一転して変化する場合に,人々の意識の変化はどの人も時代の影響を一様に受けるという形で推移することが示された.先にあげた'くらし方'の'趣味にあったくらし'のように,社会環境の変化が徐々に,しかも長期的・継続的に影響を及ぼしている場合とは,社会変化のあり方と意識の変化のタイプとの間の関連のあり方が異なることに注目したい.

ここで，〈時代効果〉のタイプ分けをしておく．〈時代効果〉のタイプは，大きく三つに分けられる．すなわち，① 調査期間中を通して，ほぼ同一方向の影響を受けているタイプ（一方向型），② 調査期間中に影響の方向が逆転しているタイプ，③ 上記①，②以外（一定の傾向のみられないタイプ），である．このうち，① は，a: 調査期間中を通してほぼ増加傾向にあるもの，b: 調査期間中を通してほぼ減少傾向にあるもの，に分けられ，② も，a: 調査期間の初期には減少傾向であったものが一転して増加傾向に変ったもの(Uタイプ)，b: 調査期間の初期には増加傾向であったものが一転して減少傾向に変ったもの(逆Uタイプ)，に分けられる．これをまとめると，

①-a: 一方向増大型
①-b: 一方向減少型
②-a: U型
②-b: 逆U型
③　 : その他の型

となる．

　このような〈時代効果〉のタイプ分けは，各回答項目（意見）の支持率の変化の大きさを考察する場合，あるいは後に述べる〈コウホート効果〉のタイプとの関連を考察する場合，あるいは意見支持率の変化過程に関する要因分析を試みる場合などにおいて有用である．

　ウ）〈年齢効果〉

〈年齢効果〉の検出された項目は，45項目中，男性では21項目，女性では15項目であった．これを，男女それぞれについて年齢別にみた単純な意見差（ここでは1983年調査における20歳代の層の意見支持率と60歳以上の年齢層の意見支持率の差が統計的にみて有意であるかどうかで意見差の有無を判断する）の有無と相関させてみると，意見差のある項目（男性では15項目，女性では20項目）のうち，コウホート分析の〈年齢効果〉の検出されたものは男性7項目，女性12項目であるが，次に述べる〈コウホート効果〉を含めると，意見差のある項目すべてで，〈年齢効果〉または〈コウホート効果〉（あるいはこの両効果とも）が認められる結果となる．

　また，1983年調査では意見差のない項目（男性30項目，女性25項目）のうち，男性では14項目，女性では3項目に〈年齢効果〉が検出されている．これらの項目は，例えば，男性の場合の‘くらし方’の質問項目のうち，‘金持ちになる’という意見のように，質問内容として，30, 40歳代の年齢層において特徴的に支持率が増大するような項目に，この傾向を反映する形で〈年齢効果〉が検出されている．あるいは，‘しきたりに従うか’の質問項目（男性の場合）で‘自分の考えを押し通す’という意見のように，過去において年齢的にみて，若い層と高年齢層との間に大差のある項目で，現在は意見差のほとんどみられないもの等である（この項目では，〈年齢効果〉と〈コウホート効果〉の両効果が認められている）．女性の場合，この質問項目では，意見差が1953年調査時

より徐々に減少し1983年調査では逆転しており,〈年齢効果〉よりも,〈コウホート効果〉が認められる(表III-10).

表III-10 #2.1'しきたりに従うか'の'おし通せ'
(20-24歳の年齢層と60歳以上の年齢層の支持率の差)

	I (1953)	II (1958)	III (1963)	IV (1968)	V (1973)	VI (1978)	VII (1983)
男	22.6	15.7	3.0	8.3	3.1	−10.7	−1.8
女	18.5	15.6	12.0	11.8	10.9	2.8	−10.2

ところで,一時点における調査結果の属性別傾向分析のうち,年齢別分析は,多くの場合,若年齢層の支持率と高年齢層の支持率を対比するという形で行なわれている.これは,その社会の動向を年齢別にみた意見差のあり方からとらえようとする一つの試みであり,この年齢別分析の結果により,その社会の動向について種々の検討がなされる.しかし,すでに述べたように,一時点の調査データでは,年齢別にみられる意見差のあり方が,〈年齢効果〉によるものか,世代による意見差(〈コウホート効果〉)によるものかは判然としない.一時点の調査においては意見差のある項目も意見差のみられない項目も,その内容は不確定のままである.ここで述べた〈年齢効果〉と次に述べる〈コウホート効果〉の有無と関連させて検討しなければならない.

エ) 〈コウホート効果〉

〈コウホート効果〉の認められる項目も数多くある.これを〈コウホート効果〉のタイプ別にして示す.タイプの区分は大別すれば表III-11の通りである.前項でとりあげた45項目についてみると,男性では21項目,女性では35項目について〈コウホート効果〉が検出されている.男性より女性層の方に〈コウホート効果〉の認められる項目が多くなっており,〈コウホート効果〉のタイプとしては(中間)山型および谷型が多くなっている.

表III-11 〈コウホート効果〉のタイプ

タイプ	説　　　明
(中間)山型	中間のコウホートにおけるコウホート効果がプラスで中間コウホートに最大値(頂点)がある
(中間)谷型	中間のコウホートにおけるコウホート効果がマイナスで中間コウホートに最小値(底)がある
一方向型	古いコウホートから最近のコウホートまでコウホート効果がほぼ一方向的に増加または減少している

〈コウホート効果〉の有無のあり方が男性と女性とで異なっているのは,男性と女性とでは成人後の社会化過程に差があることを予想させる結果である.男性に〈コウホート効果〉がなく,女性に〈コウホート効果〉の検出された意見項目を具体的に書きならべてみると,例えば,

仕事に関連する人間関係の質問項目

表 III-12　〈コウホート効果〉の有無

タイプ		男	女
コウホート効果あり	山　型	5	8
	谷　型	3	9
	一方向減少型	6	9
	一方向増大型	7	9
コウホート効果なし		24	10
合　　計		45	45

科学技術の進歩と人間性の質問項目
自然と人間との関係の質問項目

などとなる．質問項目の内容が特定の主題に偏る傾向がみられ，また，男女の成人後の社会的活動のあり方とも関連するようにみえる．

「生まれ育った時代の影響が成人後の社会的活動のあり方によって変わるかどうか？」などに関する検討も，意見の変化過程を問題にする場合には必要であるが，これは別の機会にゆずり，ここでは，とりあげない．

次に，〈年齢効果〉のところでふれた，年齢層別にみた意見差のあり方と〈年齢効果〉，および〈コウホート効果〉のあり方との関連をまとめておく．

（以下の iii, iv の所論は，コウホート分析結果についての詳しい説明になっており，本書の主題である国際比較研究からは離れるので，iii, iv はとばして，v〔コウホート分析結果の〕まとめの項〔119頁〕に進んでいただきたい．）

iii　〈年齢効果〉と〈コウホート効果〉について

最近時調査における年齢別分析の年齢別にみた意見差とコウホート分析の結果のうち，〈年齢効果〉と〈コウホート効果〉のあり方との関連について，前項〈年齢効果〉のところで述べたように，一時点の調査結果からだけでは何とも結論しかねるところである．これに対して，何時点かにわたって継続した調査データを利用するコウホート分析を行なうことにより，

① 現在認められる意見差のあり方が，〈年齢効果〉によるものか，〈コウホート効果〉によるものか，あるいはこの両効果の複合したものであるか，が明確に示される．

② 現時点で意見差なしとなった場合においても，その項目に関する年齢別の意見差が，過去にどのような傾向であったのかを含め，それぞれの効果を示すことができる．

このように，コウホート分析をすることにより，年齢別にみた意見差のあり方が，〈年齢効果〉だけの，すなわち，個人のライフ・サイクルとしての意見変化であり，その社会にとっては安定

的なものであるのか，それとも世代の交代により意見支持率の経年変化をひき起こす要因となる〈コウホート効果〉によるものか，などが仕分けされ，意識構造の変化過程を考えるとき重要な情報が与えられる．

前にとりあげた45項目に関する分析結果をこの面からまとめてみると表III-13のようになる．

表III-13 1983年調査結果の年齢別分析の結果とコウホート分析の結果

20歳代と60歳以上の層の間の意見差(1983年)		年齢効果およびコウホート効果あり	年齢効果あり	コウホート効果あり	両効果ともなし	計
意見差あり	男	3(1)	4	8	-	15
	女	7(3)	4	9(3)	-	20
なし	男	7(6)	7	3(1)	13	30
	女	2(2)	2	17(11)	4	25
計	男	10(7)	11	11(1)	13	45
	女	9(5)	6	26(14)	4	45

注：（ ）内は〈コウホート効果〉が山型，谷型の項目数．

ここでとりあげている意見差のあり方は，すでに述べたように，1983年調査における年齢別分析で，20歳代の意見支持率と60歳以上の年齢層の意見支持率の差が統計的にみて有意かどうかで判断しているので，"意見差あり"となる項目は若い年齢層ほど高年齢層にくらべて意見支持率が高い（あるいは低い）という一方向型の項目が多い．これから，意見差ありの項目では，〈年齢効果〉も一方向型のものが支配的になる．一方，"意見差なし"の項目は，先に示した♯2.4'くらし方'の質問項目のうちの'金持ちになる'という意見のように，質問項目の内容として，中年齢層と他の年齢層との意見が異なるような項目における〈年齢効果〉が得られ，30～40歳代の年齢層では〈年齢効果〉がプラス，20歳代および高年齢層では〈年齢効果〉はマイナスという中高の形（あるいはこの逆の形）となる場合が多い．

しかし，現在"意見差なし"の項目で，過去における"意見差がある"場合には，その傾向を反映した〈年齢効果〉が検出されてくる．この場合は，過去における20歳代と60歳以上の年齢層の間に存在した意見差が，現在は存在しなくなってきたという状況を反映して，〈コウホート効果〉が同時にみられることになる．

したがって，〈年齢効果〉のタイプを考えると，質問内容により〈年齢効果〉が中高タイプになるのは，生活に密着している'金持ちになる'とか'職業に関連する対人関係'などの意見の項目に多くなる．これ以外の項目，例えば，次章以下で述べる「伝統―非伝統（近代）」の対立となる項目ではほぼ一定の傾向が認められることになる．

すなわち，ライフ・サイクルとして，高年齢層になるにつれて，人々の示す〈年齢効果〉は，その年齢層に応じた関心の度を示すものといえ，質問の内容によって，これが中年齢層の関心事で

あれば中高になる.

次に,〈コウホート効果〉についてみると,質問項目のそれぞれについて"意見差ありなし"との関連は,より一層はっきりしている.

すなわち,〈コウホート効果〉のタイプとして,現在,"意見差のある"項目では,〈コウホート効果〉のある27項目中20項目までが〈コウホート効果〉のタイプは一方向型になっているが,現在,"意見差のない"項目では,〈コウホート効果〉のある29項目中,タイプが山型・谷型になるものが20項目となり,意見支持率の変化過程がより複雑になっていることが示される.

どのような場合に(山)谷型のタイプの〈コウホート効果〉が検出されるかをみると,例えば,図III-13に示すように,調査時期における時代の影響が,女性の場合,男性の場合のように年齢層にかかわりなく,ほぼ一様に作用するという形にならず,若い年齢層ほど,その時代の影響を強く受けて意見を変えるという形になる.このような項目では,過去における意見変化のあり方から〈コウホート効果〉が検出され谷型のタイプとなる.

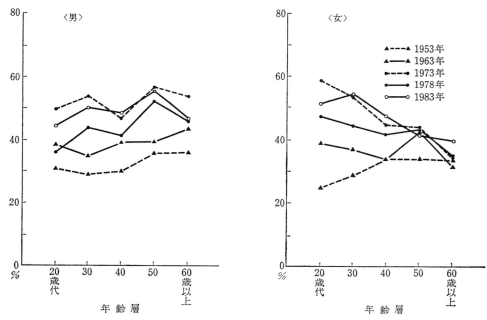

図III-13 #7.1'人間らしさへるか'の'賛成(へる)'に関する回答結果
——調査時期別,年齢別(1953-1983)——

このように,意識構造の変化過程を考えるとき,より一層信頼できる予測が可能になるような情報が得られる.

ひるがえって,これらの点から考えると,一時点における調査結果の年齢別にみた意見支持率の傾向から,通常よく行なわれるような将来の動向予測の類には問題が多いことは明らかである.

次に，意見の変化過程を〈時代効果〉と〈コウホート効果〉の面から検討する．

iv 〈時代効果〉と〈コウホート効果〉について

表面的にみられる意見支持率の経年変化は，時代の影響によって，その社会に住む人々が一様に意見を変えるために引きおこされるのか，あるいは，調査時期が新しくなるにつれて，次々に新しい世代が登場し調査対象となってくる反面，これまで調査対象であった古い世代が退場するという世代の交代によって引きおこされるものであるのか，あるいは，これら両者の複合したものであるのかを考えてみよう．

ア）経年変化と〈時代効果〉，〈コウホート効果〉の有無との関連

各意見項目ごとに，経年変化の大きさと，〈時代効果〉，〈コウホート効果〉の有無とを相関させて，まとめてみると表 III-14 のようになる．ここでとりあげている 45 項目のほとんどの項目で，〈時代効果〉あるいは〈コウホート効果〉のどちらかの効果がみとめられる．

表 III-14 経年変化の大きさと〈時代効果〉，〈コウホート効果〉の有無

	経年変化	時代効果とコウホート効果ともにあり	時代効果あり	コウホート効果あり	両効果ともになし	計
男	10%以上	14	8	−	−	22
	5−10%	4	9	−	−	13
	5%未満	3	5	−	2	10
	計	21	22	−	2	45
女	10%以上	16	4	1	−	21
	5−10%	11	3	1	−	15
	5%未満	6	3	−	−	9
	計	33	10	2	−	45

これからみると，男性の場合，経年変化の大きさ（意見支持率の変化幅）が 10% 以上の項目は変化の要因として〈時代効果〉と〈コウホート効果〉を合せたもの 14 項目，〈時代効果〉のみのもの 8 項目となっているが，変化幅が 5〜10% の項目では〈時代効果〉だけのものが多く（13 項目中 9 項目）なっている．一方，女性の場合には，変化幅が 10% 以上ではほぼ 3/4，5〜10% の項目で 2/3 と，〈時代効果〉と〈コウホート効果〉とを合せたものが多くなっており，〈時代効果〉，〈コウホート効果〉の有無のあり方と経年変化の大きさとの間にあまりはっきりした関連はみられない．

いずれにしても，多くの項目で意見支持率の経年変化の要因として〈時代効果〉だけではなく，〈コウホート効果〉も重要な要因となっていることがわかったが，変化幅の大きさとの関連は今一つはっきりしていない．

この点を検討するため，次に〈時代効果〉のタイプと〈コウホート効果〉のタイプを組み合せて，経年変化の大きさとの関連をみることにする．

イ) 経年変化の大きさと〈時代効果〉,〈コウホート効果〉のタイプの組み合せ

〈時代効果〉のタイプと〈コウホート効果〉のタイプとを組み合せ，それぞれの組み合せごとに，経年変化の大きさを相関させてみると，表III-15のようになる．

表III-15 意見の変化幅と〈時代効果〉,〈コウホート効果〉のタイプ

タイプ		性		変化幅の大きさ			計
時代効果	コウホート効果	男	女	10%以上	5-10%	5%以下	
増大	増大	5	3	7	1	-	8
減少	減少	4	4	7	-	1	8
増大	なし	6	4	7	2	1	10
減少	なし	1	-	-	1	-	1
増大	谷	3	5	4	4	-	8
減少	山	4	4	4	4	-	8
(減少	増大	-	1	-	1	-	1)
∩	増大	-	3	2	-	1	3
(∩	山	1	2	1	1	1	3)
∪	減少	2	5	3	2	2	7
(∪	谷	-	4	1	1	2	4)
∩	なし	6	1	1	5	1	7
∪	なし	6	1	2	3	2	7
他	増大	2	-	-	1	1	2
他	山	-	2	1	-	1	2
なし	増大	-	2	1	1	-	2
他	なし	3	4	2	1	4	7
なし	なし	2				2	2

各効果のタイプの組み合せごとに経年変化の大きさとの関連を——経年変化の大きさ10%以上の項目数の割合を指標にとって——考えると，ほぼ予期されたように，〈時代効果〉,〈コウホート効果〉の両効果のタイプが共に一方向増大型（および両効果のタイプが共に一方向減少型）のように同方向型の組み合せの項目が，経年変化の最も大きいグループを形成している．次は，〈時代効果〉が一方向増大型，〈コウホート効果〉なしのグループ，これにつづいて，〈時代効果〉が減少型で〈コウホート効果〉は山型のグループ，あるいは〈時代効果〉増大型，〈コウホート効果〉谷型のグループが第3グループを形成している．これに〈時代効果〉がU型あるいは逆U型，〈コウホート効果〉が一方向型（減少型あるいは増大型）が並び，以下，〈コウホート効果〉ありのグループがつづき，〈時代効果〉がU型（逆U型）で〈コウホート効果〉なしのグループ，両効果の組み合せが他のタイプもこのグループにはいる．このように，経年変化の大きさは，〈時代効果〉,〈コウホート効果〉の各タイプの組み合せに従って，ほぼ常識的な形での関連のつくものが多い．一方，〈時代効果〉が一定の特徴を持たない項目では経年変化の変化幅は大きいものもあるが，〈コウホート効果〉のみられない項目が多くなっており，意見支持の傾向が調査時点における社会環境の諸要因

の影響に，より強く支配されていて，長期的にみた意見支持率の動向には，一定の傾向がみられず，不安定なことを示している．

このように，〈時代効果〉，〈コウホート効果〉の各タイプの組み合せと，意見支持率の経年変化の大きさとの間には，各要因の常識的な関連を基礎にして一定の関係が得られる．したがって，コウホート分析を通した調査データのマクロ的分析によって，"時代の流れ"による意見支持率の変化過程について大局的なイメージが得られる．

すなわち，実際の社会環境の変化との対応を考えて，しいてまとめると，意見の変化は時代の影響による部分が相対的に大きく，これに，〈コウホート効果〉の要因が加わり，両者のタイプが一方向型と一致すれば，さらに変化幅が大きくなる場合があるということになるであろう．

しかし，時代の影響が，いつも一方向的であるとは限らず，先に示した♯2.5'自然と人間との関係'の'自然に従う'のように，時代の動向が一転する場合もある．このような場合，時代の影響と〈コウホート効果〉の寄与とは，両方が加わる形になる場合ばかりではなく，ある場合には，〈時代効果〉と〈コウホート効果〉の両効果が相殺し合って，変化の面では見かけ上それほど大きな変化とはならないことも考えられる．

このような点を，〈時代効果〉，〈コウホート効果〉の各タイプの組み合せについて少し検討しよう．

ウ）〈時代効果〉，〈コウホート効果〉の各タイプの組み合せ

先にみた〈時代効果〉のタイプと〈コウホート効果〉のタイプとの組み合せを表III-16のようにまとめ直してみると，ほぼ特定の組み合せのみが生起していることがわかる．それらを大別すれば，経年変化の大きさと各タイプの組み合せとの関連の項とほぼ同様ないくつかのグループが得られる．

表III-16 〈時代効果〉のタイプと〈コウホート効果〉のタイプの関連

タイプ		〈時代効果〉のタイプ					〈時代効果〉なし	計
		増大型	減少型	逆U型	U型	他の型		
〈コウホート効果〉のタイプ	増大型	8	1	3	—	2	2	16
	減少型	—	8	—	7	—	—	15
	山型	—	8	3	—	2	—	13
	谷型	8	—	—	4	—	—	12
〈コウホート効果〉なし		10	1	7	7	7	2	34
計		26	18	13	18	11	4	90

第1グループは，両効果のタイプが共に同一の一方向型，すなわち，〈時代効果〉が一方向増大型で，〈コウホート効果〉も一方向増大型，あるいは，〈時代効果〉が減少型で〈コウホート効果〉も減少型の意見である．第2グループは，〈時代効果〉が一方向型で〈コウホート効果〉は山谷型の意

見，すなわち，〈時代効果〉が増大型で〈コウホート効果〉が谷型，および，〈時代効果〉が減少型で〈コウホート効果〉が山型の各意見が含まれる．

第3グループは，〈時代効果〉がU，逆U型，〈コウホート効果〉が一方向型，すなわち，〈時代効果〉がU型で〈コウホート効果〉が減少型，および，〈時代効果〉が逆U型で〈コウホート効果〉が増大型の各意見である．

このグループに，〈時代効果〉がU型で〈コウホート効果〉が谷型，および，〈時代効果〉が逆U型で〈コウホート効果〉が山型，すなわち，〈時代効果〉と〈コウホート効果〉が同一タイプの意見も一応含めておく．以下の分析の際の参考として各類型の概念図を図III-14に示す．

〈時代効果〉と〈コウホート効果〉の両効果の検出された意見項目についてみると，以上の3グループ以外の意見は

〈時代効果〉が減少型で〈コウホート効果〉が増大型……1項目
〈時代効果〉が他の型で〈コウホート効果〉が増大型……1項目
〈時代効果〉が減少型で〈コウホート効果〉が谷型……1項目
〈時代効果〉が他の型で〈コウホート効果〉が山型……2項目

だけである．したがって，大多数の意見は上に示した3グループのどれかに入ることになる．

また，〈時代効果〉だけで〈コウホート効果〉の検出されなかった意見項目は，

第4グループ：〈時代効果〉が一方向型
第5グループ：〈時代効果〉がU型，逆U型
第6グループ：〈時代効果〉が他の型

と一応グループ分けしておく．

〈時代効果〉が一方向型のうち，増大型の意見では〈コウホート効果〉のあるもの 2/3，ないもの 1/3 であるのに，〈時代効果〉が減少型の場合は，ほとんどの項目で〈コウホート効果〉が認められている（18項目中17項目）ことも注目すべき点であろう．

このように，両効果のタイプとしては特定の組み合せが主に生起していることがわかる．

エ）両効果のタイプの組み合せの検討

両効果のタイプの組み合せをみると，〈時代効果〉が増大型なら〈コウホート効果〉も増大型，〈時代効果〉が減少型なら〈コウホート効果〉も減少型というように，〈時代効果〉のタイプと〈コウホート効果〉のタイプとは共通している場合が多い．

さらに，特定のタイプの組み合せが主に生起し，それ以外の組み合せはほとんど例外的なものといえる．

これを，社会の現象としての時代効果とコウホート効果のあり方の面から検討してみる．

ここでは，まず簡単のため，時代効果はその時代の時勢（時代の流れ）の影響を受けて生じると

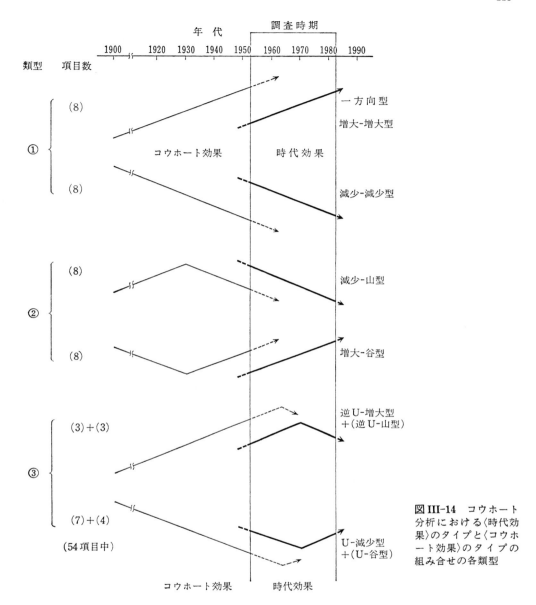

図III-14 コウホート分析における〈時代効果〉のタイプと〈コウホート効果〉のタイプの組み合せの各類型

考え，コウホート効果も，その世代の生まれ育った時代の時勢の影響を受け，その時代の時代効果の傾向が反映して生じるというモデルを想定して検討することにしよう．

前項で述べた第1グループは，その意見に関連する「時代の流れ」が調査期間だけではなく，それ以前からずっと現在に至るまで，長期にわたり一貫して一定方向であったような場合に生じるタイプの組み合せである．

具体的には，例えば先に示した'くらし方'の質問での'趣味にあったくらし'の調査結果のように，徐々に増大する一定方向の「時代の流れ」の影響がじわじわと効果を与えるような種類の意見で，それぞれの時代に生まれ育った「時代の流れ」の影響が〈コウホート効果〉としてあらわれ，全体としてみると，〈時代効果〉より長期にわたるため大きく検出されてくるような意見が含まれてくる．

　第2グループは，社会現象の面から考えると二つの場合に分かれる．
　第一の場合は，次のようなケースである．すなわち，その意見に関連する「時代の流れ」が調査期間を通して一貫して，その意見を減少させる傾向を示し，このため，〈時代効果〉として一方向減少型となっているのに，〈コウホート効果〉が山型になっている場合（あるいはこの逆のタイプの場合，すなわち，〈時代効果〉は増大型，〈コウホート効果〉は谷型の場合）を考えると，これはちょうど，調査期間に含まれる時期の「時代の流れ」が，調査時期より前のある時期以前の「時代の流れ」の方向と逆向きになり，現在〈時代効果〉が減少型のものは，ずっと以前の「時代の流れ」の方向は"増大傾向"であり，これが逆転し，ある時期以降は減少傾向になり，調査の期間を経て現在に至っていると考えれば，このような「時代の流れ」に沿って〈コウホート効果〉の山型が形成されてきたと考えられ，現象的にみて「〈時代効果〉は減少型，〈コウホート効果〉は山型」のタイプの組み合せが得られることが了解される．「〈時代効果〉が増大型，〈コウホート効果〉が谷型」の組み合せのタイプもこれと全く同様にして，「時代の流れ」が，ずっと以前は減少傾向，ある時期以降，調査の期間を経過して現在まで増大傾向の意見の場合に生起するといえる．
　具体的には，前者の場合，例えば，'くらし方'の質問で'清く正しくくらす'という意見の女性の場合はこの組み合せ（〈時代効果〉は減少型，〈コウホート効果〉は山型）のグループにはいる．後者は，やはり同じ質問項目の'のんきにくらす'という意見で，〈時代効果〉は増大型，〈コウホート効果〉は谷型となる．
　この第2グループの第二の場合は，次のようなケースである．すなわち，過去のある時期における「時代の流れ」の大きな変化により，特定の世代（コウホート）を中心にしてその前後の世代が影響を受けたような意見の場合にみられる．
　この場合，〈コウホート効果〉は，ちょうどこの時期において，時勢の影響を強く受けた世代を頂点（底）とする山（谷）型になると考えられ，これが〈コウホート効果〉として検出されてくるといえる．また，その時期に大きく変化した「時代の流れ」は，その時期以降は元の状態（変化のなかった）へ戻る方向に動き，〈コウホート効果〉が山型の場合，すなわち，変化当時の時代の流れが，その意見の支持率を高める方向に変化した場合には，それ以降の時代の流れは減少傾向を示し，〈時代効果〉としては減少型として検出され，逆に，〈コウホート効果〉が谷型の場合は，〈時代効

果〉として増大型が検出されることになる．

　この組み合せのタイプに属する意見は，「〈時代効果〉減少型，〈コウホート効果〉山型」のタイプは，例えば，♯2.1'しきたりに従うか'の質問項目で'正しいと思えば自分の意見をおし通す'という意見，また，「〈時代効果〉は増大型，〈コウホート効果〉は谷型」のタイプは，例えば，♯5.1D'大切な道徳'のうち'恩返し'をあげるものなどの意見がこのケースに該当する．

　また，「〈時代効果〉が減少型であり〈コウホート効果〉が増大型」になっている意見のように，調査時期に含まれる期間の〈時代効果〉の傾向と，長期的にみた〈コウホート効果〉の傾向とが反対方向である場合が例外的に認められた（1項目）．この場合は，各調査時期において新しく調査対象となった20～24歳の層など，比較的最近時点の生年層の示す〈コウホート効果〉だけを考えると，ほぼ一定であることがわかる．すなわち，この意見では，古いコウホートの〈コウホート効果〉が強すぎて，見かけ上〈時代効果〉の方向と逆になっているといえる．

　第3グループは，調査期間の間で「時代の流れ」が逆転し，〈時代効果〉がU型あるいは逆U型になり，調査期間の初期の減少（増大）傾向が増大（減少）傾向へと反転して検出されているが，〈コウホート効果〉は相変らず一方向型で，〈時代効果〉がU型の場合は減少型，逆U型の場合は増大型になっているケースである．これらについては，「時代の流れ」が反転した時期以降に成人した世代（コウホート）が，まだ調査対象集団に加わらないか，あるいは，早い時期の世代が最近の調査時点で調査対象として加わってきてもまだ，20歳代の前半だけで〈コウホート効果〉が反転に至らないという状況であると考えられる．

　すなわち，〈時代効果〉がU型（逆U型）の項目は，調査期間のある時期まで，「時代の流れ」が，その意見に対して〈時代効果〉として減少（増大）の傾向にあったわけであり，このような時勢の影響により，〈コウホート効果〉も減少型（増大型）となっている意見の場合である．近い将来，（「時代の流れ」が反転した後の世代が次々と調査対象に加わってくるので）〈コウホート効果〉が谷型（山型）となる可能性があると予想される．

　これから考えると，これらの意見における〈コウホート効果〉は，成人になる前の時期における「時代の流れ（の傾向）」に影響されている．すなわち，生まれ育った時代の影響が〈コウホート効果〉として現われてくる可能性が高いということになる．

　したがって，今〈時代効果〉がU型あるいは逆U型で，〈コウホート効果〉は谷型あるいは山型という意見のタイプは，時代効果とコウホート効果の間の時間的差（タイム・ラグ）がほとんどないタイプの意見ということになる．

　すなわち，その時代の傾向が，新しく調査対象になった世代（20歳代の前半）の〈コウホート効果〉として直接反映されるようなタイプの意見の場合である．（具体的には，例えば♯2.5'自然と

人間との関係'で'自然を征服してゆくのがよい'という意見〔女性の場合〕である.)

　先に示した#7.1'科学技術の進歩で世の中は便利になるが,人間らしさはへるか'で'へる'という意見の女性の場合は,見かけ上,調査時期の時代の影響が,高年齢層になるほど減少するという形で,各年齢層に異なる効果を与えているとみられるようなケースであるが,これはコウホート分析の結果,〈時代効果〉は増大型,〈コウホート効果〉が谷型というタイプに属していることが示され,ここで述べた第2グループに含まれる(図Ⅲ-13参照).

　このように検討してくると,多くの場合,その意見に関連した「時代の流れ」の傾向を反映した〈時代効果〉,〈コウホート効果〉が得られていることがわかる.
　したがって,コウホート分析を行なうことにより,調査期間に含まれている「時代の流れ(の傾向)」に起因する〈時代効果〉ばかりでなく,調査期間より以前の時代の傾向あるいは時代の特徴というものを,〈コウホート効果〉のタイプを媒介として探り出すことが可能であるといえる.
　すなわち,現在ばかりでなく,調査に含まれる調査対象者の生まれ育った時代にさかのぼって,その時代の時代特徴というもの,あるいはそれ以降の「時代の流れ(の傾向)」というものを見出すことも,ある場合には可能となるわけである.これは,それぞれの社会の環境の変化と,これに対応する人々の"ものの考え方"の面における変化の様相を長期的に比較・検討しようというとき,調査期間に含まれている時代を越えて,より一層長期的に過去にさかのぼって検討できることになり,コウホート分析から得られる情報は,一段と有利な情報を与えてくれるということができる.
　例えば,今検討している国民性の調査においては,調査期間は1953年から1983年の30年間であるが,コウホート分析を行なうことにより,各コウホートの生まれ育った時代として,古い世代では1900年以前,大多数の継続質問項目を対象にするとして,ほぼ1900年前後から以降の時代特徴あるいは「時代の流れ(の傾向)」を各質問項目のコウホート分析を通して間接的に知ることができるわけである.
　例えば,先に例としてあげた'くらし方'の質問で'清く正しくくらす'という回答の女性の場合は,コウホート分析により,〈時代効果〉は一方向減少型,〈コウホート効果〉は山型(〈年齢効果〉はなし)となる.したがって,ここで述べた第2グループにはいり,「時代の流れ」が〈コウホート効果〉の山の頂点前後の世代(コウホート)が生まれ育った時期に一つの転換点を迎えたことが推測される.明治後期生まれから大正世代を経て昭和一桁生まれまでは'清く正しく'という回答が,それ以降生まれにくらべて相対的に多くなっている.生まれ育った時代としては昭和10年頃が山の頂点の一つにあたり,一つの時代特徴を示していることがよみとれる.それ以後,調査期間

を通して現在に至るまで，この回答支持率は減少していることになる（コウホート分析の結果は
図III-15参照）．

```
               < GRAND MEAN >  総平均

                     -1.9270
                    ( 12.71 )                              〈女〉
       時代効果
     < PERIOD >        -2.0       -1.0        .0        1.0       2.0
                       +----------+----------+----------+----------+
         1953    .7951 |          |          |     *    |          |
         1958    .4200 |          |          |       *  |          |
         1963    .0689 |          |          |*         |          |
         1968    .0168 |          |          | *        |          |
         1973   -.3811 |          |       *  |          |          |
         1978   -.4291 |          |       *  |          |          |
         1983   -.4905 |          |      *   |          |          |
                       +----------+----------+----------+----------+

       年齢効果
     <   AGE   >
                       +----------+----------+----------+----------+
         20-24   .0578 |          |          |*         |          |
         25-29   .0559 |          |          |*         |          |
         30-34  -.0145 |          |          |*         |          |
         35-39  -.0007 |          |          |*         |          |
         40-44  -.0075 |          |          |*         |          |
         45-49  -.0475 |          |          |*         |          |
         50-54  -.0513 |          |         *|          |          |
         55-59  -.0148 |          |          |*         |          |
         60-64   .0044 |          |          |*         |          |
         65-69   .0182 |          |          |*         |          |
                       +----------+----------+----------+----------+

   コウホート効果
     < COHORT  >
                       +----------+----------+----------+----------+
       1884-88 -.2288  |          |         *|          |          |
       1889-93 -.1686  |          |         *|          |          |
       1894-98 -.0850  |          |         *|          |          |
       1899-03 -.0055  |          |          *          |          |
       1904-08  .2292  |          |          |  *       |          |
       1909-13  .3890  |          |          |     *    |          |
       1914-18  .3616  |          |          |    *     |          |
       1919-23  .2838  |          |          | *        |          |
       1924-28  .2590  |          |          | *        |          |
       1929-33  .3071  |          |          |  *       |          |
       1934-38  .3786  |          |          |    *     |          |
       1939-43  .1316  |          |          |*         |          |
       1944-48 -.2302  |          |        * |          |          |
       1949-53 -.4636  |          |     *    |          |          |
       1954-58 -.6032  |          |    *     |          |          |
       1959-63 -.5548  |          |    *     |          |          |
                       +----------+----------+----------+----------+
```

図III-15 'くらし方'の'清く正しくくらす'に関するコウホート分析の結果（女性）

また，同じ'くらし方'の質問で'のんきにくらす'という回答（女性の場合）は，コウホート分析により，〈時代効果〉は一方向増大型，〈コウホート効果〉は谷型となる（図III-16参照）．したがって，やはり第2グループにはいり，先にも例として示した通りである．〈コウホート効果〉の谷の

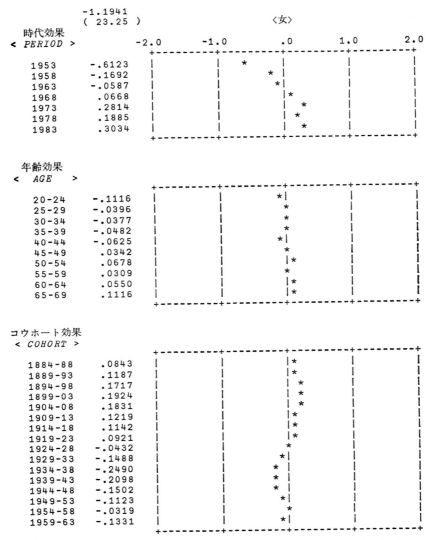

図 III-16 'くらし方'の'のんきにくらす'に関するコウホート分析の結果（女性）

底にあたるコウホートを中心に，その前後の世代では'のんきにくらす'というものが少ない．この層の生まれ育った時代は'清く正しくくらす'の場合とほぼ重なり，この時代の今一つの特徴を示すことになる．'のんきにくらす'という回答は，谷底にあたるコウホート（1935年前後生まれの層）以降の世代では，増大傾向に転換し，〈時代効果〉は調査の時期を通して一方向増大型として検出されている．すなわち，「'のんきにくらす'というようなことは戦中から終戦前後までが底であったが，それ以降増大し，現在ではほぼ元の水準まで戻ってきた」という「時代の流れ」の傾

向がよみとれるわけである．単純な回答比率の経年変化の傾向からみると，この'のんきにくらす'という回答の回答比率も，先に例示した'趣味にあったくらし'という回答の回答比率も，ともにこの30年間ほぼ増大傾向を示しているが，「時代の流れ」との関連では異なることになる．

以上，ある質問項目のある意見に対して影響を与えるような「時代の流れ」の傾向が，その意見項目のコウホート分析により得られる〈時代効果〉および〈コウホート効果〉に反映しているというモデルを考えて，〈時代効果〉，〈コウホート効果〉の各タイプの組み合せを検討した．

多くの項目で，〈時代効果〉のタイプと〈コウホート効果〉のタイプとの間に一定の関係があり，上に述べたような整合性がみられた．

もちろん，これは一つの仮説であり，全部の場合をこれで説明できるわけではないが，全体としてみたとき，このモデルで説明できるケースが多いということである．

v ま と め

コウホート分析で得られた〈時代効果〉，〈コウホート効果〉のタイプの組み合せを類型化し，「時代の流れ(の傾向)」と対比させて，意見の変化過程をマクロ的にまとめてみよう．

ア) 両効果のタイプの組み合せによる意見の類型化と意見の変化過程

〈時代効果〉および〈コウホート効果〉の各タイプにより各意見を類型化してみると，

① 一定方向の「時代の流れ」に沿って，一方向型の〈時代効果〉，〈コウホート効果〉が形成されているタイプの意見群

①-a：両効果とも増大型の意見群

①-b：両効果とも減少型の意見群

② 調査期間に含まれる以前のある時期に「時代の流れ」に変化があり〈時代効果〉が逆転したと考えられ，〈コウホート効果〉が山(谷)型として検出されるタイプの意見群(「時代の流れ」の大きな変化により，特定の世代(コウホート)を中心にして，その前後の世代が影響をうけ，〈コウホート効果〉が山(谷)型である意見群も含む)

③ 調査期間に含まれるある時期に「時代の流れ」に変化があり，〈時代効果〉がU型(逆U型)として検出されているタイプの意見群

③-a：〈コウホート効果〉の検出された意見群

③-b：〈コウホート効果〉なしの意見群

④ 一定方向の「時代の流れ」(とくに増大傾向)に沿って，〈時代効果〉が形成されているが，〈コウホート効果〉の検出されないタイプの意見群

のような意見群が得られる(これ以外の意見群はここではふれない)．

これらは表III-17のような各意見である．

表 III-17 〈時代効果〉,〈コウホート効果〉のタイプの組み合せによる意見の類型化(例示)

	時代効果	コウホート効果	男		女	
1-a	増大	増大	2.4	くらし方(3. 趣味にあった)	4.4	先生が悪いことをした(2. ほんとうだという)
			4.4	先生が悪いことをした(2. ほんとうだという)	4.5	子供に「金は大切」と教える(2. 反対)
			4.5	子供に「金は大切」と教える(2. 反対)	7.4	日本と個人の幸福(3. 日本＝個人)
			4.10	他人の子供を養子にするか(2. つがせない)		
1-b	減少	減少	2.4	くらし方(5. 清く正しく)	2.4	くらし方(2. 名をあげる)
			4.4	先生が悪いことをした(1. そんなことはないという)	4.5	子供に「金は大切」と教える(1. 賛成)
			4.5	子供に「金は大切」と教える(1. 賛成)	4.10	他人の子供を養子にするか(1. つがせる)
			4.10	他人の子供を養子にするか(1. つがせる)		
2	減少	山	2.1	しきたりに従うか(1. おし通せ)	2.1	しきたりに従うか(1. おし通せ)
			5.1D	大切な道徳(3. 個人の権利尊重)	2.4	くらし方(5. 清く正しく)
					5.1C-1	入社試験(親戚)(1. 1番の人)
					7.2	心の豊かさはへらないか(3. 賛成〔へらない〕)
	増大	谷	5.1D	大切な道徳(2. 恩返し)	2.4	くらし方(4. のんきに)
					5.1C-1	入社試験(親戚)(2. 親戚)
					5.1D	大切な道徳(1. 親孝行)
					5.1D	大切な道徳(2. 恩返し)
					7.1	人間らしさはへるか(1. 賛成〔へる〕)
3-a	∪	減少			2.1	しきたりに従うか(3. しきたりに従う)
					2.4	くらし方(6. 社会につくす)
					5.1C-2	入社試験(恩人の子)(2. 恩人の子)
					7.4	日本と個人の幸福(2. 日本→個人)
	(∪)	谷			2.4	くらし方(1. 金持ちになる)
					2.5	自然と人間との関係(1. 自然に従え)
					3.1	宗教を信じるか(1. 信じている)
					5.1	恩人がキトクのとき(1. 故郷へ帰る)
	∩	増大			2.4	くらし方(3. 趣味にあった)
					5.1C-2	入社試験(恩人の子)(1. 1番の人)
					7.4	日本と個人の幸福(1. 個人→日本)
	(∩)	山	5.1D	大切な道徳(4. 自由尊重)	2.5	自然と人間との関係(3. 自然を征服)
					5.1	恩人がキトクのとき(2. 会議に出る)
3-b	∪	なし	2.5	自然と人間との関係(1. 自然に従え)	5.1B	親がキトクのとき(1. 故郷へ帰る)
			2.5	自然と人間との関係(2. 自然を利用)		
			5.1	恩人がキトクのとき(1. 故郷へ帰る)		
			5.1B	親がキトクのとき(1. 故郷へ帰る)		
			5.1C-2	入社試験(恩人の子)(2. 恩人の子)		
	∩	なし	2.4	くらし方(1. 金持ちになる)	5.1D	大切な道徳(4. 自由尊重)
			2.4	くらし方(4. のんきに)		
			2.5	自然と人間との関係(3. 自然を征服)		
			5.1	恩人がキトクのとき(2. 会議に出る)		
			5.1C-2	入社試験(恩人の子)(1. 1番の人)		
			5.6	めんどうをみる課長(1. めんどうを見ない)		
4	増大	なし	5.1C-1	入社試験(親戚)(2. 親戚)	2.1	しきたりに従うか(3. 場合による)
			5.1D	大切な道徳(1. 親孝行)	4.10	他人の子供を養子にするか(2. つがせない)
			7.1	人間らしさはへるか(1. 賛成〔へる〕)	7.2	心の豊かさはへらないか(1. 反対〔へる〕)
			7.2	心の豊かさはへらないか(1. 反対〔へる〕)		
			7.4	日本と個人の幸福(3. 日本＝個人)		

〈コウホート効果〉のあり方が男性と女性とでは異なるので,同一の意見でも男性の場合と女性の場合と異なる類型になることもあるが,〈時代効果〉はほとんど同一タイプである.

このように，〈時代効果〉および〈コウホート効果〉のタイプの組み合せによって各意見を類型化してグループにまとめると，「時代の流れ」の諸特徴が浮び上がってくる．

まず第一は，「時代の流れ」の特徴として，意見支持率が増大するような，とくに類型①-a，および④に属している各意見に関連した「時代の流れ」の傾向が，川の流れにたとえれば主流といえる．これらの意見群は経年的意見の変化幅も他の類型にくらべ相対的に大きく，〈コウホート効果〉の検出されない意見群を含む．すなわち，時代の流れとして増大傾向のものは，生まれ育った時代の影響ばかりでなく，成人して社会に出てからも，同方向の影響を一様に受け，〈コウホート効果〉として世代を区別する形のものが検出されにくいと考えられるからである．

第二は，上と対立する意見群で意見支持率が減少するような，類型①-bに属している意見群に関係した「時代の流れ」の傾向である（しかし，減少傾向のため，ほとんどの項目に〈コウホート効果〉がみられる）．

この二つはまとめて大きな「時代の流れ」の基礎にあるものということができる．

次に「時代の流れ」を過去にさかのぼって，時代特徴を探り出すことを考えよう．過去における時代特徴を探るには，すでに述べたように，〈コウホート効果〉のあり方に頼ることになる．例えば，〈コウホート効果〉の山型の頂点あるいは谷型の底にあたる世代の前後の世代が成人するまでの期間を含む時期を考えると，この時期が，これらの〈コウホート効果〉が山型あるいは谷型タイプである各意見に関連する「時代の流れ」の傾向の転換点として考えられる時期にあたる．

したがって，一方向型の〈コウホート効果〉のタイプに属している各意見に関連する「時代の流れ」の傾向が，調査時期以前の過去においても一つの大きな流れであり，これに重なって〈コウホート効果〉が山型（谷型）のタイプに属している意見群に関連する「時代の流れ」が考えられる．これらの時代の流れがどのようなものであるかを検討するには，〈コウホート効果〉の検出された意見群について類型②を中心に全体的に考察しなければならない．

一方，これとは逆に調査期間に含まれる新しい時期の時代特徴を探る方策は？といえば，類型③の意見群を中心に考えていくことになる．

イ）コウホート分析から得られる時代特徴（「時代の流れ（の傾向）」）

イ）-1：調査時期以前の時代特徴

調査時期以前の時代特徴を考えるには，〈コウホート効果〉が一方向型のタイプに属する各意見群と，〈コウホート効果〉が山（谷）型になる意見群を分け，後者の意見群について〈コウホート効果〉の山の頂点，谷の底にあたる世代に注目して，「時代の流れ」の傾向の転換点を探ることから検討していく．

〈コウホート効果〉のある項目について，どのような項目が山（谷）型になっているか？また，こ

122　第Ⅲ部　データの分析

れらの項目における山型の頂点，谷型の底に相当する世代の生年は何年ごろか？ これらを考えるため，例示したものが図Ⅲ-17である．生年として1930年代(40年代)生まれの層が中心になっていることがわかる．〈コウホート効果〉の山型の頂点，谷型の底に相当する世代の生まれ育った時代を考えると，意見の種類によって多少異なる．最も早い世代は戦後すぐ社会にはいった層であり，遅い世代は1950年代までに学校教育を終了した層になる．中心は戦中から戦後にかけて，小学校高学年から中学校という層で，昭和20年代に義務教育を終了した層である．この時代——いわば昭和20年代の戦後民主化時代——の影響が，これらの世代の意識構造の一つの特徴となっていることが図示された意見群の〈コウホート効果〉のあり方から推測される結果となっている．

　この時期に加えられた影響は，大局的にみると，

a) 〈コウホート効果〉が山型(谷型)のタイプの意見群の一部について，これに関連する「時代

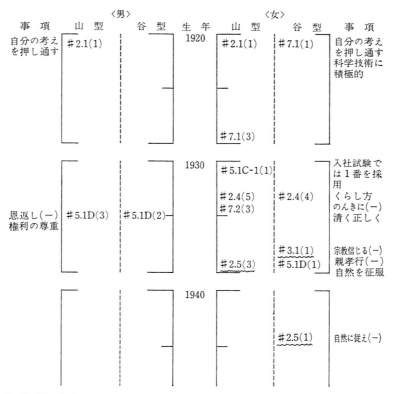

図Ⅲ-17　〈コウホート効果〉が山型，谷型の項目と山(谷)型の頂点(底)に相当する世代の生年の例示

の流れ(の傾向)」を逆転させ,

b) これ以外の山型(谷型)のタイプの意見群については,山型の頂点,谷型の底に相当する世代を中心にして,一定方向の変化を与え,

c) 〈コウホート効果〉が一方向型のタイプの意見群については,それ以前の「時代の流れ(の傾向)」をより一層増幅させるように働いた,

という形にまとめられる.

〈コウホート効果〉が山型や谷型になる意見群は,上にみたように,a)戦前―戦後の時代の流れの逆転に沿った形の〈コウホート効果〉が検出されているものと,b)戦後(昭和20年代)の変化の影響が〈コウホート効果〉として検出されているものとの2種類に分かれる.

前者の意見群における〈時代効果〉は,〈コウホート効果〉が一方向型の意見群c)についての〈時代効果〉と同一線上のものである.しかし,後者の意見群における〈時代効果〉は,上に示したように,この時期に特定の世代を中心に加えられた影響を打ち消すような形になる(ここに,いわゆる伝統回帰の変化過程が形成されている).

社会環境の現象面からみると,戦後の一時期における変化は,例えば,

1) 戦前から引きつづいて,工業化・近代化の過程に関連する"ものの考え方"を一層促進する形の変化

2) 合理的・近代的,あるいは民主的な"ものの考え方"として,主として社会教育・学校教育など,教育という形で進められた変化

である.1)の方はそれ以降の経済成長期,高度産業社会へ移行する過程でも,そのまま一定方向の変化要因として生きつづけてきた.

しかし,2)は社会のあり方として,身についた"ものの考え方"になるものと,そうでないものとがあったことがデータの分析からよみとれる結果になる.

いわゆる戦後の変化により,よくいわれるように,"ものの考え方"の面における「時代の流れ」の振子は大きく,近代的・合理的方向へ振れたわけである.この振子のゆり戻し過程の一部分が,国民性調査の30年にわたる継続調査データのコウホート分析により,〈時代効果〉と〈コウホート効果〉のタイプの組み合せとして上に述べたように具体的に仕分けされて示されたことになる.

イ)-2: 調査時期以降の時代特徴

調査時期に含まれる時代の特徴は,調査時期以前の「時代の流れ」の傾向をそのまま受けつぎながら,さらに,新しく現われてきた社会環境に対応する形の変化が加わって形成されてくる.

ここでは,コウホート分析の観点から,前項ア)でとりあげた類型③に含まれる意見群を中心に検討を進める.

新しい時代の動向については，各意見項目に関する〈時代効果〉から直接探ることができる．これまでの結果をまとめると，前項ア）でとりあげた類型①，②に含まれる意見群の〈時代効果〉は一方向型であり，これらの意見群に関連する「時代の流れ」の傾向は調査期間を通じて変らなかったことになる．具体的には，前項イ）-1の最後に示したように，一つは近代化の過程に関連した意見群の〈時代効果〉が示す「時代の流れ（の傾向）」で，一貫して時代の流れの主流となってきた．今一つは戦後（昭和20年代）の変化に関連した意見群の〈時代効果〉の示す「時代の流れ（の傾向）」であり，昭和20年代の変化を修正する方向の変化過程を含むような意見群に関連する「時代の流れ（の傾向）」である．これら，類型①，②の意見群の動向は，このままの状態が今後しばらくはつづくものと予想される（その後は頭打ちになり，U型・逆U型のタイプになるだろう）．

類型③の意見群，すなわち，〈時代効果〉がU型・逆U型になる意見群は，

　　a）'仕事に関連する人間関係'の分野の意見
　　b）'自然と人間との関係'
　　c）'くらし方'の質問の一部

などの意見群である．

これらの意見群に共通する要因は何か？　といえば，1960年代の高度経済成長期を通して近代化から高度産業社会への移行という過程で生じた変化に関連しているということである．

このような変化要因に関連している意見は，〈時代効果〉が一方向型のタイプの中にもみられる．例えば，♯4.5 '子供に金は大切と教えるか'の質問項目では，最近の世代ほど（とくに1950年以降生まれの層），'子供に「金は大切と教える」ことに反対'の方向に急激に流れていて，〈コウホート効果〉も経済成長期に生まれ育った世代ほど，この傾向がよりはっきり示されている．

したがって，類型③の意見群から得られる時代特徴は，社会環境の現象面からみれば，経済成長期を経て，高度産業社会への移行に伴う変化――具体的には，例えば物ばなれ，自然への回帰，人間性の重視，生活の質の見直し，など――ということができる．

科学技術の進歩と人間性に関する分野では，♯7.1 '人間らしさはへるか'，♯7.2 '心の豊かさはへらないか'の両質問項目で，'人間らしさへる'という見通しがこれまで増大傾向を示している．今後に予想される社会環境の動向として，科学技術の進展とその日常生活への応用が一つの大きな流れとなるであろう．すでに，コンピュータの利用や情報通信技術の進展が，日常生活の質に影響を及ぼしている．毎日送られてくる気象衛星からの雲の動きを見ていると，このことが実感されてくる．

近い将来，"ものの考え方"がどのようになるか――さらに悲観的見通しが強まるのか，あるいは，科学技術の進展をおりこんだ日常生活を当然とする見方が強まるのか，など――今後，科学と人間性の問題も注目すべきところである．

ウ) 考察

　調査にとりあげた質問項目は，具体的な個別の事象を扱っているので，調査時期における社会環境の動向により強く支配されることになる．しかし，継続調査データをまとめて検討すると，データの中に潜在的に含まれている「時代の流れ（の傾向）」をよみとることができる．

　すなわち，コウホート分析によって得られる各意見ごとの〈時代効果〉と〈コウホート効果〉のタイプの組み合せに基づく各意見の類別と，〈時代効果〉，〈コウホート効果〉のあり方の分析により，各意見の変化過程を大局的にまとめて考察することができる．

　この結果，「時代の流れ（の傾向）」および時代特徴，これらの変化時期，および変化の要因等を実際の社会環境の動向と対応させて，具体的に示すことができた．

　とくに，科学的・合理的な方向への「時代の流れ（の傾向）」が，このまま続くという考え方が，人々の"ものの考え方"の土台にあり，この流れを認めた上で，いわゆる近代化を過去のものとする流れ（伝統回帰とも関連する）があり，さらに最近では，これらの流れに加えて，高度産業社会への移行過程における変化の流れがみられる．上に述べた近代化を過去のものとする流れと，経済成長から高度産業社会への移行期の変化の流れとは重なり，脱近代化という形になる部分もみられる．

　これまで検討してきた「時代の流れ（の傾向）」を総合してみると，伝統から近代への流れ（主に類型①の意見群に関連する）は，社会環境が生活しやすくなる方向へ流れの向きを変えてきて，"ものの考え方"もその方向に動いてきたということができる．また，戦後の早い時期の変化により，その時期に育った世代を中心に加えられた影響は，その後の「時代の流れ（の傾向）」からみて，とるものはとり，そうでないものはとらないという方向──すなわち，無理なく進む方向の流れとなっている．明治以降のいわゆる「文明開化」あるいは「近代化志向」の殻がようやくとれて，自分で考えるという形になってきたといえる．このことは国民性調査の"考えの筋道"による他の分析によっても確かめられている．

　今後に予想される科学技術の進展と日常生活の問題，高度産業社会における生活の質の問題，仕事に関連する人間関係あるいは人間性の問題，自然と人間との関係等については，「時代の流れ（の傾向）」は現在とそれほど変らないと推測される．（すでに，1978年調査までの結果に基づくコウホート分析で，類型①に仕分けされた項目のうちの例えば，'くらし方'のいくつかの項目は1983年調査を含めたコウホート分析により類型③に仕分けされることになるなど，1970年代後半以降が一つの転換点をなしていることが推測される．）したがって，これらの時代の流れを認めた上で，どのように対応していくのがよいか……ということが，各人の今後の問題となり，今後の調査の視点となるものと考えられる．

人々の"ものの考え方"は，多様な状況の下で，各人が試行錯誤を繰り返しながら，その時その時の社会環境において，各人それぞれが最善と考えるものを選択していく過程で形成されてくるものであろう．これらは，そのままでは，すなわち一つ一つでは事象として個々バラバラでまとまりはないが，特定の視点を定めた質問項目を利用し，質問に対する回答という形で集積してみると，回答結果の経年的変化の傾向から，各人の"ものの考え方"を大局的に規定していたその時その時の社会環境（「時代の流れ（の傾向）」）の特徴というものが浮び上がってくる．継続調査データをこのようにまとめて分析すると，その中には，どのような場合でも，与えられた状況の下で，状況に応じて形は変ってもほぼ同じような思考様式をとっていることもうかがえる．

コウホート分析による大局的マクロ分析により，個人の経験でははかり知れない〈時代〉，〈年齢〉，〈世代（コウホート）〉に関連する"ものの考え方"のあり方が，より一層組織的・体系的に示されたことになる．

以上，コウホート分析を「国民性調査データ」に適用した結果のうち，以下の各章で利用する項目の分についての分析の概要を述べた．参考までに，とりあげた17質問項目延べ45項目についてのコウホート分析結果の一覧表を示しておく（表III-18）．表中の記号は表下の注記の通りである．

さらに，ここで〈年齢効果〉について一言つけ加える．これまでにみてきたような「時代の流れ（の傾向）」の中にあって，各個人個人は，毎年毎年，以前にはなかった新しい環境の出現や，新しい考え方等に出あいながら徐々に経験を重ね，年をとっていく．このような環境変化の過程が各人に与える影響は〈年齢効果〉の上ではどのようになるか考えてみる．

すでに述べたように，〈年齢効果〉は，それぞれの年齢層で各個人の関心がどのようになっているかを反映しており，質問項目の内容により，中年齢層に関心が高ければ中高型になる．他の項目では，一方向型（若い年齢層から高年齢層にかけて一方向的に増大または減少の傾向を示す型）になる場合もある．

一方向型の場合は，見方によれば加齢によって新しい「時代の流れ」に対して相対的には現状維持的（保守的）傾向を示すとみられる場合が多くなっている．これは，時代の流れの傾向に対して，その時代に生活している各個人個人のものの考え方は，それ以前の"ものの考え方"を持ち続ける傾向があり，「時代の流れ」に沿って急には変わらない（変えられない）ということを示すともみられるわけである．

このようにみてくると，一方向型で，とくに〈年齢効果〉の大きい項目は，このこと自体がその項目の特徴を示し，各個人の時代を越えたライフ・サイクルの本質的な特徴を示すものとして注目される．

表 III-18　コウホート分析結果の一覧表

#番号	質問項目	回答選択肢	男 時代効果	男 年齢効果	男 コウホート効果	女 時代効果	女 年齢効果	女 コウホート効果
2.1	しきたりに従うか	1. おし通せ	⊖	○	山	⊖	―	山
		2. 従え	⊕	○	谷	U	―	⊖
		3. 場合による	他	○	⊕	⊕	○	―
2.4	くらし方	1. 金持ち	∩	○	―	U	○	谷
		2. 名をあげる	―	―	―	⊖	―	⊖
		3. 趣味にあった	⊕	―	⊕	∩	―	⊕
		4. のんきに	∩	―	―	⊕	―	谷
		5. 清く正しく	⊖	―	⊖	⊖	―	山
		6. 社会につくす	⊖	○	―	U	―	―
2.5	自然と人間との関係	1. 自然に従え	U	○	―	U	―	谷
		2. 自然を利用	U	○	―	―	○	⊕
		3. 自然を征服	⊖	―	―	∩	―	山
3.1	宗教を信じるか	1. 信じている	U	○	―	U	○	谷
4.4	先生が悪いことをした	1. そんなことはないという	⊖	―	⊖	⊖	―	⊖
		2. ほんとうだという	⊕	―	⊕	⊕	―	⊕
4.5	子供に「金は大切」と教える	1. 賛成	⊖	○	⊖	⊖	○	⊖
		2. 反対	⊕	○	⊕	⊕	○	⊕
4.10	他人の子供を養子にするか	1. つがせる	⊖	―	⊖	⊖	○	⊖
		2. つがせない	⊕	―	⊕	⊕	○	―
		3. 場合による	⊕	○	―	他	―	―
5.1	恩人がキトクのとき	1. 故郷へ帰る	U	○	―	U	―	谷
		2. 会議に出る	∩	○	―	∩	―	山
5.1B	親がキトクのとき	1. 故郷へ帰る	U	○	―	U	―	―
		2. 会議に出る	他	○	―	他	―	―
5.1C-1	入社試験（親戚）	1. 1番の人	⊖	○	山	⊖	―	山
		2. 親戚	⊕	○	―	⊕	―	谷
5.1C-2	入社試験（恩人の子）	1. 1番の人	∩	―	―	∩	―	⊕
		2. 恩人の子	U	―	―	U	―	⊖
5.1D	大切な道徳	1. 親孝行	⊕	○	―	⊕	○	谷
		2. 恩返し	⊕	○	谷	⊕	○	谷
		3. 個人の権利尊重	⊖	○	山	⊖	―	⊕
		4. 自由尊重	∩	○	山	∩	○	―
5.6	めんどうをみる課長	1. めんどうを見ない	∩	―	―	他	○	―
		2. めんどうを見る	⊕	―	―	他	―	山
7.1	人間らしさはへるか	1. 賛成〔へる〕	⊕	―	―	⊕	―	谷
		2. いちがいにはいえない	他	―	―	⊕	○	―
		3. 反対〔ふえる〕	他	―	―	他	―	山
7.2	心の豊かさはへらないか	1. 反対〔へる〕	⊕	―	―	⊕	―	―
		2. いちがいにいえない	他	―	―	他	⊕	―
		3. 賛成〔へらない〕	⊖	―	山	⊖	○	山
7.4	日本(国)と個人の幸福	1. 個人→日本(国)	―	○	―	∩	―	⊕
		2. 日本(国)→個人	U	―	⊖	U	―	―
		3. 日本(国)＝個人	―	―	―	―	―	―
8.1 (8.1B)	政治家にまかせるか	1. 賛成〔まかせる〕	×	―	⊖	×	―	⊖
		3(2). 反対	×	―	⊕	×	―	⊕

〈時代効果〉の記号　　　　〈年齢効果〉の記号　　　　〈コウホート効果〉の記号
⊕：一方向増大型　　他：他の型　　　　○：〈年齢効果〉あり　　⊕：一方向増大型　　―：〈コウホート効果〉のない項目
⊖：一方向減少型　　―：〈時代効果〉のない項目　　―：〈年齢効果〉なし　　⊖：一方向減少型
U：U 型　　　　×：途中で回答選択肢に　　　　　　　　　　　　山：山型
∩：逆 U 型　　　　変更あり　　　　　　　　　　　　　　　　　　谷：谷型

これまでのコウホート分析結果からみる限り，日本においてこの特徴を最も強く示している項目の一つは'宗教を信じている'である．これが，日本だけの特徴であるのか？ あるいは，宗教はどの国でも〈年齢効果〉があるのか？ これに答えるためには国際比較してみなければならない．

コウホート分析の前置きが長くなりすぎたので，本題の国際比較研究に立ち戻ろう．

次節では，これに関連して宗教に対する項目についての国際比較を考える．

§3 コウホート分析による宗教に関する継続調査データの国際比較

i 宗教に関する意識調査項目と比較可能性

異なる社会に住む人々の意見のあり方を対象とする比較研究において，宗教に関連する事項は比較の土俵に乗りにくいものの一つである．

というのは，宗教の実態的な部分，外面的な事項については比較的はっきりしており，それぞれの社会における宗教と関連した社会的環境に固有の特徴が見られる．したがって，共通の質問項目を利用する形の意見調査を実施することが可能ではあっても，比較可能性を確保する点では問題があり，結果の取り扱いをどのように考えるべきかが問題となる．

例えば，日本とアメリカとで共通の質問項目を利用して，'宗教を信じるか'という調査をした場合，日本では，'信じている'という回答がおよそ1/3くらいになるので，この質問により信じている層と信じていない層を分け，その年齢別傾向を分析・検討する等のことができ，質問として意味があるし，社会的にみてもこの質問項目の形式で調査することには何ら問題はない．

しかし，アメリカの場合は，9割以上の人が'宗教を信じている'と回答するばかりでなく，社会環境として'宗教を信じない'ということを表明することがマイナスのイメージをもつようなところがある[7]ので，この質問項目のように，'宗教を信じているかどうか'を直接的に質問することは通常の場合，ほとんど考えられていない．この形を変形し，宗教を信じていることを前提として，'あなたの宗教は，プロテスタントですか，カトリックですか，ユダヤ教ですか，それともギリシャ正教ですか'という形になる．

我々が実施した日米比較調査[8]では，表III-19のようになり，90%以上は，'何らかの宗教をもっている'と回答している．

この表III-19からみると，結果的には'宗教を信じているか'，'信じていないか'を分けることは可能である．

しかし，表面からみて形式的に調査結果を比較した場合，調査しなくとも明らかなような日本とアメリカとの宗教的環境における両者の差が，はっきり数字として示されるだけである．

表 III-19 年齢別"宗教"(1978年アメリカ)

年齢層	プロテスタント	カトリック	ユダヤ教	ギリシャ正教	他の宗教	なし	計 (サンプル数)
20-29	49.4	32.4	2.2	0.0	2.5	13.6	100.0(324)
30-39	57.4	29.4	2.2	0.7	1.1	9.2	100.0(272)
40-49	61.0	28.6	3.3	0.5	1.1	4.9	100.0(182)
50-59	57.6	36.4	1.8	0.5	0.5	2.8	100.0(217)
60-	67.0	26.9	3.4	0.3	0.6	1.8	100.0(327)
全体	58.3	30.6	2.6	0.4	1.2	7.0	100.0(1322)

したがって，このような社会環境の差をおり込みながら別の観点からの立ち入った比較を考えることが必要である．すなわち，宗教のような領域に関しては，「共通質問項目を利用することに固執して比較を行ない議論するという考え方」は，あまりよい方策とはいえない．

ⅱ 宗教に関連する継続調査データとコウホート分析

それぞれの社会にとって宗教に対する人々の意識のあり方を調べることは，基本的に重要であるから，宗教に関する継続調査のデータがいくつかある．とくにアメリカやヨーロッパのように，宗教ではキリスト教が主体となる国々では，上に述べたように，宗教を信じていることは自明のこととして，'何という宗教を信じているか'という質問，あるいは，'教会に行くか'，'行くとすれば規則的に行くか'，'ときどき行くか'，'たまにしか行かないか'，'行かないか'を回答者の基本的な属性項目として調査している．

ここでは，このような，継続調査データの年齢層別集計結果にコウホート分析を適用し，それぞれの社会における経年変化のあり方を比較・検討する基礎資料を示す．

ア）日本の場合

まず，日本の場合は，前節でもとりあげた「国民性調査」の継続調査項目として，1958年調査から1983年調査まで5年おきに6回，次のような質問項目で宗教に関することを調査している．質問は，'あなたは何か信仰とか信心とかを持っていますか'というのである．そして，調査時期別・年齢層別に'もっている'と回答した人の比率を示すと表III-20のようになる．

これから見ると，男女とも調査時期にはあまり関係なく，どの調査においても，若い年齢層から高年齢層にいくにしたがって'宗教を信じている（信仰・信心をもっている）'という回答比率が高くなっている．ほぼ年齢階級と'宗教を信じている'という回答比率——パーセントの数字——が平行的関係にあるといえる．すなわち，20歳代では20%以下，30歳代では30%，…，60歳以上では60%前後という形である．

表 III-20 調査時期別, 年齢層別(♯3.1'宗教を信じている'の比率(%))

男 歳	1958	1963	1968	1973	1978	1983	女 歳	1958	1963	1968	1973	1978	1983
20-24	12.5	4.1	6.7	9.0	9.5	9.0	20-24	9.2	10.1	12.2	7.4	23.3	15.5
25-29	19.0	14.7	14.0	10.5	18.7	18.9	25-29	18.8	22.0	15.5	11.8	20.5	16.4
30-34	28.3	16.0	19.8	14.8	21.5	14.4	30-34	26.7	18.7	19.8	15.9	21.4	21.0
35-39	32.6	16.2	24.0	15.1	26.7	24.0	35-39	34.0	28.5	21.7	19.5	23.4	25.6
40-44	41.0	32.2	27.3	18.2	24.0	28.9	40-44	33.3	39.0	33.9	27.2	30.7	31.1
45-49	34.8	40.0	32.7	30.5	38.9	30.6	45-49	58.1	48.8	33.1	32.0	47.6	33.3
50-54	45.5	41.2	46.3	25.0	38.0	38.0	50-54	65.4	46.7	46.1	38.4	40.6	33.6
55-59	48.0	37.5	48.0	36.5	39.0	41.6	55-59	47.4	47.2	50.9	37.8	57.7	46.2
60-64	61.9	51.1	49.1	39.0	60.0	42.3	60-64	72.7	47.7	64.3	55.6	43.7	59.8
65-69	87.5	60.0	56.7	49.1	55.1	56.4	65-69	47.6	60.3	57.4	45.6	60.9	61.1
70-	50.0	58.9	64.8	61.3	68.5	56.8	70-	73.9	57.4	61.5	57.8	69.5	53.6
全 体	34.2	28.2	29.9	22.7	32.3	30.1	全 体	35.2	32.8	30.8	26.3	35.9	33.5

これに, コウホート分析をしてみると, 図 III-18 に示したようになり, 男性では〈時代効果〉はややみとめられるが, 非常に大きな〈年齢効果〉がみとめられ, 高年齢になるほど, '宗教を信じている'比率が高くなる. 一方, 〈コウホート効果〉はみられない.

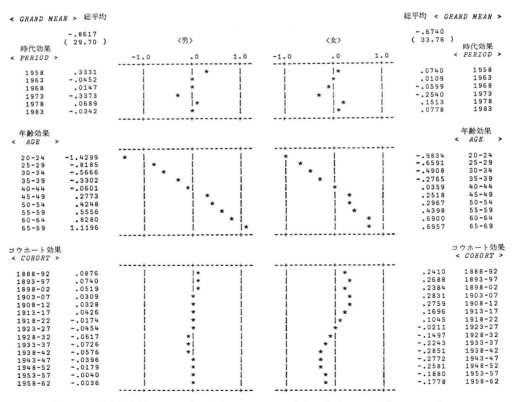

図 III-18 '宗教を信じている'に関するコウホート分析の結果——日本(1958-1983)——

女性の場合をみると，やはり〈年齢効果〉が主流ではあるが，〈コウホート効果〉もある程度みられる．

戦中・戦後の激動期に義務教育にあった世代を中心にやや'宗教を信じている'人の割合が低い状況である．しかし，最近の世代では元の状態に戻ってきつつあることがみとめられる．この世代では，'宗教を信じる'という人の割合が減少傾向を示しているわけで，§2に述べた他の質問項目における傾向との関連からみて，興味ある結果を示している．

イ）アメリカの場合

アメリカの場合は，すでに述べたように，'教会に行くか'の質問項目をとりあげる．これはミシガン大学社会調査研究所の社会的態度に関する継続調査の一項目として，1952年から1982年まで2年おき(1954年だけは欠けている)に調査されたものである．'教会に行くか'の質問項目に対する回答のうちで，'規則的に行く'という回答の割合を調査時期別・年齢層別にみたのが，表III-21である．(1970年以降の調査では'ほとんど毎週行く'という形式に変っている．)

表 III-21 調査時期別, 年齢層別
('教会に行くか'の'1. 規則的に行く'の比率(%))

調査時期	年齢層						
	-24	25-34	35-44	45-54	55-64	65-74	75-
1952	37.3	34.4	40.5	37.9	42.5	38.5	35.7
1954	—	—	—	—	—	—	—
1956	32.4	46.9	44.4	40.4	41.9	39.4	44.4
1958	32.6	41.5	46.0	42.5	49.2	41.8	30.5
1960	56.9	41.1	48.4	46.0	42.0	42.6	25.7
1962	40.0	39.4	49.3	41.8	43.4	55.5	43.3
1964	19.3	44.2	47.3	41.7	45.6	55.8	48.9
1966	33.9	33.9	38.6	41.4	45.1	47.1	35.5
1968	31.8	34.6	43.1	35.4	42.4	38.4	43.6
1970	30.2	37.1	36.9	39.7	44.8	46.9	46.3
1972	28.4	35.6	41.9	38.6	47.2	43.4	45.8
1974	27.5	32.9	41.6	42.2	48.7	47.2	50.4
1976	31.7	31.7	40.0	40.0	50.9	46.1	48.0
1978	25.8	35.5	39.7	43.5	43.4	47.8	50.9
1980	23.4	34.2	45.0	46.1	43.2	50.6	47.3
1982	36.7	32.1	33.1	40.0	49.5	56.2	42.2

1952-68年は'教会に規則的に行く'，1954年は調査項目なし(—)，
1970年以降は'教会に(ほとんど)毎週行く'
* Converse, P.E., Dotson, J.D., Hoeg, W.J., and McGee III, W.H. (1980)
"*American Social Attitudes Data Sourcebook 1947-1978*".
Table 4.24 Does R. Attend Church Regularly? (p. 147)
Table 4.30 Does R. Attend Church Weekly? (p. 152)
1980, 1982年はICPSRのデータ資料館の個票データより独自に集計した結果．

年齢層別に見ると，最近の調査では若い年齢層より高年齢層にいくにしたがって'規則的に行く'という割合が増大する傾向がみられるが，調査時期全体を通して，それほどこの傾向は強くはない．(この表では，調査は2年おき，年齢層のきざみは10歳間隔であるので，第IV部に述べ

132　第III部　データの分析

るように標準的な形のコウホート表になっていない．したがって，この形式に対するコウホート分析を行なっている．）

　コウホート分析の結果を図 III-19 に示す．これからみると，〈時代効果〉はほとんど認められないし，質問形式が変更された影響もほとんどない．また，〈年齢効果〉もほとんど認められないが，

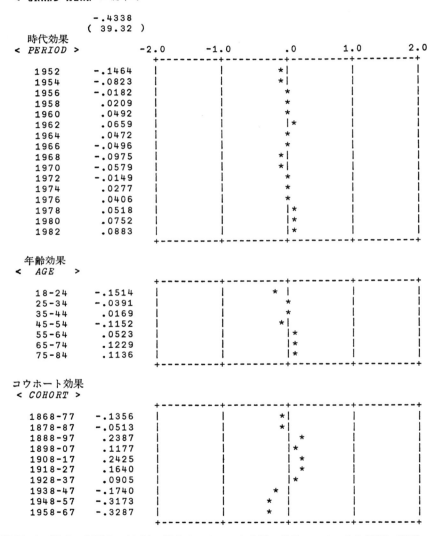

図 III-19 '教会に規則的に行く'に関するコウホート分析の結果——アメリカ(1952-1982)——
質問文(1952-68)
　Would you say you go to church regularly, often, seldom, or never?
質問文(1970-82)
　Would you say you go to church every week, almost every week, once or twice a month, a few times a year, or never?

〈コウホート効果〉がより多く認められる．とくに最近のコウホートほど'規則的に行く（ほとんど毎週行く）'というものが減少の傾向にある．

1900〜30年生まれの世代までは，安定していたのに，1930年代生まれ以降の世代では'規則的に行く'が減少する傾向である．これは次のヨーロッパの事例と同一のものといえる．

ウ）オランダの場合[9]

これは，オランダの国勢調査の項目である．質問項目は異なるが，これも内容的には類似のものと考えられる．ここでとりあげるのは'宗教的なものに加入しているかどうか'の質問で，'宗教的なものに入っていない'という回答比率である．分析に用いた調査時期別・年齢層別の数値を表III-22に示す．表には，調査時期として1899年から10年間隔で示してあるが，実際には国勢調査が10年ごとに行なわれなかった場合もあるので，一部は推計・加工されている（表III-22の注記参照）．とくに表中1939年の数値の場合は，第二次大戦により国勢調査が1930年の次は1947年まで実施されなかったため時期のズレが大きく，ここでのコウホート分析の計算には利用しなかったので，空白にしてある．（調査時期を10年間隔，年齢層を10歳ごとの年齢層にそろえたのは，第IV部に述べるように計算上の便を考慮している．）

表III-22　調査時期別，年齢層別（'宗教的なものに入っていない'の比率(%)）
――オランダ国勢調査データより一部推計作成したもの――

調査時期 年齢層	1899	1909	1919	1929	1939	1949	1959	1969
20-29	2.4	5.8	8.4	15.0	—	18.0	18.3	24.7
30-39	2.2	5.6	8.9	16.2	—	19.5	20.2	23.0
40-49	1.7	4.2	7.1	14.1	—	19.0	19.8	23.3
50-59	1.2	3.2	5.3	11.0	—	17.5	19.2	23.1
60-69	0.9	2.4	3.9	8.1	—	14.3	17.8	21.4
70-79	0.6	1.6	2.7	5.8	—	10.4	14.2	19.2

* Hagenaars, Jacques A., and Niko P. Cobben, "Age, Cohort and Period: A General Model for the Analysis of Social Change", *The Netherlands' Journal of Sociology*, 14 (1978) 59-91 の Table 1 (p. 61) より女性のデータを引用，また男性のデータは N. P. Cobben の修士論文より引用し両者を合わせた．これらの表は，1899年，1909年，1920年，1930年，1947年，1960年，および1971年の国勢調査結果を利用して，N. P. Cobben が推計作成したものの一部である．Cobben の表には 0-10, 10-20 および 80 以上の年齢層のデータおよび 1939 年の推計値もある．また，実数も併記してあるが，ここでは 20 歳以上 80 歳までを比較のため分析の対象とし，表には比率(%)のみ示した．

'宗教的なものに入っていない'という割合は，いつの調査でも若い年齢層の方が高年齢層より高いこと，調査時期は最近になるほど'入っていない'という割合が全体として大きく増大していることがわかる．

このデータにコウホート分析を適用した結果をみると，図III-20のようになり，まず調査時期別にみられた'宗教的なものに入っていない'という比率の増大傾向を反映して〈時代効果〉が大きくみとめられる．しかし，各調査時期別にみられた年齢別の傾向は〈年齢効果〉としてはほとんどみとめられず，ほとんどが〈コウホート効果〉に反映している．〈時代効果〉のタイプと〈コウホー

134　第Ⅲ部　データの分析

ト効果〉のタイプとの組み合せは，一方向増大型の組み合せであり，この両効果の影響によって，"宗教的なもの"から徐々に離れつつあることがうかがえる．また，このコウホート分析から得られた各効果のパラメータの数値をもとにして推計値を計算したものと，原表のデータとをつき合せたものを図Ⅲ-21に示す．両者はよく合っていることがみられる．とくに1939年は，調査データの方では調査時期が離れているので，欠測値として取り扱い，コウホート分析の時は使用しなかった．しかし，コウホート分析の結果得られた各効果のパラメータの数値から計算したものを，Cobbenが推計したものとくらべてみると（表Ⅲ-23），ここでも両者はよく合っていることがわかる．

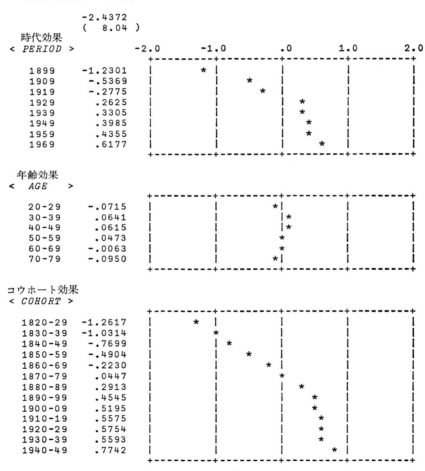

図Ⅲ-20　'宗教的なものに入っていない'に関するコウホート分析の結果
　　――オランダ(1899-1969)――

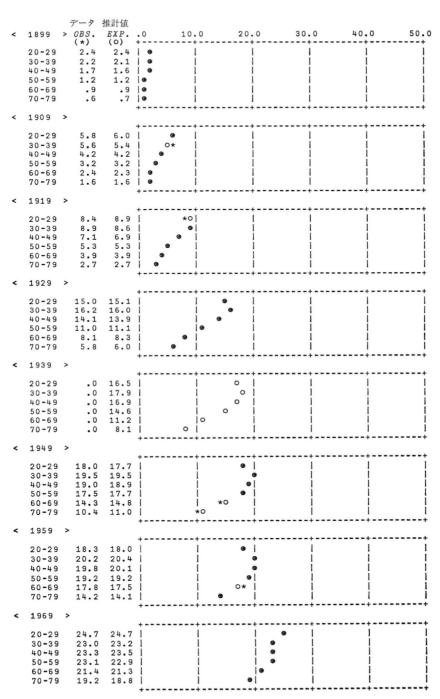

図 III-21 '宗教的なものに入っていない'——原データとコウホート分析結果よりの推計値との対応——

表 III-23　1939 年のデータと計算値

年齢層	N. P. Cobben のデータ*	コウホート分析による各効果のパラメータの数値よりの計算値
20-29	16.9	16.5
30-39	18.3	17.9
40-49	17.0	16.9
50-59	14.6	14.6
60-69	11.2	11.2
70-79	8.0	8.1

* N. P. Cobben のデータは表 III-22 の注にある表より算出した.

iii　コウホート分析結果の検討

ア）日本の場合

　コウホート分析の結果をみると，日本の場合には〈年齢効果〉が主役である．女性の場合は〈コウホート効果〉もみられたが，これは，国民性調査の他の項目にもみられたような戦後の一時期を象徴する時勢の影響が宗教にも及んだものと考えられ，最近のコウホートでは元の状態に戻る方向になっており，これもこれまで得られた一般的な「時代の流れ」を反映しているといえる．
　したがって，日本の場合，宗教のあり方というものは，若いころには余り宗教を信じるというものはいないが，高年齢層になるにつれて（すなわち年をとるにつれて），徐々に宗教を信じるようになっていく．これがいつの時代でも余り変化していない．すなわち，個人のライフ・サイクルで考えると，若いころは宗教を信じるといえば"まあ変りものだ"くらいに考えているような人でも，初詣でや寺まいりは別に気にならず行ったり行かなかったりする．（よくいわれるように，信仰や信心もなくて，初詣でに行くとか，お守りを持っている，お寺に仏像を見に行く等，外面的な宗教性と内面的なものとの乖離が話題になることもあるが，コウホート分析の結果からみると，これは現象の一面のみをみていて，個人の社会生活全般を見落していることになる．）だんだん年をとってくると，'宗教を信じる'という人の割合もふえ，高年齢層では過半数（1978 年調査では60 歳以上の宗教を信じる割合が 61％，1983 年調査では 56％）の人が信仰とか信心とかをするようになる．
　この数字が若い層まで含めて'初詣でをする'とか，'お祭りや縁日に行く'とか，'お守りを持っている'，あるいは'何かのときに神だのみをする'，または，'神社へ行ったり，お寺で仏像を見たり，お経をきいて，心が落ち着いたり，あらたまった気持ちになる'，というような人の比率（およそ 2/3〜3/4）と類似しているのは興味深い（表 III-24）．若い年齢層の人は上に述べたようなことからみると，宗教とは無縁ではなく，いわば潜在的な信者ということができる．
　このように高年齢層になれば自然と宗教を信じるようになるという社会環境の姿がコウホート

分析の結果得られたわけで，宗教の信者が 1/3 くらいなのに，表 III-24 のように初詣でや宗教的行事への参列者は数多いとか，外面上の宗教的施設（神社とかお寺）の数が非常に多く，修学旅行や観光で宗教的施設を訪れる人が多いことも，彼らが潜在的信者であることを考えれば，もっともなことといえるわけである．表 III-24 で，例えば宗教を信じてもいないのに自家用車に交通安全のお守りをはってあるとか，受験シーズンで天神様が盛況になるのもうなずけるわけである．

表 III-24 宗教に関連する事項の調査結果(1977 年，東京 23 区)

項目	%
初詣でに行った	74%
お彼岸，命日にお墓参りした	65
節分に豆まきした	61
お祭り，縁日に行った	62
'お守りをもっているか' の質問でなにももっていない	37
困ったとき神だのみをする	65
神社の前で心が落ち着いたり，あらたまった気持ちになる	64
お寺の仏像，お経で心が落ち着いたり，あらたまった気持ちになる	76

ひるがえって日本における宗教(神道・仏教)には，このような入ってくるのを待つという寛容なところがあるのかも知れない．さらに，'宗教を信じるか' の質問で '信じない' と回答した人に 'では宗教的な心は大切だと思うかどうか' と質問すると，多くの人が '大切' という回答をし，'信じる' 人と '大切だと思う' 人を合せた比率は調査時期にかかわらず 8 割以上の大多数意見となっていることを考え合せると，'信じる' というものの比率だけで国際比較するのはあまり意味がないことも了解されてくる．

イ) アメリカの場合，オランダの場合

すでにみたように，日本とアメリカとの宗教的な事項の比較を考えたとき，信じている人の比率でくらべるだけではあまり適切な比較とはいい難い．日本はアメリカほど表面的には宗教を信じるという人はいないけれど，社会の環境としてみれば，日常生活にも宗教的な考え方が深く入っているわけであり，これが年をとると，信仰とか信心とかを持つという外面的な形をとってあらわれてくるわけで，これが日本の宗教のあり方であった．

アメリカでは '教会に行くか' の質問で '規則的に行く' という比率をとりあげて考えると，〈年齢効果〉より〈コウホート効果〉がみとめられ，宗教的なものから離れていく傾向は構造的なものである可能性が高い．この傾向はオランダの場合には，とくにはっきりと示されている．

したがって，ヨーロッパ，アメリカでは世代の交代ということで教会に対するあり方が変化していく側面があるということになり，日本とくらべた場合には，この点は非常に大きな相違点となる．

教会離れということは，他の国でもみられる．例えば西ドイツでは，データは2時点(1953年，1979年)であるが，プロテスタントもカトリックの信者も1953年と1979年をくらべたとき，'規則的に行く'というものは大幅に減少しており，宗教的なものとの関連という点ではオランダの場合と同様の傾向を示している(表III-25).

表III-25 教会に規則的に行く (西ドイツ)*

	1953	1979
プロテスタントの信者	18%	9%
（ 〃 　30歳未満	13	2)
カトリックの信者	60	36
（ 〃 　30歳未満	59	14)

* Noelle-Neumann, Elisabeth, und Edgar Piel, (Institut für Demoskopie Allensbach) *"Eine Generation Später" Bundesrepublik Deutschland 1953-1979*, K. G. Saur, München, 1983.

もちろんドイツの場合は第二次大戦後の約30年間の変化だけである．オランダの場合はかなり長期的であり，19世紀から一貫して同一傾向で時期により，より大きな変化があった形になっている．これをヨーロッパの歴史的な社会環境と対応させつき合せることにより，この変化・推移のあり方がより一層はっきりしてくるわけである．が，ここではこれらに深入りしない．

以上をまとめると，ヨーロッパやアメリカでは宗教に関連する事項に対する一般の人々の対応のあり方が日本とは異なっているようにみえる．

表面的にみたとき，「時代の流れ(の傾向)」は継続調査データの比率の増減の傾向で大要はつかめるから，この意味の差は国際比較研究においてもすぐに明らかになるのでそれほど問題はない．

しかし，1時点の調査結果から得られる年齢別支持率の傾向がよく似ていても，「時代の流れ(の傾向)」を反映した〈コウホート効果〉のあり方をみると，構造的な内容は異なることもあるわけで，これが国際比較研究を進めるとき重要な点となる．

すなわち，上にみるように，日本のデータとオランダのデータは，どちらも高年齢層ほど宗教的にみて(＋)の考え方をしている傾向があることを示しているが，これは日本の場合は，個人のライフ・サイクルとして徐々に移行しうる形の年齢的傾向であり，社会的にみて安定的であるのにくらべ，オランダの場合は，コウホートによって特有のものであり，見かけ上，高年齢層ほど(＋)になっているだけであるから，世代の交代に伴い，徐々に全体としては(－)の方向に進む可能性の高い構造をもっているわけである．これは，〈コウホート効果〉のあり方からみて，アメリカでもほぼ同様の推測がなり立つといえる．

したがって，日本とヨーロッパ，あるいはアメリカの宗教に関連する事項を比較研究する場合，表面的な，例えば，年齢別支持率の傾向が類似しているからといって，日本的な考え方でヨーロッパの宗教のあり方を理解しようとするには無理がある．少なくとも上に述べたような構造的な

相違点を考慮して考察を進めていく必要があるということができる．また，データ解析によって示された，このような構造的な差の可能性について，社会の実態，あるいは各社会における宗教に対する人々の考え方の実態からみて，このような構造的な差が生じることの可否を考察・検討することが必要である．

従来の比較研究のように同一質問項目を利用して，ただ単に宗教に関連する事項についてパーセントの比較をするだけでは取り扱いが困難で，比較をしてもパーセントの違いが明らかになるだけであり，本質的な比較の土俵に乗りにくいと考えられていたわけである．しかし，以上のような検討を進めることにより，パーセントの差以上に社会環境に由来する構造的な差，あるいは宗教に対する人々の対応の仕方や関連のあり方が比較研究の問題となる．したがって，歴史的な検討は必要となるが，調査データからより一層客観的な情報が得られることがわかる．

このような分析の視点が比較研究において，とくに重要なことはここで重ねていうまでもない．取り扱いが困難で，これまで深い検討をすることなく放置しているような事項も，取り扱い方では計量的な比較研究の対象となることの一つの事例としてここで述べた．

1) Converse, P. E., Dotson, J. D., Hoag, W. J. and McGee III, W. H.(1980), *American Social Attitudes Data Source Book 1947-1978*, Harvard University Press, Cambridge, Mass.
2) Hagenaars, J. A. and Cobben, N. P.(1978), Age, Cohort and Period: A General Model for the Analysis of Social Change. *Netherlands' J. of Sociology*, 14, 59-91.
3) Inglehart, R.(1977), The Silent Revolution: *Changing Values and Political Styles Among Western Public*, Princeton University Press.
4) Inkeles, A. and Smith, D.(1974), *Becoming Modern: Individual Change in Six Developing Countries*, Harvard University Press, Cambridge, Mass.
5) ここで，コウホート(Cohort)というのは，語源的にはローマの軍団の単位をあらわす語であるが，転じて現在では，同時期に出生した人々の集団を示す語として，人口学・社会学・政治学等の分野でよく用いられる．
6) 詳細の解説は，第IV部参照．
7) 例えば，The Gallup Opinion Index, January 1981, Religion in America 1981, The Gallup Organization Inc. and The Princeton Religion Research Center.
8) 1978年に実施したアメリカ人の価値意識調査．
9) オランダのデータについて，論文2)の所在をお教えいただいたJean Stoetzel教授およびCobbenの修士論文からのデータを引用するにあたりご配慮いただいた佐々木正道教授に感謝する．

第4章　考えの筋道による比較

§1　考えの筋道を知る重要性

　これまでは，国別の単純集計・属性別集計を土台とする分析の一端を述べてきた．これで十分でないことは前に述べた．なぜか．我々は1971年のハワイ日系人調査においてそのことに気が付いた[1]．我々のそれまでの日本人調査において得た知識からだけでは日系人調査で出てきたデータが読めなかったのである．読めないとはどういうことか．我々の推論がそのまま当てはまらないのである．ある質問でAという回答が多ければ，別のある質問をするとBという回答が多いはずだ，と推論するというのが日本人を対象とした調査における，これまでのデータ解析からの常識であったとしよう．ハワイの日系人でも，こうした日本人を対象とした調査の場合と同様の傾向があればデータが読めるということになる．このような傾向が出ていないと「おかしい」ということになり，読めたとはいい難くなる．このように，読めるところと読めないところが入り混じってくると混乱してしまい，わけがわからないということになる．このわけのわからなくなる様相には，もう一つあった．日本では，ある質問で甲という回答は高年齢層になるにつれて多くなり，他の質問で乙という回答も高年齢層になるにつれて多くなるとしよう．そうすると，甲・乙という回答には高年齢層になるにつれて多くなるという共通点がある，というところで，日本人なら「伝統―近代」の軸での伝統という回答が高年齢層に多いという形の推測をたてる．ハワイの日系人だと，ある質問で甲という回答は高年齢層になるにつれて多くなる．これだけみていると日本人と同じだろうと想像する．ところが上記の他の質問で乙という回答が若い方に多く，高年齢層になるにつれて少なくなるということが出たらどうなるか．まずわからなくなってしまう．おかしなことだと思うことになる．日本流の「伝統―近代」の軸が，ここにはないのだということに気がつかねばならない．甲という回答は，日本では「伝統―近代」という両極をもつ軸の上での'伝統的回答'ということになるが，ハワイの日系人は，その回答をしたとしても，「伝統―近代」という軸が念頭にあって――たとえ意識しなくてもという意味である――そう回答するのではなく，ただその質問での甲という回答ということで，日本流の'伝統的回答'という意味はないのである．全く異なった軸に乗っての甲という回答ということもあるし，全くただその質問にそう回答しただけという場合もある．このような甲・乙回答は（日本流の立場からみれば）バラバラで日本流に読んだとしたら大きな誤りとなる．このような事情がハワイ調査の結果を分析・検討する場面であった．

こうなると，分析は質問ごとの集計や属性別の分析だけではどうにも先に進まず，突っ込みがきかない．上記のような2問だけであれば，2問間の相関表を作ればわかる．A, B両集団を考え，I, IIという二つの質問を考えよう．＋，－はそれぞれの質問における回答であるとし，A, Bともに1000人としよう．

表 III-26 a

集団	I		II		計
	＋	－	＋	－	
A	600	400	600	400	1000
B	600	400	600	400	1000

表 III-26 b

A集団				B集団			
I　II	＋	－	計	I　II	＋	－	計
＋	500	100	600	＋	200	400	600
－	100	300	400	－	400	0	400
計	600	400	1000	計	600	400	1000

いま，仮にA, B両集団でI, II問での＋，－の回答分布はともに60％, 40％で等しいとする．こうすると単純な考え方では，A, B両集団は似ており，I, II問も似たものではないかと考えることになる．先にも示した例では，I問ではA, B両集団の回答分布が同じ（例えば70％, 30％）であるが，II問ではA, B両集団の回答分布が異なる．A集団では＋，－が70％, 30％だが，B集団では，逆に＋，－が30％, 70％という場合になる．この場合であっても論理は同じだが，II問で集団間の回答分布が違うからA, Bは異なっているのだということだけはわかる．しかし回答の分布が同じであれば両集団は同じだと思ってしまう．ところが，表III-26 bのように，I, II問の相関表を作ってみると，A, B両集団の考え方，つまりI, II問における回答の筋が全く異なったものであることがわかる．A集団ではI, II問で（＋＋）（－－）という考え方の筋が出ており，B集団ではI, II問に対して（＋－）（－＋）という考え方の筋が出ていることがわかる．I, II問における，＋，－の関連性のあり方が全く異なる，つまりA, B両集団ではI, II問にそれぞれ＋，－と回答するところの"考えの筋道"が異なっているとみてよい．A, B両集団での意志の疎通は困難である．A集団では（＋＋）（－－）の結び付きは理解できるので，B集団の人がI問で＋と回答すればII問でも＋と回答するものとA集団の人は想定する．ところが－と回答する．B集団の人がI問で－と回答したときA集団の人にとっては，B集団の人がII問でも－と回答する場合には理解できるが，＋と回答するものが多いとあってはB集団の人は変だということになる．「理解できる」あるいは「変だ」というのは，回答の筋道が同じか異なっているかにかかっている．

つまり2問での回答パタンの差異が、"考えの筋道"をあらわしているということができる.

上に示したA, B両集団でI, II問における回答が異なっている場合の筋の違いは表III-27に示すようになる. 筋の違いは前の場合と同様になる. "考えの筋道"はいくつかの質問の回答パタンを通して見出されるもので、思想と名付けることができる. 一つ一つの回答を見ていただけでは、ある人の思想はわからない. いくつかのことで、どう考えているかという、いわば回答パタンを見ることによって、その回答パタンを貫通する考えを探り出すことができれば、それがその人の思想と名付けるべきものであろう. "考えの筋道（思想）"が異なっていれば、一つ一つの回答の真意をくみとり、妥当性ある解釈を導くことは不可能であることは了解されたことと思う.

表III-27

	A集団				B集団		
I　II	＋	－	計	I　II	＋	－	計
＋	700	0	700	＋	0	700	700
－	0	300	300	－	300	0	300
計	700	300	1000	計	300	700	1000

以上のように考えてくれば、比較研究・調査では、この考えの筋道、思想、さらにデータから見れば意識構造の同異の相を探り出すことが、まずもって大事なことであることがわかる. これが同じであって初めて回答の比率の同異のあり方そのものが物をいうことになる. 二つの質問であれば相関表を作ればよいが、多くの質問項目があるとき、この回答パタンを通して、つまり個人の質問における回答の関連性を通して探り出され露呈される、集団としての平均的意見構造を明らかにするためには、第IV部に述べる回答パタンの数量化、いわゆる数量化III類の手法が望ましい方法となる. この方法がどうして意見構造を見出すのに妥当な方法かということは後述するが、諸回答の関連性（非関連性）の度合いを見積り、諸回答を区別するための説明軸を見出すことを志向して作られた方法であるからである. 別の表現をとれば、諸回答の関連性からユークリッド空間内に諸回答の布置を求め、距離の遠近の度合いによって回答の関連性の様相を表現し直そうとする方法であるともいえる（諸回答の関連性をユークリッド空間内に写像すると表現してもよい）. 図表として表現するのでなるべく二次元、せいぜい三次元で情報がつくせるようにしたいものである. 場合により次元が高くなっても、次元を選び二次元の（平面）図にして、情報を取り出すようにするのが望ましい.

一般論はこのくらいにして、多くの国々で行なわれたデータをもとにして国の意識構造の特色を示してみよう. ここでは多年の調査で日本人については、回答構造のよくわかっている日本的質問——国民性調査による日本的質問群——を中心に分析する方法を述べてみたい.

§2 対象とする諸グループとデータ

ここに用いられる調査データは，統計数理研究所の「国民性調査委員会，比較文化の統計的研究法委員会(ハワイ調査)，日米意識の比較研究委員会(アメリカ調査)」によって得られたものである．以下の分析のデータ源は，表III-28 の通りである．

表III-28 データ源

略語	
J53:	Japanese(1953年調査, 全国サンプル)
J63:	Japanese(1963年調査, 全国サンプル)
J68:	Japanese(1968年調査, 全国サンプル)
J73:	Japanese(1973年調査, 全国サンプル)
J78:	Japanese(1978年調査, 全国サンプル)
JA71:	Japanese Americans in Honolulu(1971年調査)
JA78:	Japanese Americans in Honolulu(1978年調査)
ABIH*:	Americans in Honolulu Born In Hawaii(1978年調査)
ABIM**:	Americans in Honolulu Born In Mainland(1978年調査)
A78:	Americans(White) in Mainland(1978年調査, 全国サンプル)
PHBL:	PHilippine Baguio Lions Club

* この人種構成は，中国系39%, 混血26%, 白人系15%, ハワイ系6%, フィリピン系4%, 朝鮮系4%, その他6%.
** このうち86%が白人系である．

なお，分析には表 III-29 の属性別分類が用いられる．

表III-29 用いられる属性別集団

J73Y, J78Y, JA71Y, JA78Y: 20～49歳の人	(J73, J78, JA71, JA78における)
J73O, J78O, JA71O, JA78O: 50歳以上の人	(J73, J78, JA71, JA78における)
J73SY, J78SY: 20～24歳の人	(J73, J78における)
JA71J, JA78J: 日本文化志向*	(JA71, JA78における)
JA71A, JA78A: アメリカ文化志向*	(JA71, JA78における)

* これは，日本的生活様式がどのくらいあるかということを見るための尺度に基づくものである．日本・日本語に関する質問を行ない，その結果をパタン分類したところ，第1軸が日本的一非日本(アメリカ)的と解釈できるものが出てきた．この第1軸の数値は 1971, 1978 ともに安定性がある．この第1軸の数値を用い分割点を定め二つに分類したのがこれである．

§3 義理人情に関する質問群による分析

i 質問文と全体の傾向把握

ここで，義理人情的な傾向があるかどうかをみるための質問群をとりあげよう．義理人情的とは，義理と人情を対立する柱としてとりあげることではなく，〈義理人情(一つの言葉として理解する)―義理人情を考慮しない〉という軸において考えるものである．意識的・無意識的とを問わ

ず，義理とか人情とかに絡む"考えの筋道"が，なにか人間関係に関する行動をとるとき，「心に引っ懸かる」ものになるかどうか，ということに関係している．義理を立てれば，あとで人情に手当をし，人情に従えば，あとで義理に手当をするのである．義理といい人情といい，いかにも対立するようであるが，これはコップの中の嵐であって，こういうものを配慮の中に入れるか否かが日本人にとって重要な意味をもつという立場から，考えを進めることにする．

しかし，こうした義理人情的な傾向があるといっても，絵に描いたようにいつも義理人情だけを念頭において行為を決定しているわけではない．義理人情のほか合理性も問題になるし，公私の別のことも出てくるし，利害関係も絡んでくる．こうした配慮のうちに義理人情にも立ち迷いつつ，ある時は義理人情的な行動をとり，ある時はそう見えない行動をとるというのが，実際の日本人の姿であろう．

義理人情的な問題は，日本において，この20年間の変化の様相を見ても変化がない．この質問文を以下に示す．これらの質問は，直接義理人情に関係する質問のほか，これと深く心の中でかかわると考えられる潜在的義理人情を探り出すに適していると思われる質問をも含めてある．これはきわめて日本的(J的)考慮に立つ質問群である．

〔質問1〕「先生が何か悪いことをした」というような話を子供が聞いてきて，親にたずねたとき，親はそれがほんとうであることを知っている場合，子供には「そんなことはない」といった方がよいと思いますか，それとも「それはほんとうだ」といった方がよいと思いますか？
　　a　そんなことはないという(○) 27, 8, 3
　　b　ほんとうだという(×) 57, 72, 85

〔質問2〕〔説明のために絵を見せながら〕南山さんという人は，小さいときに両親に死に別れ，となりの親切な西木野さんに育てられて，大学まで卒業させてもらいました．そして南山さんはある会社の社長にまで出世しました．ところが故郷の，育ててくれた，西木野さんが「キトクだからスグカエレ」という電報を受けとったとき，南山さんの会社がつぶれるか，つぶれないか，ということがきまってしまう大事な会議があります．
　〔ここで回答の書いてあるリストを見せる〕あなたは次のどちらの態度をとるのがよいと思いますか．よいと思う方を1つえらんで下さい？
　　a　何をおいてもすぐ故郷へ帰る(○) 51, 67, 64
　　b　故郷のことが気になっても大事な会議に出席する(×) 42, 27, 29

〔質問3〕〔同じ絵，同じリストで〕いまの質問では，恩人が死にそうなときをうかがいましたが，もしキトクなのが恩人ではなくて，南山さんの親だったら，どうしたらよいと思いますか，どちらかをえらんで下さい？
　　a　何をおいてもすぐ故郷へ帰る(○) 49, 72, 68
　　b　故郷のことが気になっても大事な会議に出席する(×) 44, 23, 26

〔質問4〕〔リスト〕あなたが，ある会社の社長だったとします．その会社で，新しく職員を1人採用するために試験をしました．入社試験をまかせておいた課長が，
「社長のご親戚の方は2番でした．しかし，私としましては，1番の人でも，ご親戚の方でも，どちらでもよいと思いますがどうしましょうか」
と社長のあなたに報告しました．あなたはどちらをとれ(採用しろ)といいますか？
　　a　1番の人を採用するようにいう(×) 72, 62, 72

b 親戚を採用するようにいう(○) 23, 34, 22

〔質問5〕〔つぎのリスト〕それでは、このばあい、2番になったのがあなたの親戚の子供でなくて、あなたの恩人の子供だったら、あなたはどうしますか？（どちらをとれといいますか？）
　a 1番の人を採用するようにいう(×) 47, 55, 70
　b 恩人の子供を採用するようにいう(○) 46, 40, 25

〔質問6〕〔リスト〕ある会社に次のような2人の課長がいます．もしあなたが使われるとしたら，どちらの課長につかわれる方がよいと思いますか，どちらか1つあげて下さい？
　a 規則をまげてまで，無理な仕事をさせることはありませんが，仕事以外のことでは人のめんどうを見ません(×) 10, 35, 47
　b 時には規則をまげて，無理な仕事をさせることもありますが，仕事のこと以外でも人のめんどうをよく見ます(○) 87, 63, 50

〔質問7〕〔リスト〕次のうち，大切なことを2つあげてくれといわれたら，どれにしますか？
　a 親孝行をすること(○) 70, 60, 51
　b 恩返しをすること(○) 47, 16, 20
　c 個人の権利を尊重すること(×) 38, 77, 75
　d 自由を尊重すること(×) 39, 43, 46

注）○はいわゆる人情的，×はそうでないほうを示す．カッコのあとの数字は1978年の同時調査における日本人(J)，ハワイ日系人(JA)，およびアメリカ本土のアメリカ人(A)でそれを支持する比率(%)を示す．

これらの質問を総合して，義理人情的傾向をはかる「ものさし(尺度)」を作ってみよう．義理人情的あるいは義理人情と関連性の強いと見なされる回答に1を，その他の回答に0を与え，その数値の個別的合計をもって義理人情度を測る「ものさし」とした．どんな回答が1であるかを表III-30に示す．

表III-30 尺度値のきめ方

質　　　問	義理人情的回答	尺度値*
1問(先生の悪事)	a (否定)	1
2問×3問 (恩人・親のキトク)	2a×3b (恩人のとき帰る) (親のとき会議)	1
4問×5問 (入社試験)	4a×5b (親戚より1番) (1番より恩人の子)	1
6問(人情課長)	b	1
7問(大切な道徳)	7a×7b (親孝行・恩返し)	1

* 各項の尺度値の個人別合計をもって，義理人情を測る尺度とする．

またここでは，質問2と質問3，および質問4と質問5の回答を組み合せ，また質問7については，どの2項目を選ぶかを組み合せて考え，表III-30に示したように，その回答の結び付きにおいて義理人情的と思われるものだけに尺度値1を与えた．こうして出てくる尺度値は0から5まであるはずである．尺度値5は，すべてに義理人情的な回答をしたものであって，最も義理人情的，0は義理人情的回答を一つもしないもので，最も義理人情的でないことを示す．この「も

表 III-31 義理人情スケールの分布

尺度値	J63	J68	J73	J78	JA71	JA78	ABIH	ABIM	A78	JA71O	JA71J	JA71A	JA78J	JA78A	PHBL
0	7.1	6.1	8.4	5.8	30.2	30.1	31.2	40.2	40.0	24.4	26.6	33.1	28.3	31.6	43.2
1	34.6	37.8	37.0	33.5	44.9	51.9	51.7	47.6	47.4	45.5	45.8	44.2	44.9	57.5	41.9
2	35.7	34.8	33.7	36.5	20.3	14.1	14.6	11.1	10.7	22.0	20.8	19.8	21.0	8.6	13.2
3	18.2	17.1	17.4	19.0	3.9	3.8	2.5	1.1	1.6	6.5	5.2	2.9	5.8	2.3	1.0
4	4.0	3.8	3.2	4.9	0.7	0	0	0	0.1	1.6	1.6	0	0	0	0.6
5	0.4	0.4	0.3	0.4	0	0	0	0	0	0	0	0	0	0	0

注）日本における1983年調査の結果も，尺度値は0から順に，4.6, 33.1, 37.9, 18.8, 5.0, および 0.6 となり，大きな変化はない．

のさし」による分布は表 III-31 のようになる．

　説明するまでもなく，日本のデータはきわめて安定している．まったく義理人情的でない尺度値0のところに着目すれば，図 III-22 のようになる．集団差が明らかに示され説明の必要はなかろう．

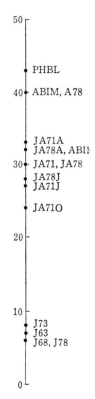

図 III-22 義理人情に関する尺度値0の比率

　なお，質問項目の内容および尺度化の過程をみれば，尺度値2以上となると相当強く義理人情的（あるいは潜在義理人情的）であるということができようが，日本人に対する調査では，これが過半数（58％，56％，55％，61％）を占めているのは注目されよう．尺度値0の少ないこととあわせ，常に，そうした義理人情的な行動をとるとは限らないとはいえ，日本人の義理人情好みの強いこ

とが，あらためて確認されたといえる．

ii 義理人情という考えの筋道

以上は一つの予定されたスケールを，日本人なりに想定した結果である．それでは"考えの筋道"はどうであろうか．上述の質問の組を用い，それぞれの回答を別々に考え，パタン分類の数量化（III類）を用い，考えの筋道を明らかにしてみたのが図III-23である[2]．経年的にみて日本人の安定したパタンが見られるのは興味深い．考えの筋道が安定しており，いわゆる義理人情的考えの筋道が最も強い第1軸として析出されているのがわかる．第2軸は会社に関する出来事に関係しており，そうした会社という場の違いにおける意識の差が示されている．つまり，この二つ，'会議'と'入社'という場の意識行動の差異が出てきている．義理人情とからめた会社という場であり，会議と入社という場における差異を意識し，日本流にいえば「より実利的」を念頭においた義理人情というものと，そうでないものとが分かれていると見ることもできよう．あるいは，実利的人間関係（一方は故郷へ帰ることは全く気持の問題で終わり，他方は入社してつとめるという実効が残るというわけである）をより重く見るものと，そうでないものという見方も成り立とう．

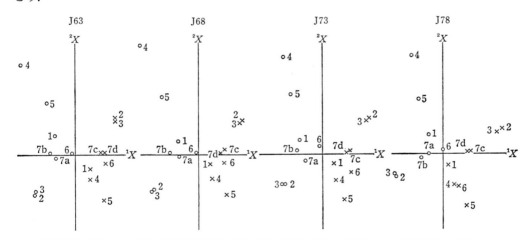

図III-23 義理人情に関する質問項目の回答パタン分類の数量化の結果——日本(1963〜1978)——

日系人と日本人を1978年調査データについて比較してみると，1971年調査における関係と全く同様な関係が示されている（図III-24）．つまり，日系人と日本人は，ちょうど第1軸と第2軸が逆になっているという関係である．最初に会社という場があらわれ，あとに義理人情的考えの筋道が出るということがわかる．相対的位置関係は同じである，すなわち，90°回転して重ねて見れば，よく重なりあうことがわかる．このあたりは，注目して，今後その意味をさぐる必要があろう．

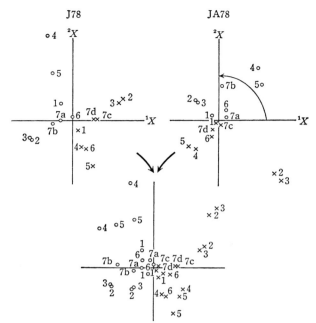

図 III-24 義理人情に関する質問項目の回答パタン分類の数量化の結果
——日本,ハワイ日系(1978)——

なお,日系人の回答の安定性をみたのが図 III-25 である.安定した形をみることができよう.日系人に,この安定した考えの筋道のある点も注目すべきところである.

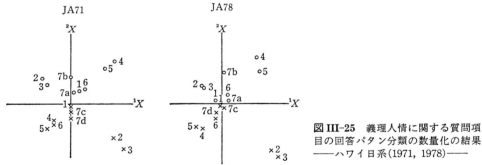

図 III-25 義理人情に関する質問項目の回答パタン分類の数量化の結果
——ハワイ日系(1971, 1978)——

それでは,非日系人はどうか.これら(ABIH, ABIM, A78)について示したのが図 III-26 である.

ハワイ生まれのアメリカ人 ABIH は日系人に近い形が出ているが,ハワイにいるアメリカ本土生まれのアメリカ人 ABIM はずいぶん異なった形である.アメリカ本土のアメリカ人 A78 のデータは思いのほか日系人に近い形をしているが,詳しくみると出入りがある.2,3 および 4,5 の回答の位置がアメリカ本土のアメリカ人 A78 はより近く,日系人ではかなり離れていて(日本が最も離れており,次が日系人,アメリカ本土のアメリカ人 A78 は全く近くにある),回答 1 の位

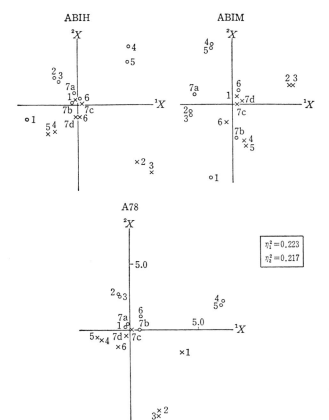

図 III-26 義理人情に関する質問項目の回答パタン分類の数量化の結果——ハワイ非日系, アメリカ(1978)——

置が異なるという姿が出てきている.

なお, 図では第2軸まで示したが, それ以下の潜在ベクトルについて調べてみると, 日本人についても各質問の回答が一つずつ離れるという形であり, いくつかの回答が固まってクラスターを作るという筋が出ていないし, アメリカ人についても, 同じように特異なクラスターは出ていない. つまり, 考えのシステムというものが露呈されてきていないので, 第2軸まで考えれば十分である.

iii 意識構造の差異による各種グループの位置付け

それでは, 各グループの意識構造の近さ・遠さはどうなるであろうか. これを計算して描き出してみることにしよう.

まず図柄の差異を出すために, 次のような2群間の距離(乖離度・非親近性)を計算してみた.

$$d_{st} = \frac{1}{K}\sum_{k=1}^{K}\sqrt{({}^1x_k(s)-{}^1x_k(t))^2 + ({}^2x_k(s)-{}^2x_k(t))^2}$$

$^r x_k(s)$ は s 群における k カテゴリ(項目までを含める)に与えられた r 次元目の数値($r=1, 2$)で, $^r x_k(s)$ において k に関して平均 0, 分散 1 に常に寸法をそろえておく. K はカテゴリの総数(各項目のカテゴリの総数)である.

この距離 d は,パタン分類の結果の図柄の似ている似ていないをあらわす一つの指標と考えてよい. 図柄が似ていれば d は小さくなり, 図柄が異なっていれば d は大きくなる. しかし, 厳密な意味でのメトリック的なものと考えるより, 遠さ・近さの目安と考えるぐらいのところが妥当である. (それは, d が唯一無二の指標とはいい難いからである.)

この距離を用いて, グループ間の距離のマトリックスを算出してみた. 距離そのものは, 一応遠近の目安にすぎないから, そのままメトリックとして用いることは妥当ではないので, これを遠近の程度をあらわす段階に分けて表示する方が見通しがよい. 段階 1, 2, 3, 4 は, 1 が近く, 4 が遠いわけである. このなまのままの距離を α とあらわしておく. なお, パタン分類の空間配置図における軸の $+, -$ の符号は計算の便宜上のもので特別な意味はないので, 符号を入れ換え, 最も d が小さくなるように符号の方向はつけてある.

こうしてでてきた距離マトリックスを用いて, 前述の MDA-OR(第 IV 部参照)を用いて分類してみると, 二次元までで $\eta^2=0.92$ となり十分満足すべき結果である. 図 III-27 にこれを示すが, 大局的には J とそれ以外というふうな分かれ方をしている. J の仲間に ABIM, JA71J, JA71O が入りこんでいるが, この意味は後で理解されよう. 相対的位置が近く系統的に 90°回転しているものは差が大きく, 図柄のくずれが系統的でないものが, かえって差が少なく出るのである.

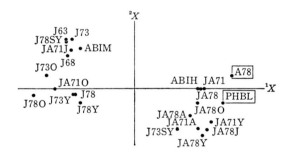

図 III-27 各対象グループの意識構造の差
——非類似度 α の MDA-OR による位置付け——

しかし, 前述の J と JA との関係のように回転して一致するという場合もあるので, 二つの図柄を回転し, 最も一致する回転角をとり, 相対的な布置の一致度を計算した. 便宜的に 0°, 45°, 90°(回転の $+, -$ を含む)を用いて最も一致するものをとった. なお, 数値が x について規準化(平均 0, 分散 1)してあり, 二つの軸の数値間にある意味の直交条件が満足されているので, 軸を回転しても規準化の性質が保持されていることは, 線形計算により容易に説明できる. なお, もとのデータの符号は意味がないので, 図柄が一致するように符号を付け変える. こうして得られた最小距離を β とし, これによる段階(非類似性)のマトリックスは, 表 III-32 のようになる. こ

表 III-32　最適回転後の非類似性の β マトリックス

```
A78   |
ABIH  | 2
ABIM  | 3 2
JA78  | 2 1 3
JA78Y | 2 1 3 1
JA78O | 2 1 2 1 2
JA78J | 2 2 3 1 2 1
JA78A | 2 2 3 1 1 1 2
JA71  | 2 1 3 1 1 1 1 2
JA71Y | 2 2 3 1 2 2 1 2 1
JA71O | 2 2 3 2 2 2 2 3 1 1
JA71J | 2 2 3 2 2 2 2 2 1 1 1
JA71A | 3 2 3 1 2 2 1 2 1 1 2 2
J73SY | 2 3 3 2 3 2 2 2 2 2 2 2 3
J73   | 2 2 3 2 3 2 2 3 1 1 1 1 2 1
J73Y  | 2 2 2 2 3 2 2 3 2 1 2 3 1 1
J73O  | 3 2 3 2 2 2 2 3 1 2 1 1 2 2 1 2
J68   | 3 3 3 2 3 2 2 2 2 1 2 2 1 2 1 1 1 1
J63   | 3 3 3 2 3 2 2 3 2 1 2 2 1 1 1 1 1 1
J78   | 2 2 3 3 2 2 2 3 2 1 2 3 1 1 1 2 1 1
J78SY | 3 2 2 2 2 2 2 3 2 1 2 2 2 1 2 2 1 1 1
J78Y  | 2 2 2 2 3 1 2 2 2 2 2 3 1 1 1 1 2 1 1 1 1
J78O  | 3 3 3 2 3 3 3 3 2 2 2 2 3 1 2 1 2 1 2 2 2
PHBL  | 2 2 3 2 2 3 2 2 2 2 2 3 3 2 2 3 2 2 3 3 3 3
       ―――――――――――――――――――――――――――――――――――――――――――――
        A   A   A   J   J   J   J   J   J   J   J   J   J   J   J   J   J   J   J   J   J   J   J
        7   B   B   A   A   A   A   A   A   A   A   A   A   7   7   7   7   6   6   7   7   7   7
        8   I   I   7   7   7   7   7   7   7   7   7   7   3   3   3   3   8   3   8   8   8   8
            H   M   8   8   8   8   8   1   1   1   1   1   S   Y   O               S   Y   O
                        Y   O   J   A       Y   O   J   A   Y                       Y
```

```
1:        d < 1.20
2: 1.20 ≤ d < 1.80
3: 1.80 ≤ d
```

れを β マトリックスと名付ける．このマトリックスは α に関するマトリックスと大いに趣きを異にする．

このマトリックスを用いて再び MDA-OR の方法で計算してみると，三次元で $\eta^2 = 0.68$ となり，図 III-28 に示すように，かなりきれいなクラスターができる．一次元目では日本的・アメリカ的クラスターの区分がはっきりしないので，ここではクラスター区分のはっきりする二次元目と三次元目の図を図 III-28 に示す．各クラスターの内容は次の通りである．

　　日本的クラスター (若者，J78 型 〔J78 は三次元目で少し異なる〕，中間日本型，老年型)
　　アメリカ的クラスター (A78, ABIM, JA78A, ただし三次元目で 3 者は分かれる)
　　PHBL
　　日系人的クラスター (日本寄りの JA 型，JA 型，ABIH, JA78Y 〔JA71A は飛び離れている〕)

まさに，予想したようなクラスター化である．日本人 → 日系人 → 非日系アメリカ人という，次第に遠ざかる様相が描き出されている．ここで注意したいのは，JA71O, JA71J である．α マトリックスでの分析 (回転しないなまのまま) で日本側にはいっているただ一つの例である．ともに

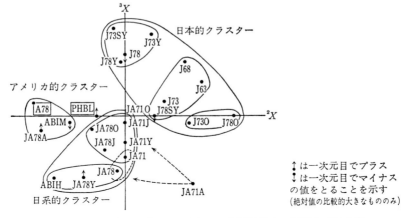

図 III-28 各対象グループの位置付け——非類似度 β の MDA-OR 分析——

日本と同じ構造を持っているということである．この β マトリックスの分析でも日本的クラスターに近い．このことから，JA71O，JA71J ともに日本的考えの筋道をもっていることがわかる．そこで，日本と同一の物差しで義理人情尺度の分布を作って比較することに意味がある．しかし，i 項にもどってスケール分布をみると，日本人よりはるかに義理人情的でないことがわかる．

　日本人と JA71O，JA71J とは同じ"考えの筋道"をもっているが，日本人とくらべてこの 2 者の日系人グループのほうがはるかに義理人情的ではない．他の日系人グループは"考えの筋道"は似ているが，重点の置き所が異なるということになる．

　なお，ここで距離マトリックスの絶対値についてであるが，後述する日本的「伝統—近代」に関する質問における布置と対比してみると，はるかに小さいことがわかる．「伝統—近代」の考え方は日本以外では全くないといえるのであるが，この義理人情に関する質問では，やはり人間関係に関するものであるから，暖かい人間関係志向か合理的志向かという軸にも通ずるものがあり，人間である以上それほど異様なものは出ていなかったのである．しかし，あまり異ならないといっても，外国人に義理人情の"考えの筋道"が必ずしも通じるものがあると考えてはいけない．一般の外国人に対しては，この質問群において〈暖かい個人的人間関係—合理的人間関係〉と見るべきものが出ているのであり，日本人の場合，それが義理人情的思考の一環として現われていると見るべきである．現象的には，似通った形が出ていると見てよい．つまり，一見相通じるものがあるが，筋が異なるので，これ以外の義理人情的なものに筋の類似性があるものとして，現象的にも拡大して考えてはいけないのである．日本の芸能で義理人情的なものに外国人が感動するから，外国人にも義理人情はわかるという議論もあるが，人間関係の基本的情緒の理解であって，日本人の"考えの筋道"と異なった軸の上の反応と見る方が正しいのではないか．これは上述の議論からも理解できるが，研究を進めてみるのは面白いことと思う．

§4　日本的「伝統─近代」意識構造の比較

　日本人の中に根強くあるものに「伝統─近代」意識がある．いわゆる，「古い─新しい」，「前近代的・非合理的─近代的・合理的」，「日本的─西欧的」，何と名付けてもよいが，こうした考えの軸は根強いという仮説が成り立つ．これは，評論家・ジャーナリストの論調の軸をみてもわかるし，社会調査関係の人々の質問文をみてもわかる．そこで積極的にこうした問題をとりあげてみることにした．これに関連した質問群では中間回答のある質問群になる．「あれか，これか」といいきる行為決定を迫ることが難しく，考える上で中間の回答があり得るようなものである．なお，以下の質問のうち，質問5および質問6では中間回答がないのは，中間回答が外国ではほとんど出なかったからである．なお，質問文中の〈日本〉は外国における調査のときはただ〈国〉としてある．

i　質問文と概要

〔質問1〕　子供がないときは，たとえ血のつながりがない他人の子供でも，養子にもらって家をつがせた方がよいと思いますか，それとも，つがせる必要はないと思いますか？
　　a　つがせた方がよい（○）　33, 49, 58
　　b　つがせないでもよい，意味がない（×）　48, 40, 31
　　c　場合による（△）　12, 6, 2

〔質問2〕　あなたは，自分が正しいと思えば世のしきたりに反しても，それをおし通すべきだと思いますか，それとも世間のしきたりに，従った方がまちがいないと思いますか？
　　a　おし通せ（×）　30, 58, 74
　　b　従え（○）　42, 25, 16
　　c　場合による（△）　24, 13, 1

〔質問3〕〔リスト〕自然と人間との関係について，つぎのような意見があります．あなたがこのうち真実に近い（ほんとうのことに近い）と思うものを，1つだけえらんで下さい？
　　a　人間が幸福になるためには，自然に従わなければならない（○）　33, 28, 25
　　b　人間が幸福になるためには，自然を利用しなければならない（△）　44, 62, 64
　　c　人間が幸福になるためには，自然を征服してゆかねばならない（×）　16, 4, 6

〔質問4〕〔リスト〕あなたはつぎの意見の，どちらに賛成ですか．1つだけあげて下さい？
　　a　個人が幸福になって，はじめて日本（国）全体がよくなる（×）　27, 26, 26
　　b　日本（国）がよくなって，はじめて個人が幸福になる（○）　27, 30, 29
　　c　日本（国）がよくなることも，個人が幸福になることも同じである（△）　41, 37, 37

〔質問5〕　こういう意見があります．
　「（日本の）国をよくするためには，すぐれた政治家がでてきたら，国民がたがいに議論をたたかわせるよりは，その人にまかせる方がよい」
というのですが，あなたはこれに賛成ですか，それとも反対ですか？
　　a　賛成〔まかせる〕（○）　32, 16, 8
　　b　反対〔まかせっきりはいけない〕（×）　58, 81, 89

〔質問6〕 小学校に行っているくらいの子供をそだてるのに，つぎのような意見があります．
「小さいときから，お金は人にとって，いちばん大切なものだと教えるのがよい」
というのです．あなたはこの意見に賛成ですか，それとも反対ですか？
　　a　賛成(○)　45, 7, 5
　　b　反対(×)　40, 91, 93
　注）回答選択肢のあとの数字は，義理人情の質問項目のときと同様に，J78, JA78, A78 でそれを支持する比率(%)を示す．

質問文に示したように，回答を三つに分け，○が日本的，×が非日本的，△が中間ということにした．〔質問4〕のbとcについては一概にそういい難いのであるが，一応このようにした．また〔質問6〕では，日本的なのはむしろ「小さいときからお金の大切さを教えるのには反対」の方なのではないかと考えられるが，前述のように，現在の日本では「賛成」の方が多いので，これを日本的としておいた．この点には注意していただきたい．また，ここで話をわかりやすくするために，仮に「日本的—非日本的」といった表現をとったが，実は回答の内容を検討してみると，むしろ日本における「田舎的—都会的」，「伝統的—近代的」という表現の方が望ましいように思われる．

ii　考えの筋道としての「伝統—近代」

回答パタンのもつ関連性をもとにして"考えの筋道"を明らかにするために，前の場合と同様，「パタン分類による数量化」を行なってみた．

日本人について見ると，第1軸(^1X軸)において，日本的回答(○)と，非日本的回答(×)および中間的回答(△)とが左右に入り混じることなくきれいに分かれ，第2軸(^2X軸)において，非日本的回答と中間的回答が上下に分かれる．このとき日本的回答は ^2X 軸によってほとんど動かず，両者の中間に位置するといった，きわめて明瞭な図柄があらわれている．^2X 軸は，はっきり割り切って考えるのと，割り切らないで，あれこれ考え回答を留保するといったようなことを弁別する軸と見ることができよう．

こうして，大局的には日本的回答群・非日本的回答群・中間的回答群に三大別されることがわかり，我々の予想(○，×，△のつけ方)の正しかったことが裏付けられたわけである．

同様のことを1953年調査，63年調査，68年調査，73年調査，78年調査について計算しても，全く差のないことが示され，この考えの筋道に関して日本人の構造の安定性がわかった．

この安定した形は，日本的「伝統—近代」の考えの筋道が根強くあるということを如実に示しているものである[3]．

なお，日系人，アメリカ人についての計算結果[4]をみると，全く様相を異にしており，○，×，△がデタラメに入り混じり，図に示すまでもない．我々としては，この中に筋は読み取れず，その場その場で異なった筋で回答しており，日本的思考で根深い日本的「伝統—近代」という筋(構

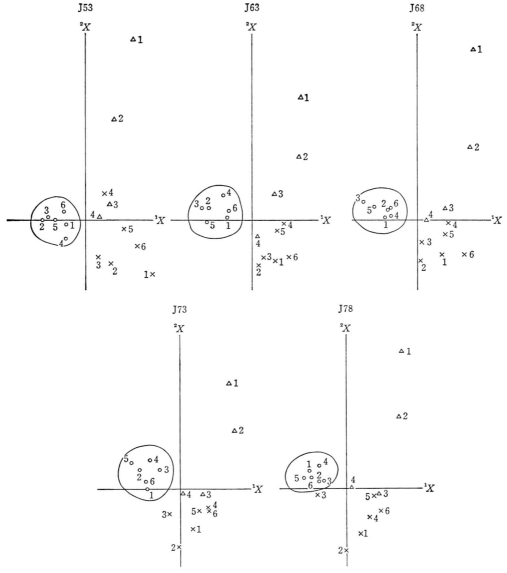

図 III-29 「伝統―近代」の質問項目に関する回答パタン分類の数量化の結果
――日本(1953〜1978)――

造)が全く存在していないことがわかる．この点，義理人情的質問の場合にみられたように，個人的人間関係というものに繋がる以上，筋は違っても異様なことが出ない――出たとすれば人間としての基本的理解を絶することになる――ことと事情を異にする．前の場合の状況設定はきわめて日本的であるが，内容としては外国人としても理解できないことではないが，「伝統―近代」の場合は設問の内容としては一般的であったとしても――もちろんこうでないものも含むが――回

156 第III部 データの分析

答の筋としては日本的「伝統―近代」に関係のあるはずもないのである.

iii グループ別の意見構造の差異

意見構造の差異を明瞭にするために，前節同様に，グループ間の距離を計算し，いくつかの段階に区切ってグループ間の非類似性を計算してみた．これを表III-33に示そう．ここで，α, βの区別は§3と同じである．

表III-33 非類似性のαマトリックス

	ABIH	ABIM	JA78	JA71	J73	J68	J63	J53	J78	A78
ABIM	3									
JA78	3	3								
JA71	3	3	3							
J73	3	3	3	3						
J68	3	3	3	3	1					
J63	3	3	3	3	1	1				
J53	3	3	3	3	2	2	2			
J78	3	3	3	3	1	1	1	2		
A78	3	3	3	3	3	3	3	3	3	
PHBL	2	3	3	3	3	3	3	3	3	3

1: $d < 1.20$
2: $1.20 \leq d < 3.20$
3: $3.20 \leq d$

表III-33は，そのままの距離αに基づくものであるが，βについてみても各グループに特徴を示す構造がないので，義理人情の場合と異なり，どう回転しても距離数値はあまり変わりはない．この距離αとβとを各グループ別に計算して目盛ったのが図III-30である．ほとんど45°の直

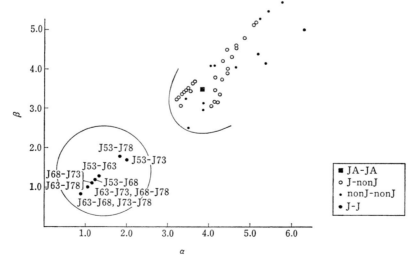

図III-30 「伝統―近代」に関する意識構造の差異
———非類似度αとβとの関連———

線上に並び，回転が大きな影響を与えていないことがわかる．つまり，他のグループと類似した構造がないから回転しても差が出てこないのである．日本のデータ同士の距離は小さく，あとのグループ間はきわだって大きく，画然とした差があり，これ以上計算するまでもない．

iv 各グループで何が意見を分けているか

各グループごとに，いろいろな属性別にどんな反応をしているかを調べ，属性別に平均点を出し，軸の持つ意味を探ってみよう．これは図III-31の通りである．これを通して各グループの特性を見出すことができる．

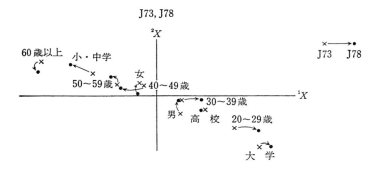

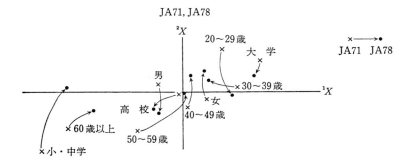

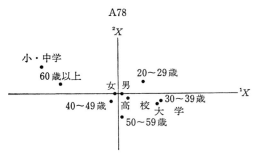

図III-31 属性別にみた「伝統―近代」に関する意識構造のあり方
――日本(1973, 1978)，ハワイ日系(1971, 1978)，アメリカ(1978)――

まず，日系人と日本人とをくらべると，非常に注目すべきことが出ている．ともに ^1X 軸の一方の端に大学卒，20歳代（ハワイでは 30 歳代も含まれ，日本では高校卒がはいる）のグループが，他方の端には，小学卒，60 歳以上の群がならんでいるのである——ただ日本人と日系人では男と女の位置が入れ替っているのが目につく．つまり，^1X 軸のもつ意味内容は，日本人と日系人とで異なっているが，いま述べたようなグループの間で意見が分かれるという点では，日本人も日系人も同じなのである．日本人の大学卒の意見内容は，日系人の大学卒の意見内容と同じものではないし，日本人の 60 歳以上の意見内容は，必ずしも日系人の 60 歳以上と同一ではないが，この両グループの意見が両極端にあるという点では一致しているわけである．

アメリカ人についても学歴は同様の傾向であるが，男女の傾向は日本と近く，年齢の様相は異なることがわかる．これらをみると，意見の最も強い分かれは，各グループとも同じように性・学歴によるものであるということであるが，これは興味あることである．

なお，このような各グループで異なった意味を持っている第 1 軸での意見差は，どのように出てくるか．それを各グループ別に見てみることにする．このとき，内容は各グループで異なっているという点は十分気をつけていただきたい．このため符号をそろえ，第 1 軸において最も大きい平均値を示す属性のランクを 1 として，それから属性別の平均値の小さくなるに従ってランクが大きくなるようにしたのが表 III-34 である．性では，J と JA, ABIH, ABIM は異なるが，A78 と J とは同じ．年齢では，J と JA, ABIH は同じであるが，ABIM と A78 が異なる．学歴はすべてのグループで全く同じ順になるという面白い形が示されている．これは，意見の分離に何が利くかということでは，学歴が各グループに共通して最も差のあるところだということになる．何度も繰り返すように，日本では，これが「伝統―近代」の筋についてであり，他の日系人・非日系人，およびアメリカ本土のアメリカ人では，日本的な考えの筋とは全く異なったもの——その場その場でそう答えるということで我々にはその筋は見出せない——についてである，という点

表 III-34 属性別平均値の順位

	性		年		齢			学	歴*	
	男	女	20	30	40	50	60	E	H	U
J53	1	2	1	2	3	4	5	3	2	1
J63	1	2	1	2	3	4	5	3	2	1
J68	1	2	1	2	3	4	5	3	2	1
J73	1	2	1	2	3	4	5	3	2	1
J78	1	2	1	2	3	4	5	3	2	1
JA71	2	1	2	1	3	4	5	3	2	1
JA78	2	1	1	2	3	4	5	3	2	1
ABIH	2	1	1	2	3	4	5	3	2	1
ABIM	2	1	2	4	1	3	5	3	2	1
A78	1	2	2	1	4	3	5	3	2	1

* 学歴 E：小・中学，H：高校，U：大学．

に注意しなければならない．

　日本的な質問群を用いて比較するのは，あまりにも日本的で，国際比較という点では見当違いではないかという意見もあるので，それについて前に述べたが，もう一度我々の立場を明らかにしたい．日本的質問で，日本人に特徴のみられるものは，日本人の目というものである．我々は強いて意識しなければ，この目を変えることはできない．素直に日本人の目で他のグループをみればどうなるか，という立場から研究を進めることは，日本人にとって重要である．日本人の特色ある考えが，どのように通用しないものであるか，あるいは，ある点で共通なものがあるとすれば，それはどのような文脈においてであるか，を調べることは，まず第一着として地道な考え方である．こういうわけで，人間関係という重要な問題を考えるとき，義理人情という日本人に根強いものに関係する質問項目群をとりあげて検討してみることは意味がある．日本人に根強い「伝統―近代（古い―新しい）」の考えの筋に関するものをとりあげることにも意味がある．これが素直な日本人の目による他国の理解である．しかし，これでは不十分であるのはもとより確かなことで，日本的質問を中心として出発しつつ，これに，比較対象集団の考えの特色となっているもの，ともに共通な社会基盤の上に立つ質問群――ここでは共通の土俵に立てる――を加えつつ次第に拡大していけば，同異の姿を析出させることができてくる．何度も繰り返しているように，このためには用いるどのタイプの質問でも，その質問の性格・素姓を知り抜いている質問群を用いることが重要で妥当性がある考え方である．もし，その質問の性格をよく知っていなければ，データ分析の新しい結果から信頼できる次の仮説を見出すことができないからである．ただ一つの質問文の調査結果から質問作成者の意図で解釈を引き出そうとすると，全く見当違いになる可能性が大きい．よく性格のわかっている質問群との関連性において，新質問の意味を汲み取り，その性格を明らかにしつつ，事を運ぶのが重要な視点である．こうした観点から，日本的な質問群の他に，一般的質問群を加えて分析を進める例について次章で述べよう．

1) 詳細は，林知己夫編(1974)，『比較日本人論』中公新書333，中央公論社．
2) スケールを作成したときの2問をクロスさせた場合のパタン分類は示さなかった．これを日本人データについて行なってみると――ただし，7問の回答は一緒に考える必要もないので別々にしてみた――，1963～78年の間には全く差がなく，第1軸は「義理人情的―義理人情的でない」，第2軸は義理人情的であるものが二つに分かれ，絵に描いたような義理人情（第2問×第3問，第4問×第5問で，親と恩人，あるいは親戚と恩人で態度を変えるもの）と，そうでないものとが分かれるという形が安定して現われてきている．なお，日系人に関しては，日本人と似た形がでており，一般の外国人と異なり義理人情の筋が残っているかに見えるが，日本人にとって特異と見られる（親（親戚）の方を恩人より気にかける）回答の位置が異なり，やはり異なるものがあると思う方がよかろう．アメリカ人においては，かなりかけ離れた様相が出ており，考えの筋道の差異がこうした点で露呈されたということができよう．
3) ただし，すべての「時期別×年齢別」においては「伝統―近代」の考えの筋道が安定しているが，J78の20～24歳の年齢層においてのみ，こうした形が出ていない．全体的にデータが緊密に固まらず緩いクラスターとなり，伝統的クラスターの中に我々がコード付けの疑問としたもの，「日本のよくなること」と「個人のよくなること」は同一，「金は大切と教えぬ」がはいっているのは興味深い．「伝統―近代」の

考えの枠組みが崩壊しかけていると見られるのである．なお，1983年調査結果をみると，20歳代では「伝統—近代」の考えの筋道が大きく崩れ，この傾向が，より高年齢層にまで這い上がっていく形が見えてきた．

4) なお，JとJAの最近のものについて潜在根をみると，次の表のようになり安定している．

潜 在 根

	最 大 根	第二に大きい根
J78　(J73)	0.30(0.30)	0.22(0.22)
JA78(JA71)	0.22(0.23)	0.20(0.21)

第5章　質問群の構成と比較
——日米意識構造の比較——

　第4章においては，日本で長い間用い，その性格・構造を知り抜いている質問(群)を素材にして，意識構造を中心とする国際比較のデータ解析を述べてきた．ここでは第Ⅰ部において述べたように，連鎖的方法による質問構成という立場から質問群を構成し，この工夫から日米意識構造の同異の姿を浮かび上がらせてみたいと思う．質問群としては第Ⅰ部で述べた形で構成した(図Ⅲ-32)．ここに用いる質問群は，第2章の表Ⅲ-6に示したものである[1]．

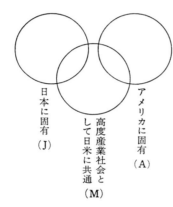

図Ⅲ-32　J, A, M型質問群の構成
——日米意識構造の比較——

　なお，この質問群は上記の立場から作ったのであるが，これをいろいろ変えるとき意識構造がどう変化するか，その様態を通して比較するというダイナミックな方法は，情報が多い探索的な方法である．これについてはさらに第6章を見られたい．

§1　一般的分析

　まず，日本およびアメリカ両調査の意見分布を示してみると，表Ⅲ-35のようになり，日本とアメリカ双方で全く異なった意見分布が示されている．なお，○印の回答は日本において伝統的意見と見なされているもの，△印の回答はアメリカにおいて特色あるもので，これを用いて'人間の信頼性'に関する一次元的尺度(スケール)ができるといわれている．

　表Ⅲ-35をグラフにしてみた．図Ⅲ-33中の点は各質問の回答カテゴリを示し，日本およびアメリカにおける比率をそれぞれ横軸・縦軸に目盛ってある．はなはだしくバラついており，まず日本人とアメリカ人とは異なっているという印象を強く与えるであろう．45°の直線の近くにあ

表 III-35　回答分布(%)

質問	J1			J2		J3			J4		J5		J6		J7	
カテゴリ	1	②	3	①	2	①	2	3	1	②	1	②	1	②	1	②
1978 日本人	30	42	24	32	58	72	10	16	72	23	47	46	44	50	10	87
1978 アメリカ人	76	15	6	8	89	55	21	20	72	22	70	25	48	46	47	50

質問	A1		A2		A3		M1				M2		M3		
カテゴリ	△	2	1	△	△	2	1	2	3	4	1	2	1	2	3
1978 日本人	19	74	39	53	26	68	7	23	30	38	69	25	53	25	15
1978 アメリカ人	49	46	31	65	52	44	15	18	14	52	67	27	71	21	5

* 加えて100%にならないのは，これ以外に，その他・D.K.の回答があるからである．

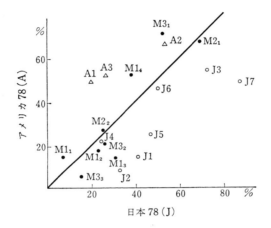

図 III-33　J, A, M 型質問群に関する意見分布の対比——日本，アメリカ(1978)——

るものも見受けられるが，J4は日本ではタテマエ的回答であり，J6はむしろ翻訳上に問題がある．M2はよく似た回答と見ることができる．M1，M3についても，なにがしかの同じ意見分布がみられている．

次に，属性別にしたとき，どのようになるかをみるのが順序であるが，この分析については，第2章に述べたので，ここでは割愛する．

§2　比較における相互理解のための方法[2]

比較研究の成果は，第Ⅰ部で言及したように，日本およびアメリカ双方に理解できるものでなくてはならない．重要なことなので，もう一度繰り返せば，まず方法の客観性である．当然のことながら，計量的方法の利点がここに生かされてくる．日本人が日本人の論理で解釈・説明しても日本人以外には理解し難い．すべての人に理解しうる共通論理たる科学的方法が望ましいし，しかも，これが深く突っ込んだものであることが大事である．結果の普遍性は，質問項目の選定

——J, A, M 型質問の重要性——および分析結果において得られる．アメリカ人においては，アメリカ人に対する A, M 型質問の分析結果が妥当であれば理解できる．同様に日本人においては，日本人に対する J, M 型質問の分析結果は十分理解できよう．アメリカ人は，アメリカ人の A, M 型と J 型との関係はそれなりに理屈付けはできよう．日本人の (A, M), (J, A, M) の関係の同異の相は自国の分析結果を介して初めて理解することができる．日本人も自国のデータ分析を介して，アメリカ人の (A, M), (J, A, M) の関係の同異の相を知ることができよう．つまり，アメリカ人に対して (A, M)，日本人に対しては (J, M) の関係について理解できる結果が出れば，M 型質問群を通してそれぞれ J, A 型の関係を自国のデータに基づいて知る（理解する）ことができ，さらにこれらを通して他国の様相を突っ込んで知ることができるようになる．

次に，問題を限定すれば，同じとみられる"考えの筋道"も，それぞれに固有の J, A 型の質問を加えて関連付けてみてくると，必ずしも同一とはいい難いというところもわかってくる．ある場に問題を限定し，そこだけで表面的にみると，同じように見えて相互理解しうるように考えるが，それに固有のものを絡めて検討すると違った意味が露呈されてくる，というキメの細かい知見も明らかになり，結果の普遍性に資することができることになる．

この関係を具体的に示してみよう．まず，J, A, M 型の質問群を用いて"考えの筋道"をさぐり出すために，日本とアメリカ両国の調査データをパタン分類した結果を図 III-34, 図 III-35 に

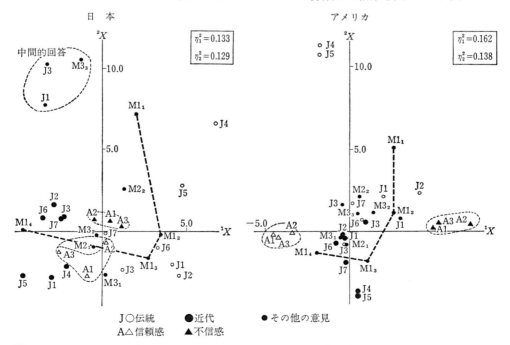

図 III-34　J, A, M 型質問群に関する回答パタン分類の数量化の結果——日本，1978——

図 III-35　J, A, M 型質問群に関する回答パタン分類の数量化の結果——アメリカ，1978——

あげておこう．第2章の結果とくらべてみると，ともに同じようで異なり，異なるようで同じという同異の相が描き出されていることは，相互の特色を知る上で重要なことと考えられる．

　まず，特色ある1根目と2根目との図柄をみることにしよう．

　日本人においては，J型の質問に対して日本人の特色である「伝統―近代（いわゆる古い―新しい）」の"考えの筋道"が，1根目のベクトルとして最も特色のある"考えの筋道"として描き出されている．これは前述のように，この25年間，大局として全く動かぬ"考えの筋道"である．2根目のベクトルにはこれも日本人らしい「中間回答がかたまって他と分離する」という特色が出ている（図III-34）．

　アメリカ人の方は，最も特色ある"考えの筋道"として，A型質問の'人間の「信頼性―非信頼性」'が明確な固まりを見せて極を形成していることがわかる．2根目のベクトルとして，J4, J5とともにM型に関する質問が特色ある形を示しており，中間的回答は極として析出されない（図III-35）．

　ここに，日本とアメリカとではなはだ異なった"考えの筋道"の差が明瞭に浮かび出てきた．日本人においては，アメリカでは第1軸の両極であった'人間の信頼性'に関する回答は，それなりのクラスター構成化を見せながらも原点近くに埋め込まれている．それにしても，よく注意してみるとM型に関する回答は日本とアメリカの両者とも非常によく似ていることに注目されたい．ここが一つの手掛かりとなる．

　もう少し詳しくみよう．アメリカ人の結果をみると，日本的「伝統―近代」という形が，ここでとりあげた質問において，それほど明確でないにしても，いくらか出ていることがわかる．しかし，第4章ivに示した分析からみて，異なった質問群をとりあげたとき，日本と非常に異なる形が出ているので，これは日本的「伝統―近代」の筋と見なすべきではないが，現象的にみて少なくとも白丸（日本における伝統的意見）が図III-35の上方により多く出ているのである．これらの白丸とM11, M12がより近いということ，M22もこの側にあるということ，日本においてもM11, M12, M22が伝統の側にあるということ（図III-34），この類似性には注目してよい．しかし'気の合った仲間と働きたい'というところは，日本では伝統の側にあり，アメリカでは下方にあり，白丸と反対側にあるという点は異なっているのである．こうして異なるなかにも，同じような形が見出せることは重要なことである．ここが相互理解への一つの手掛りとなる．

　さらにそれ以下の構造をみるために，3根目以下の根に対応するベクトルについて分析してみたが，アメリカ人の中には，日本式の「伝統―近代」の考えの筋道は，はっきりした形では見出されない．特殊な回答が分離してくるだけで，明確な考えの筋道を形成している形は出てこない．日本人の方に面白い形が出てきた．これを以下に示すが（図III-36），アメリカ人の分析結果とよく似た形で出てきた．'人間の信頼性'とM型に関する質問群で，かなり似た形が浮かび出してき

たのは注目される．'人間の信頼性'の両極はアメリカ人ほど緊密ではないが，緩いクラスターを示しつつ極を形づくっている．またMに関しては，M11, M13は傾向を異にしているが，あとはかなりよく似ている．また，J1, J2, J4, J5の相対的位置も似ている．

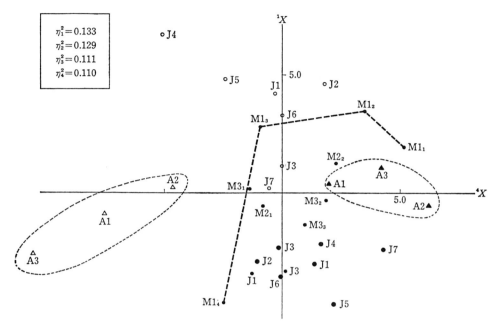

図 III-36　J, A, M 型質問群に関する分析——日本，1978——

アメリカ人の持つ"考えの筋道"が，日本人では，それほど強くないが存在しているということができよう[3]．「伝統—近代」の考えの皮を剝いてしまえば，アメリカ人の"考えの筋道"がわかるという比喩が成り立つ．

そこで，J型の質問を除き，A, M型の質問だけでパタン分類の数量化を行ない，"考えの筋道"を取り出してみると，日本とアメリカとでよく似た形が出てきた．図 III-37 にそれを示す．'人間の信頼性'はアメリカ人ほど緊密ではないが，日本人では緩いクラスターをつくりながら両極にきて，日本人，アメリカ人ともに最も強い"考えの筋道"として露呈されてきた．2番目は'仕事観'で，'給料がよい'，'気のあった仲間と働きたい'というところに差があり，それらのもつ意味やニュアンスは異なっているが，それ以外では，ほぼ同じような形が出てきている．A, M型に問題を限定し，考える範囲の土俵を狭めれば——現実としては，これはなかなか困難なことで他のものが必ず入り込んでくる——いくらか様相は異なるものの，かなりよく似たといってよい考えの構造が示されているという，興味ある結果が出てきた．

ここでも，あれこれ考えをめぐらせて異なったようで似ており，似たようで異なっている様相のあやを描き出そうとした結果，出てきたものを見れば，相互理解へ進むための一つの鍵が取り

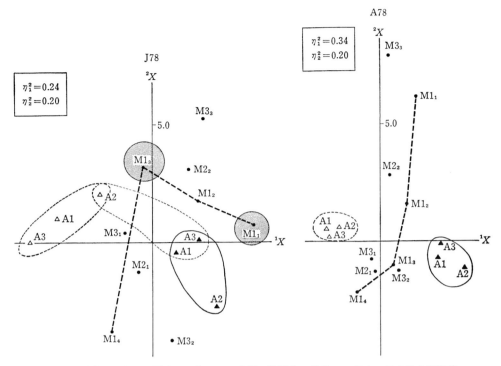

図 III-37　A, M 型質問群に関する回答パタン分類の数量化の結果——日本，アメリカ(1978)——

出されたといってよいように思う．

　以上の例示にあるような質問群の構成法，その出し入れを含めて分析を進める相互買入方法——これがすべてでないことはいうまでもない——をソフト，ハードの両面の方法を含めて種々開発してくることが，比較研究を進める上で重要なものと考えられる．

　ここで，もう一度この分析結果のまとめを繰り返し論じておこう．ともに全く似たところがなければ，無縁の徒ということで，それなりに終ってしまう．理解も誤解も同じ所と異なる所とが混在するところに生ずるものである．

　理解は，A 型および M 型の質問が日本人，アメリカ人に対してともに似た関係のあるところに得られる．これだけに限れば，多少のニュアンスの差があるものの，相互に話がわかるわけである．この類似がそれ以外に及ぶと考えれば誤解がおこってくる．つまり J 型質問との結び付きが異なっているので，自らの結び付きと同じようなものを他に期待すると異なった反応を受けるので，行き違いが生じてくる．話がここまで進めば誤解が生ずることになる．

　比較研究の解釈としては，ここが重要な点となる．日本と甲国とについて，ある面において一致する意識構造を知った場合，日本人である我々が，これを自らの"考えの筋道"の中に位置付け，それに基づいて判断を下し，それならば甲国の人はそれぞれの場合はこうなるであろうと，ここ

でとりあげた以外の面でも予想し，日本人の"考えの筋道"で期待したとしよう．実際に，こう予想し，期待して，それが裏切られると，甲国人はさっぱりわからぬと大きな偏見を持つことになるのが普通である[4]．一致する所があっても，他の事象との関係がつかまえられているわけではないので，自らの"考えの筋道"からの期待そのものが的外れとなるのである．一致した所だけを見ていて，その限りにおいて同じと見るに留まればよいわけである．他のところで，いかに異なるかを知り，的外れの期待を持つべきではない．ここに，同異に基づいた理解が得られる．同じ様相を梃子に理解が深まるわけである．こうした関係を客観的に示したのが，上述の日本人，アメリカ人に対するJ, A, M型質問の分析となるのである．結論は平凡であるが，ここが明確に実証されるところに，大事な意味があるわけである．

1) この質問に落ちつくまでにいろいろ検討した．なるべく夾雑物がはいらぬような質問，および第4章の分析を踏まえて質問群を構成した．
2) 以下の分析は，文部省科学研究費による特定研究「東アジアおよび東南アジア地域における文化摩擦の研究」における昭和54年12月15, 16日のシンポジウムにおいて，国際基督教大学の山本達郎氏の指摘された重要な点「日常に用いている論理そのものの再検討，文化の境界を超えた普遍性探究の重要性」に対する一つの回答を与えているものと思う．
3) 3根目に相当するベクトルを4根目とあわせてみると，AとM1に関しては，図III-35とかなりよく似た形が出てきているが，その他の質問では異なった様相が出てきており，日米比較に対しては情報がない．
4) 林知己夫・粕山貞登編(1982)，『日本と東南アジアの文化摩擦』出光書店．

第6章　質問群構成の変化と意識構造の変容による探究
―――社会環境の変化と"ものの考え方"の関連―――

§1　概　　要

　前章において，比較の対象となった社会のそれぞれにとって，共通に考えられる事項，異なる事項を組にしてとりあげ，比較の土俵にのせて分析を進める連鎖的手法が，比較研究にとってきわめて有効であることが具体的に示された．すなわち，前章では，比較すべき質問群を適切に構成することが重要であり，質問群の組として，日本の特徴をとらえる質問群，アメリカの特徴をとらえる質問群，および近代社会としての両者に共通の質問群，の3群をとりあげて，回答パタンの分析を行なうと，近代社会における共通質問群を媒介として，日本とアメリカとの意識構造の差異および共通性が，両者に理解可能な形でとらえられることがわかり，これにより，日本とアメリカとの間の相互理解のあり方，あるいは誤解の構造の一端が解明されてきた．

　ここでは，① 日本とアメリカそれぞれの社会に生活する人々が現時点において"ものの考え方"の上でどのように類似し，どの点で相違するか？ について，日常生活の'くらし方'，'仕事（職業）'に関連する質問項目群をとりあげて検討した一つの例を示そう．そこで，この差異のあり方を日本およびアメリカについて詳しく検討すると，日本における「伝統―近代」の対立概念を含む質問項目に対する回答が，日本では対立する二つのクラスターとしてまとまるのに対し，アメリカでは，日本における「近代」型の意見が大多数の支持を得て「核」としてまとまり，対立する意見は少数意見として拡散するという点が，日本とアメリカ両者の間の差異をもたらしていることがわかってくる．このアメリカで「核」となる意見を含む質問群は，日本では「伝統―近代」の対立する意見の質問群であり，この質問群の動向が，② 戦後の日本における社会経済的環境の変化に応じた"ものの考え方"の上の変化を計量するにあたり，いわゆる「近代化」の程度を測る尺度の働きをしてきた質問群であるという意味で，日本における意見変化過程と密接に関連していることを示す．最後に，③ この変化過程は，より広い視点に立てば，異なる文化の間の相互干渉の一形態として考えられること，この観点から日本，ハワイ，アメリカそれぞれの社会環境における人々の"ものの考え方"の間の相互関係を具体的に描くことができることを示す．

　これにより，高度産業社会はどの社会でも一様にある共通の状態に収斂していくのかどうか？ 社会環境とともにその社会に住む人々の"ものの考え方"まで類似してくるかどうか？ という，

高度産業社会を対象とした意識の側面における，いわゆる"収斂理論"に一つの回答を与えることができる．さらに，日本における戦後の社会環境の変化に応じた"ものの考え方"の上の変化について，種々いわれていることに対しても，よりはっきりした見通しを与えることができる．

〈分析に利用した調査〉

以下の分析では，上に述べた ①～③ に対応して，

① 1978年に日本およびアメリカで実施した比較調査（日米価値意識調査）から，共通質問群を選択して利用する．

② 日本における変化の検討には，日本人の国民性に関する継続調査データ(1953-78)を利用する．また，日本とアメリカとの対応関係を検討する上で，ハワイ日系人調査(1971)の結果を利用する．

③ 日本，ハワイ，アメリカの比較分析には，①，② の調査データの他，② で利用したハワイ・ホノルル日系人調査(1971)およびハワイ・ホノルル市民調査(1978)のデータを利用する．

分析の手法は，前章と同じ「回答パタン分類の数量化」（以下「回答パタンの分析」と略す）の方法を用いる．

§2 現時点における日本人・アメリカ人の"ものの考え方"の類似性と差異のあり方

i 高度産業社会における日常生活の'くらし方'，'仕事に対する考え方'

戦後の日本を社会環境の変化という点から特徴づけるとすれば，戦後民主化時代における政治的・社会的変革の時期と，それ以後の経済成長期および高度産業社会への移行期という非常に粗い区分が，ほぼ15年の間隔で成り立つようにみえる．

社会環境の変化は，目に見える形をとることが多いので，一般にわかりやすいが，"ものの考え方"の変化ということになると直接的ではなく，はっきりしなくなってくる．しかし，幸いなことに「日本人の国民性」に関する継続調査データが，ちょうどこの社会環境変化の大きい時代をカバーして，人々の"ものの考え方"の側面における変化の一端を明らかにしてくれる貴重な情報を提供している．

前章までの分析で明らかなように，社会環境の変化に応じて，人々の"ものの考え方"は変化するとはいえ，その変化の内容は，とりあげる意見の分野によって多様なあらわれ方をする．

したがって，ここでは，1978年調査時点における日本およびアメリカ両社会の環境を，高度産業社会として共通に特徴づけることが可能な点に注目し，このような社会環境に応じた人々の"ものの考え方"は，どのような特徴をもつか？　という点を，まず第一に考えることにした．

分析にとりあげる質問項目は，（第Ⅲ部第1章§2にとりあげ，各国の比較を行なった）日常生活の'くらし方'に関する項目，'仕事に対する意識（仕事観）'の項目と仕事にかかわりの深い質問群（5項目）である．職業（仕事）が個人的属性として個人生活と社会との接点にあり，一般成人においては，社会環境の変化に直接触れる窓口としての役割を果たすので，仕事にかかわりの深い質問群は，高度産業社会における社会環境（共通性）と，従来の伝統的社会環境を含む個人生活における考え方（異質性）の両方の影響を受け，調査結果には，これらの影響を反映する可能性が高いと判断され，社会環境の表面的な類似性と，基底にある異質性との両面にわたって，それぞれの社会に住む人々の"ものの考え方"を検討する上で，よい条件をそなえていると考えたからである．（例えば，職業評価に関する世界各国の調査例を検討した結果[1]によれば，職業評価は社会の産業化の程度に応じて共通性が高まるといわれている．）

とりあげた質問項目の質問文および主な回答肢は表Ⅲ-36の通りである．これらは，'仕事にどれほど重きをおくか'（♯2.8），'人間関係と仕事との関連'（♯5.1，♯5.1C-1），'仕事に関連した人がら'（♯2.2B，♯5.6H），および前記の'くらし方'（♯2.4），'仕事観'（♯7.24）の7項目である．

表Ⅲ-36 質問項目

♯2.2B 物事の「スジを通すこと」に重点をおく人と，物事を「まるくおさめること」に重点をおく人では，どちらがあなたの好きな"ひとがら"ですか？
 1．「スジを通すこと」に重点をおく人
 2．「まるくおさめること」に重点をおく人

♯2.4 人のくらし方には，いろいろあるでしょうが，つぎにあげるもののうちで，どれが一番，あなた自身の気持に近いものですか？
 1．一生懸命働き，金持ちになる
 2．まじめに勉強して，名をあげること
 3．金や名誉を考えずに，自分の趣味にあったくらし方をすること
 4．その日その日を，のんきにクヨクヨしないでくらすこと
 5．世の中の正しくないことを押しのけて，どこまでも清く正しくくらすこと
 6．自分の一身のことを考えずに，社会のためにすべてを捧げてくらすこと

♯2.8 もし，一生，楽に生活できるだけのお金がたまったとしたら，あなたはずっと働きますか，それとも働くのをやめますか？
 1．ずっと働く
 2．働くのをやめる

♯5.1 南山さんという人は，小さいときに両親に死に別れ，となりの親切な西木野さんに育てられて，大学まで卒業させてもらいました．そして，南山さんはある会社の社長にまで出世しました．ところが故郷の，育ててくれた西木野さんが「キトクだからスグカエレ」という電報を受けとったとき，南山さんの会社がつぶれるか，つぶれないか，ということがきまってしまう大事な会議があります．
あなたはつぎのどちらの態度をとるのがよいと思いますか．
よいと思う方を1つだけえらんで下さい？
 1．なにをおいても，すぐ故郷へ帰る
 2．故郷のことが気になっても，大事な会議に出席する

第6章　質問群構成の変化と意識構造の変容による探究　　171

♯5.1C-1　あなたが，ある会社の社長だったとします．その会社で，新しく職員を1人採用するために試験しました．入社試験をまかせておいた課長が，
「社長のご親戚の方は2番でした．しかし，私としましては，1番の人でも，ご親戚の方でも，どちらでもよいと思いますがどうしましょうか」
と社長のあなたに報告しました．
あなたはどちらをとれ(採用しろ)といいますか？
　1．1番の人を採用するようにいう
　2．親戚を採用するようにいう

♯5.6H　つぎのうち，あなたはどちらが人間として望ましいとお考えですか？
　1．他人と仲がよく，なにかと頼りになるが，仕事上ではパッとしない人
　2．仕事はよくできるが，他人の事情や心配事には無関心な人

♯7.24　ここに仕事について，ふだん話題になることがあります．あなたは，どれに一番関心がありますか？
　1．かなりよい給料がもらえること
　2．倒産や失業の恐れがない仕事
　3．気の合った人たちと働くこと
　4．やりとげたという感じがもてる仕事

これらの項目について日本およびアメリカにおける各回答の支持率を一覧表に示したものが表III-37である．

表III-37　質問項目と回答分布(%)

♯	質問項目	回答選択肢	*	1978年調査 日本	1978年調査 アメリカ
2.2B	スジかまるくか	1. スジを通す	▽	44	48
		2. まるくおさめる	▼	50	46
2.4	くらし方	1. 金持ち	●	14	7
		2. 名をあげる	―	2	6
		3. 趣味	●	39	36
		4. のんきに	●	22	36
		5. 清く正しく	●	11	10
		6. 社会につくす	―	7	2
2.8	一生働くか	1. ずっと働く	▽	69	67
		2. 働くのをやめる	▼	25	27
5.1	恩人がキトクのとき	1. 故郷へ帰る	■	51	64
		2. 会議に出る	□	42	29
5.1C-1	入社試験	1. 1番の人	□	72	72
		2. 親戚の人	■	23	22
5.6H	他人との仲か仕事か	1. 他人と仲がよい	■	72	65
		2. 仕事がよくできる	□	11	23
7.24	就職の第一の条件 (仕事観)	1. よい給料	●	7	15
		2. 失業の恐れがない	●	23	18
		3. 気の合う仲間	●	30	14
		4. やりがいのある仕事	●	38	52
		サンプル数		2032	1322

＊　回答選択肢の分類．

表III-37の右欄にある日本およびアメリカの1978年調査結果の回答分布をみると，日本およびアメリカともに各回答選択肢に回答が分散していて，「どれかが中核の意見である」という形になっていないことが特徴である．すなわち，各回答者個人のおかれた状況により多様な意見が表明されている形である．また，この回答分布表を少し詳しく検討すればすぐわかるように，日本とアメリカとの間の意見のあり方(パーセントで示した数字)にはそれほど大きくくい違いはない．見方によれば，両者はかなりよく類似していることがわかる．日本とアメリカとでは，これまでの歴史や社会の成り立ちについても，あるいは政治的・社会的にみても，かなり異なっているという一般的印象にもかかわらず，仕事に関連する日常生活の分野における意見は，驚くほどよく似ているということになるだろう．これが"ものの考え方"のシステムの上でも，そうなっているかどうか？を次に検討してみよう．(分析は前章までと同様，回答パタンの分析を用いる．)

回答パタンの分析による各質問項目の各回答選択肢(意見)の配置をみると，日本の場合は図III-38のようになり，二次元平面に示した図では，ほぼ第1軸にそって，右上に"古い型[2]"の意見がまとまり，左下には"新しい型[2]"の意見が位置していることがわかる．すなわち，右上には'くらし方'の質問では'のんきにくらす'，'仕事観'の質問では'失業の不安のない仕事'および'気の合った人と一緒の仕事'，♯2.2B'スジを通すかまるくおさめるか'では'まるくおさめる'，この他，♯5.1'恩人キトクのとき'では'故郷に帰る'という意見がまとまり，左下には♯2.2Bでは'ス

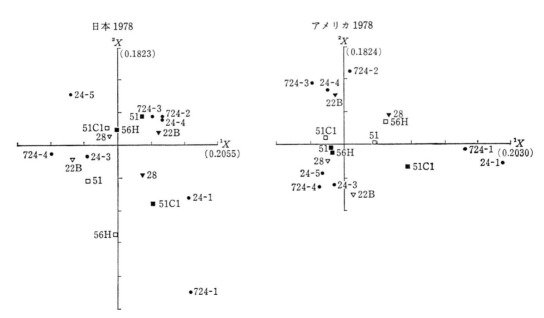

図III-38 日常生活の'くらし方'，'仕事に関連する考え方'の質問群の回答パタンの分析結果——日本，1978——

図III-39 日常生活の'くらし方'，'仕事に関連する考え方'の質問群の回答パタンの分析結果——アメリカ，1978——

第6章　質問群構成の変化と意識構造の変容による探究　173

ジを通す'，'くらし方'では'趣味にあったくらし'，'仕事観'では'やりとげたという気になる仕事'，♯5.1'恩人キトク'では'会議に出席'の各意見がまとまる．

また，'入社試験'では'1番を採用する'が左上に，'2番の親戚の子を採用'が右下にくるので，この場合も右側が"古い型"，左側が"新しい型"という類型には矛盾しない．すなわち，前述の二つのクラスターは，そのクラスター内の回答選択肢が類似した支持傾向をもっているということで，"ものの考え方"のシステムを形成しているわけである．

一方，アメリカの結果をみると，図III-39のようになり，日本の場合とは異なる．第2軸にそって上方やや左側に日本の"古い型"に相当する意見がまとまり，第2軸の下方に"新しい型"に相当する意見がまとまる．第1軸は右側にはなれて，金に関する肯定意見がまとまる．すなわち，'仕事観'では'よい給料の仕事'，'くらし方'では'金持ちになる'である．

図III-38，図III-39をこのように比較してみると，アメリカの図III-39を時計回りに60°くらい回転させると，日本の図III-38とよく重なり合うことがわかる．したがって，特徴のあり方が日本とアメリカとでは少し異なるだけで，これらの意見の相対的関連のあり方には類似点が多いというのが第一印象である．

この仕組みをもう少しはっきりさせるため，回答者個人の側から検討してみる．回答者の社会属性別にみた平均的状況は，表III-38にあるが，性・年齢・学歴階層別の状況を見やすく図示すると図III-40，図III-41のようになる．

この図を比較すると，図中に点線で示してある学歴階層別にみた平均的状況は，図III-41を時計回りに60°くらい回転させることによって日本の図とアメリカの図の両者がよく重なり合うことがわかる．

日本の場合には，"古い型"の意見と重なるのは，

　　　普通学歴階層・女性・高年齢層

であり，"新しい型"の意見と重なるのは，

　　　高学歴階層・男性・若年齢層

という傾向があることがわかる．これはこれまでの分析と同一の傾向である．

一方，アメリカでは，'くらし方'，'仕事観'について，日本の"古い型"，"新しい型"に相当する意見を分ける鍵を握っている属性は「学歴」であり，性および年齢は，これとは別の次元で作用していることがわかる．とくに，図III-39，図III-41を合わせて考えると，第1軸に主要な影響をもつのは「性」であることがわかる．それも日本とはあり方が異なり，女性の方が中核の考え方に，男性の方がそうでない方に傾く．また「年齢」は日本のように傾向的な影響を与えていない．

このように，日常生活や仕事に関連した7項目の質問による分析は，日本とアメリカにおける

表 III-38　基本的属性別平均得点

基本的属性	人数	平均得点(日本, 1978)			人数	平均得点(アメリカ, 1978)		
		1	2	3		1	2	3
性								
男	896	−0.059	−0.032	0.049	638	0.042	−0.032	−0.021
女	1133	0.047	0.026	−0.039	684	−0.040	0.030	0.020
年齢								
20-34歳	676	−0.062	−0.104	−0.035	471	−0.001	−0.014	0.034
35-49歳	709	−0.028	−0.007	0.055	307	−0.002	−0.042	−0.042
50歳以上	644	0.096	0.117	−0.023	544	0.002	0.035	−0.005
学歴								
小・中学校	856	0.134	0.069	0.046	329	0.031	0.151	−0.015
高等学校	836	−0.050	−0.036	−0.028	512	0.002	0.044	0.021
大学	297	−0.240	−0.105	−0.064	478	−0.024	−0.149	−0.011
職業								
男								
自営業	252	−0.075	0.015	0.116	37	0.056	−0.089	−0.095
ホワイトカラー	250	−0.160	−0.109	0.013	193	0.024	−0.193	−0.017
ブルーカラー	267	−0.009	−0.031	0.100	257	0.041	0.022	−0.001
無職	109	0.081	0.033	−0.123	142	0.067	0.103	−0.050
女								
自営業	191	0.133	0.056	0.085	10	−0.050	−0.018	0.049
雇用	295	−0.039	0.013	−0.027	267	−0.054	−0.024	0.024
無職	606	0.059	0.018	−0.078	391	−0.033	0.067	0.020
性×年齢								
男								
20-34歳	286	−0.093	−0.165	0.010	217	0.060	−0.092	0.039
35-49歳	319	−0.082	−0.053	0.119	140	0.036	−0.074	−0.090
50歳以上	291	−0.002	0.122	0.011	281	0.032	0.035	−0.033
女								
20-34歳	390	−0.040	−0.060	−0.068	254	−0.053	0.053	0.029
35-49歳	390	0.016	0.031	0.002	167	−0.033	−0.014	−0.002
50歳以上	353	0.177	0.114	−0.052	263	−0.030	0.035	0.024
性×学歴								
男								
小・中学校	361	0.072	0.041	0.104	165	0.072	0.148	−0.007
高等学校	338	−0.097	−0.069	0.017	205	0.044	0.028	−0.011
大学	181	−0.258	−0.112	−0.010	265	0.023	−0.183	−0.036
女								
小・中学校	495	0.180	0.088	0.003	164	−0.010	0.161	−0.023
高等学校	498	−0.019	−0.014	−0.059	307	−0.026	0.055	0.042
大学	116	−0.211	−0.094	−0.148	213	−0.082	−0.107	0.020

類似性のあり方をかなりはっきりした形で示している．すなわち，多くの項目における回答支持率の類似性ばかりでなく，相互関連のあり方の類似性（"ものの考え方"の面における類似性）も示すことができた．例えば，ある人が'くらし方'の質問で，'その日その日をのんきにクヨクヨしないでくらす'を支持すれば，その人は同時に'仕事観'の質問で，'気の合った人と仕事をする'あるいは'失業の不安のない仕事'と回答する可能性が高いと期待され，これは，その人が日本人であ

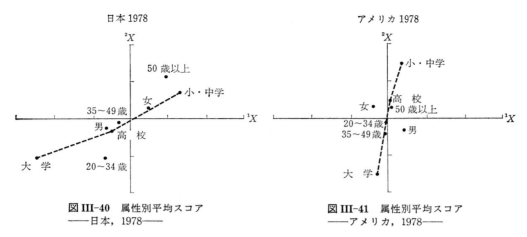

図III-40 属性別平均スコア
——日本，1978——

図III-41 属性別平均スコア
——アメリカ，1978——

ろうとアメリカ人であろうと同様である．さらに，日本でもアメリカでも，このような意見は，学歴別にみれば普通学歴階層の人の方に，性別にみれば女性の方に多い傾向がみられるという点で，両社会の類似性のあり方も，より一層はっきりしてきたといえる．

ところで，この7項目の回答パタンの分析では両社会の差異も明らかになった．すなわち，従前から述べているように，日本の場合には第1軸，すなわち最も弁別力の強い軸にそって〈"古い型"の意見〉対〈"新しい型"の意見〉という二つのクラスターが分離し，相対立しているのにくらべ，アメリカの場合は，このような対立したクラスターは第1軸にそってあらわれていない．すなわち，第1軸には，ほぼ原点のすぐ左側に固まった回答肢群がある．これらは，アメリカにおいて回答支持率も高く，支配的な意見の一部を形成しているとみられ，相互関連の度合いも高いので，「中核」としての構造をもつと考えられる．一方，これに対立するものは右側に拡散しており，支持率としてみても少数意見の域を出ない．

以上の分析結果をまとめると，日本とアメリカとでは日常生活・仕事関連の意見の分野では類似点が多く，"ものの考え方"もよく似ている．しかし，「中核」となる"ものの考え方"は，どのようなものか検討する必要がある．以下，次の2点が問題となる．すなわち，アメリカの主要な「中核」となる"ものの考え方"の構造を，より一層はっきりさせるためには，「中核」となる意見はどのようなものか，これを検討しなければならない．これが第1点である．第2点としては，日常生活・仕事に関連する質問項目以外にも両社会で類似性の高い分野があるかどうか，であり，これも検討する必要があろう．

ii 基礎にある考え方と日常生活レベルの考え方の関連からの理解

これらの点を検討するため，表III-39に示した6問を，これまでの日常生活の'くらし方'，'仕事観'等の7問に付け加えて分析した．新しく加えた6問は，

♯2.1 'しきたりに従うか'

♯4.4 '先生が悪いことをした'

♯4.5 '子供に「金は大切」と教えるか'

♯8.1B '政治を政治家にまかせるか'

の4問と,

♯5.6 'めんどうをみる課長'

および,

♯2.5 '自然と人間との関係'

の各質問項目である．この6問の回答支持率（パーセント）を表III-40に示す．

表 III-39

♯2.1 あなたは，自分が正しいと思えば世のしきたりに反しても，それをおし通すべきだと思いますか，それとも世間のしきたりに，従った方がまちがいないと思いますか？
    1．おし通せ   2．場合による   3．従え

♯2.5 自然と人間との関係について，つぎのような意見があります．あなたがこのうち真実に近い（ほんとうのことに近い）と思うものを，1つだけえらんで下さい？
    1．人間が幸福になるためには，自然に従わなければならない
    2．人間が幸福になるためには，自然を利用しなければならない
    3．人間が幸福になるためには，自然を征服してゆかなければならない

♯4.4 「先生が何か悪いことをした」というような話を，子供が聞いてきて，親にたずねたとき，親はそれがほんとうであることを知っている場合，子供には
「そんなことはない」
といった方がよいと思いますか，それとも
「それはほんとうだ」
といった方がよいと思いますか？
    1．そんなことはないという   2．ほんとうだという

♯4.5 小学校に行っているくらいの子供をそだてるのに，つぎのような意見があります．
「小さいときから，お金は人にとって，いちばん大切なものだと教えるのがよい」
というのです．あなたはこの意見に賛成ですか，それとも反対ですか？
    1．賛 成   2．いちがいにいえない   3．反 対

♯5.6 ある会社につぎのような2人の課長がいます．もしあなたが使われるとしたら，どちらの課長につかわれる方がよいと思いますか，どちらか1つあげて下さい？
    1．規則をまげてまで，無理な仕事をさせることはありませんが，仕事以外のことでは人のめんどうをみません
    2．時には規則をまげて，無理な仕事をさせることもありますが，仕事のこと以外でも人のめんどうをよく見ます

♯8.1B こういう意見があります．
(8.1) 「（日本の）国をよくするためには，すぐれた政治家がでてきたら，国民がたがいに議論をたたかわせるよりは，その人にまかせる方がよい」
というのですが，あなたはこれに賛成ですか，それとも反対ですか？
    1．賛成（まかせる）   2．反対（まかせっきりはいけない）

表III-40　質問項目と回答分布(%)

♯	質問項目	回答選択肢	*	1978年調査 日本	1978年調査 アメリカ
2.1	しきたりに従うか	1. おし通せ 2. 場合による 3. 従え	○ × ●	30 24 42	76 5 15
2.5	自然と人間との関係	1. 自然に従え 2. 自然を利用 3. 自然を征服	▲ × △	33 44 16	25 65 5
4.4	先生が悪いことをした	1. そんなことはないという 2. ほんとうだという	● ○	27 57	3 85
4.5	子供に「金は大切」と教える	1. 賛成 2. いちがいにはいえない 3. 反対	● — ○	45 13 40	5 1 94
5.6	めんどうをみる課長	1. めんどうをみない 2. めんどうをみる	□ ■	10 87	47 50
8.1B	政治家にまかせるか	1. 賛成 2. 反対	● ○	32 58	8 89
		サンプル数		2032	1322

* 回答選択肢の分類.

　これらの質問に対する回答支持率は♯2.5を除き，日本とアメリカとで大きく異なっていることが，前に述べた7問の場合と違っている．すなわち，♯2.1，♯4.4，♯4.5，♯8.1Bは，日本の場合には，各質問ともどれか一つの回答の支持率が極端に高いということはないが，アメリカの場合には，各質問の回答のうちどれか一つの回答に支持が集中して，「核」の意見を構成している質問群となる．一方，♯5.6は，逆に日本の場合には「核」の意見であるが，アメリカではこうならない．

　前の7問に今述べた6問を付け加えて，これまで同様に「回答パタンの分析」をしてみよう．この分析は，回答支持率の面からみると，日本・アメリカともよく似た回答支持率の質問群と，極端にかけ違った回答支持率をもつ質問群を合わせて分析することになると同時に，質問項目の内容からみると，日常生活・仕事関連の質問項目に加えて，一般の社会問題までを含む項目群となっている．これらの質問群がどのような相互関係のあり方をするか？　が当面の問題である．

　これらの13質問の分析結果について，日本の場合を図III-42a，図III-42bに示す．図III-38と図III-42bを比べてみれば，前の分析における質問項目の配置の図柄(質問相互の関係)はほぼ同じであり，新しく付け加えた質問項目が，これらに重なる形になっていることがわかる．

　すなわち，日本の場合をみると，日本の"古い型"，"新しい型"の意見のまとまり（クラスター）（図III-42aでは四角形と三角形で示す）と，新しく付け加えた質問項目との関係は，♯2.1では'しきたりに従う'，♯4.4では'先生の悪い噂をそんなことはないと子供には否定する'，♯4.5では

178

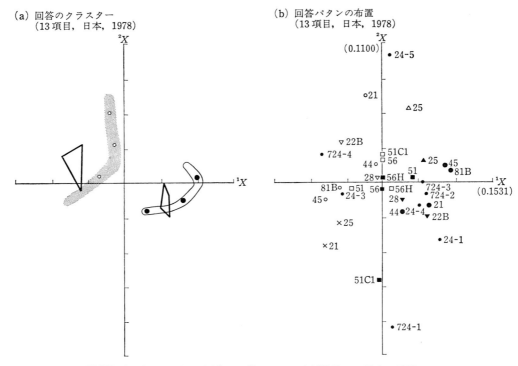

図 III-42 a, b　13項目に関する回答パタンの分析結果——日本, 1978——

'子供に「金は大切」と教える', ♯8.1Bでは'政治は政治家にまかせる'という意見群が第1軸の右側にまとまり，前の分析における"古い型"の意見と重なる形になる．一方，♯2.1で'自分の考えを押し通す'，♯4.4で'先生の悪いことを子供には「ほんとうだ」という'，♯4.5では'子供に「金は大切」と教えることに反対する'，♯8.1Bでは'政治を政治家にはまかせない'という意見群は第1軸の左側にまとまり，前の分析における"新しい型"の意見と重なる．また，♯5.6'人情課長'の質問項目は，♯2.8，♯5.1C-1，♯5.6H等の仕事に関連する項目とともに"古い型"，"新しい型"とは別の第3のクラスターを形成する形となり，♯2.5'自然観'では'自然を利用'が"新しい型"，それ以外は"古い型"の領域に分かれて位置する．したがって，前の分析における"古い型"，"新しい型"との対比でいえば，新しく後から加えた質問群の相互関係は，古いタイプの意見は古い型どうしでまとまり，新しいタイプの意見は新しい型としてまとまるということである．したがって，後から加えた質問群の各意見を，"古い型"と重なる意見群を"伝統型"の意見，"新しい型"と重なる意見群を"近代型"と名付けても，大方の常識的見解とは矛盾しないであろう．（このように，日本において，同じクラスターをなす回答項目群を，一方では"古い型"および"伝統型"と分類し，これに対し，他方では"新しい型"および"近代型"と区別するのは，以下に述べるアメリカの調査結果と対比する際の同異を明確にするためである．）　具体的には，例えば，'しきた

第6章 質問群構成の変化と意識構造の変容による探究   179

りに従う'といえば'政治を政治家にまかせる','くらし方'では'のんきにくらす','仕事観'では'気の合った人と仕事をする'等と回答が重なる可能性が高いということになる．一方，'自分の考えを押し通す'といえば，'政治を政治家にまかせるのは反対','仕事はやりがいのある仕事','くらし方'では'自分の趣味にあったくらしをする'等となる．

これらの意見群がそれぞれクラスターとしてまとまり，二つの相対するクラスターとして対立していることが，前章で述べたと同様に日本の意見構造の特徴といえる．

次に，アメリカの場合を検討する（図III-43）．新しく付け加えた質問群のうち，♯2.1の'しきたりに従う'，♯4.5'子供に「金は大切」と教えることに賛成'，♯8.1B'政治を政治家にまかせることに賛成'の意見群は，第1軸にそって右側上方，原点遠くに離れて，ゆるくまとまり，これと対立する♯2.1で'自分の考えを押し通す'，♯4.5'子供に「金は大切」と教えることに反対'，♯8.1B'政治を政治家にまかせることに反対'の各意見は，原点左側に堅くまとまり「核」となって位置する．

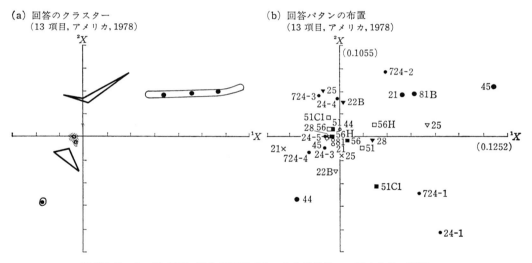

図III-43 a, b　13項目に関する回答パタンの分析結果——アメリカ，1978——

また，♯4.4'先生が悪いことをした'では'ほんとうという'意見は原点近くに位置するが，'否定する'意見は♯2.1, ♯4.5等とは離れて左下方に位置する．

日本の場合には，この♯4.4'先生が悪いことをした'の各回答肢は，他の3項目（♯2.1, ♯4.5, ♯8.1B）とまとまり，"伝統型"，"近代型"のクラスターを形成していた．

すなわち，♯4.4'先生が悪いことをした'の質問項目は，

1) 日本では他の3項目と合わせて"伝統型"および"近代型"のクラスターを形成する．
2) アメリカにおける回答分布をみると，どれか一つの回答選択肢に回答が集中する程度は他の3項目と同じである．

それにもかかわらず，アメリカでは回答パタンの分析の結果，他の3項目と異なる配置となる（これには「学歴」が主要な影響力を持つことが推測される）．この相違をはっきりした形で示すために，ここでは，あえて，この♯4.4の質問項目を一緒にとりあげ回答パタンの分析を行なっている[3]．

'くらし方'や'仕事観'の質問群の配置は，前節の分析結果と類似しており，ほぼ第2軸にそって上方に，'くらし方'では'のんきにくらす'，♯2.2B'好きな人柄'では'まるくおさめる人'，'仕事観'では'気の合った人と一緒の仕事'および'失業の恐れのない仕事'等が位置し，第2軸の下方には，'くらし方'では'趣味にあったくらし'，'仕事観'では'やりがいのある仕事'，♯2.2Bでは'スジを通す人'が位置する．

新しく付け加えた♯2.5'自然観'では，'自然を利用'が第2軸下方に，'自然に従う'が第2軸上方に位置し，それぞれ"新しい型"，"古い型"のクラスターの近くにあり，日本の場合と類似しているが，'自然を征服する'の位置は日本の場合と異なる．また，♯5.6は♯5.1C-1とともに日本と同様に第3グループを形成しているといえるが，アメリカでは，「核」を形成するクラスターの中に，仕事に関連する項目のうち，♯2.8で'一生楽にくらせるだけの金があっても仕事を続ける'および♯5.6Hの'仕事はできないが親切な人がよい'という意見がはいる点も注目される．

すなわち，日本の場合は'くらし方'や'仕事観'の質問群を，〈"古い型"の意見〉対〈"新しい型"の意見〉と分ける軸と，いわゆる"伝統型"の意見群と"近代型"の意見群を分ける軸とが重なり，これが第1軸の右と左に対立して布置され，日本のいわば特徴として検出された．これに対し，アメリカの場合は，第1軸は日本の"伝統型"，"近代型"に相当する意見群のうち，♯4.4を除いた♯2.1'しきたりに従うか'，♯4.5'子供に金は大切と教えるか'，および♯8.1B'政治を政治家にまかせるか'の各意見群を大局的には，「核」となる意見群と，そうでない意見群に分離する軸である．また，第2軸は，すでにみたように，日本の日常生活における"古い型"と"新しい型"の意見群を分離する形となる．

したがって，日常生活の'くらし方'や'仕事観'の質問群と♯2.1，♯4.5，♯8.1Bの質問群とを，それぞれ分けて別々にその質問群の中だけで考察すれば，日本もアメリカも，それぞれの質問群の中では相互関連のあり方はよく似ているといえるが，両方の質問群を合わせて，全体を通してみるとき，日本流の考えでいけば，アメリカ人の考え方は一貫していないことになり，逆に，アメリカ人の場合は，日本人の考え方がわからないということになるだろう．この点は前章でも示したが，比喩的にいえば，日本における「伝統―近代」の殻を取り払えば，日本とアメリカとはよく似ているという様相と全く同じ状況である．ただ違いは，今回の分析では，アメリカにおける支配的な「核」となっている考え方をちょっとはずして，日常生活における'くらし方'や'仕事に対する考え方'を比較してみれば，日本もアメリカもよく似ていて，日本人もアメリカ人も

よく理解し合えるというところにある．

　アメリカ人では空気のように当然と思っている，いくつかの事項に対する考え方が，日本の場合には"古い型"とか"新しい型"とかの意見と同類の相対的な判断基準によって考えられている点が大きく異なり，これが誤解のもとになる．その上，さらに厄介なことは，日本の観点からみて，〈"古い型"，"新しい型"〉の意見群と〈"伝統型"，"近代型"〉の意見群との間の見分けがつきにくい．日本の観点では「伝統―近代」の枠組みにはいると考えられているような意見群のうちの「近代」に相当するものの一部分だけが，アメリカの支配的な意見となっており，日本で"伝統型"と考えられている意見群は分散して対極をつくっていないことである．

　もう一度繰り返して説明すれば，アメリカ人が空気のように当然と思っている支配的な意見群は，いわば社会的・文化的に身についたものであるから，個人の経験により判断基準が選択形成されてくる日常生活の'くらし方'とか'仕事観'等とは論理的に結びつかない．これは，長年の間に歴史的に形成されてきた社会規範あるいはイデオロギーのようなものである．

　したがって，この点を了解しないと，相互理解は非常に難しいことになる．例えば，何が空気のような意見であるかをはっきりと見定めないで，アメリカ人の意見構造をわかったつもりになると，大きな誤りをおかすことになる．すなわち，アメリカ人は日本流の考えからみると，"近代的"な考え方の人が支配的だから，日常生活も仕事観も，すべてが新しい型，合理的なものばかりのはずだと考え，自分の考えをこれに無理に合わせようとする．この思考パタンは日本の観点からみて"近代型"意見と"新しい型"の意見が重なるところからきているのであるが，これを理解していないから，生活全般をすべて「合理的な新しい型」に合わせることがアメリカ流と考えてしまう．

　これに加えて，日本の観点からみた場合の「伝統―近代」の枠組みにはいる考え方のすべてがこうなっていると思いこんでしまうと，過剰に適応した状態，いわば「アメリカかぶれの思考様式」をもつことになり，本来のアメリカ人とは似ても似つかないものを捉えることになる．そればかりではなく，アメリカ人の思考様式を全く理解できないことになる．

　また，例えば，日本人家族がアメリカで生活する場合を考えると，アメリカに滞在するような家族は学歴の高い場合が多いので，日常生活のレベルではアメリカ人の同じような階層すなわち高学歴層とつきあう可能性が高い．したがって，日常生活はもちろんのこと，アメリカ人における「核」の考え方と日常生活レベルの意識との間の相互関係についても，〈古い＝伝統〉対〈新しい＝近代〉という日本流の理解しかなくても，十分問題なく対処できることになり，何らの違和感もなく生活できる可能性が高い．しかし，これでアメリカ全体が理解できたと考えるとすれば，重大な誤りをおかすことになる．このようなアメリカ理解による生活体験記あるいはアメリカ人の生活印象記が本当のアメリカ理解には役に立たないことは，前述のことから明らかであろう．

(前述の議論で，アメリカでは日常生活における"新しい型"，"古い型"を分ける軸〔第2軸〕に主要な影響をもつ社会属性が学歴であることに注意されたい．)

以上の点をまとめてみると次のようになる．

日本およびアメリカの両社会における日常生活の'くらし方'，'仕事観'等に関する質問群をとりあげ回答パタンの分析をすると，両者の間には，回答分布ばかりでなく質問の相互関連のあり方についても，かなりの共通点がみられる．しかし，この共通点はそれぞれの社会の特徴の影響を受けている．すなわち，日本では日常生活の'くらし方'，'仕事観'に関する"古い型"，"新しい型"の意見は，後から付け加えた質問群(6問)と一緒にまとめて回答パタンの分析をすると，ほぼ日本の主要な考えの筋道である「伝統—近代」型の意見のグループと重なり合い，日本の特徴として，第1軸にそって示される．

一方，アメリカでは，第1軸は「核」となる意見群と「それ以外」の意見群とを分ける軸となる．これは，後から付け加えた日本の「伝統—近代」の質問群のうち，♯4.4'先生の悪いこと'を除いた意見群について，これらを「核」とそれ以外とに分離する軸である．第2軸は日常生活の'くらし方'，'仕事観'について，日本の観点からの"古い型"，"新しい型"の意見に相当するものを分離する．これは，いわば現代生活の上で知的な側面を優先するかどうかということと関連しており，これらの意見を分離する背景には，個人の所属する社会階層として「学歴」がある．

このような，日本・アメリカ両社会の間の相互関連のちがいは，具体的には，前に述べたような誤解の構造につながる可能性がある．

以上の分析により，

① 日本における「伝統—近代」型の質問群にはいる意見は，アメリカでは「核」対「それ以外」という形で第1軸にそって(つまり第一の特徴として)位置すること

② 日本の場合，日常生活の'くらし方'，'仕事観'等に関する"古い型"，"新しい型"の意見は，「伝統—近代」型の意見と，グループとしてクラスターが重なり合うこと

③「伝統—近代」の視点(あるいは「核」対「それ以外」の視点)をはずして考えたとき，日常生活の'くらし方'，'仕事観'は，日本・アメリカ両者とも相対的にかなり類似していること

④ 両者の間の差異をもたらすものは，アメリカでは「核」となる意見のあり方，日本では「伝統—近代」の対立に基づく"ものの考え方"の影響が主要なものであること

等のことがわかってきた(参考までに図Ⅲ-44のようにまとめてみた)．

したがって，日常生活の'くらし方'，一般的な'仕事観'等について，高度産業社会では，それぞれの社会の伝統的な状況あるいは他の社会との相互関連による影響等，それぞれの社会のおかれた状況によって影響され，意味のつけ方が変わる可能性はあるが，大筋として表面的にはよく

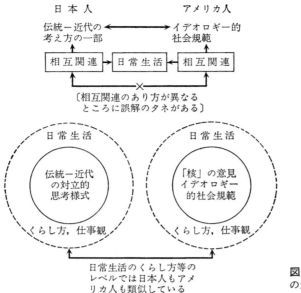

図 III-44 日本とアメリカの意識構造のあり方

似ていることがみられた．

　しかし，ここで考えなければならないのは，仕事（上の対人関係）に関連する質問群のことである．これらの質問群と他の質問群との関連が日本とアメリカとでは相違している点である．日本では，仕事に関連する対人関係の質問群は第3のクラスターを形成し，"古い型"，"新しい型"の意見群あるいは"伝統型"，"近代型"の意見群とも相互関連が薄くなっている．しかし，アメリカでは，いくつかの項目が「核」のクラスターに含まれていることである．また，♯5.1 '恩人キトク'の項目は，日本では'故郷に帰る'が"古い型"，'会議に出る'が"新しい型"の方になる．一方，アメリカでは，'故郷に帰る'が「核」に近く位置しており，日本とは意見のあり方が異なる．これらの点を考えると，アメリカを理解するためには，普通学歴の労働者階級の"ものの考え方"がどのようなものか？を知ることが，今後の大きな課題となるように思われる．

§3　日本における社会変化と"ものの考え方"の変化

　前2節において，1978年の調査時点における日本人とアメリカ人の"ものの考え方"の同異の一側面について検討した．その結果，日常生活レベルの意識構造の面では，日本とアメリカとの間にかなりの類似性が認められた．これは，「社会環境の面の類似性が高いと意識の側面においても共通性が高い」という考え方を支持するような結果であるといえるが，単一調査時点における比較であるから，それぞれの社会における経年比較調査データを利用して，さらに検討を加え

る必要がある．その上，日常生活レベルのものの考え方と，それぞれの社会を特徴づける基礎にある考え方との間の相互関連をみると，日本とアメリカとでは必ずしも類似していないことが認められた．日常生活レベルの考え方と，それぞれの社会を特徴づける基礎にある考え方との間の相互関連のあり方が，経年的にはどのような変化をしていくのか？ という点も含めて，継続調査データを利用して日本における社会変化と"ものの考え方"の変化との関連について検討してみよう．

　a　分析・検討にとりあげた調査と質問項目

　前節でとりあげた質問項目のうち，日本において継続調査されていて，経年比較が可能な項目をすべてとりあげる．これらは，次の8項目である．前節までの分類を利用すると分析に用いる質問群は，

　ア）日本における「伝統―近代」型の意見を含む質問項目（4項目），各回答選択肢（意見）の類別は表III-41の通りである．

表III-41

♯	質問項目	回答選択肢（意見）の類別		
		伝統型	中間型	近代型
2.1	しきたりに従うか	従え	場合による	おし通せ
4.4	先生が悪いことをした	否定する	―	本当という
4.5	「金は大切」と教える	賛成	―	反対
8.1	政治家にまかせるか	まかせる	―	まかせない

　イ）日常生活の"古い型"，"新しい型"のうちから，♯2.4'くらし方'の質問項目．

　ウ）♯2.5'自然観'の質問（回答選択肢のうち'自然を利用する'を中間型の回答として考える）．

　エ）仕事に関連する対人関係の質問項目のうち，♯5.1'恩人キトク'および♯5.6'めんどうをみる課長'の2問．

　とりあげた質問項目の各調査時点ごとの回答分布を表III-42に示す．とりあげた調査は1953，63，68，73，78年の各全国調査である．1958年調査では，ここにとりあげた8項目の質問項目が折半されて，2種類の調査票が使用されたため，以下の回答パタン分類の数量化の手法による関連分析を行なうことができないので，分析から除外している．

　日本における各調査時点ごとにみた回答分布は，比較的安定している項目とそれほど安定していない項目がある．「伝統―近代」型にはいる質問項目の回答分布をみると，"伝統型"の意見は減少傾向を示し，"近代型"の意見は増加傾向のみられる項目が多い．とはいっても全部がこうはならないし，70年代の調査結果は，それ以前の調査結果とくらべて安定性を増してきているとみられる．

表 III-42　質問項目と回答分布(%)

♯	質問項目	回答選択肢	全国調査（日本）				
			53	63	68	73	78
2.1	しきたりに従うか	1. おし通せ	41	40	42	36	30
		2. 場合による	19	25	20	29	24
		3. 従え	36	32	34	32	42
4.4	先生が悪いことをした	1. そんなことはないという	38	32	29	31	27
		2. ほんとうだという	42	50	52	54	57
4.5	子供に「金は大切」と教える	1. 賛成	65	60	57	44	45
		2. いちがいにはいえない	9	15	12	17	13
		3. 反対	24	24	28	38	40
8.1 (8.1B)	政治家にまかせるか	1. 賛成	52	41	40	38	32
		2. 反対	38	47	51	51	58
2.4	くらし方	1. 金持ち	15	17	17	14	14
		2. 名をあげる	6	4	3	3	2
		3. 趣味	21	30	32	39	39
		4. のんきに	11	19	20	23	22
		5. 清く正しく	29	18	17	11	11
		6. 社会につくす	10	6	6	5	7
2.5	自然と人間との関係	1. 自然に従え	27	19	19	31	33
		2. 自然を利用	41	40	40	45	44
		3. 自然を征服	23	30	34	17	16
5.1	恩人がキトクのとき	1. 故郷へ帰る	54	46	46	51	51
		2. 会議に出る	41	46	47	40	42
5.6	めんどうをみる課長	1. めんどうをみない	12	13	12	13	10
		2. めんどうをみる	85	82	84	81	87
略号			K1	K3	K4	K5	K6

b　回答パタンの(相互関連)分析

各調査ごとに，8項目の質問群に対する回答パタンの(相互関連)分析を行なって，分析結果を図示してみると，どの調査でもかなりよく似た布置図が得られた．

また，大局的にみれば，それぞれの軸の機能もほぼ安定しているばかりでなく，各意見を分離する効力も安定していることがみられた．しかし，各調査における分析結果の布置図を詳しく検討してみると，各意見のグループ別にみた関連のあり方に微妙な差が見出され，注目すべき徴候が現われてきているが，それは次のようになる．

① 各意見項目の位置関係(相互関連のあり方)は全般的には安定しているが，1953年以降，徐々に"伝統型"の意見のクラスターのまとまりはゆるくなってきている．これに応じて，"中間型"，"近代型"の意見の区分があいまいになってきている．(ここでは，比較・検討のため1953年調査と1978年調査の分析結果の布置図を図 III-45 と図 III-46 に示す．図中の数字は質問項目の♯番号および回答選択肢のコード番号であり，各回答を示す記号(○，●，△，▲など)は前節の記号をそのまま利用している．また，図 III-45 a と図 III-46 a に

186

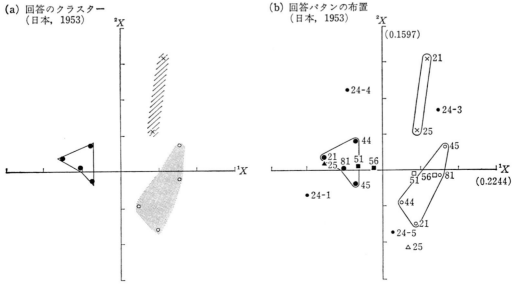

図 III-45 a, b　継続調査項目に関する回答パタンの分析結果——日本, 1953——

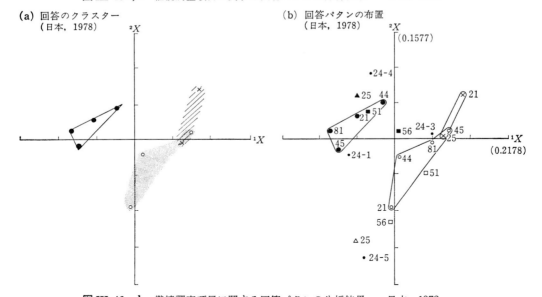

図 III-46 a, b　継続調査項目に関する回答パタンの分析結果——日本, 1978——

1953年調査および1978年調査の"伝統型"(三角形で示す), "中間型"(斜線入りと×印), および"近代型"(網目入りと〇印)の各意見グループの布置の範囲を見やすくして示してある.)

② この結果, 1953年調査の分析結果の布置図を基準にすると, それ以降の調査の結果は, 時計回りに少しずつ回転している形になる. この回転の大きさが質問項目によって多少不ぞ

ろいになっているので，時期の離れた調査の分析結果の間には，布置図に多少のズレが生じてくる．このように，こまかい点の相対的な位置は多少動いているが，全体としてみると，かなり安定していることがわかる．

③ 次に，回転している状況を二，三の特定項目の動きでみると，例えば，♯2.1 'しきたりに従うか' では，1953 年調査の分析結果は，"伝統型" の意見が第 2 軸をはさんで左側，他は右側であった．これが 1978 年調査の分析結果では，左側に "伝統型" と "近代型" の意見が第 1 軸をはさんで上下に位置しており，右側に "中間型" の意見が位置する形となってきた．

また，♯2.5 '自然と人間との関係' では，1953 年調査の分析結果は，第 2 軸をはさんで左側に '自然に従う'，右側上方に '自然を利用（中間型）'，右側下方に '自然を征服' の各意見が布置されていたが，1978 年調査の分析結果は，'自然に従う' が左側上方，'自然を征服' が左側下方，'自然を利用' が右側ほぼ第 1 軸上に位置するという形になってきた．

次に 'くらし方' についてみると，1953 年には，'くらし方' の 4 項目は，第 1 軸・第 2 軸で区分される四つの象限に，それぞれ 1 項目ずつ配置され，第一象限から順に '趣味にあったくらし'，'のんきにくらす'，'金持ちになる'，および '清く正しくくらす' となっていたが，1978 年には，第 2 軸をはさんで右側の第 1 軸の近くに '趣味にあったくらし' が位置し，他はすべて右側に布置され，1953 年調査時の四辺形を右回りに少し動かしてつぶした形になっている．

④ ♯5.1 '恩人がキトクのとき' および ♯5.6 'めんどうをみる課長' についてみると，1953 年当時では，"古い型" の意見が "伝統型" に近く，"新しい型" の意見が反対の "近代型" の側に，ほぼ第 1 軸にそって位置していたのが，1978 年には，両者の関連が薄くなり，♯5.6 'めんどうをみる課長' の各意見は，"古い"，"新しい" あるいは "伝統"，"近代" とは関連のない布置となり，第 2 軸にそって位置している．

以上示したように，日本における意見の変化過程は，1953 年から 1978 年まで徐々に進行していることがわかる．

この変化は，すでに述べたように，1953 年調査の結果からみると，"伝統型" の意見はかなりよくまとまっているばかりでなく，第 2 軸をはさんで右側上方には "中間型"，第 1 軸やや下方に "近代型" と分かれて位置しており，まず「伝統—非伝統」，ついで非伝統の中がさらに "中間型" と "近代型" に分かれる形である．一方，1978 年調査の結果は，"伝統型" のまとまりもややゆるくなり，また "近代型"，"中間型" がやや重なり合うところも生じてきて，両者の区分がはっきりしなくなる前兆を示している（図 III-46 a）．したがって，「伝統—近代の対立を考える」か「考えない（どちらともいえない，中間型）」かという区分が主流となるような変化，すなわち，"中間

型(脱近代化型?)"が他と対立する形になる場合が生じている．これに見合うものとして，上の③で示した♯2.1'しきたりに従うか'の質問項目等の変化過程がある．これらの動きが布置図の上の回転運動として現われている．

詳細に分析した結果得られたこの25年間の変化過程を概念的にまとめると，1953年当時は主流であった「伝統―近代」の対立を軸とする"ものの考え方"が徐々にしりぞき，1978年調査では第二義的なものとなり，〈「伝統―近代」の対立概念の軸でものを考えるか〉対〈脱近代化的考え方をするか〉という形が優位を占めてきつつあることが，一部の質問群でみとめられるということである．

これらの変化は，1950年代後半から60年代・70年代にかけての社会環境の変化の特徴である経済成長と産業の高度化によるところが大きいと推測される．この視点から眺めると，例えば，1953年調査では♯2.4'くらし方'あるいは♯5.6'めんどうをみる課長'の質問の各回答選択肢(意見)も「伝統―近代」の対立の枠組みと関連が深かったが，1978年調査では変わってきていることが図Ⅲ-45および図Ⅲ-46からよみとれる．すなわち，これらの質問項目の動きの背景には，この25年間における社会環境の変化，とくに高度産業化の過程に伴う意識構造の変化ともいえるものが考えられ，脱近代化の過程が進行し，高度産業社会における新しい考え方に移行する変化過程が生じてきたということである．

これを，とりあげた質問群の内容から考えると，「伝統」対「非伝統(近代)」という考え方が主流であるときに，この変化をよく追跡できるような(近代化の指標としての役割を果たしてきた)質問群は，経済成長による産業構造の高度化，高度産業社会への移行に伴う意識構造の変化過程を追跡する場合には，指標としての有効性が減り，日常生活の'くらし方'，'仕事観'等をみる質問群にバトンタッチして主役の座をおりる――高度産業社会への移行に対応する質問群を用意する必要がある――ということになる．

ところで，1953年から1978年にわたる意識構造の変化過程において，主役である「伝統―近代」の対立を軸とする"ものの考え方"は，視点をかえてみると，日本とアメリカとの間の"ものの考え方"の相互干渉の過程として考えることができるものである．ここであらためていうまでもなく，戦後の日本における意識の変化過程は，占領時代の社会環境の変化に端を発するわけで，とりわけ，アメリカの影響が強かったといえる．したがって，日本とアメリカとの間の"ものの考え方"の同異をこのような視点から考察し，両者の関係をよりよく理解するための方策として連鎖的比較手法を用いることにする．

第6章 質問群構成の変化と意識構造の変容による探究　189

§4 「連鎖的比較研究」の手法を用いた日本・アメリカの比較

i 回答パタンの分析

ここでは，前節で示した日本における経年変化の「時間的な比較」に対応して，「空間的な比較」について考える．とりあげる資料はハワイ・ホノルル日系人調査(1971年)およびアメリカ調査(1978年)の資料である．前節と同じ質問項目(8項目)を用いて，日本と同様の回答パタンの分析を行ない得られた布置図について検討する．

まず，各調査における，各質問項目の回答分布を表III-43に示す．(アメリカ調査の場合も参考までに再掲する．)

表III-43　質問項目と回答分布(%)

# 質問項目	回答選択肢	ハワイ・ホノルル調査									アメリカ
		日系						非日系 1978			1978
		1971			1978						
		計	2世	3世	計	2世	3世	計	ハワイ生まれ	本土生まれ	
2.1 しきたりに従うか	1. おし通せ	55	55	55	58	52	68	66	60	75	76
	2. 場合による	28	26	33	13	13	13	13	14	12	5
	3. 従え	14	17	8	25	32	16	19	23	11	15
4.4 先生が悪いことをした	1. そんなことはないという	8	10	5	8	12	2	6	6	4	3
	2. ほんとうだという	76	72	84	72	68	78	74	76	74	85
4.5 子供に「金は大切」と教える	1. 賛成	9	12	4	7	8	3	6	6	2	5
	2. いちがいにはいえない	2	2	2	1	1	0	1	1	1	1
	3. 反対	88	85	93	91	90	94	92	92	96	94
8.1 政治家にまかせるか (8.1 B)	1. 賛成	23	27	15	16	19	11	11	10	9	8
	2. 反対	70	65	79	81	79	86	83	86	85	89
2.4 くらし方	1. 金持ち	18	18	18							7
	2. 名をあげる	4	5	3							6
	3. 趣味	39	34	48							36
	4. のんきに	23	27	18							36
	5. 清く正しく	7	7	7							10
	6. 社会につくす	2	3	0							2
2.5 自然と人間との関係	1. 自然に従え	21	18	26	28	27	28	31	35	29	25
	2. 自然を利用	69	70	66	62	61	64	57	55	58	65
	3. 自然を征服	6	7	4	4	6	2	5	5	4	5
5.1 恩人がキトクのとき	1. 故郷へ帰る	50	49	53	67	68	67	58	64	53	64
	2. 会議に出る	36	38	32	27	26	28	34	30	36	29
5.6 めんどうをみる課長	1. めんどうをみない	39	36	43	35	34	36	40	37	46	47
	2. めんどうをみる	58	60	54	63	63	62	57	60	53	50
略号		OJ	O2	O3	JA	H2	H3	NJ	HH	HM	US

190　第Ⅲ部　データの分析

1978年ハワイ・ホノルル市民調査の結果は，♯2.4'くらし方'の質問が他の調査と共通していないので，ここでの分析からは除外しているが，次節の比較分析で利用するので，この表に含めて示すことにする．

ハワイの調査結果は，回答者の属性区分により多少の違いはあるが，全般的にはアメリカ調査の結果と回答分布は類似している．回答分布のパーセントの数字をみる限りでは，ハワイ・ホノルル市民の回答結果は，日本とアメリカとの中間よりややアメリカ側に寄っている．

次に，ハワイ・ホノルル日系人調査の結果を世代別にし，「二世」および「三世」それぞれの場合について回答パタンの分析を行なった結果を検討する．

1971年調査の「二世」の分析結果は図Ⅲ-47に，「三世」の場合を図Ⅲ-48に示す．日本の場合と同じように，日本における"伝統型"，"中間型"および"近代型"に相当する意見の「まとまり」の範囲を実線枠，斜線に×印，および網目に○印で示したものが，図Ⅲ-47aおよび図Ⅲ-48aである．

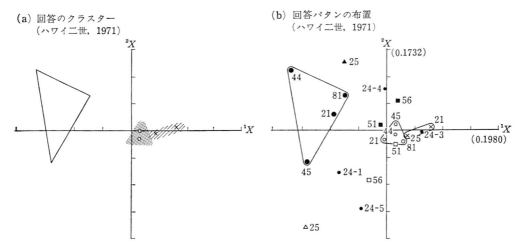

図Ⅲ-47 a, b　継続調査項目に関する回答パタンの分析結果——ハワイ日系二世，1971——

「二世」の結果の図Ⅲ-47の場合は，日本の分析結果の図Ⅲ-46と関連させてみると，

① "伝統型"に相当する意見の「まとまり」の範囲が拡大し，同一領域に散在するという形になる．

② これに反して，"近代型"に相当する意見の「まとまり」の範囲は，中央に近く，範囲も狭く，堅くまとまっており，"中間型"もこれに接して堅くまとまる．

③ したがって，第1軸は，中央付近原点から右よりにかけて「核」に近いものとして，"近代型"および"中間型"に相当する意見がまとまり，「核（近代・中間）」対「それ以外（伝統）」の形になる．

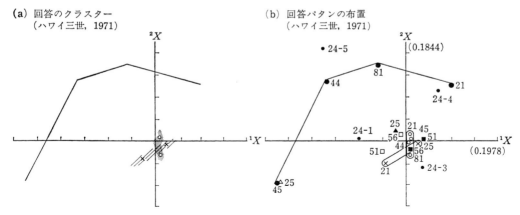

図 III-48 a, b　継続調査項目に関する回答パタンの分析結果——ハワイ日系三世，1971——

④ しかし，日本の視点からみれば，まだ"伝統型"も「まとまり」を残し，全体的な意見項目の配置の状況も，相対的には日本の場合と共通になっている．

一方，「三世」の場合には，日本における"伝統型"意見に相当する項目は，周辺に散在し，他の項目は，中心付近に「核」としてまとまる．

日本における"近代型"，"中間型"に相当する意見は，両者入りまじって一つのまとまりとなる．

ハワイ日系人の結果は，元の日本の文化がアメリカ社会の影響をきわめて強く受けた場合に，どのような形になるかを解く貴重な実例である．「二世」の場合には，図 III-47 のようになり，日本の 1953 年調査（図 III-45）あるいは 1978 年調査（図 III-46）の図を基礎に考えると，これらの図の右側を上下から押しつぶして中央にもってくると，それに応じて，それぞれ右側と対応する左側の（伝統型に近い）意見が，上下および左方に拡散したという形である．すなわち，相変らず日本と対応する同じ領域に，それぞれの意見があり，♯2.1，♯2.5 の各意見の配置の三角形および ♯2.4 の各意見の示す四辺形も，日本の形と類似している．

これに対して，ハワイ日系「三世」の場合は，中心の「核」にはいる意見群は，次に示すアメリカ調査の結果の図 III-49 とよく似てくる．と同時に，日本における"伝統型"に相当する意見のまとまりはくずれ，周辺に散在する形となり，一つのまとまりとはならない．

同じような分析をアメリカ調査について行なった結果を図示したものが図 III-49 であるが，これをみると，「核」となる意見と，それに対立する意見を分ける第 1 軸と，'仕事関連の対人関係'に関する意見を分ける第 2 軸という形になる．日本における"伝統型"に相当する意見が，中心にある「核」の意見群から離れて散在するという，前節に述べた日米比較の場合と同じような形になる．

ここで，注意すべきことは，アメリカの図 III-49 とハワイ日系三世の図 III-48 とは，一見よ

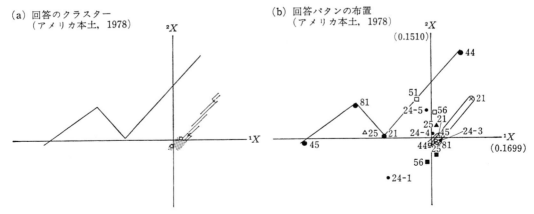

図 III-49 a, b　継続調査項目に関する回答パタンの分析結果——アメリカ，1978——

く似た形になっているが，内容にはややズレがみられることである．ハワイ日系三世の場合は「核」となる意見では，アメリカ調査の結果と同じようになっているが，'くらし方'や'仕事に関連する対人関係'等についてみると，やや異なっている．

　このように，日本とアメリカとの間の価値意識，あるいは"ものの考え方"における類似性や差異のあり方を検討してみると，どちらか一方が他方に全く類似してくるということは，ほとんど考えられない．§2のⅱで示したように，特定の意見の分野で，しかも，主流となる"ものの考え方"の次元を捨象して考えた場合に，共通性が見出される場合もあるが，一般的にいって，特定の分野を限っても，両者の意見が収斂してくる可能性は，それほど高くはならないといえる．

　ハワイ日系人のように，現実にアメリカ的文化のかなり強い条件の下での類似性を検討してみても，多年月を要する世代の完全な交替，一貫した同一の教育，あるいは文化の継承不能という事態がおこらない限りは，一方的にどちらかが他方に類似してくる，あるいは同一になる等のことはまずありえないと考える方が妥当であろう．

　しかし，前に述べたように，現代の高度産業社会における特定の分野を限ってみれば，それぞれの社会に潜在的な社会文化的・歴史的な影響，あるいは社会物理的条件による影響は受けながらも，ある程度共通となる部分も存在しうる可能性もあるわけで，これがどのような分野であるのかを仕分けし，また，どの範囲で相互に理解可能なものになるのか……等に関する研究を進めることが今後の我々の課題である．

　次に，これまでに述べた変化過程が，相異なる二つの文化の間の時間的・空間的にみた相互干渉の過程であることに注目して，アメリカを一方の極としたとき，日本人，あるいはハワイ日系人の"ものの考え方"には時間的にみて，どのような動きがあるか，また，日本人，ハワイ日系人

（二世・三世），ホノルル市民（ハワイ生まれの層と，アメリカ本土から移住した層）等の属性あるいは空間的なへだたりは，"ものの考え方"の上にどのような開きとなって現われてくるか，などの点についての例示として，この節で利用した質問項目群に関する回答パタンの分析の結果を土台にして，日本・ハワイ・アメリカ相互の類似性について，相対的な位置関係がどのようになるかを，次節で検討することにしよう．

ii 日本・ハワイ・アメリカ各社会における"ものの考え方"の相互関係

これまで述べてきたところでは，回答パタンの分析結果を検討するとき，比較の対象となる調査結果から得られたそれぞれの布置図が，相互に似ているか異なっているかに関心があった．

これを，次のような方法で比較することにする．

まず，二つの調査 (i) と (j) について，回答パタンの分析の結果，k 番目のカテゴリ（意見）（分析に用いた質問項目群にはいる意見の総数〔延べカテゴリ数〕を K 個とすると，$k=1, \cdots, K$）に与えられた数値を二次元までとり，これを

$$^1X_k(i), \ ^2X_k(i)$$

および

$$^1X_k(j), \ ^2X_k(j)$$

とし，調査 (i) および調査 (j) それぞれによる回答パタンの分析結果の非類似度を $d(i,j)$ と書き，前と同じように，

$$d(i,j) = \frac{1}{K} \sum_{k=1}^{K} \sqrt{\{^1X_k(i) - {}^1X_k(j)\}^2 + \{^2X_k(i) - {}^2X_k(j)\}^2}$$

の値を尺度として，両者のくい違いの程度を測ることにする．

次に，二つの調査の回答パタンの分析による意見の布置図を重ね合わせて比較したとき，a) 原点を重ね合わせて，原点の周りに一方を回転する，b) 符号の変更を許す，ことにして，なるべく非類似度 $d(i,j)$ の値が小さくなるようにしたものを

$$d^*(i,j)$$

とする．

この $d^*(i,j)$ の値を用いて，各調査相互の間の類似性（非類似性）を考える．

このとき，$d^*(i,j)$ の行列表（matrix）をそのままの形で利用するのではなく，非類似度の値を大きさの順にいくつかの階級に分けて考える．

この階級に分けた行列表は，例えば表III-44のようなものである．この表の読み方は，例えば，「調査 K3 と調査 K1 との間の非類似性指標は『1』である」とか，「調査 K3 と調査 US との間の非類似性指標は『3』である」というように，調査 (i) の行と調査 (j) の列との交点にある数字が，

その二つの調査(i)と調査(j)との間の非類似性指標を示すことになる．

この指標の数字は，階級の作り方からも明らかなように，数値の小さいほど両調査の間の非類似度は小さく（類似性が高く），逆に指標の数値が大きいほど非類似度が大となる，順序のついた数値である．

このような階級の順序関係をなるべく保存するようにして，各調査の類似性（非類似性）に関する相対的位置関係を，できるだけ低い次元の空間内に求める．これまでと同様に，MDA-OR（最小次元解析法）を利用する．詳しい手法の説明は第1章§1，第2章，および第IV部第1章にあるので，ここでは具体的な実例の説明にはいる．

　a　用いた調査データおよびとりあげた質問項目

ここでは，前2節で用いた調査データに，1978年ハワイ・ホノルル市民調査のデータを加えて，

　　日本の継続調査：　　　　　1953, 63, 68, 73, 78年調査の5回
　　ハワイ日系人調査：　　　　1971年の「全体」および「二世」，「三世」の3種別
　　ハワイ・ホノルル調査：　　1978年「日系全体」および「二世」，「三世」の3種別
　　同調査（非日系）：　　　　「非日系全体」および「ハワイ生まれの非日系」，「本土生まれの非日系」の3種別
　　アメリカ調査：　　　　　　1978年調査

の合計15の調査データをとりあげて検討した．

回答パタンの分析にとりあげた質問群は，§4のiの表III-43の質問群から♯2.4 'くらし方'を除いたものである．すでに述べたように，ハワイ・ホノルル市民調査には，この質問項目が含まれていなかった．

また，ハワイ・ホノルル調査の日系人を二世，三世と世代別に区分したため，特定の意見項目では，その項目に回答した人の数が過小となったので，回答パタンの分析には，

　　　♯2.1の回答1, 2, 3
　　　♯4.4の回答2
　　　♯4.5の回答3
　　　♯8.1の回答1, 2
　　　♯2.5の回答1, 2
　　　♯5.1の回答1, 2
　　　♯5.6の回答1, 2

をとりあげて分析を行なった．

　b　分析結果

aでとりあげた15種類の調査データのそれぞれについて，上に述べた質問群に関する回答パ

タンの（相互関連）分析を行ない，その結果の数値を用いて，各調査相互の非類似度を求めた．次に，この非類似度を値の大小によって4段階にクラス分けして，行列表の形にまとめたものが表III-44である．表側・表下に示した調査の略号は，前節の表III-42および表III-43の最下段の略号である．

表III-44　調査間の非類似性指標

	K1	K3	K4	K5	K6	OJ	O2	O3	JA	H2	H3	NJ	HH	HM	US
K1	0														
K3	1	0													
K4	1	1	0												
K5	1	1	1	0											
K6	2	1	1	1	0										
OJ	4	2	3	2	1	0									
O2	3	1	3	1	1	1	0								
O3	4	3	3	3	3	1	2	0							
JA	3	2	3	2	2	1	1	2	0						
H2	3	2	3	2	2	2	1	3	1	0					
H3	4	3	3	3	4	3	3	3	1	2	0				
NJ	4	4	3	3	4	3	3	2	3	2	3	0			
HH	3	2	2	2	3	2	2	3	3	2	1	0			
HM	4	4	3	3	4	3	4	2	3	3	1	2	0		
US	4	3	4	3	4	3	3	4	2	2	2	2	1	4	0

1: $d \leq 1.14$
2: $1.15 \leq d \leq 1.39$
3: $1.40 \leq d \leq 1.64$
4: $1.65 \leq d$
(d: 非類似度)

この行列表にMDA-ORの方法を適用して得られた，各調査相互の空間配置は，表III-45のようになる．表III-44の行列表の順序階級と，表III-45の空間配置に基づく各調査相互間の距離の大小関係は，かなりよく合っている（$\eta^2 \fallingdotseq 0.8$）．

表III-45　三次元の布置（座標）
$\eta^2 = 0.799480$

	一次元	二次元	三次元
K1	−1.06758	−0.18438	−0.49614
K3	−0.64724	−0.18894	0.13312
K4	−0.49978	0.44195	−0.45395
K5	−0.30465	−0.04307	−0.27573
K6	−0.91267	0.17294	0.21267
OJ	−0.00372	0.43038	0.57032
O2	−0.32518	−0.21435	0.43029
O3	0.35553	0.70075	0.32632
JA	−0.01941	−0.23638	0.44873
H2	−0.00913	−0.36270	0.27884
H3	0.69356	−0.38250	−0.00313
NJ	0.79150	0.09576	−0.44107
HH	0.15787	−0.01299	−0.46291
HM	1.00999	0.48407	−0.38984
US	0.78091	−0.70052	0.12245

MDA-OR の方法により得られた空間配置を，二次元目まで用いて平面上に示してみると，各調査相互の位置関係は図 III-50 のようになる．調査相互間の回答パタンの分析結果の布置図がよく似ていれば，その調査相互間の位置関係は近くなり，回答パタンの分析結果が類似していなければ，離れて位置するという形になる．すなわち，各調査における各意見の相互関係が類似しているほど，調査相互の位置関係は近接し，調査における各意見の相互関係に類似点が少ないほど，両調査相互の位置関係は離れることになる．

図 III-50 について，各調査（グループ）の配置をみると，左側に日本の各時期の調査がまとまり，中央には，ハワイの日系のうち二世，非日系のうちハワイ生まれの層が位置し，右上方から下方にかけて，非日系・日系三世・アメリカ調査となる．

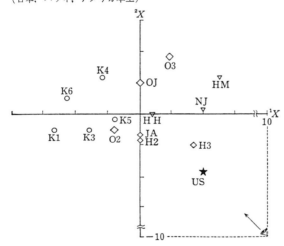

図 III-50 回答パタンの分析結果による各対象グループの位置付け
——MDA-OR による——
（立体視の視点は，点 (10, −10) の上方 40 の位置で，そこから原点をのぞむ）

c 検討

とりあげた質問群に対する回答パタンの分析結果は，日本の中では時間的類似性が強く，空間的には，ハワイ日系二世・ハワイ生まれ非日系・ハワイ日系三世などの順で日本との類似性がなくなり，非日系・ハワイ日系三世などはアメリカとの類似性が強くなる．しかし，前節でみたように，詳しく内容を検討すれば，日系人の上記の日本からアメリカへの変移にも曲折があり，簡単なものと考えてはいけない[4]．

また，ハワイ日系二世の結果と日本の調査結果の類似性が，他より相対的に高いことを前章の結果と合わせてみると，文化の相互干渉の面から考えても注目すべきことであるばかりでなく，「連鎖的比較研究調査」の手法の効果的な利用の面から考えて，きわめて注目すべきことである．すなわち，日本とアメリカとの比較を直接進めるばかりでなく，間にハワイ調査を含め，ハワイ日系人・非日系人調査の結果を媒介にして日米比較を考えると，両者の比較研究が，より一層適

切に行なわれることがわかる．

　日本の中での調査時期の推移による動きは複雑である．日本とアメリカを対比する視点に立つと，1953年調査より1973年調査の結果はアメリカに近く，1978年にはまた遠くなったといえるが，1978年調査の結果は1953年調査の近くに回帰したのではなく，立体的にみると，他の時期の調査よりも離れた位置にある．見かけ上のUターン現象は新しい時代のはじまりということができる（立体視の図 III-51[5]参照）．

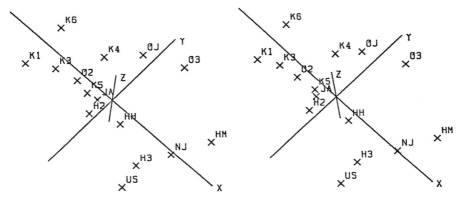

図 III-51　各対象グループの位置付け——立体視の図——
（左右の図の間に白い紙を垂直に立てて，真上から両眼で見ると，左右の図が一つになり立体的に見える）

　以上の分析により，ハワイ日系人・非日系人を媒介にして，日本，ハワイ，アメリカそれぞれの"ものの考え方"における相対的類似性と位置関係を図示することができた．

　地理上でもハワイは日本とアメリカとの中間であり，ハワイは東西文化の接点ということもよくいわれる．

　分析結果からみると，"ものの考え方"の側面でも，このように中間的位置をしめることがわかる．

　分析にとりあげた回答パタンの分析結果の類似性を，一定の方式でクラス分けした結果から，日本，ハワイ，アメリカの3者の相対的関係についてほぼ常識的な類似性の配置図が得られたことは，これまでの分析結果の妥当性を示すものである．

§5　異なる文化の間の相互干渉による"ものの考え方"の変化過程のモデルと例示——日本における変化の過程——

　社会変化の過程は，人々の"ものの考え方"にも大きな影響を与える．

　日本における，このような社会変化に伴う"ものの考え方"の変化過程を考える上で，ヨーロ

ッパおよびアメリカの影響を考えないわけにはいかない．ここでは，第5章，第6章の各節で検討した日本とアメリカとの間の類似点・相違点に関する資料をもとにして，日本社会における"ものの考え方"の変化過程や日系人のものの考え方の違いについて得られた，回答パタンの相互関連分析の結果を踏まえて，モデル的に考えることにする．

　ある一つの社会における社会変化に伴う意識構造の変化過程は，一般的にいって，その社会と，その社会に影響を与える他の社会との相対的関係が異なれば，異なる過程をたどるものといえる．したがって，日本における"ものの考え方"の変化過程は，その一つの特殊な例である．

　それぞれ相異なる文化が接触してから，相互に影響を及ぼし合い，他方の影響の下に社会変化の過程を進み始めたときの変化のあり方を，次のようないくつかの段階に分けてモデル化し，各段階に対応する"ものの考え方"の状態が，回答パタンの分析結果からみると，どのような形になるかを考えてみる．

　変化過程の段階は次のようになる．

  1°　ある一つの社会（あるいは文化）を考える．外的世界の影響がなければ，この初期の時点では，全員が，ある特定の共通な"ものの考え方"になっている．この場合，誰もがもっている意見は，多数意見として中央に「核」となって位置し，これに対立する少数意見は周辺に存在する．すなわち，図III-52aの原点付近に"伝統的意見"として「核」となる．

  2°　何らかの要因により，他からの影響が与えられ，変化の過程を進み始める．このとき，他からの影響は各方面にわたるだろうが，考え方の面で共通部分をとれば，特定の方向性をもっている形になる．この共通部分を調査で検討できるような「質問項目の組」をうまく見出すことができれば，変化過程を目に見える形で示すことができる．

  2°-1　変化の過程が始まっても，初期の段階では受け手の社会属性が多様であり，伝統的考え方に対立する考え方も多様であるから，対立意見は一定のところにまとまらず，大局的にみれば相変わらず周辺に散在する形となる（図III-52b）．

  3°　他の社会からの引き続く影響により，"ものの考え方"は，より一層影響をうける．人々の間にも，外部からの考えを受け入れる層が広がっていく．また，特定の社会階層にまで成長しないが，相互関連のあり方が一定のまとまりをもった人々の数が増えるので，全体として回答パタンの分析では，"伝統的意見"とそれに"対立する意見"というくらいのゆるいまとまり方をするようになる（図III-52c）．

  4°　他からの影響が，その文化との接触や見聞ばかりでなく，一定の組織的活動によっても促進される（例えば，学校教育とか特定の団体等により）．とくに若い年齢層は高年齢層よりも外来の考え方を取り入れやすい（外来の考え方に対して，柔軟性があるだろう）．また，高学歴層も他の社会の考え方に，それ以外の学歴層より一層接する機会が多い．

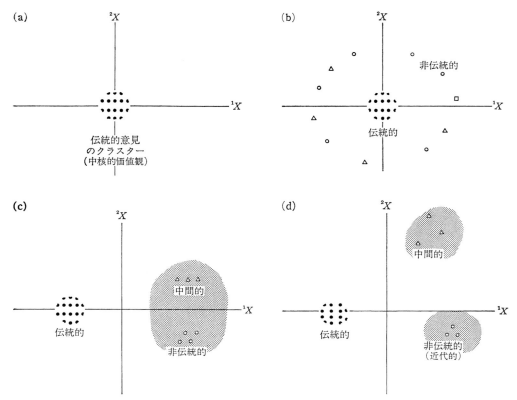

図 III-52 a, b, c, d　異なる文化の相互干渉による変化過程のモデル
——回答パタンの分析結果の例示——

　このように，外来の考え方を，より一層吸収する社会階層が存在することになり，特定の社会階層(職業上外部と接する機会の多い，あるいは外来の組織に従事する等)や年齢層・学歴層別にみて，一定の傾向的影響が現われてくる．すなわち，その社会に集団として新しい"ものの考え方"を受け入れる層が存在し，徐々に一つのまとまりとして成長する．この段階では，回答パタンの分析結果は，第1軸が「伝統—非伝統」を分ける軸となり，第2軸で"新しい意見"か"場合による(中間的意見)"かが分かれるという形になる(図 III-52 d)．

5°　新しい考え方，非伝統的意見(近代的意見)をもつ人々が増加し，さらに他の社会階層にも拡大していく．このため，(一時期はっきり識別できた)社会属性区分による一定の傾向はだんだんとまざり合い，区分ははっきりしなくなる．これと同時に，伝統的な考え方をする人々が減少し，社会属性別にみて特定の階層だけということではなくなる．この段階では「伝統—近代」の対立が頂点に達するといえる．

　"ものの考え方"の面からみると，すべての意見の分野で，これらの変化が同時に進行す

るわけではない．変化過程の早い意見の分野のものもあれば，遅いものもある．また，この時期およびこれ以降の変化過程には，大きく分ければ次のような二つのタイプが考えられる．

5°-1　すなわち，ある意見の分野では，新しい考え方をする層が多数を占め，近代的意見の「まとまり」がより一層はっきりしてくると同時に，伝統的意見の「まとまり」がゆるく拡散していく（図III-52 e）．

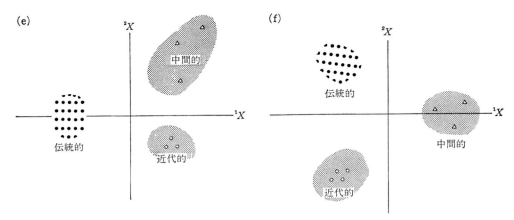

図III-52 e, f　異なる文化の相互干渉による変化過程のモデル
――回答パタンの分析結果の例示――

5°-2　また，ある意見の分野では，従来の古い考え方も，外来の新しい考え方も共存している層と，"古い"とか"新しい"とか形容して区分を立てる考え方自体が現状に合わない等と考える層（例えば，脱近代化層）とが分かれてくる．このような意見の分野では，"伝統"，"近代"の意見の対立は二義的なものとなり，回答パタンの分析では，第1軸として"「伝統―近代」の対立を考える"か"考えないか"を分離する形となり，第2軸で"伝統"と"近代"を分けることになる．

　この意見の分野では，すでに"伝統"と"近代"との対立は過去のものであるといういい方も可能である（図III-52 f）．

6°　このような形で，"ものの考え方"の変化過程が進むと，終局的には，次のようなケースが考えられる．

6°-1　5°-1で述べたように，特定の分野で新しい考え方をする層が増加し，近代的意見は堅くまとまり，伝統的意見のまとまりがゆるくなると同時に，5°-2で述べた考え方が発展すると，従来の"伝統"あるいは"近代"の区別を立てる考え方が薄れると同時に，「"伝統"，"近代"それぞれによいところもあれば，そうでないところもある」という相対的な考え方をする層が増加してくる．このため，これまで立ててきた"伝統"，"近代"，"中間"という

区分がはっきりしなくなり，意見の区分と，それぞれの意見を支持する社会階層との関連の程度がより一層弱くなる．したがって，回答パタンの分析では意見の区分が入りみだれてはっきりしない図柄となり，それぞれの軸の機能として，これまで「伝統―近代」という対立概念を第一に区別する機能を果してきたような（これまでに述べてきた「伝統―近代」を分ける等の）機能がなくなる．すなわち，これまでの変化過程を追跡する分析に用いてきた質問群では，この段階の変化過程を適切に図示することができなくなってくる．したがって，この段階は，一つの文化が他からの影響を吸収・合併して，一つの新しい文化に統合していく段階である．終局的には統合された一つの文化として進むという形になり（図 III-52 g の左から右の図），変化過程の一つのサイクルを閉じる．

6°-2 しかし，5°-1 の発展として，新しい意見のまとまりが，より一層はっきりしてくると同時に，他からの影響を直接的に強く受け続ける場合には，新しい考え方をする層が大多数となり，伝統的考え方をする層，あるいは上に述べた「相対的」に考える層が限られてくると，「新しい考え方」が主流となり，新しい「核」として中央に位置し，従来からの"伝統的考え方"は周辺に形ばかりのまとまりを残すだけとなる（図 III-52 h）．

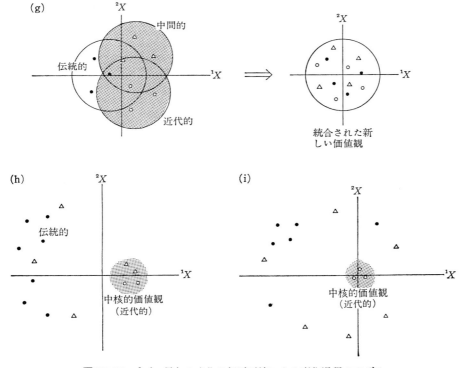

図 III-52 g, h, i　異なる文化の相互干渉による変化過程のモデル
　　　　――回答パタンの分析結果の例示――

202 第Ⅲ部 データの分析

6°-3 さらに，他からの影響が強く組織的(学校教育など)に続く場合には，新しく「核」となった意見だけが主流として中心に位置し，それ以外の意見は周辺に散在する形となる．

この場合には，従来の文化は次代への継承が不可能となり，伝統は破壊され新しいものが誕生したといえる(図Ⅲ-52 i)．

以上，日本における"ものの考え方"の変化過程を念頭において，一連の変化モデルを示し，これに対応する回答パタンの分析結果を述べてきたが，この変化過程モデルが成立するには，一つの前提条件が必要である．すなわち，3°，4°で述べたように，新しい考え方が一つの「まとまり」として成長するためには，その社会が新しい考え方に対して柔軟な考えをもっていなければならない．(また，それぞれの文化は相互に対等で，この時期には，たまたま水が低い方に流れるように一方通行の状況であったということも，変化過程を目に見える形で促進させる上では必要な条件である．)

ここで，終局的に形成される(新しく創造された)文化のイメージについて考えておく．

6°-1 あるいは 6°-3 で述べたように，新しく中心に位置する「核」となった「意見群」は，形成の過程から考えても両者が異なる可能性が高い．

とくに，6°-1 では，従来の文化を維持しながら新しい外来のものを吸収し統合していく過程であり，具体的には，例えば，日本の場合に，従来の質問の組だけを使って分析を進めても，明瞭な思考の軸を見出し難くなり，従来の質問を作った考えの枠組を越えて作られた「新しい質問の組」を加えることによって，新しい日本的な価値観の軸が第1軸として見出されるという時期になる．これはまた，日本の伝統文化に影響を与えつづけてきた外来の文化と同質のものでもないことは，形成の過程から明らかである．

また，6°-3 で述べたように，外からの影響が強く，従来の伝統的文化を維持することが不可能になった状態で，新しく「核」として中心に位置する"ものの考え方"は，強い影響を与えつづけてきた他の"ものの考え方"にかなりよく類似してくる可能性はあるが，必ずしも全く同一になるとは限らない．この場合，強く影響を受けた文化の形を示しているものの，両方の文化から生まれた新しい一つの文化ということができる．そして，この両者の子孫ともいうべき文化を媒介にして，元の相互干渉してきた二つの文化をより一層良く理解できることになる．

1) Treiman, Donald J.(1977), *Occupational Prestige in Comparative Perspective*, Academic Press, New York.
2) 日本の場合，仮に名前をつければこうなる．属性別にみれば高年齢層の支持率が若い年齢層より高い場合"古い型"，反対の場合"新しい型"としておく．表Ⅲ-38についての説明を参照のこと．また，後に述べる"伝統型"，"近代型"の意見群と区別して考えていることも合わせて注意しておく．
3) この♯4.4の質問項目を除いた12問による回答パタン分析の結果は，ここでの結果と全く平行的に述べることができることも付け加えておく．すなわち，♯4.4は日本では他の3問(♯2.1，♯4.5，♯8.1B)と同様に考えられるが，アメリカでは♯4.4だけが異なった対応をする．♯4.4を除く他の3項目については，

日本との関連あるいは日常生活の'くらし方'や'仕事観'および仕事関連項目との関連からみても，これまでの分析結果がそのままあてはまる．
4) 連続しているのではなく非連続的である．
5) 立体視の図については，伊藤栄明・上田澄江(1981)，「立体視の適用例——微分方程式の解の動きと主成分分析の結果の解釈」『統計数理研究所彙報』28, pp. 55-59, 計算プログラムは，Ueda, S. and Itoh, Y. (1981), On application of stereo-pair drawing, *Research Memorandum*, No. 207, Institute of Statistical Mathematics を参照のこと．

第7章 「連鎖的比較研究」の手法の拡張とその適用例
―― 日本・フランス・アメリカ(ハワイ)の比較 ――

§1 「連鎖的比較研究」の手法再考

　第4章から第6章まで，日本とアメリカ(ハワイ)との間の比較を行なってきた．これら一連の比較研究で取り上げた質問項目の大部分は，「日本人の国民性調査」に由来する項目であり，一部分が，アメリカの調査およびヨーロッパ共同体(EC)諸国とアメリカとの比較調査の際に使用された項目であった．このような比較研究のあり方は，すでに述べてあるように，異なる社会の間の比較を表面的な比較に終らせず，実質的に有意義な比較を行ない，比較研究を有効に進める上で，種々検討を重ね，研究調査を試みてきた試行錯誤の結果である．

　これを，まとめて考えると，これまでの各章は，「連鎖的比較研究」の手法を，比較すべき対象(社会)，および比較すべき側面(質問項目)の両方について，日本を中心として徐々に付け加え，拡充をはかるとともに，分析の視点をも拡大しながら適用してきた比較検討の過程を述べたものといえる．

　これらの検討結果により，比較された対象社会が，日本・アメリカ(ハワイ)と限られているとはいえ，「連鎖的比較研究」の手法は，合理的・普遍的なデータ解析の手法を具体的な事例(質問項目)に適用し，各社会における，項目間の相互関連のあり方をとらえ，各社会の同異の相を比較可能な形で客観的に描き出す手法として，きわめて有効であることが実証された．

　この際，とくに重要なことで，従来の研究において，はっきりした形ではほとんど考えられていなかったことが二つある．それは次のような点である．

　ア）これまでの比較分析に使用してきた質問項目について，我々は，測定手段を明示するという意味で，質問文の全文および回答選択肢を分析の過程で，繰り返し繰り返し一覧表の形で示してきた．その際，それらの「質問項目の組」を利用して測定すべき"ものは何か"？という目的，あるいはそれらの質問項目を利用することによって測定された(と考えられる)"ものの考え方"の側面は何か？について，通常よく行なわれているような，項目の字句による詳しい検討は一応さしひかえ，これと異なる分析方法をとった点である．すなわち，本書で示したようにデータ解析に基づいて，これまでの分析では，各社会における同異の比較分析を中心に検討してきた

"分析の考え方"である[1]．すなわち，一つ一つの質問項目を個別に考えるだけでは，社会調査における質問項目の持つ意味内容およびその社会的意義を十分にとらえることは不可能であるが，「質問項目の組」を利用する相互関連分析によって，あるいは，時系列分析や複数社会に適用した結果を検討することによって，はじめて，その質問項目の持つ性質（意味内容）を具体的に知るための糸口が開かれるという"考え方"である．つまり，質問項目がそれ自身の言語表現から常識的に予想される意味，あるいは質問作成者の意図から特定される意味を必ずしも持っているのではなく，その質問項目の持つ性質（内容）は，調査に利用した調査手法，それぞれの社会における社会環境や社会的な暗黙の共通部分といえるものとどうかかわり合っているか，あるいは他の質問項目の性質とどのように関連し合っているか，など，そのかかわり合いのあり方（質問項目相互の関連および質問項目と社会環境等との相互関連の仕方）によってはじめて，その意味内容が明らかにされてくると考える"考え方"である．

　イ）　次に，上に述べたことと深く関連するが，このような相互関連分析を行なうとき，いくつかの特定の質問項目を組にして取り上げる"「質問項目の組」を選択する立場"についてである．我々は，選択された特定の「質問項目の組」に対する調査対象者の回答のパタンには，取り上げた各個別の質問項目一つ一つについて吟味検討するだけでは，はかり知ることができない，「質問項目の組」に共通している，何らかの構造があるものと期待し，それが，それぞれの比較対象となった社会の特徴（の一側面）を示す可能性が高いと予想して比較調査をしていることである．このような期待をするという"発想"（あるいは"ものの考え方"）それ自体が，それぞれの「質問項目の組」を選択している選択者（調査企画者）の基本的な立場を示すことになり，調査企画にあたり広い視野を持つことができればできるほど，比較研究を進める上では有利になるといえる．この事情は，実は個々の質問項目を作成する場合にもそのままあてはまることである．すなわち，例えば，日本人の"ものの考え方"を調べようとして，それに適したように，日本人だけにしか理解できないような日本人向けの質問項目を作成すれば，それは日本国内の調査では非常に有効な測定手法となるが，そうであればあるほど国際比較研究の際に，それらの項目だけでは偏ったものになる可能性が高くなる．

　したがって，国際比較研究にあたっては可能な限り，それぞれの社会環境の独自性を含まないような質問項目をも作成し，社会環境の独自性は「質問項目の組」に対する回答パタンの同異によって検討しうるような方策をとることも，また有効性が高いと考えられる．しかし，調査企画の際に視野を広くとるといっても，比較対象となる社会を公平な目で見ることは理想であるが，我々の経験からみて，"日本的発想"からまったく脱却することはほとんど不可能である．いわば"発想の連鎖的転換"とでもいうべき方策をとる必要があり，我々がこれまでにアメリカで調査されてきた「質問項目の組」を比較研究の共通項目として取り入れてきたのも，"アメリカ的発想"

を調査分析の視野の中に取り入れるためであったといえる.

このような考え方が「連鎖的比較研究」の手法の適用範囲を徐々に拡大していく上で重要である. この章では, この手法の適用範囲を, 対象社会および質問項目の両面にわたって拡大した研究についての具体例を述べる. ここでは, 「連鎖的比較研究」の手法について, 前章までの結果を利用し, 少し拡張した考え方をしていることにも留意されたい.

§2 日本・フランス・アメリカ(ハワイ)の比較

i 比較研究のデータ

我々が分析に利用している「回答パタン分類の数量化」の分析手法と全く同じ手法が, フランスにおいても, ベンゼクリ, ルバール等により独自の発展をし, 各分野の研究に数多く利用されている[2]. 1979年からは, それまでの分析手法に関する研究の交流だけではなく, フランスのCREDOC[3](経済研究センター, 所在地パリ)で実施している"生活の質"に関する調査[4]を, 日本と比較研究することが計画され, ようやく1982年に東京調査が実現した. 東京およびパリにおける調査データの予備的な分析結果[5]を土台にして, 1982年秋に実施されたフランス調査の調査項目のうち, 20項目あまりを取り上げ, 日本における第7回国民性調査(1983年秋, 全国調査, ランダム・サンプル), および, 第3回ハワイ・ホノルル市民調査(1983年6月～10月, ホノルル調査, ランダム・サンプル)の質問項目として組み入れることにした. この計画の途上で, それぞれの社会環境あるいは調査技術上の点からみて不適切な項目は除外することになったので, 日本・フランス・アメリカ(ハワイ)の3者に共通の質問項目は表III-46にある21項目になる.

表III-46 日本・フランス・ハワイ共通質問項目一覧

A (#4.30) 家庭はくつろぐ場所
〔リスト〕つぎのような考え方があります.
「家庭は, ここちよく, くつろげる, ただ1つの場所である」というのですが,
あなたはそう思いますか, そうは思いませんか?

1 そう思う	2 そうは思わない
3 その他〔記入〕	4 D.K.

B (#4.32) 離婚すべきでないか
〔リスト〕つぎの3つの意見の中で, どれが一番あなたの意見に近いですか?

1 離婚はすべきでない	
2 ひどい場合には, 離婚してもよい	
3 2人の合意さえあれば, いつ離婚してもよい	
4 その他〔記入〕	5 D.K.

D （♯4.31）家事や子供の世話
〔リスト〕家事や子供の世話について，どうお考えですか？

```
1  すべてが女性の仕事である
2  いくつかは女性の仕事である
3  すべての仕事を，男性と女性とで公平に分担すべきである
4  その他〔記入〕                              5  D.K.
```

E （♯2.3f）生活環境満足か
〔リスト〕お宅の付近の生活環境について，全体としてどう思っていますか？

```
1  非常に満足している
2  満足している
3  あまり満足していない
4  満足していない
5  その他〔記入〕                              6  D.K.
```

Z （♯1.30）騒　音
〔リスト〕あなたのお宅では，騒音に悩まされていますか？

```
1  悩まされている
2  少し悩まされている
3  悩まされていない
4  その他〔記入〕                              5  D.K.
```

Y （♯7.34）省エネルギーは重要か
〔リスト〕エネルギーの節約について話題になることがしばしばあります．あなたご自身は，このことは重要な問題だと思いますか？

```
1  非常に重要である         2  重要である
3  あまり重要ではない       4  重要ではない
5  その他〔記入〕                              6  D.K.
```

F （♯7.35）環境の保護は重要か
〔同じリスト〕環境の保護は，あなたにとってどのくらい重要な問題ですか？

```
1  非常に重要である         2  重要である
3  あまり重要ではない       4  重要ではない
5  その他〔記入〕                              6  D.K.
```

G （♯2.3g）健康状態満足か
〔リスト〕あなたと同じ年の人と比べて，あなたの健康状態はいかがですか？

```
1  非常に満足している
2  満足している
3  あまり満足していない
4  満足していない
5  その他〔記入〕                              6  D.K.
```

H （♯7.32）お金とコネがあればよい治療がうけられるか
〔リスト〕病気になったとき，お金があり，よいコネがあれば十分な治療が受けられる，と考える人がいますが，あなたは，こういう意見についてどう思いますか？

```
1  賛    成            2  どちらかといえば賛成
3  どちらかといえば反対   4  反    対
5  その他〔記入〕                        6  D.K.
```

L （♯7.30a）生活水準10年の変化
〔リスト〕あなたの生活水準は，この10年間でどう変りましたか？

```
1  よくなった          2  ややよくなった
3  変らない            4  ややわるくなった
5  わるくなった
6  その他〔記入〕                        7  D.K.
```

M （♯7.30b）日本人の生活水準（フランスでは，フランス人の生活水準，ハワイでは，アメリカ人の生活水準）
〔同じリスト〕では，日本人全体の生活水準は，この10年間でどう変ったと思いますか？

```
1  よくなった          2  ややよくなった
3  変らない            4  ややわるくなった
5  わるくなった
6  その他〔記入〕                        7  D.K.
```

N （♯7.31）今後の生活水準
〔リスト〕これから先の5年間に，あなたの生活状態はよくなると思いますか，それとも悪くなると思いますか？

```
1  よくなるだろう       2  ややよくなるだろう
3  変らないだろう       4  ややわるくなるだろう
5  わるくなるだろう
6  その他〔記入〕                        7  D.K.
```

W （♯7.36）科学上の発見・利用は生活に役立つか
〔リスト〕科学上の発見とその利用は，どの程度あなたの日常生活の改善に役立っていると思いますか？

```
1  役立っている        2  少しは役立っている
3  役立っていない
4  その他〔記入〕                        5  D.K.
```

R （♯7.33）コンピュータ社会は好ましいか
〔リスト〕コンピュータがいろいろなところに使われるようになり，情報化社会などということがいわれています．このような傾向が進むにつれて，日常生活の上で変っていく面があると思われます．
あなたは，このような変化を，どう思いますか？

1 望ましいことである	
2 望ましいことではないが，避けられないことである	
3 困ったことであり，危険なことでもある	
4 その他〔記入〕	5 D.K.

不安感 （♯2.30）
〔リスト〕ときどき，自分自身のことや家族のことで，不安になることがあると思います．あなたは，つぎのような危険について，不安を感じることがありますか．
 a まず，「重い病気」の不安は，どの程度でしょうか？
 b では，「仕事上の事故」については，どの程度でしょうか？
 c では，「街での暴力」については，どの程度でしょうか？
 d では，「交通事故」については，どうでしょうか？
 e では，「失業」については，どうでしょうか？
 f では，「戦争」については，どうでしょうか？
 g では，「原子力施設の事故」については，どうでしょうか？

		1 非常に感じる	2 かなり感じる	3 少しは感じる	4 まったく感じない	5 その他〔記入〕	6 D.K.
a	重い病気	1	2	3	4	5	6
b	仕事上の事故	1	2	3	4	5	6
c	街での暴力	1	2	3	4	5	6
d	交通事故	1	2	3	4	5	6
e	失　業	1	2	3	4	5	6
f	戦　争	1	2	3	4	5	6
g	原子力施設の事故	1	2	3	4	5	6

注）質問項目の順序はフランス1982年調査からの抜粋順である．
質問項目に付けた記号のアルファベットはA～Nまで，およびWはフランス1980年調査と東京調査（1982）と共通にしてある＊．また，（♯……）は日本人の国民性調査（1983）の分類番号である．
調査票の構成，質問項目の選択等のため，質問項目の記載順は必ずしも記号順になっていないので注意されたい．
なお，本章の引用は主としてこの記号（アルファベット）を用いる．

＊ フランス1980年調査（パリ）と東京調査（1982）との比較については，Hayashi, C., T. Suzuki and F. Hayashi(1984), Comparative Study of Lifestyle and Quality of Life : Japan and France, *Behaviormetrika*, 15, pp. 1-17.

各質問項目は，これまでの考え方からみると，一見，現代の高度産業社会では，どの社会でも調査項目として通用する一般的な質問項目からなっている．しかし，ここで強調しておきたいことは，すでに前節でも述べたように，今回の比較研究に利用する「質問項目の組」は，これまでとは異なり，いわば"フランス的発想"が土台にあると考えられることである．何が"フランス的発想"であるか？ということは表面的な議論だけでは，誤解につながってしまう可能性もあるので，これまでと同様に，今のところは不問に付しておき先に進むことにするが（データ解析のそれ

210　第Ⅲ部　データの分析

それの段階で，解析結果に基づき実証的に検討される），ここで，一つだけ指摘しておこう．それは，質問文作成に関することである．表Ⅲ-46の質問項目のうち，W(♯7.36)'科学上の発見・利用は生活に役立つか'の回答選択肢の順序について，日本・アメリカ(ハワイ)では，1'役立っている'，2'少しは役立っている'，3'役立っていない'という順で，調査技術上，我々からみて"ごく自然"な順序と考えられる順序でコード1, 2, 3をつけているが，フランスの調査票では次に示すようになる．

　　フランス調査票のW項目の質問文と回答選択肢
　　W.　Dans quelle mesure les découvertes scientifiques et leur utilisation vous paraissent-elles conduire à une amélioration de votre vie quotidienne ?
　　　　1.　Un peu
　　　　2.　Beaucoup
　　　　3.　Pas du tout

回答選択肢は，1. Un peu(少し)，2. Beaucoup(非常に)，3. Pas du tout(全く〔役立ってい〕ない)となっている．フランスの調査結果をみると(日本もそうであるが)，'少しは役立っている'という回答が他の回答にくらべ多数をしめており，2番目に多い回答は，2. Beaucoupである．このような回答結果になることを予想して質問項目を作成し回答選択肢のコードの順序を事前に決めたとすれば，これは調査技術上の観点からみて，"フランス流合理主義"の一つのあらわれということも考えられる．しかし，他の項目(次の表Ⅲ-47のZ項目参照)ではコードの順は上と同様の順で，日本・アメリカとは異なる順を採用しているが，調査結果の回答の分布の大きさの順はコード順にはならない．やはり，調査技術における"フランス的発想"と考えておくのがよいと思われる．

　このような例からみても推量できるように，我々には，"フランス的発想"がどのようなものか？　今の段階では五里霧中というところである．

　次節では，これまでの比較分析の手順にならって，まず，日本・フランス・アメリカ(ハワイ)の各調査結果の回答分布を利用して大局的な位置付けをしてみよう．

ii　比較対象社会としてのフランスの位置付け

　第1章§2で，比較研究における多数社会集団の位置付けについて考察した．その際，日本とアメリカとは，日常生活の'くらし方'，'仕事観'の面ではよく似ているが，'家族観'，'宗教観'，'一般の社会問題'なども含めて考えると，類似性より差異の方が目立つ可能性の高いことが示された．一方，フランスは，ヨーロッパ圏として一括できる場合もあるが，日常生活の'くらし方'，'仕事観'に関する考察などでは，日本に近いようにみえる場合もあるし，アメリカに近い場合も

第 7 章 「連鎖的比較研究」の手法の拡張とその適用例　211

ある——という三極構造をしている可能性が高いと考えられた．また，ヨーロッパの中で考えると，イギリス，ドイツなどとは異なったラテン圏（イタリア，スペイン）であるという指摘も注目された．

したがって，ここでは上に述べたような，これまでに得られている包括的・大局的な位置付けを参考にしながら，今回の調査結果の検討を進めることにする．

表 III-46 に示されている各質問項目に対する，日本・フランス・アメリカ（ハワイ）の調査結果（回答分布のパーセント）を表 III-47 に一覧表の形で示す．ハワイ調査については日系・非日系別の結果も示しておく．

表 III-47　日本・フランス・ハワイ回答分布一覧

	#	質問項目	コード	回答選択肢	記号	日本 1983	フランス 1982	ハワイ 1983 全体	日系	非日系
A	4.30	家庭はくつろぐ場所		1. そう思う	△	82	58	48	57	42
				2. そうは思わない	▲	14	42	51	41	57
B	4.32	離婚すべきでないか		1. 離婚すべきでない	△	35	22	37	36	38
				2. ひどい場合には離婚	·	39	37	43	46	40
				3. 合意あれば離婚	▲	22	38	19	16	20
D	4.31	家事や子供の世話		1. すべてが女性の仕事	△	22	4	9	9	8
				2. いくつかは女性の仕事	·	49	33	27	28	27
				3. 公平に分担すべき	▲	25	62	61	60	62
E	2.3f	生活環境満足か		1. 非常に満足	○	6	26	37	36	39
				2. 満足		61	53	55	60	53
				3. あまり満足していない	●	27	16	6	4	8
				4. 満足していない		4	5	1	—	1
Z	1.30	騒音		1. 少し悩まされている	●	(2)26	28	(2)27	(2)24	(2)29
				2. 悩まされている		(1)12	12	(3)6	(3)3	(3)8
				3. 悩まされていない	○	62	61	(1)66	(1)73	(1)62
Y	7.34	省エネルギーは重要か		1. 非常に重要	□	36	51	74	76	73
				2. 重要	·	56	42	25	23	26
				3. あまり重要ではない		5	4	1	1	1
				4. 重要ではない	■	0	1	0	0	0
F	7.35	環境の保護は重要か		1. 非常に重要	□	37	67	60	55	62
				2. 重要	·	50	30	38	42	35
				3. あまり重要ではない		9	3	2	2	2
				4. 重要ではない	■	1	0	0	0	0
G	2.3g	健康状態満足か		1. 非常に満足	○	13	26	35	33	36
				2. 満足		59	60	58	60	57
				3. あまり満足していない	●	21	12	5	3	5
				4. 満足していない		5	2	0	1	0
H	7.32	お金とコネがあればよい治療がうけられるか		1. 賛成	○	19	29	7	8	7
				2. どちらかといえば賛成		32	34	29	33	27
				3. 反対	●	(3+4)44	37	(3+4)62	(3+4)59	(3+4)63
L	7.30a	生活水準10年の変化		1. よくなった	○	17	8	51	61	45
				2. ややよくなった		32	25	28	27	29
				3. 変らない	·	35	29	14	11	16
				4. ややわるくなった	●	10	24	6	1	9
				5. わるくなった		4	12	1	0	1

	#	質問項目	コード	回答選択肢	記号	日本 1983	フランス 1982	ハワイ 1983 全体	日系	非日系
M	7.30 b	日本人の生活水準 (フランス：フランス人) (ハワイ：アメリカ人)	1.	よくなった	○	26	3	26	34	22
			2.	ややよくなった		33	28	38	39	37
			3.	変らない	・	16	20	15	13	17
			4.	ややわるくなった		13	34	17	12	20
			5.	わるくなった	●	7	10	3	1	3
N	7.31	今後の生活水準	1.	よくなる	○	12	4	25	23	27
			2.	ややよくなる		19	21	37	40	36
			3.	変らない	・	47	30	24	25	23
			4.	ややわるくなる		11	26	9	6	10
			5.	わるくなる	●	5	13	1	1	1
W	7.36	科学上の発見・利用は生活に役立つか	1.	少し役立っている	・	(2)48	55	(2)28	(2)30	(2)28
			2.	役立っている	□	(1)39	33	(1)69	(1)68	(1)69
			3.	役立っていない	■	7	12	2	2	1
R	7.33	コンピュータ社会は好ましいか	1.	望ましい	□	25	31	39	36	41
			2.	避けられない	・	60	47	49	57	44
			3.	危険なこと	■	8	20	9	4	12
不安感	2.30 a	不安感．重い病気	1.	非常に感じる		29	45	36	45	30
			2.	かなり感じる		27	27	27	23	29
			3.	少しは感じる		35	17	21	20	23
			4.	まったく感じない		8	11	16	13	18
	2.30 b	不安感．仕事上の事故	1.	非常に感じる		22	16	20	26	16
			2.	かなり感じる		27	23	18	22	16
			3.	少しは感じる		35	25	20	21	20
			4.	まったく感じない		14	36	39	28	46
	2.30 c	不安感．街での暴力	1.	非常に感じる		23	21	43	48	40
			2.	かなり感じる		20	20	26	26	25
			3.	少しは感じる		37	29	22	18	24
			4.	まったく感じない		17	29	9	8	11
	2.30 d	不安感．交通事故	1.	非常に感じる		43	37	35	42	30
			2.	かなり感じる		34	29	31	34	28
			3.	少しは感じる		19	25	25	17	29
			4.	まったく感じない		3	9	10	6	13
	2.30 e	不安感．失業	1.	非常に感じる		23	33	28	31	26
			2.	かなり感じる		19	23	22	27	19
			3.	少しは感じる		31	21	23	21	24
			4.	まったく感じない		23	22	25	19	29
	2.30 f	不安感．戦争	1.	非常に感じる		34	32	44	48	41
			2.	かなり感じる		19	21	26	21	29
			3.	少しは感じる		31	27	20	21	18
			4.	まったく感じない		13	20	11	9	11
	2.30 g	不安感．原子力施設の事故	1.	非常に感じる		26	17	41	48	38
			2.	かなり感じる		20	17	23	20	24
			3.	少しは感じる		36	30	20	17	21
			4.	まったく感じない		13	36	16	14	17
		サンプル数				2173	2000	807	305	502

注） 回答選択肢（カテゴリ）の順およびコード番号はフランス調査にそろえてある．右側5列の数字は各調査の回答分布のパーセントを示す．表中には示さなかったが，各項目に，その他，D.K.があるので，各項目ごとのパーセントの合計は100にならない場合がある．

また，質問項目Z，およびWについて，右側5列のパーセント欄の中に（ ）付きで示した数字は，その調査において利用しているその質問項目の回答選択肢のコード番号である．項目Hはフランスが反対1項目，日本とアメリカ（ハワイ）では賛成と同じ2項目を立てたので，表中では合併してパーセントを示した．

質問項目および回答選択肢を引用するときには，最左列の表示（アルファベット）およびコード番号（記号）を用いることがある．

この表 III-47 をみると,'家庭観'をみる質問項目群 A, B, D では,日本にくらべフランスとアメリカ(ハワイ)が近いようにみえるが,項目 Y'省エネルギーは重要か'では,アメリカ(ハワイ),フランス,日本の順に重要と思う程度が下がる.また,項目 W では日本とフランスは似ているが,アメリカ(ハワイ)だけ格段に異なる.'生活水準の評価'に関する項目 L, M, N ではアメリカ(ハワイ)の評価が高く,日本,フランスと順に下がるなど,3者の間で一定の傾向もみられず,各社会の特徴をつかむことも困難である.全体の回答分布を見やすい形で図示するため,ここでは,第 III 部第2章で述べた手法(方法は第 IV 部第2章参照)を利用する.すなわち,各質問項目の各回答選択肢の支持率(パーセント)について各調査で得られたパーセントの数値の大きさの順に順位をつけ,この順位をなるべくうまく再現するように,各調査(各国,各対象グループ,図 III-53 中では点で示される),および各質問項目の回答選択肢を示したものが図 III-53 である(各質問項目より一つ回答選択肢を選んでいる.図 III-53 中では矢印の付いた線で示される.また,質問項目と回答選択肢は A△ のように表 III-47 に示す項目と記号を用いて欄外に表示してある).各調査における回答支持率の大きさの順が,二つの質問の回答選択肢で全く逆順になる場合は,両者が重なり矢印が両方につくことになる(例えば,図 III-53 中で,項目—回答選択肢 A△ の場合と項目 R□ の場合は,各調査における回答支持率の大きさの順が,ほぼ逆順になっているので重複された線として示され両端に矢印がついている).

この図 III-53 の欄外に記された質問項目の各回答選択肢に対する説明の書いてあるところ,つまり矢印の書いてあるところに近い位置にある点(調査対象グループ)は,それぞれ,欄外に示された項目の回答選択肢に対する支持率が他にくらべ相対的に高いという意味で,近い位置にある(回答選択肢の)説明が,その対象グループの特徴を示すことになる.また,似た位置にある線(項目)は,各対象グループから似たような順で支持されている.

この表示の再現性は,各対象グループの各項目(回答選択肢)に対する支持順位と図の表示(各対象グループを示す点から該当する項目を示す線に下ろした垂線の足の位置の矢印方向からの順位)との間のスピアマンの順位相関係数によって示される.図 III-53 の各項目記号の次の( )内の数字——例えば A△(0.98)——が全体としてはかなり高く,総平均では 0.91 となり,順位をよく再現しているといえる.ただし,不安感のうち'重い病気'(0.52),'失業'(0.46)の両項目では再現性が悪いので以下の分析では除いて考察する.

図 III-53 には,表 III-47 の支持率の一覧表に示した日本・フランス・ハワイ日系のほか,ハワイ非日系についてはハワイ生まれとアメリカ本土生まれ(白人)のグループを区別して表示してある.この他,予備調査で検討したパリと東京両調査の結果もつけ加えて分析し,各対象グループの位置を図に示してある.

これをみると,対象グループでは,東京,ハワイ日系,(ハワイ非日系)アメリカ本土生まれ白

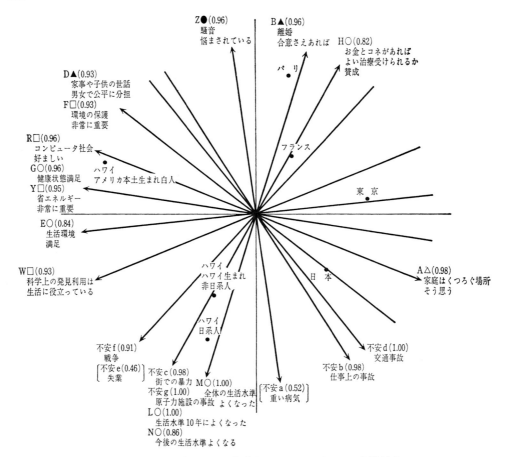

図 III-53 比較対象社会と各質問項目との関連および位置付け
注意: 1. 矢印は矢の方向に回答頻度の高いことを示す. 2. カッコ内はスピアマンの順位相関係数を示す(順位相関係数の平均0.91). 3. 不安 g は L○ とデータで順位が全く同じであるため計算上は除き,グラフにのみ記入してある. 4.〔 〕でかこった不安 a と不安 e は順位相関係数が非常に低いため考察上は除外してある.

人,パリが四つの極をなしており,フランス全体はパリと東京の中間に,日本全体は東京とハワイの中間に位置し,ハワイ生まれ非日系はハワイ日系に近く位置する.さらに,これをフランス,日本,ハワイと大きくまとめてみると,相互に似たところと異なるところとがある三極構造をしているという興味ある姿が描き出される.

質問項目・回答選択肢の方は次のような四つのクラスターに大別される.

Ⅰ 〔家庭はくつろぐ場所,交通事故の不安,仕事上の事故の不安〕
Ⅱ 〔生活水準よくなった,全体の生活水準よくなった,今後の生活水準よくなる,上記Ⅰ以外の不安感〕
Ⅲ 〔コンピュータ社会好ましい,健康状態満足,生活環境満足,省エネルギー重要,環境

保護重要，科学上の発見・利用は生活に役立っている，家事や子供の世話は男女公平に分担〕

Ⅳ 〔騒音に悩まされている，離婚合意あればよい，お金とコネがあればよい治療がうけられる〕

各対象グループと質問項目のクラスターとの関係をみると，日本は'家庭観'の伝統的あるいは中間的な意見について特徴があり，東京はややフランス寄りである．フランスは'家庭観'の現代的側面および'騒音'，'お金とコネ'の項目に特徴があり，とくに，パリはフランス的特徴をよりはっきり示しているといえる．しかし，フランス全体では日本とアメリカの中間に位置している．一方，アメリカ(ハワイ)の各対象グループをみると，日系とハワイ生まれ非日系のグループは'生活水準の評価'が高くよく似ているが，アメリカ本土生まれ非日系のグループは，'科学技術の評価'に積極的，また最近話題になっている'省エネルギー'，'環境保護'を重要視しており，'生活環境'および'健康状態'の満足感を他よりいっそう表明している．ハワイを全体としてみると，各グループで程度の差(順位の出入り)はあるが，これらの諸項目では，日本・フランスにくらべ積極的なところが特徴といえる．

また，'不安感'では，日本が'交通事故'，'仕事上の事故'を，ハワイ日系，ハワイ生まれ非日系グループが'その他の不安感'を他グループよりいっそう示している(しかし，本土生まれグループには'不安感'は高くない)ことなどが，回答分布からの特徴として得られる．

次に，これらの回答分布に基づく大局的な位置付け，特徴付けを念頭において，これとは別に，質問項目の相互関連分析からみた各社会の同異を検討することにしよう．

iii 各社会における回答パタンの分析

第4章から第6章までと同じように，この項においては「回答パタン分類の数量化」の手法を用いた分析によって各社会の人々の"ものの考え方"の同異について検討する．分析に取り上げる「質問項目の組」について，ここでは，次の二つの組についての分析を例として取り上げることにする．

a) '不安感'および'科学技術'に関連する4項目(Y, F, W, R)の質問の組に対する回答パタンの分析

'不安感'7項目に，'省エネルギーは重要か'，'環境保護は重要か'，'科学上の発見・利用は生活に役立つか'，および'コンピュータ社会は好ましいか'の4項目を加えた質問項目の組について，回答パタンの分析をすると，日本・フランス・アメリカ(ハワイ)の3者ともほとんど同じ形の回答布置図が得られることは注目すべきことであろう．(回答パタンの分析結果図は，3者とも同じような布置を示し，とくに説明を加える必要がないので図は省略した．)

日本・フランス・アメリカ(ハワイ)それぞれにおける回答分布は必ずしも同じような状況ではなかったが，これらの「質問項目の組」に関する限り，回答の相互関連のあり方，"ものの考え方"のシステムはそれぞれ類似していることになる．これは，現代の高度産業社会に生活する人々が，日常生活における'科学技術のあり方'について，程度の差はあっても同じような期待と不安の「構造」をもっていることを示唆しているといえよう．これは，前章のはじめにも示したように，日本・アメリカそれぞれの日常生活における'くらし方'および'仕事観'に対する"ものの考え方"の面が類似していることと共通する現代の高度産業社会の一側面をあらわしているといえる．なお，性別・年齢別・学歴階層別にみても，日本・フランス・アメリカ(ハワイ)の3者は同じ傾向にあることも確かめられている．

次に'不安感'を除いた14項目に関する分析を述べる．

b) 家庭観，生活環境，生活水準の評価，および科学観などに関する「質問項目の組」に対する回答パタンの分析

ここでは，日本・フランス・アメリカ(ハワイ)の各調査に共通している質問項目のうち，特殊なまとまりを示す'不安感'に関する質問項目以外の項目すべてを取り上げて回答パタンの分析を行なった結果について述べる．

各調査それぞれについての回答パタンの分析結果を述べる前に回答パタンの分析の図を見やすくするため，前章で利用したように，回答選択肢の布置を示すとき類似した項目には同じ記号を用いることにしたので，これについて説明しておく．

取り上げた質問項目のうち，質問項目の分類(略記号)	内容	記号
1) 家庭観をみる質問項目(A, B, D):	伝統的側面の項目(回答選択肢)	(△)
	中間的項目	(・)
	現代的側面の項目	(▲)
2-1) 生活環境，健康状態(E, G):	満足の方	(○)
	満足でない方	(●)
2-2) 生活水準の評価(L, M, N):	よくなった方(よくなる)	(○)
	中間(変らない)	(・)
	わるくなった方(わるくなる)	(●)
3-1) 科学技術の評価(W, R):	役立っている(望ましい)	(□)
	中間	(・)
	役立っていない(危険)	(■)
3-2) 省エネルギー，環境保護(Y, F):	非常に重要	(□)
	中間	(・)
	重要でない	(■)

と記号を付けた．

このほか，騒音(Z)も 2-1)'生活環境'に準じて'悩まされている'を(●)，'悩まされていない'は(○)とした．また'お金とコネがあればよい治(医)療がうけられるか'の質問項目は'賛成'を(○)，'反対'を(●)にしていることに注意されたい．

これらの記号と各質問項目の回答選択肢との対応は表 III-47「回答分布一覧」の記号欄に示してある．

まず，日本の 1983 年調査の回答パタンの分析結果をみると，図 III-54 のようになる．

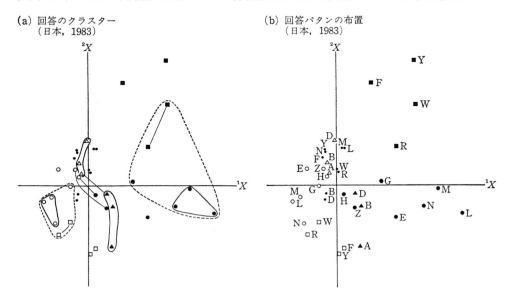

図 III-54　共通質問項目に関する回答パタンの分析結果——日本，1983——

大局的にみると，第 1 軸(横軸)の左・右両極に生活水準の評価のプラス，マイナスが位置し，プラス側に近く，'科学技術は役立つ'，'コンピュータ社会は望ましい'という，いわば科学技術にプラスの考え方が位置し，さらに'生活環境満足'もあわせてまとまり，「肯定的・楽天的態度」のクラスターを形成している．しかし，これに対立するマイナス側は，'生活水準の評価'のまとまりが目立つほかはゆるくまとまる形になる．一方，'家庭観'に関する意見群は'生活水準評価'のクラスターの中間に，'伝統的側面'のクラスターと'現代的側面'のクラスターが上下に対立する形となって布置する．この対立するクラスターに沿って'騒音に悩まされていない'，'悩まされている'が位置し，'お金とコネがあればよい治療がうけられるか'に'賛成'が'家庭観の伝統的側面'に近く，'反対'が'現代的側面'に近く布置する．さらに，'省エネルギー'，'環境保護'の項目は第 2 軸に沿って下方に'非常に重要'が位置し，'重要でない'は上方に離れて，'科学観の否定的側面'の近くにまとまる形となる．中間的な項目群は'家庭観の伝統的側面'のクラスターの近くにほぼまとまってくる．(図 III-54 a は各クラスターの位置関係を見やすく図示し，図 b は各項目を詳しく示してある．また，図 a のクラスターの表示は図 III-55，図 III-56 および図 III-57 と共通にしてある．)

218

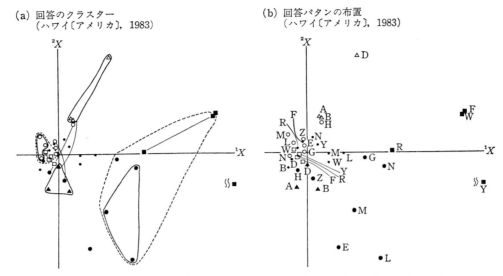

図 III-55 共通質問項目に関する回答パタンの分析結果——アメリカ（ハワイ），1983——

　次に，1983年ハワイ・ホノルル市民調査の結果をみよう．上に述べた日本調査の回答パタンの分析結果における各クラスターの布置を念頭に置いて，ハワイ調査の回答パタンの分析結果（図III-55）における各クラスターの相対的位置関係をみると，大局的には，日本の結果図を時計回りに45°回転して重ね合わせ，'生活水準'，'科学技術観'，および'生活環境満足'に関する「肯定的・楽天的態度」のクラスターのまとまりをよりいっそう緊密にし，一方，これに対立するクラスターをより広く拡散した形として，第1軸の左・右に対立させ，第2軸に沿って'家庭観'の'伝統的側面'のクラスターを上方，'現代的側面'を下方に位置させることによって日本の場合と同様の配置図となる．しかし，ハワイの布置図で特徴的なことは，'省エネルギー'，'環境保護'の項目の布置である．日本では第2軸に沿って下方から上方へ'非常に重要'，'重要でない'という形に布置されたが，ハワイでは第1軸に沿って左側の原点近くに'非常に重要'が「核」となって布置し，'重要でない'は右方遠くに科学技術に関する否定的な態度からさらに離れて布置されることである．アメリカ人の日常生活における満足感，生活水準のよいことに対する積極的評価の表明などの楽天的態度，および科学技術の進歩に対する肯定的な態度などは，アメリカ人の"ものの考え方"の特徴として，これまでにも数多く指摘されている[6]ところである．

　これに加えて，現代の流行ともいうべき，'省エネルギーの重要性'および'環境保護の重要性'が「核」の意見の一角を構成していることが回答パタンの分析結果によりはっきりと示されたことは（日本・フランスとの対比において），アメリカ（ハワイ）の特徴を考える上で注目される．（これは，第6章における日本・アメリカの"ものの考え方"の比較分析の検討過程から考えると，ほとんど予期されるような，いわば当然とみられる結果であるといえよう．）

次に，フランスにおける1982年調査の結果（図III-56）をみると，各クラスターの配置は第1軸の左・右に'生活水準評価'の肯定・否定が対立して位置し，'科学技術の進歩'に関する肯定・否定，'生活環境'の満足・不満足もあわせてそれぞれ肯定側，否定側にまとまり，日本・アメリカ（ハワイ）にくらべて緊密にまとまったクラスターを形成している．とくに'否定的側面'が，きわめて密にまとまっていることが，日本・アメリカ（ハワイ）にくらべて第一の特徴としてあげられる．また，'家庭観'の'伝統的側面'は右上方に，'現代的側面'は第2軸に沿ってやや左下に位置しており，'生活水準評価'，'科学観'の肯定・否定の各クラスターとは直交し，四つのクラスターが日本・アメリカ（ハワイ）よりはっきりした形で分離している．とくに，各質問項目における'中間的意見'が'家庭観'の'伝統的側面'のクラスターと分離し，第2軸上方にまとまって位置していることは日本と異なる．さらに，'お金とコネがあればよい治療がうけられるか'に対する'賛成'および'反対'の布置が，日本・アメリカ（ハワイ）とは逆転している点も注目される．

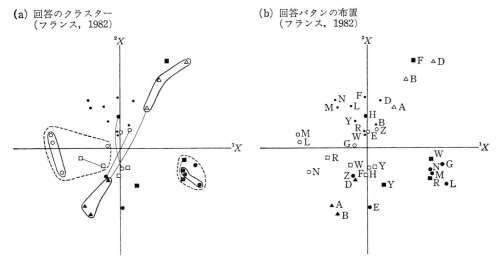

図III-56 共通質問項目に関する回答パタンの分析結果──フランス，1982──

全体をまとめてみると，日本・フランス・アメリカ（ハワイ）のそれぞれについて回答パタンの分析結果の布置図は，日本がアメリカ（ハワイ）とフランスとの中間に位置しているというより，日本の結果はフランスにやや近い形となっている．各クラスターの大局的な位置関係は，日本・フランス・アメリカ（ハワイ）の3者の間で，ただ単に大きくくい違うという形にはならず，それぞれ3者の特徴を示しつつ，相互の関連が認められる形となり，むしろ類似しているという表現が適切である．しかし，フランスとアメリカ（ハワイ）との結果を対比したときには，類似性よりも差異の方が目につくという状況である．日本の結果を念頭に置き，第6章における日本とアメリカとの間の同異のあり方に関する分析検討の結果を媒介にして，はじめて"アメリカの特徴"

220　第Ⅲ部　データの分析

を分析の視野のなかに取り込むことが可能となり，この類推によって，フランスとアメリカ（ハワイ）との間の差異の構造をきわめて明確に示す形の事例が得られたことになる．

　すなわち，アメリカ（ハワイ）では，自分を信頼し，物事を積極的・肯定的にとらえていく．しかし，ヨーロッパ（フランス）では，否定的な側面から批判的にとらえる形となるところに特徴がみられる（図Ⅲ-56）といえる．これは，A. インケルスがとりあげているアメリカ人の国民的性格の説明を裏書きするような結果である．

　　　……*Innovativeness and Openness to New Experience.* These terms used to be called being "progressive". The readiness to try the new and to experiment, especially in the realm of the technical and mechanical, goes back a long way in the American experience. It now extends to many other realms as well, including especially new forms of organization, and new sensate experiences. Jean-Jacques Servan-Schreiber expressed it well when he said, "We Europeans continue to suffer progress rather than to pursue it. Americans pursue it, welcome it, and adapt to it."[7]……

　　　　　　　　　　　　　　　　　　　　　　　(Alex Inkeles: The American Character[8], p. 33)

c)　総合的比較

　日本・フランス・アメリカ（ハワイ）の相互の位置関係をさらに見やすくするため，第Ⅰ部で述べたボンド・サンプルに基づく回答パタンの分析結果を示そう．

　前項でみたように，日本・フランス・アメリカ（ハワイ）のそれぞれの回答パタンの分析結果図は大局的には類似していたので，3者をあわせて（ボンド・サンプルとして）分析した結果が図Ⅲ-57である．これをみると，これまでの分析でみられた日本・フランス・アメリカ（ハワイ）の

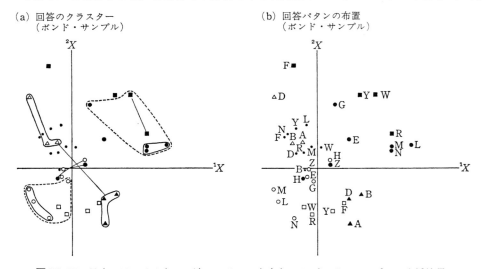

図Ⅲ-57　日本・アメリカ（ハワイ）・フランスをあわせたボンド・サンプルの分析結果

3者のそれぞれの特徴的な性質が相互に打ち消し合って相対立する2対のクラスター（合計4個のクラスター）が各象限に一つずつ位置する形となり，日本（あるいはフランス）の結果図（図III-54, 図III-56）とそれほどくい違わない布置図が得られる．ただし，'お金とコネがあればよい治療がうけられるか'については，これまでとは異なる独自の布置となる．これは，質問項目の受け取られ方が各社会によって異なる可能性があることを示唆しているものである．したがって，翻訳の問題としても考える必要がある（本章末〈後注〉参照）．

このボンド・サンプルに基づく回答パタンの分析結果で得られた個人スコアを，各対象集団ごとにまとめて平均し，図示したものが図III-58である．

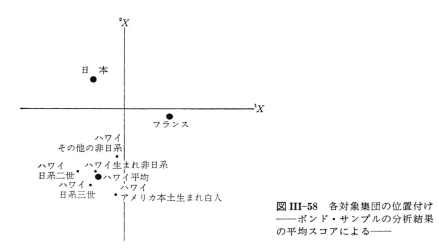

図III-58　各対象集団の位置付け
——ボンド・サンプルの分析結果の平均スコアによる——

前節で述べたように，日本・フランス・アメリカ（ハワイ）は，パーセントの順位による比較でも，回答パタンの分析による比較においても三極構造をしていることが示されたのは興味深い．さらに，それぞれの対象集団のスコアの位置関係を図III-57の各質問項目の布置図と重ね合わせて検討すると，それぞれの対象集団の特徴が浮び上がってくる．すなわち，日本は，'家庭観'の'伝統的側面'について他グループと異なり，さらに多くの項目で'中間的回答をする'ところに特徴がある．また，フランスは，'生活水準評価'および'科学技術観'についての'否定的側面'に強い関連があるところが特徴であり，また，'家庭観'の'現代的側面'を支持するところもやや特徴的である．

一方，アメリカ（ハワイ）は'生活水準の積極的評価'および'科学技術観の肯定的側面'を強く支持するところが特徴である．

これら各社会の各対象集団に関する諸特徴は，これまでの分析で示してきた通りである．この分析結果が，それぞれの対象社会に生活する人々にとって，どのように受け取られるか？　という検討が今後の課題である．というのは，これまで行なってきた分析検討の過程は，調査結果のデ

ータ解析のみに終始し,いわば,静止した気象衛星から送られてくる雲の写真を,下の地形を深くは考えないで解析しているに過ぎないからである.同じような雲の配置図を得れば,下が日本であろうとフランスであろうと,同じような"考え方"で予想(天気予報)をするということでもある.逆に雲の生成状態が下の地形の状況によって原理的に異なるとすれば,同じような配置図が得られる可能性はなく,我々はいつまでも五里霧中の状況から抜け出すことが困難なことになる.しかし,これまでの分析検討を通じて,社会を動かす共通の基盤がほのかにではあるが,それぞれの社会の中に生まれているということが実感されてくる.

〈後注〉

質問項目は'お金とコネがあればよい治療がうけられるか'で示してきたものである.表III-47からみると,まず,回答選択肢数がフランスは3(賛成2・反対1),日本およびアメリカ(ハワイ)は4(賛成・反対ともに二つずつ)で異なることが第一点である.今一つは,フランス調査の質問項目の原文から英語および日本語に翻訳するときに問題があるのではないかという指摘が,フランス側共同研究者のルバール氏からあったことである.

　フランス調査の質問文と回答選択肢
　Certains pensent que quand on a de l'argent et des relations, on est mieux soigné. Êtes-vous...
　(Enumérez)
　　1. Tout à fait d'accord
　　2. Assez d'accord
　　3. Pas du tout d'accord
　......avec cette opinion ?
　アメリカ(ハワイ)調査の質問文と回答選択肢
　Do you agree or disagree with the following statements? "To have money and connections is the best possible way to take care of one's health."
　　1) Agree strongly　　4) Disagree strongly
　　2) Agree　　　　　　5) Other
　　3) Disagree　　　　　6) D.K.
　日本調査の質問文と回答選択肢
　#7.32 'お金とコネがあればよい治療がうけられるか'
　〔リスト〕病気になったとき,お金があり,よいコネがあれば十分な治療が受けられる,と考える人がいますが,あなたは,こういう意見についてどう思いますか?
　　1　賛　　成　　　　　　2　どちらかといえば賛成
　　3　どちらかといえば反対　4　反　　対
　　5　その他〔記入〕　　　　6　D.K.

とくに,フランス調査の原文における"Certains......"といういい方は,日本語にすると"......と考える人がいますが......"というよりも,少し社会を批判的にみているニュアンスがあり,"......と考えている人もいますが......"あるいは"......と(変わった)考え方をする人もいますが......"というようになるという指摘である.アメリカ(ハワイ)調査の質問文は通常の意見に対す

る賛否をとる形式であるから,フランス語のニュアンスを十分にくみとったものとはいえない.

これらの諸条件が重なり,日本・アメリカ(ハワイ)調査とフランス調査との間には回答分布に差が生じているばかりか,回答パタンの分析結果についても大きな差異が認められる結果となっている.

質問文の翻訳の難しさについては,すでに第II部でも数多くの例を示して述べてきたところであるが,これは日本語から英語(およびその逆)という言語体系ばかりでなく,社会的環境も大きく異なる場合の例であった.しかし,フランス語から英語への翻訳という場合にも,やはり十分慎重な対応が必要であるということがこの例からもわかる.これらの点については今後とも十分検討を重ねていく必要がある.

最後に一言つけ加えておくと,このような翻訳上の問題点が発見されたこと自体が,我々の比較研究方法の運用上の有用性を示すものといえる.すなわち,比較共同研究を実施した当事者の双方に,比較分析に利用した回答パタンの分析手法の性質を熟知した調査の専門家が参加しており,分析結果図を誤りなく読み検討することができる態勢をとっていたからである.通常の方法では,"誤訳"のあり方さえわからぬまま,国情(社会環境)の違いとして処理されてしまう可能性があるし,"誤訳"があるということすら気付かぬまま分析を進めてしまうことであろう.

1) これに関連したことは別の機会にもふれた.例えば,鈴木達三(1974),「国民性国際比較の方法——日本人とハワイ日系人との比較から」『日本人研究』No. 1, pp. 258-318.
　　Hayashi, C. and Suzuki, T. (1974), Quantitative Approach to a Cross-Societal Research; A Comparative Study of Japanese Character, *Annals of the Institute of Statistical Mathematics*, Vol. 26, pp. 455-516.
2) 第IV部第4章参照.
　　Benzécri, J. P. et al. (1973), *L'Analyse des Données 1, 2*, Dunod, Paris.
　　Benzécri, J. P. and Benzécri, F. (1980), *Pratique de l'Analyse des Données 1, 2, 3*, Dunod, Paris.
　　Benzécri, J. P. (1982), *Histoire et Préhistoire de l'Analyse des Données*, Dunod, Paris.
　　Benzécri, J. P. (1983), L'Avenir de l'Analyse des Données, *Behaviormetrika*, 14, pp. 1-11.
　　Lebart, L., Morineau, A. and Warwick, K. M. (1983), *Multivariate Descriptive Statistical Analysis: Correspondence Analysis and Related Techniques for Large Matrices*, John Wiley & Sons, New York.
3) 国立科学研究センター(CNRS)の一つの研究機構.
4) Lebart, L., Houzel-van Effenterre, Y., Castro, C., Duflos, C., Gros, F., Pleuvret, P. and Reynaud, P. (1980), *Le système d'enquêtes sur les aspirations des Français: Une brève présentation*, Consommation (CREDOC), No. 1, Dunod, Paris.
5) フランス1980年調査(パリ)と東京調査(1982)との比較については,
　　Hayashi, Chikio, Tatsuzo Suzuki, and Fumi Hayashi (1984), Comparative Study of Lifestyle and Quality of Life: Japan and France, *Behaviormetrika*, 15, pp. 1-17.
6) 例えば,Inkeles, Alex (1977), "Continuity and Change in the American National Character", Paper delivered before the American Sociological Association's Annual Meeting, Chicago: September 5, 1977.
7) Katona, George, Burkhard Strumpel and Ernest Zahn (1971), *Aspirations and Affluence; Comparative Studies in the United States and Western Europe*, McGraw-Hill, New York.
　　Servan-Schreiber, J. J. (1968), *The American Challenge*, Atheneum, New York. (邦訳:林信太郎・吉崎英男訳(1968),『アメリカの挑戦』タイムライフ・インターナショナル)

8) Inkeles, Alex (1983), The American Character, *The Center Magazine*, Vol. 16, No. 6, November/December, pp. 25–39.

第8章 おわりに

　これまで第Ⅰ部において概論を述べ，第Ⅲ部において具体的にこの考えを調査データを通して実行してみた．ここまで具体的に話を進めてきて，もう一度第Ⅰ部に述べたところを繰り返しまとめてみよう．異なった文化圏における人間意識の比較研究においては，まず我々自身の立場を明確にすべきである．それでは，我々の行なう方法論の立場は何か．

　まず現象を大事にする．調査をして対象相手を相手の立場に立って理解したかのような態度で，それを説明しきるような理論を作ることはしない．また，我々の立場からみた押しつけ風の理論を作らない．焦って理論化しようとしない．ということである．それではどうするか．

　対象相手もまた人間であり，喜怒哀楽の情を持ち，快・不快の気持ちをいだく人間であるが，異なった文化に育まれた人間でもある．ということを念頭において，得られた現象の同一性・差異性をながめ，これらにまつわる behavior の関連性，behavior pattern をいろいろの角度から動的に，深く，克明に，現象に即して，データを操作し，その姿を明らかにしていくことを考える．似たようで異なり，異なるようで似ている．その複雑な様相を明らかにしていくことを中心に据える．このための諸方法を統計数理・行動計量学の立場から考究していこうとするのが我々の立場である．この方法は，試行錯誤・逐次近似の考えに根ざすものであり，決定的考えというのではなく，次第に探りを入れていく考え方，つまり探索的・探偵的過程を重視して研究を進めるのである．

　つまり，出てくる同異の種と相とをいろいろの見方から分析し，その構造を描き出し，どのようにしてそうした現象が出ているかについて仮説を考えることになる．この仮説も，調査計画を種々工夫して得られたデータに基づいて，しなやかに設けられるべきものである．この仮説を検討しつつ，それに基づいて現象の関連について，より以上の分析を進め，ここでわかったこととわからないことを仕分けし，次の調査・分析に進む．わかりかけて，さらにまたわからなくなり，それが解決されて，より高度の理解に進むという過程が当然起ってくる．これをデータ分析に基づいて，客観的に解きほぐして知見を積みあげていこうとする．こうして，次第に現象の内へ分け入り，現象（データ）のまにまに理解を深めるというダイナミックないき方をとることになる．

第IV部　第III部の方法論的注

第1章　対象間の非親近性をもとにする全貌把握

a) 基本的な考え方

非親近性は，乖離度・遠さ近さ・親近性，あるいは漠然たる用語でいう距離（数学的意味の距離——距離の公理を満たす距離——ではない）といい換えてもよい．これが，メトリック（数学的意味の距離）の意味を持たない場合が通常のデータ解析の場合多い．非親近性がランク・オーダーで与えられている場合が，いわゆる通常の多次元尺度解析（Multidimensional Scaling——MDS）であり，ランクのついたクラス分けで与えられている場合には，MDA-OR（この意味は後述）が用いられる．非親近性の尺度を適宜——一義的とはいえないが，常識を逸しない，もっともらしいという意味で——定義し，これをメトリックとして用いずに——メトリックとして用いるとすれば気軽に定義できるものでもなく，これ以上よいものがないということを科学的に決定することは不可能であり，メトリックとしての性格を与えることもまず容易ならざることである——順位とか遠い近いとかのクラス分けぐらいの情報として取り扱うのが妥当である．メトリックとして用いると，数値の端々が問題になり，大局を見通しよく把握することが難しくなる．また，メトリックとして用いないとき，いわば濃淡強調し——層別後コーディングと名付けてよい——見通しをよくした後，計算することも望ましい結果をうる．

例えば，二つの要素の関係に対して表IV-1のような非親近性をあらわすマトリックスが与えられたとしよう．もちろん対称であるとしておく．

表IV-1

	A	B	C	D	E
A	—	0.5	0.4	0.2	0.6
B	0.5	—	0.5	0.7	0.3
C	0.4	0.5	—	0.1	0.8
D	0.2	0.7	0.1	—	0.6
E	0.6	0.3	0.8	0.6	—

ここで，0.4以下をS，0.5以上をLとして濃淡強調すると，表IV-2のようなマトリックスに

表 IV-2

	A	B	C	D	E
A	—	L	S	S	L
B	L	—	L	L	S
C	S	L	—	S	L
D	S	L	S	—	L
E	L	S	L	L	—

なる.

ここで，A, B, C, D, E をならべかえてグループ分けが明らかになるようにすると，表 IV-3 のマトリックスができる．S を非親近性が小さい，つまり親近性が高い，L を非親近性が高いと考えれば，(ADC), (BE) の 2 群が弁別されることがわかる．

表 IV-3

	A	D	C	B	E
A	—	S	S	L	L
D	S	—	S	L	L
C	S	S	—	L	L
B	L	L	L	—	S
E	L	L	L	S	—

以上は単純な例であるが，複雑な場合は MDA-OR を用いればよい．

b) MDA-OR の説明

要素(個数 N とする) i と j の関係 R_{ij} が何らかの意味で順序 D_{ij} がついている場合である．この数は欠測データがなければ $N(N-1)$ 個ある．この順序を再現する最小次元のユークリッド空間——ユークリッド空間でなくてもよいが，わかりやすいこの空間を考えるのが実際的である——を考える．S 次元のユークリッドの距離を考える．

$$d_{ij}{}^2 = \sum_{s}^{S}(x_{is}-x_{js})^2$$

ここに x_{is}, x_{js} $(i, j=1, 2, \cdots, N; s=1, 2, \cdots, S)$ は要素 i, j の s 次元目の座標の値である．

こうして，

$$D_{ij} \gtreqless D_{kl} \rightleftarrows d_{ij} \gtreqless d_{kl}$$
$$D_{ij} = D_{kl} \rightleftarrows d_{ij} = d_{kl}$$

の関係が成立するような最小次元 S と x_{is} $(i=1, 2, \cdots, N; s=1, 2, \cdots, S)$ を求めようとすることになる．強い単調性の条件である．D_{ij} という順序情報を再現する d_{ij} を求める——D_{ij} と d_{ij} とが

最もよく対応するような d_{ij} を定める——ことを考えるのである．これは，マトリックスの形で与えられる順序情報を，なるべくよく再現する図柄(要素の布置および要素間の距離)を現前させようとすることを意味する．これを狙うのが MDS の基本である．上述の関係が完全に成立しなくても，そうした関係の成立する比率が大のとき満足するというのが，実際的立場となる．ここで述べる MDA(Minimum Dimension Analysis)では，このより弱い意味の単調性の関係を用いる．i と j の関係 R_{ij} が順序のついた G 個のクラスに分類される場合である．つまり，非常に近い，近い，中位，遠い，非常に遠い；＋＋，＋，±，－，－－，などである．これはタイ(tie)が非常に多い場合のランク・オーダーの場合と考えればよい．これを $R_{ij}=G_{ij}$(rank-grouped relation の意)の場合と書くことにする．グループは G 個であるとする．1 が最も近く，G が最も遠い(遠近は，非親近性，あるいは親近性の程度を示すものとする)とし，g を R_{ij} がどのグループに属するかを指定する数としておく．$G_{ij}(g)$ は i,j の関係が g グループに属することを意味する．

$$G_{ij}(g) < G_{kl}(g') \to d_{ij} < d_{kl} \quad (g<g')$$

が成立するように，

$$d_{ij} < d_{kl} \to G_{ij}(g) \leqq G_{kl}(g') \quad (g \leqq g')$$

が成立するようにする．ただし，$G_{ij}(g)=G_{kl}(g')$ でも必ずしも $d_{ij}=d_{kl}$ が成立しなくてもよい(逆の方は成立)，という関係である．

こうした関係がなるべく多く成立するように考えて，データ処理を行なうのである．ここで大事なのは，上述の関係が成立する程度(比率の大きさ)と S との関係である．程度を高くすれば S が大になるので，実際的に許容できる程度をさだめ，最小の S(可及的に小さい S)を求めるのが望ましい．データ解析の立場では，一般に $S \leqq 3$ が望ましい．これ以上であれば，データに基づいて集団分割をして考えを進める方策をとるのが情報が多くなるであろう．こうして，MDA のように情報がランク(順序)をもつ場合を MDA-OR(MDA of ordered class belonging)と名付けておこう．今後，とくにことわらぬかぎり，単に MDA というとき，MDA-OR を意味するものとしておこう．

最も簡単な場合は一次元である．i という要素 $(i=1,2,\cdots,N)$ に x_i という数値をあたえる．そして，ユークリッドの距離 $m_{ij}=d_{ij}{}^2=(x_i-x_j)^2$ を考える．ただし x は未知のものである．どのような距離関数をとってもよい．しかし，直観的に理解し難いものもとれるのであるが，実際上これは無意味である．わかりやすい画を描き，現象を理解しやすくするために，こうした分析をしている以上，気取りだけで格好のよいものを持ちこむのは望ましくない．次に，$\delta_{ij}(g)$ を定義する．

$$\delta_{ij}(g) = 1: R_{ij} \text{ が } g \text{ 番目のクラスに属しているとき}$$
$$= 0: \text{その他のとき}$$

(ただし，$i, j = 1, 2, \cdots, N$; $g = 1, 2, \cdots, G$)

ここで g 番目とは g 番目の非親近性を意味する．ただし，1番目は最も低い非親近性(最も高い親近性，最も高い類似性)のクラスを意味し，G 番目は最も高い非親近性のクラスを意味する．ここに，

$$\sum_{g}^{G} \delta_{ij}(g) = 1, \qquad \sum_{i \neq j}\sum\sum_{g} \delta_{ij}(g) = T$$

が成立する．T は組み合せ全体の数で，欠測の組み合せがないときは $N(N-1)$ に等しい．

関係 R_{ij} にユークリッド空間の距離 d_{ij}^2 を対応させることを考えるのである．R_{ij}，すなわち $d_{ij}^2 = m_{ij}$ はある非親近性のクラスに属するものと考えるのである．x を用いてクラスの弁別を最大にするように，その x_i $(i=1, 2, \cdots, N)$ を求めるのである．x があたえられたものと仮定すると，g 番目のグループに属する距離関数 m を算出することができる．同じ R は同じ m につねに対応することを必要としない．ときには同じ R は，ちがった m に対応することがある(弱単調性)．こうして，g 番目のグループに属する m の分布を作ることができる．これを基にして，弁別の測度として相関比 η^2 を作る．もちろん $\eta^2 = \sigma_b^2/\sigma^2$ である．ただし σ^2 は全分散であり，σ_b^2 は外分散である．こうした数量化の目的は，いくつかの条件のもとで η^2 を最大にする x を求めることである．なぜならば，R に対する m の適合のよさが η^2 を最大にすることによって表現されるからである．全分散 σ^2 は，

$$\sigma^2 = \frac{1}{T}\sum_{i \neq j}^{N}\sum m_{ij}^2 - \bar{Q}^2, \qquad \text{ただし} \quad \bar{Q} = \frac{1}{T}\sum_{i \neq j}^{N}\sum m_{ij}$$

内分散 σ_w^2 と外分散 σ_b^2 は，

$$\sigma_w^2 = \sum_{g}^{G}\frac{f_g}{T}\left[\frac{1}{f_g}\sum_{i \neq j}^{N}\sum m_{ij}^2 \delta_{ij}(g) - \bar{Q}_g^2\right], \qquad \sigma_b^2 = \sum_{g}^{G}\frac{f_g}{T}\bar{Q}_g^2 - \bar{Q}^2,$$

$$\text{ただし} \quad \bar{Q}_g = \frac{1}{f_g}\sum_{i \neq j}^{N}\sum m_{ij}\delta_{ij}(g)$$

また $f_g = \sum_{i \neq j}^{N}\sum \delta_{ij}(g)$ である．このようにして，x の関数として，はっきり η^2 を書き表わすことができる．こうして x が直接に求められればよいが，必ずしもうまくいかない．そのため逐次近似の方法をとる．

x の m 番目の近似値を $^m x_i$ $(i=1, 2, \cdots, N)$ としよう．

$$^m \eta^2(x) = \frac{\sigma_b^2(^m x)}{\sigma^2(^m x)} = 1 - \frac{\sigma_w^2(^m x)}{\sigma^2(^m x)}$$

ただし $\sigma^2(^m x)$ と $\sigma_b^2(^m x)$ は $^m x$ によって計算される．$^{m+1}x_i = {}^m x_i(1 + {}^m \varDelta x_i)$ とし，小さな数値である $(^m \varDelta x_i)^p$ $(p \geq 2)$ を無視する $(i=1, 2, \cdots, N)$．$^{m+1}\eta^2 = {}^m \eta^2 + {}^m \varDelta \eta^2$ とする．このようにして，

$$\max_{^m\!{\mathit\Delta} x} {}^{m+1}\eta^2 = \max_{^m\!{\mathit\Delta} x}({}^m\eta^2 + {}^m\!{\mathit\Delta}\eta^2)$$

すなわち $\max_{^m\!{\mathit\Delta} x} {}^m\!{\mathit\Delta}\eta^2$ となるように ${}^m\!{\mathit\Delta} x_i (i=1, 2, \cdots, N)$ を求めるのである．上に述べた仮定のもとで，${}^m\!{\mathit\Delta}\eta^2$ は第 m 近似値である ${}^m x$ の関数であり，また ${}^m\!{\mathit\Delta} x$ の線型関数である．${}^m x$ は既知であるとしているから，いくつかの ${}^m\!{\mathit\Delta} x$ の線型条件のもとで，${}^m\!{\mathit\Delta} x$ の線型関数 ${}^m\!{\mathit\Delta}\eta^2$ を最大にすることを考える．これは線型計画法の解法である．こうして，${}^m\!{\mathit\Delta} x$ が得られたならば ${}^{m+1} x$ と ${}^{m+1}\eta^2$ が計算される．そこで ${}^{m+2}\eta^2 = {}^{m+1}\eta^2 + {}^{m+1}\!{\mathit\Delta}\eta^2$ を考え，${}^{m+1}\!{\mathit\Delta}\eta^2$ を最大にする ${}^{m+1}\!{\mathit\Delta} x$ を求める．ただし ${}^{m+2} x_i = {}^{m+1} x_i (1 + {}^{m+1}\!{\mathit\Delta} x_i) (i=1, 2, \cdots, N)$ である．この計算過程を繰り返し ${}^\infty x_i = x_i (i=1, 2, \cdots, N)$ と ${}^\infty\eta^2 = \eta^2$ を得るまで行なうのである．ただし ${}^\infty x$ と ${}^\infty\eta^2$ とは実際的な意味で収束した値である．

以上のことは，線型計画法を繰り返し使用することになる．

これを解くにあたって，いくつかの条件を置く必要があるが，最も重要な条件はクラスの順位の条件である．これは各段階において，

$$\bar{Q}_g \leqq \bar{Q}_{g+1} \quad (g=1, 2, \cdots, G-1)$$

が成立しなくてはならないという各クラス別の平均値の順位の条件である．

初期値をうまく定めて——数量化 IV 類 (e_{ij} 型数量化) を用いる[1]——計算を実行することになる．

二次元以上の場合は，

$$m_{ij}^2 = \sum_s^S (x_{is} - x_{js})^2$$

という S 次元の距離を用いて，同様に計算することになる．

S 次元空間において解くためには，階層的次元作成法 (hierarchical construction method) を用いるのが現実的に望ましい．

この方法は，まず $S=1$ として一次元の場合を解き，この値を固定し，不満足であればその残差を計算し，また $S=1$ の場合と同じ方法で解いて二次元目の数値をうる．このとき，一次元目と二次元目の結合は，計算される η^2 が最大になるようにきめる．こうして得られた二次元目の解でも，まだ適合が十分でなければ，二次元までの値を固定し残差を求め，これをまた $S=1$ の場合と同じ方法で詰める．このように前の結果を保持しつつ，この上に階を重ねるように一つ一つ次元をあげていく方法である．この方法のよいところは，適合度をみながら次元をあげるかどうか検討でき，しかも前の結果が保持され，構造変化をきたさずに次元がふえて精度が向上するという点である．さらに，ノンメトリックな方法のように，構造があらかじめよくわからず，あまりにも流動的な性格をもつものではそれを制約し，一次元一次元着実に土台を固めていく方が組織的に構造を理解しやすいものにすると思われる．S 次元のユークリッド空間において，

$$m_{ij} = d_{ij}{}^2 = \sum_{s}^{S}(x_{is}-x_{js})^2 = (x_{iS}-x_{jS})^2 + \sum_{s}^{S-1}(x_{is}-x_{js})^2$$
$$= (x_{iS}-x_{jS})^2 + \Phi_{ij}(S-1)^2$$

としよう.

ただし $\Phi_{ij}(S-1)^2 = \sum_{s}^{S-1}(x_{is}-x_{js})^2$, また $S=1$ に対しては $\Phi_{ij}(S-1)^2=0$. $\Phi_{ij}(S-1)^2$ が既知であるという状況のもとで, $x_{iS}(i=1,2,\cdots,N)$ を求めることを考えるのである. これは一次元の場合の拡張である.

このようにして η^2 の大きさを眺めながら, なるべく小さい次元 S を決定することになる. これは η^2 の大きさの効用と次元 S の小ささの効用とを比較し, 得失を考えることである. $\eta^2 \geqq \eta_0{}^2$ という関係が得られるまで繰り返しつづけるわけである. ただし $\eta_0{}^2$ は, 我々の意志によって決定することができるものであり, かつ前述の単調性の測度を表わしているものということができるのである. こうして得られた最小次元 S が小さいほどよいのはいうまでもないことである. この $\eta_0{}^2$ は, 我々の目的に応じて, 例えば 0.8 あるいは 0.5 などと選ばれる.

あるいは η^2 の情報とともに, G クラスの分布関数の分離の度合いを観察しながら最小次元 S を決定する. $S=1$ からはじめるのがよい. もしも $S=1$ において $\eta^2<\eta_0{}^2$ ならば, $S=2$ の場合を計算する. ただし,

$$m_{ij} = d_{ij}{}^2 = (x_{i2}-x_{j2})^2 + \Phi_{ij}(1)^2, \qquad \Phi_{ij}(1)^2 = (x_{i1}-x_{j1})^2$$

である. ここに $x_{i1}(i=1,2,\cdots,N)$ は $S=1$ の場合に得られた解であって固定しておくのである. もし $S=2$ のとき $\eta^2<\eta_0{}^2$ ならば, $S=3$ に進む. ただし,

$$m_{ij} = d_{ij}{}^2 = (x_{i3}-x_{j3})^2 + \Phi_{ij}(2)^2, \qquad \Phi_{ij}(2)^2 = (x_{i1}-x_{j1})^2 + (x_{i2}-x_{j2})^2$$

とする. ここにおいて $x_{i1}(i=1,2,\cdots,N)$ と $x_{i2}(i=1,2,\cdots,N)$ とは $S=2$ の場合の解であり, 固定されているものとする. この過程を繰り返し, そしてはじめて $\eta^2 \geqq \eta_0{}^2$ が達成されるときに, 最小次元 S を決定する. 一次元ずつ x の値を計算し, また η^2 を計算していくのである. しかし, $\eta^2 \geqq \eta_0{}^2$ を達成することができない場合もある. この場合は, η^2 がプラトー(高原状態)に達した段階の次元 S において, この近似過程をやめざるをえない.

以上この方法の概略を説明した[2)]. ただ, ここで注意したいのは, もとのマトリックスをデータから作る操作である. 計算された非親近性を目安とみなし, これらを層別・コーディングして見通しをよくすることである. コーディングの仕方が気になる場合は, いろいろ変えて行なってみればよい. 一般に, これらの層別の仕方を少し変えたぐらいで——順序のついたグループの個数を著しく変えない場合——結果が著しく変わり, 不安定な結果がでるのであれば, もとの非親近性の定義を深く考え直さねばならない. 一般に著しい変化がないのが普通である. もとの非親近性の定義にせよ, 第Ⅲ部本文にある d を用いても d^2 を用いても, 特別のものを除き, 大きな

変化がないのが普通である．どちらの方が，より見通しのよい図柄が出るかについて考察する必要はあろう．この場合は，その意味をよく考えてデータ解析結果の解釈に資することが重要である．

1) e_{ij} 型数量化の意味などについては，林知己夫『数量化の方法』『データ解析の考え方』(ともに東洋経済新報社)，あるいは技術的には，林知己夫『データ解析法』(日本放送出版協会)，『多次元尺度解析法』(飽戸弘と共編著，サイエンス社)を参照．
2) この方法の詳細は，林知己夫・飽戸弘編著(1977)，『多次元尺度解析法』サイエンス社, pp. 127-148, コンピュータ・プログラムについては, Hayashi, Fumi (1974, 1985), Computer Program Series I of Multidimensional Quantification Method, *Computer Science Monographs*, 統計数理研究所，および Computer Programs of Multidimensional Quantification Method, *Technical Notes*, 統計数理研究所(1985年9月)にあるので参照されたい．

第2章　属性別利き方の表現と情報集約の方法

　ここでは，多くの質問に対する分布の差異，あるいは類似性に基づく属性の特徴と属性別にみた回答分布の類似性による質問群の親近性とを同時にグラフに示して，こうした事情を直観的に把握する，つまり「見ただけでわかる」グラフ表示の一つの方法を示してみたいと思う．もちろん方法というものに万能なものはない．この方法でうまくいかないものも当然出てくるわけであるが，これまで試みたものでは，かなりよく成功しているということができる．

§1　方法の説明

　属性別分析の重要さは，あらためて説明するまでもなく，コンピュータの発達した現在では，集計自身もきわめて容易である．しかし，質問の数が多くなり，属性別分析における属性の数——性，年齢，学歴，性×年齢，年齢×学歴，性×学歴，性×学歴×年齢，職業，支持政党，居住形態，家族の類型，ライフ・スタイルの類型，高感度人間のタイプ，"財布"の型，居住地，出生地など，次第に増加しつつある——が多くなると，製表の数は厖大なものになり，コンピュータの紙のうず高い堆積から，必要な情報をとり出す方途に迷うことが多い．結局，どうなのかということになる．このままだと分析を志しても，なすところがなくなってしまう．これを見やすい形にまとめるデータ分析の方法が要望されることになる．こうしたことに使える方法として，KruskalとShepardによる「線型因子分析のノンメトリック的な応用」(*Psychometrika*, Vol. 39, pp. 123-157)という論文に述べられている方法がある．ここでは，数量化IV類——あるいはK-L型数量化——の考えを用いて，同じ目的を組織的に解いてみよう．

　表IV-4のようにデータが与えられているとしよう．ある対象が，測定ごとに順位の形で評価されているとしよう．いまS_{ir}はiという対象がrという測定で評価されている順位としておこう．S_{ir}は，1からNまでの順位になる．対象の数がN個であるから，測定rにおける順位は1からNまでのどれかであるはずである．このS_{ir}は表IV-4の中の数字であらわされている順位である．

　この順位のパタンをうまく表現できる方法を見出すことが，解くべき問題である．まず簡単な例をあげておこう．表IV-5のようなデータがあったとしよう．これをわかりやすく図にまとめる問題である．対象1は測定Iで1番，測定IIで3番，測定IIIで4番，……，というデータである．

表 IV-4　データの表現

対象＼測定	1	2	……	R
1	3	N		
2	5	2		
3	1	6		
⋮	⋮	⋮		
N	4	5		
	この中で順位で表現	この中で順位で表現		この中で順位で表現

対象1は，測定1での順位は3番目，測定2の順位ではN番目で最後——対象2は，測定1では5番目，測定2では2番目——という意味である．

表 IV-5

対象＼測定	I	II	III
1	1	3	4
2	2	1	3
3	3	2	1
4	4	4	2

表中の数字は順位をあらわす．これは S_{ir} ($i=1, 2, 3, 4$; $r=1, 2, 3$) である．

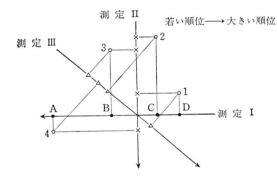

図 IV-1　各対象と測定の順位の図示
——手法の図解——
測定 I, II, III の線の矢印は，その線に下ろした垂線の足が矢に近いほど順位の高いことを示す．例えば，測定 I では，垂線の足 A にあたる対象4が最も順位が高く，以下，B, C, D に対する対象 3, 2, 1 の順に順位が低くなることを示す．

　これを図に書いてみたのが図 IV-1 であると思っていただきたい．逆にこのような図にまとめあげることを考えるのである．点は対象1,2,3,4をあらわし，図中の直線は測定をあらわし，これに矢印がついている．対象をあらわす点から測定をあらわす直線に垂線を下ろし，それと直線との交点に注目する．矢印のつかない方から交点に順位をつける．いま測定 III の直線をみよう．垂線の足の順は対象 3, 4, 2, 1 の順である．つまり対象1は測定 III で4番，対象2は3番，対象3は1番，対象4は2番ということになる．表 IV-5 の順位とくらべれば，一致していることがわかる．こうした図で点の位置の近いものは，測定で同じような性格をもつ対象である——つまり順位が近い——ことを示し，逆に，測定をあらわす直線が近ければ測定が——こうした対象を相手にしている限り——同じような意味をもつ（性格・特性をもつといってもよい）ということになる．こうすれば，対象と測定とを同一次元で比較でき，同異の姿を直観的に把握できることになる．

それでは，どのように e_{ij} 型数量化を用いるか．まず対象 i と j との非類似性（非親近性）を考えよう．これを d_{ij}^2 とする．d_{ij}^2 として一応次の式を念頭におこう．

$$d_{ij}^2 = \frac{1}{R}\sum_r^R (S_{ir}-S_{jr})^2 \quad (i,j=1,2,\cdots,N; \; R は測定の総数)$$

S_{ir} と S_{jr} とが近ければ，i と j とが似ているという直観を，このような形で数式にあらわしたものである．非類似性は S_{ir} と S_{jr} の差の平均というようなことを念頭においているわけである．とりあえず，二乗をとって＋，－の方向をなくしておくといった軽い意味で考えていただきたい．それほど厳格にではなく，一応の差異の表現という意味に理解していただきたいということである．つまり，e_{ij} 型数量化をつかう必然性が出てきているのである[1]．ここで e_{ij} という i と j との間の親近性を，$e_{ij} \approx -d_{ij}^2$ というふうに考えればよいわけである．e_{ij} は i と j との親近性をあらわす一つの物差しに対応していると考えるのである．図 IV-1 のように二次元くらいで表現するのが直観的に望ましいのでそうしておこう．この表現の次元は低いほどよいのであるが，高くても三次元で止めたい．

二次元で収まるものとして，

$$S_{ir} = a_r x_i + b_r y_i$$

というモデルを考えよう．x_i, y_i は i という対象の二次元空間内のウェイトと考え，a_r, b_r は測定 r のもつ二次元の得点と考えるのである．a_r, b_r には次の条件を置く．

$$\sum_r^R a_r/R = 0, \quad \sum_r^R b_r/R = 0 \quad 得点の平均は0$$

$$\sum_r^R a_r^2/R = 1, \quad \sum_r^R b_r^2/R = 1 \quad 得点の分散は1$$

$$\sum_r^R a_r b_r/R = 0 \quad\quad\quad\quad\quad 得点間の直交条件$$

こうすると，d_{ij}^2 は，

$$S_{ir}-S_{jr} = a_r(x_i-x_j)+b_r(y_i-y_j)$$

から，

$$d_{ij}^2 = \frac{1}{R}\sum_r^R (S_{ir}-S_{jr})^2 = (x_i-x_j)^2+(y_i-y_j)^2$$

となる．こうすると，i と j との親近性 e_{ij} を考えるとき，e_{ij} と $-(1/R)\sum_r^R (S_{ir}-S_{jr})^2 = -d_{ij}^2$ とが対応すべきものとすれば，e_{ij} と $(x_i-x_j)^2+(y_i-y_j)^2$ とが対応するように，x, y を求めればよいことになる．このときは，x, y は規準化されていると考えている（直接 S_{ir} と等しくするためには，K-L 型数量化がよい）．これは正に，e_{ij} 型数量化の考え方そのものであるから，e_{ij} 型数量化により，$x_i, y_i \; (i=1,2,\cdots,N)$ を求めればよいことになる．

対応ではなく e_{ij} そのものが $-d_{ij}{}^2$ ということであれば，K-L 型数量化を用いればよいことになる[2]．

それでは，S_{ir} との関係はどうなるか．S_{ir} は前のように，$S_{ir}=a_r x_i + b_r y_i$ であるから，r という原点を通る直線 $a_r x + b_r y = 0$ を引き，i という点 (x_i, y_i) からこれに下ろした垂線の長さを考えると，これは，

$$\frac{|a_r x_i + b_r y_i|}{\sqrt{a_r{}^2 + b_r{}^2}}$$

となる．方向をつけて考えれば，

$$\frac{a_r x_i + b_r y_i}{\sqrt{a_r{}^2 + b_r{}^2}}$$

である．$\sqrt{a_r{}^2 + b_r{}^2}$ は測定 r をきめれば常数であるから，$S_{ir}=a_r x_i + b_r y_i$ は，この垂線の長さに比例することになる（方向を考えて）．ここが大事なところである．これは，この測定をあらわすとした直線 $a_r x + b_r y = 0$ に直交する直線を引き，これに垂線を下ろしたとき，その直線との交点の位置を確定することと同じことである．$S_{ir}=a_r x_i + b_r y_i$，$S_{jr}=a_r x_j + b_r y_j$，$S_{kr}=a_r x_k + b_r y_k$ に垂線の長さに応じて大小の順序がつけば，垂線の足の位置にも順序がつくことになる．

したがって，e_{ij} 型あるいは K-L 型数量化によって求められた点を固定し，測定をあらわす直線（原点を通る）を表 IV-4 にある r の測定の順序を最もよくあらわすように引けばよい．これはコンピュータ・アルゴリズムによって容易である．例えば，1度刻みに360本（方向を含めるから半分ではない）引き，垂線の足の位置・順位を求め，この中で最もよく表 IV-4 に示された順位をあらわす直線を選択すればよい．最もよくあらわすということを明確に表現するために，こうして得られた垂線の位置に基づく順位と表 IV-4 の順位との間のスピアマンの順位相関係数を求め，これが最も高いものをとるというようにきめることにする．解は一義的でなく，ある角度からある角度の間は順位は同じということがある．このときは，最も幅の広い角度をもつところの中間の角度をとるというようにきめれば，解は一義的にきまる．なお，このようにして得られたスピアマンの順位相関係数によって，モデルの適合度を表現することができる．

§2 属性別データに適用する方法

属性別に回答分布がどう違うかということを，属性内の分散で表現するものと考えよう．ある属性が利いているということは，属性内分類の間の分散が大きいということと考えるのである．

式で書いてみると，属性 r の i という質問における分散 $\sigma_{ir}{}^2$ は，次のように定義される．

$$\sigma_{ir}(u_i)^2 = \sum_{m_r=1}^{C_r} (x_{im_r}(u_i) - \bar{x}_i(u_i))^2 P_{m_r}$$

$x_{im_r}(u_i)$ は，r という属性の m_r という分類において，i 調査項目における u_i というカテゴリに反応している比率ということになる．はなはだまわりくどい記号のように思われるが，普通の言葉で書けばすぐわかる．このような表現をとるのは，式を書いてはっきりさせるためにやむをえないことで，ここの表現をしておけば，あとは容易になる．年齢という属性(r)の 20～24 歳という分類(m_r)が，i 調査項目で賛成(u_i)を表明している比率ということになり，ごく当り前のことである．

$\bar{x}_i(u_i)$ は，

$$\bar{x}_i(u_i) = \sum_{m_r=1}^{C_r} x_{im_r}(u_i) P_{m_r}$$

である．P_{m_r} は属性 m_r をもつものの割合，C_r は r という属性の示す総数——r が性別とすれば，男女しかないから，$C_r = 2$，年齢別では，その分類の仕方によって C_r はいくつにもなる——とする．この分散は，u_i(賛成)比率の属性カテゴリによる分散で，属性の分類間で比率が異なっていれば，$\sigma_{ir}(u_i)^2$ は大きくなる．さて $\sigma_{ir}(u_i)^2$ から σ_{ir}^2 を定義しなくてはならない．

$$\sigma_{ir}^2 = \sum_{u_i}^{U_i} \sigma_{ir}(u_i)^2 W_{ir}(u_i)$$

ここに，$W_{ir}(u_i)$ はウェイトで，i という質問項目における u_i カテゴリに反応しているものの全体での比率——属性別でなく合計での回答比率——とする．U_i は i という質問項目のとりあげるカテゴリの総数である．

ここで，σ_{ir}^2 は r という属性の i 調査項目での意見差をあらわす一つの物差しを得たことになる．これをもとに考えるのである．これは，あくまでも意見差——属性の利き方——の一つの表現であって，この数値そのものをそのまま実数として用いることは，解析上妥当性を逸するおそれもあるので，これを大局的に見通しよくまとめて大きさに応じた順位程度——利く順位というくらいの表現——に理解するのがよい．これを用いて，利き方の大局をあやまりなく——小さなことに拘泥せず，はっきりした筋を見通すこと——見極めることが可能となる．

次に前節で述べた対象と測定というものを，ここで述べた属性別意見差に用いるときの読み替えについてはっきりさせておこう．

表 IV-6 a, b のように二つのとり方がある．対象・測定をそれぞれ調査項目・属性，あるいは，属性・調査項目と読み替えればよい．表 IV-6 a では，性別，年齢別などの属性の中でどの項目が一番差があるか，表 IV-6 b では，各項目の中でどの属性が一番差があるか，等のことをあらわす．この両者は全く別のもので，それぞれ異なった意味を持っている．次に実例に移ろう．

表 IV-6 a

調査項目＼属性	1	2	3	4 ……… R
	性	年齢	学歴	出生地
1	↓	↓	↓	↓
2				
3				
⋮				
N				

それぞれ分散の大きさで順位をつける．つまり，利き方の弱いものから（分散の小さいものから）順序がつく．つまり，各属性のなかで，どの調査項目が一番差が少ないか，2番目はどれか……，一番差の大きいものの順位が最後にくるようにする．出生地はその市郡別で表わすことにする．

表 IV-6 b

属性＼調査項目	1	2	3 ……… N
1 性	↓	↓	↓
2 年齢			
3 学歴			
4 出生地			
5			
⋮			
R			

各列で分散の小さいものから順位をつける．「どんな項目」では，どの属性が一番差がないか，2番目にどの属性で差がないか，一番差があるのは，どの属性か，ということで，順位をつける．Nという順位の属性が一番利いていることになる．

§3 実　　　例——お化け調査を用いて——

　お化け調査とは，「日本人の心の奥を探る」という調査の一環として行なわれたものである．
　いわゆる「お化け」についてたずねるときに，"いるか・いないか"という聞き方では心のあやはとらえられない．"いる・いない"という面で考える人もあるが，そうでない人もいるわけである．そこで，存在のディメンション——いる・いない——，期待のディメンション——いてほしい・いてほしくない——，情緒のディメンション——おもしろい・楽しい・つまらない，こわい・おそろしい・こわくない——，という三つのディメンション，内容スケールまで入れて八つの回答を用意して——もちろん順序はランダムにする——，ある「お化け」の名前を聞いたとき，このうちどの回答が気持ちに一番ぴったりするかをたずねるという方式をとった．つまり，どのディメンションがピンと心にくるかということが大事なので，こうした聞き方をした．"いる・いない"にかかわらず，楽しいこともあるし，こわいこともある．いてほしくないと思うこともあるわけである．こうした心のかかわり合いが大事なことになる．
　調査は1976年3月，1978年3月，東京都23区の有権者を対象集団としたランダム・サンプルについて行なわれた．この両サンプルをあわせて分析した．標本数は合計861である．両年にわたり，調査対象集団は，ほぼ等質と見なしてもよいからである．
　「お化け」としては12種類，その回答をどの面でとりあげるかは，表IV-7にあげるものである．「お化け」の種類としては，日常よく出てくるポピュラーなものをとりあげた．
　心のかかわり合いとして，"いる・ある"，"いて（あって）ほしい"，"いて（あって）ほしくない"，"おもしろい・たのしい"，"こわい・おそろしい"のいずれかに反応したものを，「心のかかわり

表 IV-7

雪　　　男	Existence
ネッシー	⎡いる・ある
空飛ぶ円盤・宇宙人	⎣いない・ない・ばかばかしい
幽霊・亡霊	Expectation
か　っ　ぱ	⎡いてほしい・あってほしい
妖　　　怪	⎣いてほしくない・あってほしくない
超能力・念力	Emotional
人のたたり	⎡こわい・おそろしい
人をのろい殺すなどの怨霊	｜こわくない・おそろしくない
過去や未来へ行けるタイム・マシン	｜たのしい・おもしろい
竜	⎣つまらない
鬼	

合い」があるとして分析してみよう．

そこでまず，心のかかわり合いの比率をとり，属性別にどう差異があるかを検討する．属性 r に C_r 個の分類があり，属性 r の中の s 特性の頻度が $M_s(s=1,2,\cdots,C_r)$ とする．$\sum_{s}^{C_r} M_s = M$ としておく．いま属性 r の中の s 特性における心のかかわり合いの比率を $Q_s\%$ としておく（$\bar{Q}$ は全体での心のかかわり合いの比率）．ここで属性別の利き方をみるために，外分散 σ_b^2 を考える．

$$\sigma_b{}^2 = \sum_{s=1}^{C_r} \frac{M_s}{M}(Q_s - \bar{Q})^2$$

前述の記号に対応をつければ，$u_i=1$（すべての i に対し）と考えればよい．この σ_b^2 は属性の利き方をみる一つの指標となるが，この数値そのものは，それほど意味の深いものではないので，見通しをよくするため，そのランク・オーダーをもって表現し，属性別利き方の大局をつかんでみようと思う．

σ_b^2 の大きい方が，その属性がよく利いていることを示しているので，σ_b^2 の小さい，利いていない方から若い数字をあてて，ランク・オーダーとすることにする．1が一番差がないこと，順位が下がり，数が多くなるほど，属性別にみて差のあることを示すものとする．

属性別に細目の検討をするため，属性別に心のかかわり合いの比率を問題にすることにする．表 IV-8 をみよう．これはとりあげた属性の中で，どの「お化け」に一番差が多く出るかをみたもので，表 IV-6 a に相当するものである．年齢別の中で，どの「お化け」の分散が一番大きいか，小さいか，年齢別の中で一番利いている「お化け」は何かというようなことを示す表である．属性をあらわす縦の1列について σ_b^2 の値をみて，小さい方に若い順位，大きい方に大きい順位を与えるのである．大きさの順と逆のランク・オーダーを与えてもよいのであるが，ここでは前記の通りとする．これで何の属性が，どの「お化け」で，どのように利いているかがわかる．

これを見通しよくグラフ化してみることを考える．これから前述の方法を用いて図を描いてみ

表 IV-8　利き方の順位 (1976年+1978年)

属性　お化け	性	年齢	学歴	市郡	支持政党
雪　　男	5	9	10	8	11
ネッシー	2.5	12	12	9	8
空飛ぶ円盤	6	11	11	3	12
幽　　霊	10	8	7	1	3
か っ ぱ	8	5	8	11	6
妖　　怪	9	6	3	4	7
超 能 力	7	7	6	7	2
人のたたり	11	4	1	2	1
怨　　霊	12	1	2	10	5
タイム・マシン	2.5	10	9	5	9
竜	1	3	4	6	10
鬼	4	2	5	12	4

定義：心のかかわり合いの比率に基づく，各属性内の外分散の順位．
1, 2, 3, …, 12
小←(分散)→大

る．これによって得られたのが図 IV-2 である．二次元図の中にばらまかれているのが「お化け」である．属性は直線であらわされている．「お化け」から属性をあらわす直線へ垂線を下ろす．その交点，つまり射影点に着目し，矢印のついた方にあるものは順位が高いことを示している．つまり，分散が大きいことを示している．

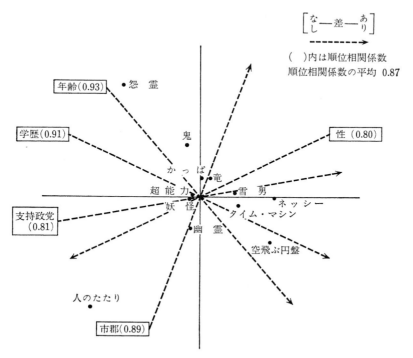

図 IV-2　「お化け」と各属性の利き方の順位との関連

図 IV-2 で年齢の直線に注目しよう．これに垂線を下ろし矢印に一番近いものをみると「円盤」である．次が「ネッシー」である．年齢では「円盤」が一番年齢差があり，「ネッシー」が 2 番目に差のあることを示す．一方，「鬼」，「怨霊」からの射影点は矢印から一番遠く，年齢差のないことを示している．表 IV-8 とくらべると多少順位の差はあるが，大局的に一致していることがわかる．スピアマンの順位相関係数は 0.93 となっている．この図のつくり方は，前述のように，射影点の順位（矢印のない方から若い順位がつく）とデータの順位との間のスピアマンの順位相関係数が最も大きくなるように，属性の直線が引かれているのである．属性の枠の中の数字は順位相関係数で，十分高いことが読みとれよう．順位相関係数の平均は 0.87 で，表 IV-8 の内容を図 IV-2 がよく表わしていることになる．図の中で近くにあるものは，属性別の利き方が似ていることを示している．周囲に散らばるものは，利き方が属性により異なり，強く利くものと全く利かないものがあることを物語っている．原点付近のものは，どの属性要因でも特色のない利き方をしていることがわかる．直線の位置が近いものは，同様な利き方をしていることがわかる．学歴と支持政党とは似た要因であることがわかる．直交する直線は一般に利き方が異なることを表わしている．いずれにせよ，図 IV-2 は，こうした属性の利き方，お化けの類別——属性の利き方による——を要約している便利な情報としての図ということができる．

今度は，前と逆の見方をしよう．「お化け」の中では，どの属性要因による分散が大きいか，小さいかを見るのである．これは表 IV-6b に相当するものである．見方が逆になるので意味は前のものと大変異なったものになる．表 IV-9 の通りで，これを同様に図示したのが図 IV-3 である．

この時の順位相関係数の平均は 0.95 と高いし，完全に一致したもの，すなわち順位相関係数 1 のものも，かなりある．このとき，属性は大きくばらまかれており，「お化け」に対する利き方が一様でないことを示している．同じ直線になるという，何が一番利き，何が一番利かぬという属性の利き方の順序の同じようなお化けのクラスターもできあがっている．

つまり，四角で囲ったものは，属性の利き方が同一であることを示し，直線の近いものは利き

表 IV-9　利き方の順位(1976 年＋1978 年)

お化け＼属性	雪男	ネッシー	空飛ぶ円盤	幽霊	かっぱ	妖怪	超能力	人のたたり	怨霊	タイム・マシン	竜	鬼
性	1	1	2	3	1	4	1	5	5	1	1	1
年齢	5	5	5	5	4	5	4	4	4	5	4	4
学歴	4	4	4	4	5	3	4	3	2	4	5	5
市郡	2	3	1	1	3	1	3	1	3	2	2	3
支持政党	3	2	3	2	2	2	2	2	1	3	3	2

定義：心のかかわり合いの比率に基づく，
　各属性内の外分散の順位.
　1, 2, 3, ……, 5
　小←(分散)→大

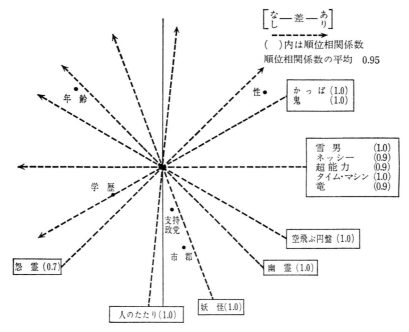

図 IV-3　各属性の利き方と「お化け」との関連

方が似ており，直角になっているものは非常に利き方が異なり，矢印の向きが180°離れ逆向きになって重なっている直線は，利き方が全く逆であることを示している．

　以上のような図によって，「お化け」に対する心のかかわり合いと属性の利き方による同時分類の図が描かれることになり，全貌を把握しやすい図形化ができたことになる．

1)　前章の注1)をみよ．
2)　例えば，林・樋口・駒澤著(1970)，『情報処理と統計数理』産業図書.

第3章 コウホート分析の方法

a) はじめに

同一質問項目を取り上げ，何回かの調査で継続して調査したデータを，調査時期ごとに，年齢層別に整理して行列の形にまとめてみると，例えば，次のような表が得られる．

表 IV-10　人工データ(%)

年齢	調査時期 (時代) 1963	1973	1983	コウホート
20~29	50	40	35	
30~39	45	50	40	1953–1962
40~49	30	45	50	1943–1952
50~59	25	30	45	1933–1942
60~69	20	25	30	1923–1932
				1913–1922
				1903–1912
				1893–1902

このような年齢層(age)×時代(調査時期 period)別のデータ表を基礎にして，〈年齢の影響〉，〈時代の影響〉，および〈コウホートの影響〉を検討するのがコウホート分析である．

しかし，すでに第III部で述べたように，コウホート分析にはいくつかの問題点がある．

これを，表 IV-10 の仮想データを例にして述べながら，新しいコウホート分析の方法にいたる筋道を考えてみよう．

表のデータは，ある項目について 1963 年，1973 年，1983 年と 10 年おきに意見支持率を調査した結果であり，回答結果を 20 歳代，30 歳代等と 10 歳きざみの年齢層別にまとめて集計したものである．年齢層別の傾向をみると，1963 年調査では 20 歳代の 50% から 60 歳代の 20% まで減少しているが，1983 年調査では支持率の山が 40 歳代に移り，支持率の傾向は中年層に高くなっている．すなわち，経年的にみると，支持の傾向が少しずつ変化していることになる．

しかし，これをコウホートの観点からみれば，どのコウホートも加齢の過程で意見支持率に変化がなかったというように読めるわけである．どの調査を考えても，1回かぎりの調査結果では，意見支持率に年齢差があるとか世代差があるとかいえないが，3回の調査をならべてみると，どうやら今の場合は，年齢差があると考えるよりも世代差があると考える方が，元のデータの構造に近いようにみえるのが，この表からの第一印象である．

ところで，このデータから，時代・年齢・コウホートの影響を分離しようとすると問題がでて

くる．

表 IV-11 は表 IV-10 の仮想データから，時代効果・年齢効果・コウホート効果を分離したものの一例である（これ以外にも分離の仕方は無数にある）．

表 IV-11 時代・年齢・コウホート 3 効果の分離例

ケース	1	2	3
〈時代効果〉			
1963	−	5	−5
1973	−	0	0
1983	−	−5	5
〈年齢効果〉			
20~29	−	−10	10
30~39	−	−5	5
40~49	−	0	0
50~59	−	5	−5
60~69	−	10	−10
〈コウホート効果〉			
1893-1902	−15	−30	0
1903-1912	−10	−20	0
1913-1922	−5	−10	0
1923-1932	10	10	10
1933-1942	15	20	10
1943-1952	5	15	−5
1953-1962	0	15	−15

〈平均値 35〉

それぞれのケースについて，表のように分離した結果から，元のデータを再構成することができる．例えば，ケース 1 については，

 1963 年調査の 20〜29 歳の支持率 = 35% （全体の平均値）
         +0% （1963 年調査の時代効果分）
         +0% （20〜29 歳の年齢効果分）
         +15% （1933-42 年生まれのコウホート効果分）
        = 50%

となり，表 IV-10 の 50% になる．他のすべてのマスについても同様である．

ケース 2 についてみると，

 1963 年調査の 20〜29 歳の支持率 = 35% （全体の平均値）
         +5% （1963 年調査の時代効果分）
         −10% （20〜29 歳の年齢効果分）
         +20% （1933-42 年生まれのコウホート効果分）
        = 50%

ケース3では，

　　1963年調査の20〜29歳の支持率 ＝ 35％−5％＋10％＋10％
　　　　　　　　　　　　　　　　　＝ 50％

というわけで，〈時代〉，〈年齢〉および〈コウホート〉の各効果を分離することは容易にできるが，どの分離の組み合せでも，元のデータを再構成することができ，しかも，各効果のあり方をみると，例えば，ケース2とケース3とでは，〈時代効果〉・〈年齢効果〉で全く逆の傾向が示されるので，これだけでは，元のデータの構造に関して何とも解釈することができないわけである．このように同じデータについて分離の仕方が一つに定まらないことから，これまでコウホート分析には識別問題があるとされてきた．

　このような問題を合理的に解決しようとして，これまでに，それぞれの分野でさまざまな研究が進められている．しかし，これまでの研究の多くは，実際の事象に対する応用の観点が強くみられ，解析的な方面では問題が残されてきた．

　〈時代〉，〈年齢〉および〈コウホート〉の各効果を適切に分離するためには，何らかの数学的モデルが必要である．この面のモデルは，例えば，発達心理学の分野におけるシャイエ(1965)の研究がある．シャイエは，年齢層×時代別のデータ表の構造として，表IV-10の縦(同一時期における年齢層)の差は〈年齢差〉と〈世代差〉を合わせたもの，横(同一年齢層群の調査時期別)の差は〈時代差〉と〈世代差〉を合わせたもの，および，斜め(同一世代群の加齢過程)の差は〈年齢差〉と〈時代差〉を合わせたもの，というモデルを考え，コウホート分析の基本型を示した．

　メイソンら(1973)は，シャイエが示したコウホート分析の構造モデルでは，〈年齢差〉，〈世代差〉および〈時代差〉のすべてが変動している場合，この3種の差を分離することは数学的に不可能であることを示し，解の得られる条件を検討した．

　すなわち，メイソンらは，年齢層×調査時期別のデータ表の各マスが，仮想データの分析例のように，

$$\begin{bmatrix}ある調査時期のあ\\る年齢層の支持率\end{bmatrix}=\begin{bmatrix}全体の\\平均値\end{bmatrix}+\begin{bmatrix}その年齢層\\の効果分\end{bmatrix}+\begin{bmatrix}その調査時\\期の効果分\end{bmatrix}+\begin{bmatrix}その世代\\の効果分\end{bmatrix}+[誤差]$$

となる，〈加法モデル〉による多重分類分析をすることを考えた．しかし，それぞれの効果が，他の二つの効果に一次従属であり，このままでは，それぞれの効果のパラメータの値を推定することはできない．そこで，例えば，年齢効果のうち二つの効果が等しい(あるいは二つの時代効果が等しい，あるいは二つの世代効果が等しい)，という制約条件をつければ推定できることを示した．この場合，どの二つの効果を等しくするかという制約条件の選定の仕方によって，モデルの適合度は影響されないけれども，各効果の推定値は影響を受けるので，やはり具合が悪い．

　この状態を何とか救うため，もし制約条件をつけるのに〈あらかじめ考えられる理論的な根拠

がない）場合には，さらに制約条件をつけ加えて検討する必要があるとした．すなわち，2対以上の効果を等しいと置いた制約条件を加えると，どこに制約条件を入れるか，ということによって，モデルの適合度が変ってくる．したがって，制約条件をどこに入れたらよいかという仮説のあり方を，モデルの適合度の良さによって判断することが可能になるというわけである．

ついで，フィンバーグとメイソン(1979)が，二項分布型のデータに対するコウホート分析の方法を提案した．このモデルの解法も，ほぼメイソンら(1973)の考えと同じであり，2対以上の効果が等しいという制約条件（各効果の種々の組み合せについて）をつけて各パラメータの推定を行ない，それから各マスの予測値を求め，モデルの適合度を比較・検討することになる．

以上，これまでのコウホート分析に関する数理的面の研究経過の概要をみてきた．識別問題の解決のためメイソンらが考えた方法は，① 制約条件を選択するにあたり，異なる条件の組み合せによる多くのモデルを比較・検討しなければならない．② モデル選択にあたり，制約条件の恣意性がある．

このような問題点を改善するため，中村(1982)は，コウホート分析に用いる統計的モデルに，各効果の隣接する区分での差（パラメータの大きさ）の重み付き二乗和をなるべく小さくするという条件をつけ加えたモデルを提案した．これは"パラメータの漸進的変化の条件"といわれる．この条件を加えて，コウホート分析の方法を定式化すれば，次のようになる．すなわち，

① 〈モデルの適合性からみると〉
　　実際のデータと予測値との差は　なるべく小
② 〈パラメータに関する条件からみると〉
　　各効果の隣接する区分での差の重み付き二乗和は　なるべく小

の二つの面のバランスを考えることになる．最適なバランスをデータから得るためには，赤池のベイズ型情報量規準(ABIC)を利用し，ABICの値を最小にする効果の分離の仕方が，最適な解となる．このABICを用いる方法が，新しい型のコウホート分析法である．

b） コウホート分析のモデル

調査時期別・年齢別にしたデータ表を考え，これをコウホート表ということにすると，コウホート表の形式について，調査間隔と年齢層のまとめの区分幅が一致している場合——すなわち10年間隔で10歳きざみ，あるいは5年間隔で5年きざみ等の場合——を標準形式，それ以外——例えば2年間隔で10歳きざみ等——の場合を一般形式とする．ここでは，標準形式の場合を考える．

年齢・時代・コウホートの3要因の各カテゴリをそれぞれ $i(i=1,\cdots,I)$, $j(j=1,\cdots,J)$, $k(k=1,\cdots,K)$ とし，第i年齢層・第j調査時点・第kコウホートに該当するコウホート表のデータ $y_{ij(k)}$ を，次のように分解する．

なお，標準形式のコウホート表においては，最も古い調査時点の最高年齢層(I)から順に，コウホートの番号(k)を $1, \cdots, K$ とつけることにすれば，

$$k = I - i + j$$

の関係があるので，コウホート表の各マスのデータ $y_{ij(k)}$ は y_{ij} と書いてもよい．したがって

$$(y_{ij(k)} \equiv) y_{ij} = \mu + \mu_i^A + \mu_j^P + \mu_k^C \tag{1}$$

$$\sum_{i=1}^{I} \mu_i^A = \sum_{j=1}^{J} \mu_j^P = \sum_{k=1}^{K} \mu_k^C = 0 \tag{2}$$

ここで μ は，データ Y の総平均であり，μ_i^A は年齢効果，μ_j^P は時代効果，μ_k^C はコウホート効果をあらわす．

さて，コウホート分析の問題は，データ y_{ij} が与えられたとき，(1)の構造モデルを仮定し，要因 $\mu_i^A, \mu_j^P, \mu_k^C$ についてパラメータの値を推定することである．データ y_{ij} をまとめてベクトル $\boldsymbol{y}$ であらわし，各データの各年齢・時代・コウホートへの該当・非該当を示すデザイン行列を D とし，各パラメータのベクトルを $\boldsymbol{\mu}$ とすると，

$$\boldsymbol{y} = D\boldsymbol{\mu} \tag{3}$$

と書ける．ここで，

$$\boldsymbol{y}' = (y_1, \cdots, y_l, \cdots, y_L), \quad l = i + (j-1)I, \ L = IJ$$

$$\boldsymbol{\mu}' = (\mu, \boldsymbol{\mu}_*'), \quad \boldsymbol{\mu}_*' = (\mu_1^A, \cdots, \mu_{I-1}^A, \mu_1^P, \cdots, \mu_{J-1}^P, \mu_1^C, \cdots, \mu_{K-1}^C)$$

また，D は D_* の第1列目に1をつけ加えたものである．D_* は(2)の条件を考慮して，例えば，$I=J=3$ の場合を示すと，

$$D_* = \begin{pmatrix} 1 & 0 & 1 & 0 & 0 & 0 & 1 & 0 \\ 0 & 1 & 1 & 0 & 0 & 1 & 0 & 0 \\ -1 & -1 & 1 & 0 & 1 & 0 & 0 & 0 \\ 1 & 0 & 0 & 1 & 0 & 0 & 0 & 1 \\ 0 & 1 & 0 & 1 & 0 & 0 & 1 & 0 \\ -1 & -1 & 0 & 1 & 0 & 1 & 0 & 0 \\ 1 & 0 & -1 & -1 & -1 & -1 & -1 & -1 \\ 0 & 1 & -1 & -1 & 0 & 0 & 0 & 1 \\ -1 & -1 & -1 & -1 & 0 & 0 & 1 & 0 \end{pmatrix}$$

となる．また，$\boldsymbol{y}'$ 等は $\boldsymbol{y}$ の転置したものを示す．

さて，データ間の一次従属関係から，D のランクは $\boldsymbol{\mu}$ の次数よりも小さくなる．したがって，さきに述べたように，データに適合する $\boldsymbol{\mu}$ の組み合せを得ることは容易であるが，パラメータの値は不定，つまり，無数のパラメータ $\boldsymbol{\mu}$ があって，一意に決定することができない．これをコウホート分析の識別問題といい，以前から指摘されていた（例えば，安田(1969)）．この問題を解決

する新しい方法論が統計数理研究所の中村隆により開発され，実用性の検討も進んでいる．第III部では，国民性の継続調査データにこの新しい方法を適用した結果等を述べた．

以下，中村(1982)に沿って方法の概要を簡単に示す．

c) 新しいコウホートモデル

〈ロジット・コウホートモデル〉

比率型データ(p_{ij})の分析の場合，ここではロジット・モデルを考える．コウホート表の回答比率 p_{ij} の代りに，

$$\ln \frac{p_{ij}}{1-p_{ij}}$$

にしたものが，ロジット・モデルである．ただし，$\ln$ は自然対数を示す．

すなわち，(1)式の代りに，

$$\ln \frac{p_{ij}}{1-p_{ij}} = \mu + \mu_i^A + \mu_j^P + \mu_k^C \tag{4}$$

と分解する．

$$q_l = \ln \frac{p_l}{1-p_l}$$

とおき，$\bm{q}' = (q_1, \cdots, q_L)$ を用いると，(3)と同様に，

$$\bm{q} = D\bm{\mu} \tag{5}$$

となる．ここで $D, \bm{\mu}$ は前と同じものである．

このモデルの尤度 $f(\bm{n}|\bm{p}(\bm{\mu}))$ は，標準コウホート表の各マスの正反応度数 n_l が，生起確率 p_l の二項分布に従い，$\bm{p}$ が(4)のようにあらわされるとすれば，

$$f(\bm{n}|\bm{p}(\bm{\mu})) = \prod_l \binom{N_l}{n_l} p_l^{n_l}(1-p_l)^{N_l-n_l} \tag{6}$$

である．ここで N_l は各マスの標本の大きさであり，$\bm{n}' = (n_1, \cdots, n_L)$ である．

通常は最尤法により f を最大にするようなパラメータ $\bm{\mu}$ を求めればよいが，コウホートモデルでは，さきに示したように，これが困難で，従来は $\mu_1^C = \mu_2^C$ 等の条件を加えた，いくつかのモデルについて，適合度を比較してモデルを選択していた．ここでは，さきに述べたように，パラメータの漸進的変化の条件を取り入れる．

〈パラメータの漸進的変化の条件〉

パラメータの漸進的変化の条件，すなわち隣接するパラメータの値は，それほど違わないと想定し，相隣接するパラメータの一次階差の重み付き二乗和を小さくするという条件を考える．適当な重み $1/W_A^2, 1/W_P^2, 1/W_C^2$ をとって，

$$r = \frac{1}{W_A^2}\sum_{i=1}^{I-1}(\mu_i^A - \mu_{i+1}^A)^2 + \frac{1}{W_P^2}\sum_{j=1}^{J-1}(\mu_j^P - \mu_{j+1}^P)^2 + \frac{1}{W_C^2}\sum_{k=1}^{K-1}(\mu_k^C - \mu_{k+1}^C)^2 \tag{7}$$

を小さくすることを考える．このために，

$$g(\boldsymbol{\mu}|W_A^2, W_P^2, W_C^2) = (2\pi)^{-(I+J-2)}|S|^{-1/2}\exp\left\{-\frac{1}{2}r\right\} \tag{8}$$

を大きくするというモデルを採用する．

ここで，S は対角線に W_A^2 が $(I-1)$ 個，W_P^2 が $(J-1)$ 個，W_C^2 が $(K-1)$ 個ある対角行列である．

〈モデルの定式化〉

さきに示した尤度 f を大きくすることと，付加条件の g を大きくすることとを同時に考えなければならないから，結局，コウホートモデルにパラメータの漸進的変化の条件を取り入れる問題は，

$$f(\boldsymbol{n}|\boldsymbol{\mu})\cdot g(\boldsymbol{\mu}|W_A^2, W_P^2, W_C^2) \tag{9}$$

を最大化することによって，パラメータ $\boldsymbol{\mu}$ を推定することを考えるというモデルが妥当となろう．これをベイズ流で解釈すると，g はパラメータ $\boldsymbol{\mu}$ の密度関数とみなすことができ，ベイズ理論でいう事前分布の形になる．したがって，(9)式を最大にするように $\boldsymbol{\mu}$ をきめることは，モデル(4)のパラメータ $\boldsymbol{\mu}$ に事前分布(8)を想定したときの事後分布(9)のモードによって，$\boldsymbol{\mu}$ を決定する(推定値を求める)ことと解釈できる．このモデルの妥当性は，実際のデータに適用してみて，データの持つ情報(我々の目的とするもの)をうまく取り出しているか，その結果が合理的なものになるかどうか，全体として大綱を逸していないかどうかによって確かめられる．

〈ABICによるモデルの選択〉

W_A^2, W_P^2, W_C^2 がきまれば(9)の事後分布がきまり，その最大化問題は最尤法に帰着する．一般に指数分布族では，最尤方程式は重み付き最小二乗法を利用して解くことができる．

W_A^2, W_P^2, W_C^2 をきめるには，赤池(1980)の提案した方式を利用する．すなわち，$W_A^2, \cdots$ 等はパラメータの事前分布のパラメータ(超パラメータという)であり，次のABIC(赤池のベイズ型情報量規準)を最小にする方式をとる．

$$\begin{aligned}\text{ABIC} &= -2\ln(\text{周辺尤度})\\ &= -2\ln\int f\cdot g\,d\boldsymbol{\mu}_*\end{aligned} \tag{10}$$

比率型の場合のABICは近似的に，

$$\text{ABIC} \cong 2\sum_l\left\{n_l\ln\frac{n_l}{\hat{n}_l} + (N_l-n_l)\ln\frac{N_l-n_l}{N_l-\hat{n}_l}\right\} + \hat{\boldsymbol{\mu}}_*' D_S' S^{-1} D_S \hat{\boldsymbol{\mu}}_*$$

$$+\ln|D_V'V^{-1}D_V+D_S'S^{-1}D_S|-\ln|D_S'S^{-1}D_S| \tag{11}$$

ここで，V は対角線が $\cdots, N_i/n_i(N_i-n_i), \cdots$ であるような対角行列である．

$$D_V = D_* - (E'V^{-1}E)^{-1}EE'V^{-1}D_*$$

$$D_S = \begin{pmatrix} 1 & -1 & 0 & 0 & 0 & 0 & 0 & 0 \\ 1 & 2 & 0 & 0 & 0 & 0 & 0 & 0 \\ 0 & 0 & 1 & -1 & 0 & 0 & 0 & 0 \\ 0 & 0 & 1 & 2 & 0 & 0 & 0 & 0 \\ 0 & 0 & 0 & 0 & 1 & -1 & 0 & 0 \\ 0 & 0 & 0 & 0 & 0 & 1 & -1 & 0 \\ 0 & 0 & 0 & 0 & 0 & 0 & 1 & -1 \\ 0 & 0 & 0 & 0 & 1 & 1 & 1 & 2 \end{pmatrix}$$

（例えば，$I=J=3$ の場合）

この D_S は差分を示すデザイン行列であり，E は単位ベクトルである．

実際には，$W_A{}^2, W_P{}^2, W_C{}^2$ の組み合せを何通りも作り，それぞれの組み合せについて推定値 $\hat{\mu}_*, \hat{n}_i$ を求め，これにより(11)式の ABIC を評価し，一番小さい ABIC に対応するモデルを選択する．つまり，$W_A{}^2, W_P{}^2, W_C{}^2$ の組み合せを試行錯誤的にきめ，変化させながら ABIC を評価し，これが最小になったモデルを選択しようという方式である．

また，標準コウホート表の〈コウホート分析〉を実行するためには，コンピュータを使用する．このプログラムは Nakamura(1986)を参照のこと．

以上，標準コウホート表による比率型の〈コウホート分析〉についての概要を述べた．くわしくは関連文献のうち，中村(1982)等を参照されたい．

d) 表 IV-10 の人工データのコウホート分析

この方式による分析例を次に示す．

表 IV-10 の人工データを上に述べた方式で分析すると，図 IV-4 のようになり，データのあり方を無理なく説明できる〈コウホート効果〉のみのモデル(ケース1)が，最適モデルとして選択されてくる．

コウホート表が標準形式でない場合，あるいは比率型でなく数量型の場合も，ほぼ同様にして定式化できる．一般コウホート表に対する研究は，Nakamura(1986)等を参照されたい．

e) 手法適用上の注意

すでに第III部第3章の〈コウホート分析〉によるマクロ分析のところでも述べてある通り，〈コウホート分析〉は，同一母集団を対象とした長期間にわたる同一質問項目についての継続調査のデータを，年齢層×調査時期のコウホート表にまとめるところからはじまる．

したがって，分析結果から有用な知見を得るには，

```
***********************************************
***  BAYESIAN LOGIT COHORT MODEL ANALYSIS  ***
***********************************************


    < HYPER-PARAMETERS AND ABIC >        HYPER-      SQR OF      RANGE
                                       PARAMETER     M.S.D.     OF P.V.

                         PERIOD =        .0313        .000        .000
                            AGE =        .0313        .001        .002
                         COHORT =      16.0000        .358       1.351

                           ABIC =      30.6758      (SIGMA=0.011238)

    < GRAND MEAN >

                -.6467
              ( 34.37 )

    < PERIOD >           -2.0        -1.0          .0         1.0         2.0
                         +-----------+-----------+-----------+-----------+
        1963    -.0000   |           |           *           |           |
        1973    .0001    |           |           *           |           |
        1983    -.0000   |           |           *           |           |

    <  AGE   >
                         +-----------+-----------+-----------+-----------+
        20-29    .0004   |           |           *           |           |
        30-39    .0006   |           |           *           |           |
        40-49    .0003   |           |           *           |           |
        50-59   -.0003   |           |           *           |           |
        60-69   -.0010   |           |           *           |           |

    < COHORT >
                         +-----------+-----------+-----------+-----------+
        1894-03 -.7157   |           *           |           |           |
        1904-13 -.4514   |           |   *       |           |           |
        1914-23 -.1921   |           |        *  |           |           |
        1924-33  .4378   |           |           |     *     |           |
        1934-43  .6354   |           |           |        *  |           |
        1944-53  .2460   |           |           |*          |           |
        1954-63  .0399   |           |           *           |           |
                         +-----------+-----------+-----------+-----------+


***************************************
***  OBSERVED AND EXPECTED VALUES  ***
***************************************
```

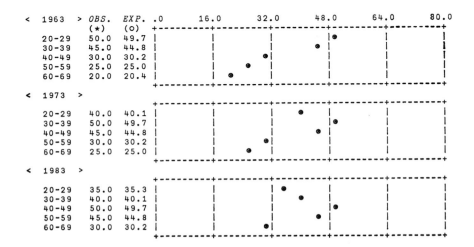

```
***************************************************
***   BAYESIAN NORMAL COHORT MODEL ANALYSIS   ***
***************************************************

   < HYPER-PARAMETERS AND ABIC >      HYPER-      SQR OF    RANGE
                                    PARAMETER    M.S.D.    OF P.V.
                         PERIOD =     .0625       .004      .005
                            AGE =     .0625       .022      .069
                         COHORT =   16.0000      8.165    29.342

                           ABIC =     30.3682   (SIGMA=1.717645)
   < GRAND MEAN >
            35.0675

   < PERIOD >         -15.0    -7.5      .0      7.5     15.0
                       +--------+--------+--------+--------+
        1963  -.0006   |        |   *    |        |        |
        1973   .0029   |        |   *    |        |        |
        1983  -.0022   |        |   *    |        |        |
                       +--------+--------+--------+--------+
   <  AGE   >
                       +--------+--------+--------+--------+
       20-29   .0169   |        |   *    |        |        |
       30-39   .0259   |        |   *    |        |        |
       40-49   .0145   |        |   *    |        |        |
       50-59  -.0143   |        |   *    |        |        |
       60-69  -.0431   |        |   *    |        |        |
                       +--------+--------+--------+--------+
   < COHORT >
                       +--------+--------+--------+--------+
     1894-03 -14.7298  *        |        |        |        |
     1904-13 -10.0255  |    *   |        |        |        |
     1914-23  -4.8572  |        |   *    |        |        |
     1924-33   9.7219  |        |        |        |   *    |
     1934-43  14.6124  |        |        |        |        *
     1944-53   5.0581  |        |        |    *   |        |
     1954-63   .2201   |        |   *    |        |        |
                       +--------+--------+--------+--------+
```

図 IV-4　人工データのコウホート分析の結果

① コウホート表にまとめるまでのデータの質について，比較可能性などの検討を十分慎重に行なうことが必要である．

② とくに，〈コウホート分析〉の期間が長期間にわたる場合には，調査の技術的水準の面における変化も考えられるので，この面への配慮が必要である．例えば，各調査時期別の調査に用いられたサンプリングが妥当なものであるかどうか，収集されたデータは同一母集団からのサンプルとして考えられるかどうか，非標本誤差のあり方はどうか，など十分検討する必要がある．

③ さらに，母集団として，特定の地域だけに限定されている調査データを対象にして〈コウホート分析〉を行なう場合には，社会的移動の大きさ等を十分検討し，分析結果が有効なものになるかどうか確かめなければならない．

④ どのデータ解析の手法を利用する場合にもいえることであるが，データ解析から得られた結果は，元のデータが得られた現象の一つの側面を探るに際して，その考え方の指針を与えるものである．そこから何を取り出すかは，我々の考え方にかかっている．〈コウホー

ト分析〉の場合も同様であり，多くの蓄積データを収集・整理し，これらに〈コウホート分析〉を適用して得られる個々の結果を総合し，さらに，例えば年齢区分を変えて結果の安定性を見るなどして，信頼性・妥当性を検討しながら，一歩一歩知見をひろげていくことが基本となる．その上，〈コウホート分析〉には，これまで識別問題という難関があったので，実際の現象に対する適用には十分慎重に事を運ぶことが大切である．

⑤ 最後に，例えば〈年齢効果〉が主なものであるような現象では，年齢効果として，この章で述べた仮定とは異なる考え方をした方がよいと考えられるものもある．このような意味で，ここで述べた〈コウホート分析〉の手法は，実際の現象に適用してみて，さらに新しい考え方へと進む一つの基点ともいえるものである．

〈コウホート分析関連文献〉

Akaike, H. (1980), Likelihood and the Bayes Procedure, *Bayesian Statistics* (eds. J. M. Bernardo *et al.*), Valencia: University Press, pp. 143–166.

Andrews, Frank M., Morgan, James N. and Sonquist, John A. (1967), *Multiple Classification Analysis*, Ann Arbor, Michigan, Survey Research Center, Institute for Social Research, The University of Michigan.

Bradley, E. L. (1973), The Equivalence of Maximum Likelihood and Weighted Least Squares Estimates in the Exponential Family, *J. of American Statistical Association*, 68, pp. 199–200.

Carlsson, Gosta and Karlsson, Katarina (1970), Age, cohorts and the generation of generations, *American Sociological Review*, 35 (August), pp. 710–718.

Fienberg, S. E. and Mason, W. M. (1979), Identification and Estimation of Age-Period-Cohort Models in the Analysis of Discrete Archival Data, *Sociological Methodology, 1979* (ed. K. F. Schuessler), Jossey-Bass, San Francisco.

Glenn, N. D. (1976), Cohort Analysts' Fertile Quest: Statistical Attempts to Separate Age, Period and Cohort Effects, *American Sociological Review*, 41, pp. 900–904.

Glenn, N. D. (1977), *Cohort Analysis*, Sage Publications.

Hagenaars, J. A. and Cobben, N. P. (1978), Age, Cohort and Period: A General Model for the Analysis of Social Change, *Netherlands J. of Sociology*, 14, pp. 59–91.

Mason, K. O., Mason, W. M., Winsborough, H. H. and Poole, W. K. (1973), Some Methodological Issues in Cohort Analysis of Archival Data, *American Sociological Review*, 38, pp. 242–258.

Mason, W. M., Fienberg, S. E. (eds.) (1985), *Cohort Analysis in Social Research*, Springer-Verlag, New York, Berlin, Heidelberg, Tokyo.

中村隆(1982a)，「ベイズ型コウホート・モデル—標準コウホート表への適用—」『統計数理研究所彙報』29巻2号．

中村隆(1982b)，「新しいコウホート分析について(1)～(3)」『中央調査報』No. 297–299．

中村隆(1983)，「女性の意見の世代差」『日本人研究7，日本の女性の生き方』(杉山明子編)出光書店．

中村隆(1984)，「コウホート分析の方法」『ブレーン』Vol. 24, No. 9, pp. 58–65．

Nakamura, T. (1986), Bayesian Cohort Models for General Cohort Table Analyses, *Annals of the Institute of Statistical Mathematics*, Vol. 38, B.

Rentz, J. O., Reynolds, F. D. and Stout, R. G. (1983), Analyzing Changing Consumption Patterns with Cohort Analysis, *Journal of Marketing Research*, Vol. XX, February, pp. 12–20.

Rogers, W. L. (1982), Estimable Functions of Age, Period, and Cohort Effect, *American Sociological*

Review, 47, pp. 774–787.

Pullum, T. W. (1980), Separating Age, Period, and Cohort Effects in White U. S. Fertility, 1920–1970, *Social Science Research*, 9, pp. 225–244.

Schaie, K. Warner (1965), A General Model for the Study of Developmental Problems, *Psychological Bulletin*, 64, pp. 92–107.

鈴木達三(1982),「"ものの考え方"の変化と現代」『サイコロジー』3巻1号, pp. 32-41.

鈴木達三(1983),「コウホート分析―継続調査データの組織的利用法―」『マーケティング・リサーチャー』No. 30, pp. 43-49.

鈴木達三(1984),「世代論の計量的展開―市場調査データとコウホート分析―」『ブレーン』Vol. 24, No. 9, pp. 45-56.

鈴木達三・中村隆・田中さえ子(1982),「継続調査の二次分析」『統計数理研究所研究リポート』56.

鈴木達三・中村隆・田中さえ子(1983),「社会調査データの集積化と二次分析」『統計数理研究所研究リポート』58.

鈴木達三・中村隆・柳原良造(1982),「マーケティングの新しい手法コウホート分析(上・下)」『DIAMONDハーバード・ビジネス』7巻4号・5号.

統計数理研究所国民性調査委員会(1975),『第3日本人の国民性』至誠堂.

統計数理研究所国民性調査委員会(1982),『第4日本人の国民性』出光書店.

統計数理研究所国民性調査委員会(1985),「国民性調査のコウホート分析(第3版)」『統計数理研究所研究リポート』62.

安田三郎(1969),『社会統計学(旧版)』丸善.

柳原良造(1984),「実戦での活用―新しいコウホート分析の見方, 読み方―」『ブレーン』Vol. 24, No. 9, pp. 66-73.

吉田潤(1981),「発達差・世代差・時代差―コウホート分析をめぐって―」『NHK文研月報』31巻6号.

第4章 考えの筋道を探り出す方法

比較研究において考えの筋道を探り出す方法の重要性をこれまでに述べた．日本国内の各集団の比較において，著しく異なった考えの筋道を示すものは，あまり見当たらない．日本人的問題意識による質問群の構成では当然のことである．「若者の考え方がわからない」などという場合には，若者の考えの筋道が，このように構成された質問群の分析で期待される図柄と，様相を異にした図柄として示される．しかし，異なるとはいっても，それなりに理解できるカテゴリ布置，カテゴリのクラスターが見られるのが普通である．しかし，時代比較となると，考えの筋道の全く異なったものが日本の国内のデータで見出されるようになった．表IV-12のような時代Iから時代Vまでの変化を示す二次元模型は，説明のためのものであるが，これに類したことが実際にも出てきている．

表 IV-12

I

1＼2	＋	－	計
＋	1500	0	1500
－	0	1500	1500
計	1500	1500	3000

II

1＼2	＋	－	計
＋	1125	375	1500
－	375	1125	1500
計	1500	1500	3000

III

1＼2	＋	－	計
＋	750	750	1500
－	750	750	1500
計	1500	1500	3000

IV

1＼2	＋	－	計
＋	375	1125	1500
－	1125	375	1500
計	1500	1500	3000

V

1＼2	＋	－	計
＋	0	1500	1500
－	1500	0	1500
計	1500	1500	3000

時代Iから時代Vの時期まで，問1，問2の周辺回答分布（＋，－）は常に50％で変化はない．しかし，考えの筋道は，じりじりと逆転し，時代Iと時代Vとでは全く逆の関係になっている．統計数理研究所国民性調査委員会の実施している国民性調査の昭和28年から48年までのデータについて，問1を「近代―伝統」，問2を「科学文明観の楽観―悲観」と考えた場合に，こうした逆転の関係が見出された（この場合は周辺分布も変化している）．問1の＋は'近代'，－は'伝統'，問2の＋は'楽観'，－は'悲観'というコード付けをすると，上記のことが出ていたのである．

話を本題に戻そう．こうした回答の結びつきを通して，考えの筋道（way of thinking といいた

い)や思想を描き出す方法は，上記のように相関表をもとにするものであるが，多数の相関表から筋を見出す方法として，パタン分類の数量化(数量化III類)が用いられるのである[1]．この方法はその発生からみて，多くの回答カテゴリの関連性をもとに，回答カテゴリと回答者を同時分類する方法であり，考えの筋道を探り出す一つの方法として目的に適したものである．これは外的基準のない場合の数量化といわれるもので，きめてを与える統計的方法ではなく，探りを入れる「消息子」の働きをする方法ということができる．仮説(モデル)を見出すための情報探索の方法ということができる．

§1 方法の説明

調査した結果，人々(iという記号であらわす)がどのような回答をしているか，をまず表示してみると，表 IV-13 a, b のようになる．この場合，回答カテゴリとあるのは，すべての質問項目のすべてのカテゴリに通し番号を与えて，$L_1, L_2, \cdots, L_R$ という記号で全質問項目にわたる全カテゴリをあらわすものとする．表中のレ印は，回答者が選んだそれぞれの質問項目の回答の位置を示す．(表 IV-13 b はカテゴリ数 $R=6$，回答者数 $Q=8$ の場合を示す．)

表 IV-13 a　人々の回答パタン

人	カテゴリ				
	L_1	L_2	L_3 ……L_j……		L_R
1	レ		レ		
2		レ	レ		レ
3	レ		レ		
4	レ			レ	
⋮					
j	レ	レ		レ	
Q		レ		レ	レ

表 IV-13 b　具体例　$R=6, Q=8$

人	カテゴリ					
	L_1	L_2	L_3	L_4	L_5	L_6
1	レ			レ		レ
2	レ		レ	レ		
3				レ		レ
4	レ		レ		レ	
5		レ				レ
6		レ				レ
7	レ				レ	
8		レ				

注：レ印は，ある人がその特性を持っていることを示す．
　　Q は，人が示す型の総数，人がすべて異なる型を示すときは，人の総数となる．

このレ印のパタンが似ている人が近くに集まるように考え，逆に同じような人に選ばれるカテゴリが近くに集まるように，すなわち，人の分類とカテゴリの分類を同時に行なうように考え，それを実行するならば，どういう人が回答の仕方の上で近いか，どういう人が回答の仕方の上で遠いかということを明らかにすることができる．関連性のある(同時にレ印が付くということ，つまり人が同時にそれらの回答カテゴリに反応している)カテゴリが近くに集まる，同じような回答パタンを示した人々が近くに集まるように，人々と回答カテゴリの並べ替えを行なうのである．人々とカテゴリの明瞭な位置的対応を作り出すように考えるのである．この表ができれば，

目的が達せられることになろう．もう少し具体的にいって，L を品物としよう．趣味のよい品物とは何か．趣味のよい人によって選ばれた（✓印）ものであり，趣味のよい人とは趣味のよい品物を選ぶ人である．これでは同義反復に見えるが，人と品物とを同時分類し，ともに似た人，似た品物を集め，名前を付ければ目的が叶えられることになる．これを表 IV-14 について考えてみよう．

表 IV-14 a

人	カテゴリ						
	L_1'	L_2'	L_3'	L_4'	L_5'	……	L_R'
1'	✓	✓	✓	✓			
2'		✓	✓		✓		
3'			✓	✓	✓		
4'					✓		
⋮							
Q'						✓	✓

表 IV-14 b 具体例 $R=6, Q=8$

人	カテゴリ					
	L_5	L_3	L_1	L_4	L_6	L_2
4	✓	✓	✓			
2		✓	✓	✓		
8		✓	✓			
1			✓	✓	✓	
7			✓		✓	
3				✓	✓	
6				✓	✓	✓
5					✓	✓

表 IV-14 a の表頭，表側でダッシュのついた記号は表 IV-13 a を上述のように並べ替えた後の人とカテゴリを示している．こう並べ替えてみると，✓印のついた関連性のある，つまり同時にそれらのカテゴリに反応しているカテゴリ同士が近くに位置することになり，✓印のつかぬ関連性のないカテゴリ，つまり同時に反応しないカテゴリは遠くに位置するということになる．人の方からみると，位置の近い（型の）人々は同じような反応パタンを示しており，遠い人々は異なった反応パタンを示していることになる．このように，同時並べ替えという操作によって，似たもの集めが可能になったわけである．関連性のあるカテゴリが近くに並び，互いに関連性のないカテゴリが一次元の両極にくる．このように，漸次「近い」から「遠い」へ移って行くというカテゴリ布置が得られることになる．

本章の初めに説明した模型をここに当てはめてみると，表 IV-15 のようになる．

時代 I では 1, 2 型にわかれた明確な形になり，回答パタンは，1+・2+, 1−・2− の組み合せが両極にくる．時代 II では 3, 4 型が現われ，やや両極の 1, 2 型の頻度が崩れるが，まだ，大きな型として点線で囲んだ 1, 2 型が優勢であり，かなり明瞭な図柄となっている．時代 III では 1, 2, 3, 4 型がそれぞれ同じ数だけあり，バラついて関連性の特徴がなく，カテゴリの結び付きはバラバラになる．時代 IV では 3, 4 型が優勢になり，布置が時代 I, II と異なったものになってくる．時代 V で 1, 2 型が消え 3, 4 型がはっきりした極をなし，1+・2−, 1−・2+ の結び付きが両極にくるという明瞭な形になる．

以上のような回答パタンの結び付き（関連）による親近性が有効に一次元的に表現しえれば，は

表 IV-15

I

型	カテゴリ				
	1+	2+	1−	2−	
1	✓	✓			1500
2			✓	✓	1500

II

型	カテゴリ				
	1+	2+	1−	2−	
1	✓	✓			1125
3		✓	✓		375
4	✓			✓	375
2			✓	✓	1125

III

型	カテゴリ				
	1+	2+	1−	2−	
1	✓	✓			750
3		✓	✓		750
4	✓			✓	750
2			✓	✓	750

IV

型	カテゴリ				
	1+	2−	1−	2+	
4	✓	✓			1125
2		✓	✓		375
1	✓			✓	375
3			✓	✓	1125

V

型	カテゴリ				
	1+	2−	1−	2+	
4	✓	✓			1500
3			✓	✓	1500

なはだ簡単であり，もしこのようにできれば，一つの軸によって現象をとりまとめることができることになる．そうでないならば，親近性を一次元的でなく，多次元的に表現しなければならなくなる．二次元のときは，二次元的に考え，その表現を行なわなければならなくなる．これについては後に述べることにする．

一次元の場合であっても，並べ替えという操作は型の数 Q やカテゴリ総数 R が大きい時は，よほど簡単なデータでない限り難しいものになってしまう．こうした並べ替えの目的を解析的に容易に計算して出せるように考えればよい．幸いに，このことは相関係数の概念を用いれば可能となる．

こうしたことを式で書いていくのであるが，前に示した各個人の回答の選択パタンを今後の応用を考えて，質問とその回答肢への反応という形に書きなおすのがわかりやすい．

一次元よりはじめ，これを拡大していくことにする．いま，i なる人に y_i なる数量を与え，L_j なるアイテムのカテゴリに x_j なる数量を与えるものとする．こうすると，似た特性パタンを示

表 IV-16　個人の回答パタン

A		1			2		⋯	L	
B		1	2	⋯ K_1	K_1+1 ⋯		⋯	⋯	R
C		C_{11}	C_{12}	⋯ C_{1K_1}	C_{21}	⋯ C_{2K_2}	⋯	C_{L1}	⋯ C_{LK_L}
D E F									
l_1 s_1 1		✓			✓				✓
l_2 s_2 2		✓				✓			✓
l_3 s_3 3				✓		✓	✓		
⋮ ⋮ ⋮									
l_Q s_Q Q		✓				✓			✓

表の説明　A：質問項目(アイテム)，L 項目
　　　　　B：カテゴリの通し番号，全体で R
　　　　　C：各質問におけるカテゴリ
　　　　　D：各タイプの質問に対する回答(チェック)の個数
　　　　　E：各タイプの人数
　　　　　F：タイプ
　　　　　✓：個々のものの反応カテゴリ(チェックしたことを示す)
　　* 上述のカテゴリには，一般に「その他・DK」を含めない．そのために，質問項目で上記カテゴリに必ずしも常に反応しているわけではないので，l は一般に異なっている．「その他・DK」を含めるとすれば，l は常に同じで質問項目の数 L に等しくなる．
　　備考：個人の反応をそのまま書いた場合は，s は常に1で，Q はサンプルの総数となる．このときは，タイプと表現するのは正確でなくなる．同じ反応をするものがいるからである．このなまの個人反応をまとめたのが上記の表と思えばよい．

すものを集め，かつ同時反応という関連性のあるカテゴリを集めること，つまり上述の並べ替えは，統計的にいえば，x と y との相関係数がもっとも大になるように考えることというように表現することができる．x と y との相関係数 ρ を最大にするように，x と y とを求めればよいことになる．これを具体的に数量的操作に変えてみよう．

さて，相関係数は次のように表現できる．

$$^1\rho = \frac{C_{xy}}{\sigma_x \sigma_y}$$

この相関係数 $^1\rho$ の最大値を求めるのであるが，これをデータから表現するためにまず，$\delta_i(j), l_i, s_i$ などの記号を定義する．

$$\delta_i(j) = 1:\ i\ なるものが\ j\ アイテムを選択したとき(✓印がある)$$
$$0:\ そうでないとき(✓印がない)$$

この $\delta_i(j)\ (i=1,2,\cdots,Q;\ j=1,2,\cdots,R)$ は調査データによって求められるものである．l_i を i なるものが選択したアイテムの数とすると，

$$l_i = \sum_{j=1}^{R} \delta_i(j)$$

となる．

このように反応を示すもので，i と同じ✓印パタンを示すものの人数を，表 IV-16 のように，

s_i とする. つまり i なるものというより i タイプといってよい. i タイプの反応を示すものの人数が s_i となる. サンプルの大きさを n とすれば, $n=\sum_{i=1}^{Q} s_i$ となる. Q は, $\vee$ 印によって示されるタイプの総数である. これらの記号で $\sigma_x{}^2, \sigma_y{}^2, C_{xy}$ を書きくだす. つまりデータの値を入れて表現する.

$$\sigma_x{}^2 = \sum_{i=1}^{Q}\sum_{j=1}^{R}\delta_i(j)s_i x_j{}^2/(\bar{l}n) - \left\{\sum_{i=1}^{Q}\sum_{j=1}^{R}\delta_i(j)s_i x_j/(\bar{l}n)\right\}^2$$

$$\sigma_y{}^2 = \sum_{i=1}^{Q} s_i l_i y_i{}^2/(\bar{l}n) - \left\{\sum_{i=1}^{Q} s_i l_i y_i/(\bar{l}n)\right\}^2$$

$$C_{xy} = \sum_{i=1}^{Q}\sum_{j=1}^{R}\delta_i(j)s_i x_j y_i/(\bar{l}n) - \left\{\sum_{i=1}^{Q}\sum_{j=1}^{R}\delta_i(j)s_i x_j/(\bar{l}n)\right\}\left\{\sum_{i=1}^{Q} s_i l_i y_i/(\bar{l}n)\right\}$$

これから, 相関係数 ${}^1\rho$ の最大を求めるため, 次の式をとく. すなわち,

$$\frac{\partial {}^1\rho}{\partial x_k} = 0, \quad \frac{\partial {}^1\rho}{\partial y_e} = 0 \quad (k=1,2,\cdots,R;\ e=1,2,\cdots,Q)$$

から,

$$\sum_{j=1}^{R} h_{jk} x_j = {}^1\rho^2 \left(d_k x_k - \sum_{j=1}^{R} b_{jk} x_j\right)$$

を得る. ここに,

$$h_{jk} = a_{jk} - b_{jk}$$

$$a_{jk} = \sum_{i=1}^{Q} \frac{\delta_i(j)\delta_i(k)}{l_i} s_i$$

$$b_{jk} = \frac{1}{\bar{l}n} \sum_{i=1}^{Q} \delta_i(j)s_i \cdot \sum_{i=1}^{Q} \delta_i(k)s_i$$

$$d_k = \sum_{i=1}^{Q} s_i \delta_i(k), \quad \bar{l}n = \sum_{i=1}^{Q} l_i s_i$$

である. さらに, f_{jk} を使って書きなおすと,

$$\sum_{j=1}^{R} h_{jk} x_j = {}^1\rho^2 \sum_{j=1}^{R} f_{jk} x_j \quad (k=1,2,\cdots,R)$$

ここに,

$$\begin{cases} f_{jk} = -b_{jk} & (j \neq k \text{ のとき}) \\ f_{jk} = d_k - b_{jk} & (j = k \text{ のとき}) \end{cases}$$

となる.

なお, 後で議論する便宜のため, マトリックスの表現として, $HX = {}^1\rho^2 FX$ とおく. マトリックス H の要素は h_{jk}, マトリックス F の要素は f_{jk}, X は縦ベクトルとする. これを解くことによって最大の ${}^1\rho^2$, およびこれに対応する x の値を求めることができる. もちろん平均はどうとってもよいので, 任意の x_i を 0 として解けばよい(例えば $x_R = 0$). なお, H, F は対称である.

$x_R=0$ ということを考える代わりに，総平均を 0，すなわち，

$$\bar{x} = \frac{1}{ln}\sum_{i=1}^{Q}\sum_{j=1}^{R}\delta_i(j)s_ix_j = 0$$

とおいてもよい．こうすると，

$$\sum_{j=1}^{R}a_{jk}x_j = {}^1\rho^2 d_k x_k \quad (k=1,2,\cdots,R)$$

を得る．これを $\bar{x}=0$ のもとに解くのである．いま上の式を k について加え，${}^1\rho^2 \neq 1$ とすると，$ln\bar{x} = \sum_{k=1}^{R}d_k x_k = 0$ となるので，この式を満足するものは，必ず $\bar{x}=0$ を満足していることになる．これを利用して，数値計算を行なうことが便利である．すなわち，$\sum_{j=1}^{R}h_{jk}x_j = {}^1\rho^2 d_k x_k$ をそのまま解くことと等価である．この解は必ず上述の方程式を満足することがわかる．

一方，y の値は，

$$y_e = \frac{1}{{}^1\rho}\frac{\sigma_y}{\sigma_x}\left(\frac{1}{l_e}\sum_{j=1}^{R}x_j\delta_e(j)\right)$$

となるから，x の値から容易に求められる．寸法はどうとってもよいので，

$$\frac{1}{{}^1\rho}\frac{\sigma_y}{\sigma_x} = 1$$

としておけば，

$$y_e = \frac{1}{l_e}\sum_{j=1}^{R}x_j\delta_e(j)$$

となり，選んだものの x_j の値の平均値をとればよいことになる．

上のフォーミュレーションで，y を考えずに「人(人の型)」を一つの層と考え，レ印のついた x の層内の分散を考え，全体の分散を一定にして層内の分散の平均，すなわち内分散を最小にするように考えた場合(反応パタンをもとにして個々のものの弁別(相関比 η^2)を最大にする場合と考えられる)と等価となることが容易に証明できる．実際の計算ではこの方の考えに立つ方が取り扱いやすい．

ここで「人」とか「カテゴリ」とかいったが，これは一つの表現で，「人」に x，「カテゴリ」に y を与えたとしてもまったく同様である．要は上記の式を解くとき，次元 $(R-1)$ が小さくなるように考えればよいのである．

なお，利用上ちょっと注意しておきたいことは l_i である．ある質問に対する回答として，「その他・DK・無回答」まで含めて考えれば，l_i は常に質問項目数に等しくなる．しかし，「その他・DK・無回答」を除いて考えることが，事象をはっきりさせるために望ましいこともあるので，これを計算に取り上げるカテゴリから除くことにすると，つまり $L_1,\cdots,L_R$ の中に入れないことにすると，l_i は人により異なったものになる．欠測データがある場合も同様である．こうした取り扱いも考慮に入れた方がよいので，l_i は人によって等しくないとしておくのがよい．「そ

の他・DK」を計算に入れると，回答したものと，回答しないものとを識別する軸が必ず出てくるものである．

さて，一次元でうまく並べ替えができないときはどうするか．こうした場合は人の並べ替え，カテゴリの並べ替えを二次元で考えるのである．図IV-5のような対応が付くように並べればよいわけである．

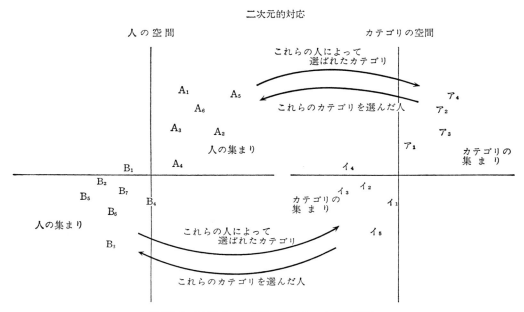

図 IV-5　回答パタン分類の数量化の方法の図解

二次元でうまく並べ替えができなければ，三次元立体の中の並べ替えを行なえばよい．これを解析的に行なうのである．二次元の場合，

　　人に　　　　　　$y_i, v_i\ (i=1, \cdots, Q)$
　　カテゴリに　　　$x_j, u_j\ (j=1, \cdots, P)$

なる数値を与えるものとし，(x_j, u_j)と(y_i, v_i)とのベクトル相関係数を考えて，これを最大にすることを目的とすればよい．このことは，上述の全分散，内分散で考えても全く同様である．(y_i, v_i)を層をあらわす目印として，こうした層の中でx, uを考えるのであるから，やはり全体での分散・共分散マトリックスを(VT)，人(型)を一定としたときの内部の分散から積み上げられる内分散・共分散行列を(W)とし，前述のように全分散(一般化全分散)一定のもとで，内分散(一般化内分散)を最小，つまり$|W|/|VT|$を最小，$1-|W|/|VT|$(一般化相関比と名付けておこう)を最大にすることを考えるのである．なお，$|W|, |VT|$は行列式をあらわすものとする．さて，このときのxとuとに関する条件として，「(W)の非対角要素が0となる」という条件を置

く．これは内的に本質的な制約を与える条件ではない．この(W)の非対角要素を0としたマトリックスを$(\widetilde{W})$と表現する．

$$|\widetilde{W}|/|VT| \geqq |\widetilde{W}|/|\widetilde{VT}|$$

$(\widetilde{VT})$は(VT)の対角要素以外を0としたものである．(VT)は対称行列であり，したがって，$\max|VT|=|\widetilde{VT}|$が得られるから，上の関係が成立する．したがって，$|\widetilde{W}|/|\widetilde{VT}|$を最小にする，すなわち，$1-|\widetilde{W}|/|\widetilde{VT}|$を最大にする$x$と$u$を，上述の条件のもとに求めればよい．これを計算していくと，${}^1\eta^2 \cdot {}^2\eta^2$を最大にする$x$と$u$とを求めることに帰着する（条件は同上，${}^1\eta^2, {}^2\eta^2$はそれぞれ$x, u$に関する一次元の相関比）．これは，$u$と$v$との相関係数を${}^2\rho$としたとき，$\rho={}^1\rho \cdot {}^2\rho$を考え，これが最大になるように，すなわち${}^1\rho$と${}^2\rho$によってつくられる長方形の面積が最大になるように，ベクトルX, Y, U, Vを求めることと同じになる．

こうした結果，前述の方程式，

$$HX = \rho^2 FX$$

の最も大きい根，その次に大きい根に相当するベクトルXを求めれば，これが，いま目的としているX, Uとなることがわかる．

$HX = \rho^2 FX$を満足するベクトル${}^iX, {}^jX$の間には，$(F^iX, {}^jX)=0$になる関係のあることは明らかである．こうして，この方程式の解は，我々の条件をすべて満足していることがわかる（求められた解で内分散の対角要素が0になっていることは，計算によってすぐわかる）．

さて，二次元以上を考えるときも，同じ論法を繰り返せば，S個の相関比の積，すなわち，$\prod_s^S {}^s\eta^2$を最大にするベクトルを求めればよいことになり，これは，

$$HX = \rho^2 FX$$

の大きい根から順にρ^2を求め，これに相当するベクトルを求めることによって，目的を達することができることがわかる．特性根を次々に求めることは，形式的にするのではなく，上述の考え方で，一般化相関比を最大にするという要請のもとで，はじめてでてくることに注意を必要とする．

このようにして求められた$x(u)$や$y(v)$の値を表示したり，あらかじめ分類しておいたグループごとに$y(v)$の値の分布を書いたり，平均および分散（総平均は0，寸法は$x(u)$の分散を1にしたり，あるいは$y(v)$の人による分散を1にそろえたり，相関係数の二乗にそろえたりするなど，適宜考えればよい）を計算すること，項目相互の間の相関係数を計算したり，集中楕円の図を描いたりなどすることは，情報を処理するにあたって有用なことである．これらは当然コンピュータにさせるべき仕事である．

またこの方法を，特性が数値で与えられている場合に適当な数値の区分を用いてカテゴリに分

けて適用するとき，単に直線関係としてではなく，一般的な取り扱いが可能となり，適用範囲がきわめて広く一般的となる．なお，数量で示される場合，それをそのまま用い（これに二次以上の関数関係をもちこむことは容易である），これと質的パタンで示されている場合とをあわせたものを取り扱うこともできる．

さて，ここで，上述の計算から出てくる結果について説明しておこう．簡単のため二次元で収まるものとしよう．二つの回答肢の関係が強ければ（同時反応が強ければ），点は近くなるということは，図IV-6aで，AとBとは関係が深く，AとCとは関係がうすいことを示している．すなわち，Aに反応する人はBに反応する傾向が強く，Cに反応する傾向は少ないということを示している．

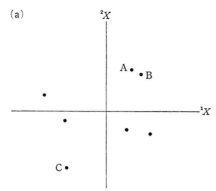

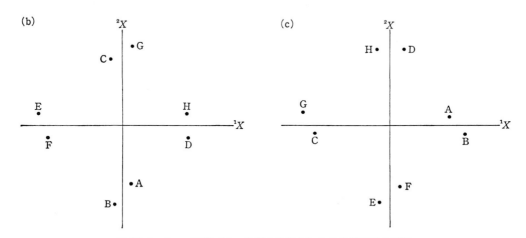

図 IV-6 a, b, c 回答パタン分類の数量化による分析結果の説明

次の図 IV-6 b，図 IV-6 c では，A, B, C, D, E, F, G, H というカテゴリは，二次元空間で相対的に同じ布置を示している．図 IV-6 c を時計の針の動く方向（右回り）に 90° 回転すれば図 IV-6 b になる．図 IV-6 b の $^1X, ^2X$ は，それぞれ，図 IV-6 c の $^2X, ^1X$ に対応する．しかし図 IV-6 b，

図IV-6cの意味は異なっている．両図において，^1Xの識別力は理論の構成からいって，^2Xのそれよりも強いと考えるべきである．もう少し詳しくいうと，（AあるいはB）と（CあるいはG）に同時に回答するものより，（DあるいはH）というカテゴリと（EあるいはF）に同時に回答するものが少ないというのが，図IV-6bで示されている．しかし図IV-6cでは，逆に，（DあるいはH）と（EあるいはF）に同時に回答するものより，（AあるいはB）と（CあるいはG）に同時に回答するものがより少ないということが示されている．こうしたカテゴリの布置関連の差には，図IV-6b，図IV-6cで示されたグループの「考えの筋道」の差が出ているということができる．ただし，相対的に同じということは，大局的には考えの構造は変わらないが，重みのかけ方が両者で異なっていることになる，ということである．

なお，iなる人の回答$\delta_i(j)$が明確な1または0でなく，$\delta_i(j)$が確率として与えられるような場合[2]についても，その数値を用い，全く同様に計算することができる．

§2 パタン分類の数量化のもう一つの解釈

こうした方法を発生的に異なった見方から見ることができる．計算に用いられる相関表（クロス表ともいう）を基とする考え方である．同時反応するものの数の多いものが，近くに位置するように数量化するという考え方に従っているので，相関表でいえば，相関性の強い（同時反応の相対頻度の高い）カテゴリの距離は近く，低いカテゴリの距離が遠くなるように，計算結果がカテゴリの布置図にあらわれていると考えられることである．したがって，数量化III類は相関表（クロス表）に基づく数量化という見方もできる．

これについて人工データによって例示してみよう．

とりあげる人工データは，表IV-17に示すような2項選択の質問を20人に対して4問質問した結果の回答パタンである．いま，各人がそれぞれ100人の代表であると見なしておくと，総人数2000人のデータと見てもよい．なぜ「このように人数を多くするか」という意味は，標本分散などに関係するものではないにもかかわらず，これを気にする人がいるためであって，この議論の本質にかかわる問題ではない．

この人工データを前述の表IV-16の形にまとめ直したものが，表IV-18である．すなわち，質問数$L=4$，各質問項目のカテゴリ数は2項であるから，カテゴリ総数Rは8，各反応数$l_i=4$（一定），各反応の人数がすべて同一で100，総サンプル数$n=2000$である．各質問項目は，表IV-17に示すようにA, B, C, Dとし，回答選択肢は1, 2の添字をつけA_1, A_2などと示すことにする．各質問項目における回答分布は，どの質問でも1の回答が1000，2の回答が1000と等しくしてある．表IV-18から質問間のクロス集計表を作ってみると，表IV-19のようになる．こ

表 IV-17　人工データ

人	A1	A2	B1	B2	C1	C2	D1	D2
1	✓		✓		✓		✓	
2	✓		✓		✓		✓	
3	✓		✓		✓			✓
4	✓		✓		✓			✓
5	✓		✓		✓			✓
6	✓		✓			✓		✓
7	✓		✓			✓		✓
8	✓		✓			✓		✓
9	✓			✓	✓			✓
10	✓			✓	✓			✓
11		✓	✓		✓		✓	
12		✓	✓		✓		✓	
13		✓		✓	✓		✓	
14		✓		✓	✓		✓	
15		✓		✓	✓		✓	
16		✓	✓			✓	✓	
17		✓	✓			✓	✓	
18		✓	✓			✓	✓	
19		✓	✓		✓			✓
20		✓	✓		✓			✓

表 IV-18

D (l)	E (s)	F* (タイプ)	A1	A2	B1	B2	C1	C2	D1	D2
4	200	1	✓		✓		✓		✓	
4	300	2	✓		✓		✓			✓
4	300	3	✓		✓			✓		✓
4	200	4	✓			✓	✓			✓
4	200	5		✓	✓		✓		✓	
4	300	6		✓		✓	✓		✓	
4	300	7		✓		✓		✓	✓	
4	200	8		✓		✓		✓		✓

* $Q=8$ となる．

の表 IV-19 をみると，各質問相互の関連の大きさがすぐわかる．例えば，質問 A と質問 B の間には最も強い正の相関があり，A と D の間には最も強い負の相関（回答選択肢の添字が逆の順）があることがわかる．また，A と C の間の相関はなく（最も弱い），B と C の間および C と D の間の相関はやや強く，B と D の間の相関はやや弱くなっている，などのことがわかる．

もし，これらの質問項目の回答パタンについて，前節で述べた回答パタンの数量化の計算を実

表 IV-19

記号のつけかえ		B_1 / A_1	B_2 / A_2	C_1 / B_1	C_2 / B_2	D_1 / C_1	D_2 / C_2	A_2 / D_1	A_1 / D_2
B_1	A_1	1000		800	200	500	500	200	800
B_2	A_2		1000	200	800	500	500	800	200
C_1	B_1			1000		700	300	400	600
C_2	B_2				1000	300	700	600	400
D_1	C_1					1000		700	300
D_2	C_2						1000	300	700
A_2	D_1							1000	
A_1	D_2								1000

行してみるとすれば，計算の結果得られる図柄は，上に述べたような各質問の相互関連の程度を反映して，AとBとの関連が最も強いので，図の上では A_1, B_1 の間および A_2, B_2 の間の距離が最も近く，また，AとDとの間も関連が逆の順で最も強いので，A_1, D_2 の間および A_2, D_1 の間の位置関係が，やはり同様に近くなるはずである．逆に，A_1, B_2, A_2, B_1 は非常に遠くなると予想される．添字1と2との距離は，排反だから最も遠くなる．また，AとCとの間には相関がないので，中間に位置することになる．したがって，このように考えてみれば，計算を実行しなくても，A, B, C, D という4質問項目に関する相対的配置図（布置）は描けることになる．この場合，質問の相互関係の間に，いわゆる「三すくみ」のような状況がないので，直観的な図柄の配置関係を簡単に作ることができるわけである．図を直観的に作成してみたものが図 IV-7a である．上に示したように，AとBの間およびAとDの間が最も強く，AとCとの間は相関なし，BとCの間およびCとDの間がやや強い相関，BとDとの間はやや弱い逆相関という形が，よく配

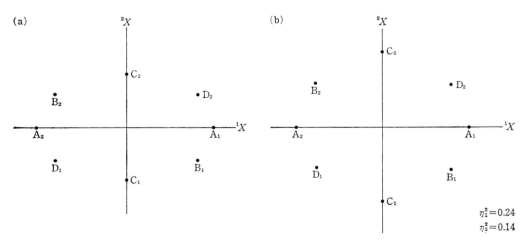

図 IV-7a　人工データの相互関連の強弱による位置付け　　図 IV-7b　人工データのパタン分類の数量化分析結果

置図に示されていることがわかる．（この配置図は質問の相互関連の強さを考え，目分量で二次元平面上に各回答の位置付けを行なったものである．）

次に，この人工データについて，回答パタンの数量化の計算を実行して，得られた数値から二次元の布置図を作成したものが，図IV-7bである（対比の便を考えてa図とb図と並べて示してある）．図IV-7aと対比してみれば，両者はよく似ていることがわかる．すなわち，パタン分類の数量化の計算結果による布置図は，質問項目相互の関連のあり方をよく反映していることになる．したがって，布置が近くにある，あるいは遠くにある回答選択肢の内容から「考えの筋道」のあり方を適切に読み取ることができることになる．

次に，はじめに示した人工データの表に戻り，人（タイプ）の方はどのように図示されるかを考えてみよう．計算結果を図に示すと，図IV-8のようになる．この図IV-8は，各回答者の回答パタンのタイプ（表IV-18）に与えられた数値を目盛ったものである．

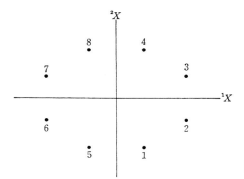

図IV-8 タイプに与えられた数値

1番の回答タイプの人は，A, B, C, Dとも1の回答をしているので，図IV-7bのA, B, C, Dの回答1の領域の中央に位置している．他も同様である．したがって，各個人を属性別にして属性別の平均スコアを求めて図示することは，得られた「考えの筋道」に基づいて，属性の位置付けとその意味を検討する上で有効である．このように，回答パタンの数量化による相互関連分析により，各個人の回答パタンに含まれる情報をうまく集約して図示できることがわかる．

また，先に述べたクロス集計表（表IV-19）においてA→B, B→C, C→D, D→Aのように符号をつけかえると，図の方もやはり，この通りに符号がつけかわり，元の図と比較すると回転する形になる．すなわち，クロス集計表における質問相互の関連の変化が，図の上で回転を引き起こすことになる．

実際，質問の相互関連のあり方が変化すると，図の上でどのような変化が生じるか例示してみよう．まず，各タイプの反応を表IV-18の形に整理したものを表IV-20に示しておこう．これから得られるクロス集計表は表IV-21のようになり，前に示したクロス集計表（表IV-19）と少し異なってくることがわかる．

表 IV-20

D (l)	E (s)	F* (タイプ)	A_1	A_2	B_1	B_2	C_1	C_2	D_1	D_2
4	300	1	✓		✓		✓		✓	
4	200	2	✓		✓		✓			✓
4	400	3	✓		✓			✓		✓
4	100	4	✓			✓		✓		✓
4	100	5		✓	✓		✓		✓	
4	400	6		✓		✓	✓		✓	
4	200	7		✓		✓		✓	✓	
4	300	8		✓		✓		✓		✓

* $Q=8$ となる．

表 IV-21 質問相互の関連を少し変更した場合

	A_1	A_2	B_1	B_2	C_1	C_2	D_1	D_2
A_1	1000		900	100	500	500	300	700
A_2		1000	100	900	500	500	700	300
B_1			1000		600	400	400	600
B_2				1000	400	600	600	400
C_1					1000		800	200
C_2						1000	200	800
D_1							1000	
D_2								1000

　この表をみると，各質問の回答分布，すなわち，周辺分布はやはり同一で，各質問相互の関係だけが変化していることがわかる．AとBとの間およびCとDの間の関連が少し強まり，AとDの間およびBとCの間の関連が少し弱まっていることがわかる．これまでのことから容易に予想できるように，パタン分類の数量化計算の結果の布置図において，AとBの間およびCとDの間の距離はちぢまり，お互いに近く位置することになり，逆に，AとDの間およびBとCの間は離れて遠くに布置することが想像できる．実際に計算を実行して布置図を作成してみると，図IV-9のようになる．AとBの間の関連とCとDの間の関連がはっきりしてきて，(A, B)と(C, D)との間の関係がやや薄くなってきた形が予想通り示されている．このようにパタン分類の数量化の計算は，クロス集計表の中に含まれている情報から，データ構造をうまく描き出しているということができる．

　こんどは，最初に示した並べ替えの立場から表IV-18を操作してみよう．8個のタイプと$A_1 A_2$, $B_1 B_2$, $C_1 C_2$, $D_1 D_2$を並べ替え，✓印がよくまとまるようにしたとしよう．この結果は表IV-22に示すようになる．少しバラついているが，これ以上うまく並べ替えはできない．

　そこでB_1とD_2をまとめ，C_1, C_2をまとめ，D_1, B_2をまとめて一つのカテゴリとすると(B_1もしくはD_2, C_1もしくはC_2, D_1もしくはB_2という形にする)，表IV-23のようになる．この方が

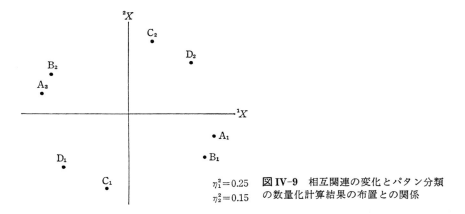

$\eta_1^2 = 0.25$
$\eta_2^2 = 0.15$

図 IV-9 相互関連の変化とパタン分類の数量化計算結果の布置との関係

表 IV-22

並べ替えられたタイプ	並べ替えられたカテゴリ							
	A_1	B_1	D_2	C_1	C_2	D_1	B_2	A_2
2	✓	✓	✓	✓				
3	✓	✓	✓		✓			
1	✓	✓		✓		✓		
4	✓		✓		✓		✓	
5		✓		✓		✓		✓
8		✓			✓		✓	✓
6			✓			✓	✓	✓
7				✓	✓	✓		✓

表 IV-23

並べ替えられたタイプ	並べ替え，もとのカテゴリを合併した				
	A_1	B_1もしくはD_2	C_1もしくはC_2	D_1もしくはB_2	A_2
2	✓	✓	✓		
3	✓	✓	✓		
1	✓	✓	✓	✓	
4	✓	✓	✓	✓	
5		✓	✓	✓	✓
8		✓	✓	✓	✓
6			✓	✓	✓
7			✓	✓	✓

ずっとまとまる（相関の度合いが高くなる）ことがわかる．一次元の並べ替えとすると，これが望ましいものとなる．しかし，「もしくは」という形にしてあるので，すべての回答肢を分離しているわけではなく，表 IV-18 の情報を全部尽しているわけではない．そこで二次元目の配置を考えなくてはならない．二次元目で B_1 と D_2，C_1 と C_2，D_1 と B_2 とを分離すればよいことになる．二次元目の上下配置は関連性の強いものを同じ側に，関連性の弱いものを異なった側に配置することにすればよい．ここで図 IV-7b を見ていただきたい．一次元目だけに着目すると，B_1 と D_2，

C_1 と C_2, D_1 と B_2 とが同じ位置にきて一致しており，表IV-23のようになっている．二次元目でそれらが上下に分離されることになる．

これが並べ替えによる二次元配置の直観的把握であって，パタン分類の数量化の計算はこのようなことを実行していることが理解されよう．

§3 この方法を有効に用いるためのいくつかの注意

こうした方法を有効に用いるためには，いくつかの有利な方法がある．これについて述べてみたい．

a) 集団分割のこと

一つの集団そのものを用いずに，あらかじめいくつかの部分集団に分けて"考えの筋道"を探ることは重要である．部分集団で"考えの筋道"が異なっていると考えられる場合は，とくに有効である．例えば，年齢別に区切って年齢集団で構造が違うことなどを見るのは重要なことである．あらかじめ属性やその他の特色を目につけて集団を分けておき，その内部構造を探るために"考えの筋道"を用いることも望ましい．あるいは回答の一致率その他の情報でクラスターを作り，そのクラスターごとの"考えの筋道"を露呈させることも興味あるいき方である．集団の分割の仕方でどう"考えの筋道"が変わるか，あるいは同じかを探索することは，新しい仮説をたてるために有効な方法である．

b) サンプルの結合——ボンド・サンプル

これは a) と全く逆である．異種のサンプルを結合し，つまり多数混ぜ合わせ，この中での"考えの筋道"を探り出す方法である．これは，東京工大の穐山貞登氏が，東京工大の学生とシンガポール大学の学生の分析において考え出され，ボンド・サンプルと名付けて発表したものである[3]．異なった種類の構造を持ったものを合併したとき，何の軸が優勢なものとして析出されてくるかは，国際社会における相互接触において生じる可能性の高い現象——相互理解や誤解——において，重要な情報を提供する．前記のデータ分析では，東京工大学生気質，シンガポール大学生気質が両極となってきれいに分かれてきており，相互理解や誤解の生じる——両極にすべて分かれず共通のところがあるために誤解が生じる——可能性についての様相を描き出している（同様な構造が共存するところがあるが，この共通部分と両極との結び付きに異なるところがあるために誤解が生ずることに注意）．第III部第7章で述べた日本，フランス，アメリカ（ハワイ）のボンド・サンプルに至るまでのデータ解析においても，得られた情報は多く，かつ体系的に理解できるものとなった．

c) 異なった構造と中間の構造

二つ全く異なった構造が出てしまうと，その間の差異の意味が明らかにならないことは，第I部に述べた．構造の崩れがおこり，どう変わっていくかがわかるようにできれば望ましい．日本人，アメリカ人の場合，日系二世・三世を間に介することがきわめて有用であることは，第III部で述べた通りである．これはグループの巧みな混合の問題にかかっている．

例えば，次の図 IV-10 のようなことがあると，きわめて意味がよくわかる．

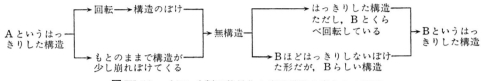

図 IV-10　パタン分類の数量化と意識構造の変化との関連

これは国外のことばかりでなく日本内部における部分集団あるいは時期的な動きにおいて見出されることであろう．これをいかにうまく行なうかは，a)とともに大事な意味を持つ．

d)　次元をどこまでとるか

次元がどの程度再現性があるかは，相関比 η^2 の大きさ，時期別にみた構造の安定性，部分集団別における構造の安定性に関係しているので，いろいろ試みてみる必要がある．また，次元はせいぜい三次元までにとどめたいものである．複雑な情報を見やすいグラフにするのが，この方法の特色であるから，せいぜい三次元で特色が出るようにしなくてはいけない．次元をあげなければ特色が出ないとすれば，集団分割をすることなどを考えて対処した方がよい．特色が出るということは，カテゴリが雲のようにばらまかれるか，明瞭なクラスターを形成してカテゴリが集まってあらわれるのか，すっきりした図柄があらわれてくるか，ということである．カテゴリが一つずつ離れてくる——〈他のほとんどのカテゴリ〉対〈ただ一つのカテゴリ〉——ような次元は，それなりに明らかで，"考えの筋道"に対する情報としての意味は薄い．こうした次元は，とくにとりたてて論じる必要はない．カテゴリのクラスターが生じているときは——さらに極が生じているようなときは——軸の意味，"考えの筋道"，思想がよく析出されているということができる．

最後に注意しておきたいことがある．細密に考えれば，すべて一つずつ異なるというのが本筋である（すべての人間がすべての点で同じでないように）．これをいかにくくって——ある点に関して等質化して——情報をとり出すかが統計学の方法論である．次元のとり方も同様であり，いかなる次元までを算出して（もちろん相関比 η^2 の大きさを考慮にいれて）——つまり他のより低い関連性を無視して——情報をとり出すかということを分析における考え方の基本に据えるべきである．

e)　解の安定性

サンプルの数が少ないとき，解が不安定であるという意見もある．事実その通りであるが，得

られたデータがこれだけしかないというとき，そのパタンの分析に基づく知識から情報をとり出すこと以上にできることはない．解が不安定だから何もしないというのでは，科学的態度といえない．このデータの分析の中から何を汲みとるかを，それまでの経験から考え出す，あるいは見出してくる，そして仮説をたてることが重要である．この場合，もとのデータの相関表から不安定になる状況を，統計的に見出すことを試みるべきである．これはデータの数が少ないとき困難なことではない．

標本数が多い場合——一般に200以上——は，まずこうした心配はない．大きな標本でも心配のある場合は，全標本をいくつかのグループにランダムに組分けして，それぞれの等質な部分集団で計算を行ない，構造の安定性を検討すればよい．

いずれの場合でも，時点を変えて調査したデータがあれば，それらのデータ分析を通して構造の安定性を考えるのが，データ解析の上で賢明な方法である．

一般に国際比較の場合，サンプル数が100以下という調査では，いくら均一の集団であるとしても，分析の上で問題が多い．どうしてもそれ以上標本がとれない場合は，それなりのものとして注意深く慎重に分析を進めることが必要である．

解の安定性は，標本数，データの状況，調査時期別に，あるいは，部分集団別に検討し，安定性の意義を考えて検討すべきである．具体的な現象を考えずに，ただ機械的に論じるのは妥当ではない．

1) この方法は，日本では1950年代から用いられてきたが，1973年以来フランスのJ. P. Benzécriのanalyse des donnéesのcorrespondancesの解析という方法として，ヨーロッパにおいて非常に多く用いられている．
2) 人々が，ある与えられた質問に対して一義的に，いずれが賛成でいずれが反対ときめかねる場合がある．いくつかの意見を提示して回答を求めようとする場合などがこれに当る．このようなとき，10個のおはじきを配分してもらう——多い方をそれだけ重視する——という質問にしてみると，(イ), (ロ), (ハ)という回答肢に5, 3, 2のように石がおかれることがある．この場合は，0.5, 0.3, 0.2の確率で回答が示されたと考える．具体的に，どれかを(イ), (ロ), (ハ)の行動として割り切らねばならぬ状況が現出したら，この確率で行動が示されるであろうと考えるのが妥当な場合に，この考え方は成立しよう．この場合 $\delta_i(j)$ を1, 0でなく，この確率表示にする．
3) 文部省科学研究費・特定研究費，「東アジアおよび東南アジア地域における文化摩擦の研究—"文化変容と国民性"」(代表者・林知己夫)において初めて出されたものである．この活用は，林知己夫・鈬山貞登編著(1982)，『日本と東南アジアの文化摩擦』出光書店，に詳しい．

第Ⅴ部　連鎖的比較調査分析法(Cultural Link Analysis, 略称 CLA)による7ヵ国の国民性の比較研究

　ここでは第Ⅰ部§3に述べたCLAの思想に基づいて行われた7ヵ国(日本，アメリカ，イギリス，オランダ，ドイツ，フランス，イタリア)及びハワイの日系人，ブラジル日系人調査に関する国民性調査について述べることにする．本論で詳しく述べるが，こうした調査(7ヵ国)では偏りのない全国調査が行われた．またハワイ日系人調査では，ホノルル選挙人名簿からのランダム・サンプリングによった．ブラジル日系人調査では，ブラジル・センサスの調査区を土台とする全国ランダム・サンプリングによる在ブラジル日系人のエニュメレーション(enumeration)調査――JICAによる移民80年事業の一環として行われた――を利用して，これからのランダム・サンプルを用いた．ブラジル全土の日系人からのランダム・サンプリングということが出来る．

　具体的な本論へ入る前に，国民性研究のあり方，国民性の比較の意味について触れておく．

第1章　国民性比較の基本的考察と計画

§1　国民性研究の目的

　国民性研究は古くからあり，ヒューム(David Hume, 1711-1776)の *Essays, Moral and Political.* において，既に国民性が，文化のあり方に重要な影響を与えているということが論じられている．A. インケルス(Alex Inkeles)はトクヴィル(Alexis C. H. M. C. de Tocqueville)による「アメリカを論ずるときその国民性の重要性の指摘」(*De la démocratie en Amérique*, 1835-40)を高く評価している．しかし国民性研究として最初にまとまって論じたものは，実験心理学の祖といわれる心理学者のヴント(Wilhelm Max Wundt)によるものと見做すことができる(1910～20の著作)．

　わが国においては，明治期の，三宅雪嶺による真善美日本人，偽悪醜日本人，芳賀矢一による国民性十論が特によく知られている．

　計量的研究では国民性という言葉は故意に避けられており，価値観，価値意識，社会意識等々の言葉で表現されてきた．1950年代になってインケルスがあえて国民性(National Character)という言葉を用いて研究を展開しているのは例外である(Inkeles and Levinson(1969), Inkeles(1991))．わが国では統計数理研究所による1953年の第一次国民性調査から計量的研究が始まったといえようが，我々はそれ以来，ニックネームとして「国民性」を用いている．それより前は「国民精神動向」という言葉を使ったこともあるが，誤解されるおそれがあるというので，国民性という表現に変えた経緯がある．

　さて，国民性研究の学問的・文化的意義については論ずるまでもなく明確であるが，その実際的目的についてはつぎのようなものがあげられる．

(1) 国際相互理解のために．
　相手を互に理解しようとする意志を持つときには，それぞれの国民性に関する科学的研究は相互理解に対して重要な情報を与える．

(2) 国際関係において，ある国民の行動や国の政策決定の予測を行うために．
　国民の行動や国の政策決定は一定のパタンがあり，これは国民性に基づくと考えられることが多い．

(3) 一国のある問題に対する大衆行動(mass behavior)を予測するために．

(4) 文化・文明の現状，その興亡，文明の衝突の諸相，また広義の社会システムの様相を考

える場合，それを支える集団(国・民族)の集団的性格(国民性, 民族性)を考慮に入れるならば，洞察力ある知見が得られると考えられるので，その可能性の探索のために．

日本人にとっての日本人の国民性研究は，とくに次のような実際的目的がある．

(i) 国際場裡における日本人の無意識に行う(当り前として行う)行動——国民性に基づくところが多い——が誤解を惹起することがあるが，これは国民性に基づくことを自覚し，意識的に行動し不必要な誤解を避けるために．

(ii) 日本の対外交渉，対外政策や外国における企業のマネージメントのあり方，国内政策の策定と実施のための効果的情報をうるために．

(iii) 日本の自己創造, 改造のために．

§2 国民性の概念的定義——個と集団——

それでは，国民性とは何かということになる．我々としては，ものの見方，考え方，感じ方(belief systems, the way of thinking and sentiments)に関する集団特性(collective character)であるとして国民性を概念的に定義する．

こうしたものを計量的に把えようとするのであるが，「個人と集団」の問題を介して国民性の姿を次に説明しておこう．上に述べた通り国民性は集合概念である．いろいろの調査を行っても各人の考え方はかなりバラバラである．しかし人々が集まり社会が形成されるとそのバラバラの考え方が積み上がっていき，相互干渉を経て一つの集団的特徴が形成されてくる．それは個人を超えての集団的特性の形成というべきものである．ものの見方，考え方，感じ方を土台に考えれば国民性(時には民族性)というものになる．社会的事項に関して言えば世論となる．これは必ずしも一人一人に当てはまるものではないが，集団的特色を示している．これが一つの文化的環境となり，タテマエを形成し，この下で外部刺激を受けつつ，社会のノルム，パラダイム(規範)，制約，制度，慣習，教育，宗教感情，その他芸術や思潮，諸学問，科学の方向付けが生じ，いわゆる文化的気候・風土を形成する．これが外的刺激や人々の相互交流を通して個人に働きかけることになる．これがまた積み上がるというように，絶えず循環しながら働いているという相である．これを図 V-1 に示す．

ここの collective characteristics，あるいは，いわば collective personality というべきもの，この場合は国民性(national character)となるが，ここをデータによって明らかにしようと試みるのが我々の計量的(統計的)国民性研究である．

国民性研究のあり方は，時系列調査と国際比較調査が基本である．時系列調査によって変わらぬところと変わるところが明らかにされ，国際比較調査によって似たところと異なるところ(普

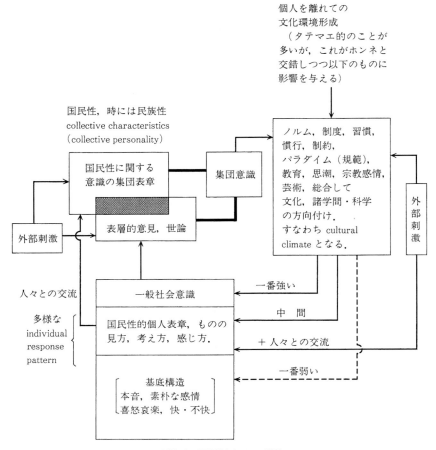

図 V-1　国民性とその機能

遍性と特殊性) とが分析されてくる．国際比較において日系人を調べることにより，日系人は日本人とどのように異なり，また日本人と似たところが何であるかが描きだされ，これを見ることにより日本人の特色が一層明確にされる．

§3　調査分析の基本——データの科学(Data Science)——

　上述のような集団特性を明らかにするには，問題が複雑であるので，理論先行(theory-driven)，仮説－検証(hypothesis-testing)という形で進むと，一面を把えて偏った結論を強調することになる．我々としては，いわば国民性という暗い洞窟の内で「データの科学」という道具を用いてあちこち叩きながら，「こうかも知れない，ああかも知れない，ここは間違っている，これで少し見えてきた」というプロセスを通し，データに基づいて(data-driven)探索的に情報

を取出す(exploratory approach)という行き方が望ましいとしているのである．

それでは，データの科学とは何か．これを簡単に説明しておこう．

これは，統計学，データ解析，分類・統合やそれに関連した諸方法を統一的に集約する概念であり，それら概念から得られる諸結果を包含するものである．これは，どのようにデータをとる計画をたてるか(design for data)，どのようにデータを集めるか(collection of data)，どのようにデータを分析するか(analysis on data)，の三つの段階を含むものである．これを「データによって現象を理解(解明)する」という目的に向けて一貫して考察するというところが重要なのである．社会調査に即して言えば，調査票をどのように構成するか，どのようにサンプルをとるか，データの質を評価し，これに基づいていかなる分析法を用いるか，ということが問題になる．

さて，データを分析するとき常に大局を見失わないためには多次元的，総合的にものを見る必要があるが，あまりにも複雑で見透しがわるいときには，これを収約し，分類し，概念化して把える必要がある．これによって大局的構造が実証的に得られるのである．しかし，構造から外れるもの，ハミダシがあるのが通常であるので，構造を踏まえた上で，個の多様性を表現し，その性格を考えるのである．

この一段上での多様性の構造化を次に行う．さらに外れを明らかにするため，新しいデータを必要とすれば，これをとる計画をたてねばならない．このように常に原点にもどりながら同じプロセスを繰返し継続し，次第に研究内容が高まってくるという，いわば上昇螺旋的に研究が進むことになる．一つ解りまた新しい解らないことが生じ，またここで考えなおして新しい知見を得ると共に，また問題点を発見するという，ダイナミックなプロセスを常に意識して行うということが，データの科学のソフトな面での行き方である．さらに我々の取扱う問題に即して言えば，はっきりした物指しが存在してそれで測定して比較するという立場でなく——こうすることは一般に不可能である——，一応の物指しで測り，比較し，この結果をみて物指しを作りかえつつ（意外性のある物指しも考慮に入れる）測りなおし，その同異の姿から情報を取り出しつつ，さらに進む．つまり物指し作成と比較分析が相互交流しつつ，情報を取り出しつつ進むという探索的行き方になる．

すべての現象でこの型通りに行くとは限らないが，このような個と集団の関係を念頭において研究を進めることの妥当性に言及したのである．

このようにして，データの科学は，具体的成果，方法的成果はもとより，それを導きだすための関連した諸方法論的成果(上述のソフトなもの)をも含むものであるということである．狙うところは「データによる現象の理解(解明)」という根本的な目標である．

§4　調査項目とサンプリング

(i)　調査項目の選定は調査票の構成ということになり，国際比較に関しては後に述べる通りである．項目としては，

　　基本事項
　　宗教
　　家族，家庭，先祖
　　社会生活
　　人間関係
　　政治
　　科学，文明，その他各種の社会事象

に関するものがとりあげられているが，これをどのように調査票にまとめあげるかを，データの科学の考え方で考察することになる．

(ii)　標本調査

まず調査対象集団（ユニヴァース，universe）は，18歳以上の全国民ということになる．これは，どこの国でも決定されるが，多民族国家のときは，民族のことも念頭に入れておくことが大事である．つぎに，サンプルの抽出であるが，確率標本抽出では明確な形で母集団を構成し，これからサンプルを抽出し，母集団推定の形が成立する．しかし，これが可能なのは日本，アメリカの一部，イギリスの一部（その他あるかも知れないが，私の経験範囲にはない）であるが，データ収集のシステム，回収率の問題をよく考察することが不可欠である．

一般にはユニヴァースは明確であるにしても，クォータ・サンプリングが用いられている．確率標本ではない（地点までは通常確率抽出が行われているが，最終段階まで確率的に標本を抽出調査するのでなければ，確率標本とは言わない）ので，調査機関の経験，ノウハウの深さが調査の質の重要なポイントになる．言うまでもないが，クォータ法には回収数はあるが，回収率という概念はない．確率標本に固執すれば，天文学的費用と不慣れによる歪みを覚悟しなければならなくなる．優れたクォータ法によるデータには，それなりの妥当な分析法が可能なのである．

いずれにせよ，国際比較調査では，調査実施者は調査の現場において，その企画，実施の内容について細部に亘り確認することが，データの質を検討する上で重要である．このことについては第2章で述べる．

§5 国際比較について

　国民性の国際比較はいろいろの点で重要な意義を持っており，国民性研究の実際的目的で述べたような目的を達成するためにも，不可欠のものである．

　外国のことは，外国の調査のみでは妥当性をもって理解することはできない．日本との比較を通して，また一つの外国ではなく諸外国との比較を通して初めて，日本の特殊性と一般性の諸相，日本と外国との類似性と非類似性を，諸外国同士の類似性と非類似性の諸相を理解することができる．日本人として，諸外国の社会環境を知り抜くことは不可能に近いので，日本を含まぬ諸外国同士の比較のみでは，本然のすがたを誤りなく見出すことは容易なことではない．日本との同異のすがたを通して進んだ理解を得ることができ，豊かな情報をつかみ出すことができてくる．

　このような国際比較についてこれから考えを進めて行くのであるが，まず始めに，考慮すべき点を要約して述べておこう．

　（i）　科学的意味における比較可能性の確保．

　比較できないものを形式的に比較しても意味はない．比較可能性の問題をまず論究するのが第一歩である．

　　サンプルの問題
　　質問票の構成と翻訳の問題

　サンプルの問題についてはさきに言及した．質問文の構成については後に述べる．翻訳も重要な問題である．いわゆる原文を翻訳し，またそれをもとへもどす翻訳をする．さらにこれを再翻訳する等の手続きが必要になる．このようにして，翻訳が満足すべき状態になっているかを検討する．これについての一般論は第II部に述べてあるが，7ヵ国調査における具体的な検討の方法・結果についてはすでに，林知己夫『日本らしさの構造』（東洋経済新報社，1996）に詳述されているので，繰返さない．

　（ii）　特殊と普遍，似ている所と異なっている所，類似性と非類似性を明らかにすること．

　つまりどの点で同じであり，どの点で異なっているかを明確に意識して，探索的に分析し尽すことである．

　（iii）　共通の論理による記述．

　それぞれの国の立場――自国の考え方，見方，感じ方の論理――で他国のデータを解釈するのではなく，どこの国の人々にも共通するロジック，つまりデータの科学の言葉で国民性の問題を分析し，その内容を明らかにすることである．このためには，データの科学の内容（いわゆる科学的なものである）を理解させることが大事になる．

§6 国際比較調査の概要

統計数理研究所国際比較調査委員会で行っている CLA の考え方による国際比較調査の概要は，次の通りである．

(1) 対象国

CLA の考え方で選ばれた調査対象国(民族)は表 V-1 の通りである．

対象国の連鎖は表 V-2 のように考えられる．最後のイタリアはブラジル日系人に連鎖するとここで予想したが，第3章で述べる分析において，このことが実証的に明らかになってきた．

(2) 質問票の構成

国際比較のための質問項目は，CLA の考え方により，それぞれの国に特有な考え方を引き出す質問，各国間で共通の質問(人間として共通のもの，近代文明という面で共通の考え方)から成っており，日本人の国民性調査に継続して使われてきたものも含み，内容は，経済の見通し，将来の見通し，不安感，健康観，勤労観，家庭観，人間関係，義理人情，信頼感，科学文明観，宗教，政治意識など様々な領域にわたっている．

質問の鎖という立場からみるとつぎのようになる．

日本でこれまで多く用いられている質問(日本人の国民性調査)——この中には，日本的な発想の質問のほかに，外国で作られた質問も含まれている(これはすっかり日本に定着した質問といえる)——のほかに対象の国々によって作られた質問を含めてある．ある国の質問は，いくら注意してもその国固有の発想となっていることに留意しなくてはならない．アメリカで作られた質問はアメリカ的発想のもので，ヨーロッパにすんなりと受け取られるものではない．客観的たろうと努めても——一見どこにでも通ずると見えても——どこでも必ずしも同じ意味に受け取られているとは限らない．研究に当たっては，自分の論理感覚は必ずしもどこにでも通じるものでは

表 V-1 国際比較調査

実施年	調査対象 (日系人関係)	(サンプル サイズ)	調査対象 (各国全国規模調査)	(サンプル サイズ)
1971	ハワイ在住の日系人	(434)		
1978	ハワイ住民(日系人を含む)	(751)	アメリカ本土のアメリカ人	(1571)
1983	同上	(807)		
1987			イギリスの英国人	(1043)
			(旧)西ドイツのドイツ人	(1000)
			フランスのフランス人	(1013)
1988	同上	(499)	アメリカ本土のアメリカ人	(1563)
			日本(A調査)	(2265)
1992	ブラジルの日系人	(492)	イタリアのイタリア人	(1048)
1993			オランダのオランダ人	(1083)

(注) ハワイ調査はホノルル市のみ，ブラジル調査はブラジル全土．

第1章 国民性比較の基本的考察と計画　283

表 V-2　国際比較の連鎖(CLA)

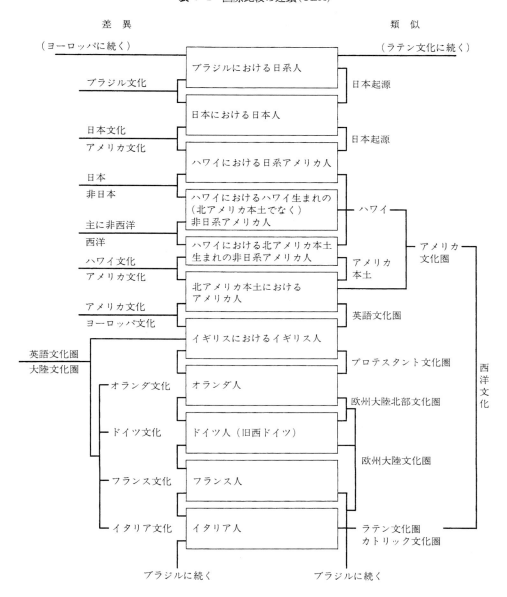

ないことを自覚しないと独善的なものになってしまう．そこで我々にとって，一見おかしいと思えても，対象諸外国で作られた質問はまったく手を加えずに取り上げることにした．

　外国で作られた質問は GSS, ISR, CREDOC, EC, ALLBUS の各調査からとられている．これらの調査は以下のところで実施されている．

　The General Social Surveys of the National Opinion Research Center. (GSS)

The Institute for Social Research at the University of Michigan. (ISR)

Centre de recherche pour l'étude et l'observation des conditions de vie. (CREDOC)

The "Eurobaromètre" of the Commission of European Communities. (EC)

Allgemeine Bevölkerungsumfrage der Sozialwissenschaften, Mannheim : Zentrum für Umfragen, Methoden und Analysen e. V. (ALLBUS)

(3) 日系人調査の意義

なお我々の調査には日系人を含めているが，日系人調査が，諸々の点において重要であることが明瞭になってきた．つまり，日本人の特色を明らかにする上で，また，日本と外国とを繋ぐ鎖(linkage)となる点で重要であることが解ったのである．こうした日系人調査の重要性に鑑み，日系人調査の意義について次のように考えているので，蛇足ながらまとめておきたい．

日系人の調査を日系人の問題として行なうことは，我々としては困難な問題である．この問題を追求するには，日系人の研究者と問題意識を論じ合う必要がある．しかし，日系人の問題意識が我々の日本人研究にとって「目から鱗のおちる」ような視点を与えることがある．この一例をあげてみると，日本人移民がとった行動である．ワシントン大学社会学部名誉教授S. フランク・ミヤモト教授によると，直ちに人の間の組織化ができるのだそうである．つまり「長」がきまり，幹事がきまり，事務局が自ずとできて，役割分担がきまり，組織が動くのである．新しい技術の導入・普及，新しい法律の理解と適用などの知識の普及も，これを通して行なわれた．こうした組織が数多くでき，いわゆる loose structure(ゆるい組織化，weak tie による組織)であって，人々は多くの組織に属し，多様なネットワークが形成されて動いているというのである．ゲマインシャフト的ゲゼールシャフトといったものとの見方もされている．こうした組織があるがために日系人は発展して行ったとのことである．こうしたゆるい組織は，中国人，韓国人(strong tie による血縁関係，あるいは，宗教関係の組織)はもとより他の民族にはない，ただユダヤ人にのみこうした傾向があるということである．これが日本人のものの考え方，感じ方のどこに胚胎するかを調べることに興味があることを聞かされた．これは素晴らしいアイディアで，日本人ではどうしても気付かなかった問題である．このことは Fugita, S. S. と O'Brien, D. J. の *Japanese American Ethnicity* (University of Washington Press, 1991)によって知られる．こういうわけで目下アメリカのS. フランク・ミヤモト教授，ステファン・フジタ教授，テツデン・カシマ教授と共同研究を進めている．

我々としては，前に述べたように日系人に残っているもの，つまり日系アメリカ人の場合，アメリカ人と異なり日本人に近いものを探り出し，それを J-attitude と名付け，日本人の国民性の特色をみるという立場をとってきた．この J-attitude には「人間関係を重くみること(私情を大事にすること，他人に対する関心が強いこと)」，「中間的回答の多いこと」「宗教に関すること

（宗教を信じない人の中で宗教的な心は大切というものが多い）」が見出され，これについて，日本人の時系列的にみた安定性があることから，明らかに日本人の特色と言うことができたのである．これについては第3章に述べられる．

また，CLAの立場から外国理解における重大な鎖として用いるという点も肝要である．

以上のような3点から，我々が日系人の調査を行なう意味が重いのである．

〈参考文献〉

ブラジル日系人意識調査研究委員会(1993)，「ブラジル日系人の意識調査――1991～1992――」『統計数理研究所研究リポート』74．

芳賀矢一(1907)，『国民性十論』冨山房．

林知己夫(1981)，『日本人研究三十年』至誠堂，東京．

林知己夫(1988)，『日本人の心をはかる』朝日新聞社，東京．

林知己夫(1990)，「意識の国際比較研究」『学術月報』(日本学術振興会)，43号(12)，12-17頁．

林知己夫(1991)，「国民性をはかる」『市場調査』(輿論科学協会)，206/207合併号，2-32頁．

林知己夫(1992a)，「統計的方法による「日本人の国民性研究と意識の国際比較」方法論序説」『日本統計学会誌』21号(3)(増刊号)，353-367頁．

Hayashi, C. (1992b), Belief Systems, Japanese Way of Thinking : Interchronological and International Perspectives, Social, Educational and Clinical Psychology, *Proceedings of the 22nd International Congress of Applied Psychology*, 3, pp. 3-34, Lawrence Erlbaum Associates, Publishers.

Hayashi, C. (1992c), Quantitative Social Research――Belief Systems, the Way of Thinking and Sentiments of Five Nations――, *Behaviormetrika*, 19(2), pp. 127-170.

林知己夫(1993a)，「日本人の国民性」『PHASE』93，64-95頁，R&D社，東京．

林知己夫(1993b)，『行動計量学序説』朝倉書店，東京．

林知己夫(1993c)，『数量化―理論と方法―』朝倉書店．

林知己夫(1994)，「国民性とコミュニケーション(原子力に対する態度構造と発電側の対応のあり方)」*Journal of the Institute of Nuclear Safety System*, 1, pp. 93-158.

Hayashi, C. (1995a), *Changing and enduring aspects of Japanese national character*, Institute of Social Research(大阪)．

林知己夫(1995b)，『数字からみた日本人のこころ』徳間書店．

林知己夫(1996)，『日本らしさの構造』東洋経済新報社．

林知己夫(1997)，「長(リーダー)の命運と社会の命運」『市場調査』(輿論科学協会)，229号，2-19頁．

Hayashi, C. (1998, 印刷中), The Quantitative Study of National Character : Interchronological and International Perspectives, Ed. Sasaki M., *Values and Attitudes Across Nations and Time, International Journal of Comparative Sociology*, Volume XXXVIII Nos. 1-2.

林知己夫・林文(1995)，「国民性の国際比較」『統計数理』43巻1号，27-80頁．

Hayashi, C., Suzuki, T. and Sasaki, M.(1992), *Data Analysis for Comparative Social Research : International Perspectives*, North-Holland, Amsterdam.

林知己夫・加留部清・北田淳子・北條真(1996)，「日本における長のイメージ」, *Journal of the Institute of Nuclear Safety Systems*, 3, pp. 90-132.

Hume, D. (1777), *Essays and Treatise on Several Subjects*, Vol. 1. これを土台とする*Essays, Moral, Political and Literary*, Part 1, ed. by E. F. Muller, revised edition, Liberty Classics, 1987がある(坂本達哉[1995]『ヒュームの文明社会―勤労・知識・自由―』創文社，による)．

Inkeles, A. (1991), National Character revised, *The Tocqueville Review* (eds. J. R. Pitts and R.

Simon), 12(1990/1991), pp. 83-117.

Inkeles, A. and Levinson, D. J. (1969), National Character, the Study of Modal Personality and Socio-cultural Systems, *Handbook of Social Psychology*, 2nd ed. (eds. G. Lindzey and E. Aronson), vol. IV, pp. 418-506, Addison-Wesley, Reading, Massachusetts.

Inkeles, A. (1997), *National Character, A Psycho-Social Perspectives,* Transaction Publisher.

三宅雪嶺(1887),「真善美日本人,偽悪醜日本人」,生松敬三編『日本人論』冨山房,1977年,3-123頁.

統計数理研究所意識の国際比較研究委員会(林知己夫,鈴木達三,佐々木正道,三宅一郎,林文)(1991),「意識の国際比較方法論の研究」『統計数理研究所研究リポート』71.

統計数理研究所国民性調査委員会(1992),『第5日本人の国民性――戦後昭和期総集』出光書店,東京.

Wundt, W. M. (1910-1920), *Elemente der Vorkerpsychologie Alfred Kroner,* Leipzig. 1910年から1920年の間に10巻が刊行されており,そのうちの一部が翻訳されている.比屋根安定訳(1959),『民族心理学:人間発達の心理史』誠信書房,東京(これは1912年のElemente der Vorkerpsychologie : Grundlinien einer psychologischen Entwicklungs-geschichte der Menschheit の翻訳である).

第2章　標本抽出計画と実際の諸問題

§1　はじめに

　前章では，国際比較における連鎖的比較調査法の基本的考え方と計画を述べた．

　連鎖的比較調査の方法は，比較対象社会の選定や，質問項目の選定……質問文の文章，回答選択肢のあり方，調査票の構成……について比較可能性を高めることを主なねらいとして考案されている．したがって，調査の実施方法自体は通常の社会調査の方法と同様のものという見方も可能である．

　しかし，統計的な社会調査を利用する国際比較調査では，母集団の定義，調査対象の選定（サンプリング），調査方法，調査票の構成，質問項目の選定，質問文の翻訳等，調査の各段階における標準化，比較可能性の確保の諸問題に直面する．これらの問題点は，国内の社会調査一般に共通の問題もあるが，国際比較に特有あるいは特に顕著になる事項もある．その一つは標本企画，調査対象者の選定に関連する事項である．標本調査企画では，理論から要請される条件を，可能な限り実際の標本抽出企画にとり込み，その実現を考えるのであるが，比較調査の対象となるそれぞれの社会で一様には考えられない事項も多い．

　本章では，これまで統計数理研究所が中心となって実施してきた一連の国際比較調査――1970年代初めのハワイ・ホノルル日系人調査から，1993年オランダ調査まで――の具体的手続きのうち，

　（1）　標本企画，調査対象者の選定に関連する事項
　（2）　（面接）調査員の（訪問）調査の努力など調査実施に関連する事項

について，まず各国（地域）で実施した調査の標本計画の大要を述べ，その多様性を具体的に示すことにする．

§2　各国（地域）における調査の標本抽出計画

　ここで調査の対象として考える社会は，「意識の国際比較方法論の研究」（1986〜1991，文部省科学研究費，特別推進研究）の（西）ドイツ，フランス，イギリス，アメリカ，日本の5ヵ国と，「意識の国際比較における連鎖的調査分析方法の実用化に関する研究」（1992〜1994，文部省科学研究費，試験研究（A））によるイタリア，オランダの2ヵ国（合計7ヵ国）である．

このうち，日本については「日本人の国民性に関する全国調査」等で，またアメリカについては1978年アメリカ人の価値意識調査を実施した経験があるので，まず，日本，アメリカについての概要から述べる．日本調査の標本抽出計画とアメリカ調査の標本抽出計画は，1978年の日米比較調査の際の標本抽出計画と同様なものである．ここでは，1988年の調査計画を示す．

i 日本調査(1988年)の標本抽出計画と調査実施の概要

日本の調査の場合は，対象となる社会の範囲，および対象者の範囲について，次のように定義すれば，標本抽出計画について極めて明確であり，何らの問題もないと考えられよう[1]．

すなわち，表V-3の2の通りである．標本抽出計画は日本においては，まず，全国の行政単位を地方別(11分類)および人口規模別(4分類)に層別し，政令指定都市(11市)を各1つの層と考え，合計55層にする．次に，各層の18歳以上の人口を最近時の国勢調査資料および住民基本台帳資料により推計し，層人口に比例した割合で各層に標本($n=4,500$)を割当てる．次に各層の割当標本数に応じて，一調査地点当り標本数が(10〜15)になるようにして各層の調査地点数を算出する．次に，各層ごとに国勢調査の調査区を調査区特性で層別した資料から，各層に割当てられた必要な数だけの調査区(調査地点)を確率比例抽出する．

調査対象個人の抽出は，抽出された調査区の該当する市区町村の町丁字番地から各調査地点ご

表 V-3 「意識の国際比較方法論の研究」の日本全国調査[調査概要]

1. 調査内容　政治，社会，文化，及び生活に関する意識：75項目および属性項目
   (うち26項目についてはスプリット方式)
2. 調査対象
   1) 母集団　全国の満18歳以上の個人
   2) 標本数　4,500人(A，B調査2対1のスプリット割当)
   3) 抽出法　層別2段無作為抽出法
   4) 抽出枠　第1段：国勢調査の調査区，第2段：個人(住民基本台帳)
3. 調査時期　昭和63年10月6日〜19日
4. 調査方法　調査員による個別面接聴取法
5. 回収結果

	全体	A 調査	B 調査
・有効回収数	3,282人(72.9%)	2,265人(73.2%)	1,017人(72.4%)
・調査不能数	1,218人(27.1)	831人(26.8)	387人(27.6)
・設定標本数	4,500人(100.0%)	3,096人(100.0%)	1,404人(100.0%)
転居	114人(2.5%)	70人(2.3%)	44人(3.1%)
長期不在	105人(2.3)	72人(2.3)	33人(2.4)
一時不在	436人(9.7)	306人(9.9)	130人(9.3)
住所不明	33人(0.7)	24人(0.8)	9人(0.6)
拒否	499人(11.1)	335人(10.8)	164人(11.7)
その他	31人(0.7)	24人(0.8)	7人(0.5)
計	1,218人(27.1%)	831人(26.8%)	387人(27.6%)

とに住民基本台帳を利用して，割当標本数を等間隔抽出する．

1988年日本調査では，計画標本数 4,500，抽出地点数は，都市部：243地点，町村部：72地点，計315地点である．調査できた標本数はA調査 2,265，B調査 1,017，計 3,282 で，回収率は 73% であった（表V-3の5参照）．

なお，標本抽出計画の詳細については「意識の国際比較方法論の研究」報告書第4部〔III〕および資料1：「1988年日本調査のコードブック及び付属資料」を参照のこと[2]．

国際比較研究を念頭においたとき，日本における標本抽出計画は，日本の社会のあり方にそって構成されており，その特徴は「日本人を母集団とする確率標本が容易に抽出できる」ということにある．

以下，他の比較調査対象社会における標本抽出計画を順に示すが，それらの諸計画と対比したとき，この点はよりはっきりしてくる．

ii アメリカ調査（1988年）の標本抽出計画

アメリカにおける標本調査の標本抽出計画のうち，日本との相違点は，アメリカでは，調査対象者全体を網羅して記載してあり，標本抽出台帳（リスト）として利用できるような名簿がないことである．したがって，調査地点として抽出された地域から，調査対象者個人を抽出するに当たり，調査対象に該当する者全部のリスティングをしなければならない．このようにして作成されたリストを利用して調査対象者の抽出をおこなうことになり，標本抽出の過程が，日本の場合とくらべ，大変手間のかかる作業となる．このため，日本とは異なった標本計画が利用されることが多い．今回の1988年アメリカ調査で利用した標本抽出計画の大要を以下に述べる．

［母集団］

アメリカ合衆国在住の18歳以上の成人一般市民（病院や刑務所など施設にいる人を除く）．

［地域の層別］

次のように人口規模×地方による．

1) （都市人口規模）：アメリカ全体を1980年国勢調査資料に基づく都市人口規模別に次の7つの層に分ける．

    a) 大都市圏の人口100万以上の市（または複合した市）域

    b) 大都市圏の人口25万から99万9,999までの市（同上）域

    c) 大都市圏の人口5万から24万9,999までの市（同上）域

    d) 都市圏でそれ以外の市街地域

    e) 都市圏以外の人口2,500人以上の市域

    f) 2,500人以下の町村

    g) 町に含まれない農村部

2) (地方)：次にこれらの層を東部，中西部，南部，西部の4地方に分ける．各地方の区分は国勢調査資料の区分である．

このようにしてアメリカ全体は人口規模×地方の層に層別され，各層内を地理的順序に配列する．

［調査地域の抽出］

このように並べられた市郡人口を180の等しい人口の層(Zone)に分割し，各層から2調査地域を抽出する．各地域の抽出は，その地域の1980年国勢調査資料の人口規模に比例した確率比例抽出法による．

［調査地点の抽出］

ブロック統計が利用できるところでは，調査地域から調査地点として，ブロックあるいはブロックの組を確率比例抽出する．それ以外のところでは，ブロックあるいは地域セグメントのランダム・サンプルをとる．

各調査地点では，調査地点を含む地域の地図上に，抽出されたブロックを取り囲む道路をワク取りし，その道路上にランダムに調査出発点を選定し，それ以降の調査経路，および方向を図示する．（道順の矢印はあらかじめランダムにきめる．）

［調査の実施］

調査は出発点における住宅の居住者の調査から始め，指示された道順に従ってそれ以降の調査を進め，初めに割り当てられた数の調査が終了するまで調査を続ける．すなわち，調査は出発点の住宅から始め，在宅者のうち調査対象資格者(18歳以上)を世帯について一人だけ次つぎ調査していく方式をとる．

調査は，各人の在宅率を考え，在宅する可能性の高い週末・休日，それに平日の場合は女性に対しては午後4時以降，男性に対しては午後6時以降に訪問するよう調査員に指示してある．また不在者に対する再訪問をするよりも在宅率で加重する方式をとった．すなわち，在宅で調査できた対象者には調査前3日間の該当時刻(調査実施可能な時間帯)における在宅の有無を質問し，属性，地域による在宅率を推定し，不在による偏りを減少させる方式を用いた[3]．

［調査の概要］

このようにして抽出された調査地点360地点のうち，計画標本数1,500に対応する322地点について各調査地点あたり平均5人ずつ面接調査した．調査不備および調査実施後のチェックにより判明した不完全回答標本を除き，集計に利用したものは1,563である[4]．

iii ドイツ調査(1987年)の標本抽出計画(当時の西ドイツ)[5]

標本抽出計画はドイツの場合もアメリカとほぼ同様である．

[母集団]

ドイツの場合は標本抽出計画に利用する地区別有権者数の情報の関係で調査対象集団が16歳以上になっている．1987年ドイツ調査の基本母集団はドイツ連邦共和国の10の州と西ベルリン(1987年当時の西ドイツ)の16歳以上の成人である．これらの地域に居住する16歳以上のドイツ人(外国人は除く)は1985年12月31日現在で4,686万2,000である．

[地域標本の抽出]

標本抽出計画にはドイツ市場調査協会(ADM)がドイツの選挙人登録者資料をもとに作成しているADM-mastersampleを利用する．

ドイツ市場調査協会は各調査機関ごとの標本計画にかえて，毎年，ドイツの選挙人登録者資料に基づく全国標本計画の方式を開発整備している．これは，地域，人口規模別層別による多段確率標本法による調査地域標本である．100組の地域標本が作成され，調査ごとに一組の地域標本を利用する．各組の抽出調査地域は全国の210地域(投票区)である．

[調査地点内の標本抽出]

調査地点内では，地点内の道路について，道路ごとの有権者数の大きさに比例した確率で確率比例抽出し，その道路のランダム・スタートの番地から指定されたルートに沿って3軒目ごとに調査する．

世帯内では16歳以上の成人で，次の誕生日に関する情報から調査員ごとの乱数によって，世帯について一人を抽出選定し面接調査する．もし不在ならこの標本について訪問時刻をかえて2回までくり返し訪問し面接調査する．一調査地点平均5人の調査を完了するまで調査をおこなう．

[調査の実施]

調査は1987年10月10日から11月16日まで実施し，全体で標本1,051の調査を完了した．訪問面接の状況をチェックし，4件は調査不備として除き，調査完了数は1,047である．このうち，比較研究において調査対象の年齢条件をそろえるため，年齢16, 17歳の対象をはずした．1987年ドイツ調査の集計標本は1,000である．

iv フランス調査(1987年)の標本抽出計画[6]

フランスでは，選挙人登録簿の資料等は，国(公共)の調査機関でなければ利用できない．したがって，アメリカ，ドイツ同様，確率地域抽出法により調査地域を抽出し，抽出調査地点では割当法(クォータ法)により個人を面接調査することになる．

表 V-4 標本の属性別構成

属　　性	1987年フランス調査		国勢調査の構成比
	標本数	構成比	
	N	%	%
Sex			
Men	472	46.6	47
Women	541	53.4	53
	1013	100.0	100
Age			
18-24	154	15.2	14.3
25-34	245	24.2	22.0
35-49	253	26.0	23.7
50-64	212	20.9	21.9
65 ans et plus	149	14.7	18.1
	1013	100.0	100.0
Occupation of head of household			
Farmers	52	5.1	6.0
Shopkeepers, craftsmen	71	7.0	6.6
Executive and business men	94	9.3	9.3
White collars	280	27.6	24.5
Blue collars	236	23.3	25.6
Non active, pensioned, etc	280	27.7	28.0
	1013	100.0	100.0
Size of locality			
Rural	262	25.9	28.2
2,000-20,000	166	16.4	16.0
20,000-100,000	131	12.9	13.0
100,000 (except Paris)	288	28.4	27.4
Paris agglomeration	166	16.4	15.4
	1013	100.0	100.0

［母集団］

18歳以上のフランス市民(18歳以上人口は33,445,200人).

［地域層別］

最近時のフランス国立経済統計院(INSEE)の国勢調査データにより，全国を地方(9分類)と人口規模(4分類)で層別し，パリ大都市圏は別枠とする．

［調査地点の抽出］

地方×人口規模による36層およびパリ大都市圏の18歳以上の人口の大きさに比例して計画標本数($n=1,000$)を割り当てる．次に，一調査地点当りの標本数を(平均10)として調査地点数を求め，パリ地区以外では88地点を抽出した．パリ大都市圏には11地区(パリ地域は8地点)を割り当て，合計99調査地点を抽出した．

［調査地点内の個人の抽出］

調査地点内の個人の抽出(選択)は各層における母集団の性，年齢，世帯主の職業の各属性の最近時の国勢調査データによる構成比率にしたがって割り当てる．

［調査の実施］

調査は1987年9月28日から10月16日の間に面接調査法で実施された．調査完了標本1,020のうち調査状況のチェック等により7件を除き集計サンプルは1,013である．調査完了標本の属性別構成を国勢調査のそれと対比すると表V-4のようになり調査は良好に完了したといえる．

v　イギリス調査(1987年)の標本抽出計画[7]

イギリスでは，毎年更新される基本選挙人登録簿が大英博物館の資料部で公開されているので，用途・目的等を記して申請すれば誰でも閲覧できる．しかし，全国の開票区・投票区ごとの選挙人名簿を集積し整備するのは時間がかかる．したがって，最近時の名簿を利用した標本抽出計画を立てるとき，この点を考慮する必要がある．

1987年イギリス調査の標本抽出計画は，確率標本法(層別2段抽出)によって実施した．

［母集団］

イギリス(Great Britain)在住の18歳以上の有権者．

［地域の層別］

国勢調査データによる分類システム(国勢調査の調査区特性)により地域を層別する．

［層の決定と調査地点の抽出］

層別は地方別と上述の地域特性別の組合せによる．各層に層人口に比例して150地点を比例割当し，各層から国勢調査の調査区(CED)を確率比例抽出する(CEDは平均150世帯)．

［個人の抽出］

抽出されたCEDの該当する地域の選挙人登録簿から一調査地点当り10サンプルを系統抽出して，氏名，住所を受持名簿に転記する．

［調査の実施］

各調査員は受持名簿に記された調査対象者につぎつぎ面接する．しかし，選挙人登録簿が作成されてから日時が経過しているため，死亡，移転，地域の再開発等のため該当者がいない場合や住所が不明の場合がある．この時は調査地域から同一住所への転入者などをリスティングして代替標本とする(全調査対象者のうち10%程度になる)．

調査拒否が予想以上に多くなり，調査完了数は1,049であった．これから属性別のクロスチェック等により調査不備と判明した6件を除き，集計に利用した標本数は1,043である．

以上，5ヵ国の標本抽出計画の概要を述べた．

研究調査の対象となったそれぞれの社会において通常実施されている継続調査の標本抽出計画とほぼ同一水準の計画である．

vi　イタリア調査(1992年)の標本抽出計画

イタリア調査の標本抽出計画は3段階の無作為抽出法である．

[母集団]

18歳以上のイタリア人，国勢調査によると，対象人口＝42,514,199である．

[標本抽出]

3段無作為抽出法

第1段階では，市郡を都市化のレベルに応じて4分類し，州(地区)(19分類)ごとに(地区×規模)の層を作り，各調査員の面接数が10以下になるようにして調査地点を層人口に比例して割当て，市郡を抽出した(系統抽出)．第2段階では，調査地点(市郡)の道路を無作為に選び，調査開始点とした．第3段階は，抽出された道路で一番小さい奇数の番地の世帯を始点とし，以後3軒目ごとに調査するランダム・ウォーク方式とした．

世帯の中の対象者の抽出は，次の誕生日が最も早い人を選ぶ方式である(世帯で一人を調査)．

[調査実施]

抽出された124市郡，延134地点(人口60万人以上の都市では複数地点あり)を134人の調査員により調査した．調査後の電話による確認で8件を無効とし，面接完了数は1,048である．

vii　オランダ調査(1993年)の標本抽出計画

オランダの調査を担当した調査機関は，オランダ全居住者の住居のマスターサンプル・磁気テープを保有している．これは一種の「住居番号簿」で，各地の道路と居住番号が4桁の数字と2個のアルファベットで表示され，翌年建築される住居も含めて記録されている．このテープは毎年更新される．このテープには居住用建物だけでなく，会社の建物の番号も含まれているが，これは「会社のみの住居番号簿」を利用して除くことができる．このテープを利用して，毎年20万～25万の居住者の住所番号を無作為抽出し，この住居番号を647の市郡ごとにまとめ直したリストを作成している．

1993年オランダ調査の標本抽出計画は，

[母集団]

18歳以上のオランダ国籍を持つ者．

[調査地点の抽出]

オランダの全住居番号のうちの各市郡の割合は既知である．これらの市郡は規模により2分類される．

1)　常に抽出される市郡：規模が大きく何時でも調査地点として選出される．

2) それ以外の市郡：これらの市郡は経済地域層ごとにまとめ，各地域を代表するように必要な数の市郡を無作為抽出する．

これらの2分類と市郡の割合を考え，住居番号テープから住居番号を無作為に抽出する．

［個人の抽出］

18歳以上のオランダ国籍の者．訪問した家に複数の該当者のいる場合は「誕生日ルール」による．すなわち，次の誕生日が最も早い人を対象者とする．また，各世帯では一人だけ調査する．

［調査の実施］

調査員は無作為抽出された住居番号の家を出発点として訪問面接をおこなう．各調査地点では4人の面接調査が完了するまで調査をする．訪問する住所はこの出発点に最も近いところである．また，

1) 訪問先が不在などでドアを開けてくれない場合は後で再訪問する．再訪問は最高3回まで繰り返す．

2) ドアを開けてくれた場合は，抽出した回答者に面接する．回答者が不在のときは，後日の面接の約束をとる．面接を拒否された場合は，次の住居を再訪問する．

［抽出市郡］

175市郡，延305地点，面接調査完了数は1,083である．

これまで述べた7ヵ国における標本の代表性についてみると，各国の調査結果の一次的属性分析によって国勢調査結果と比較し，計画した水準を達成していることがわかる．

以上が，特別推進研究および試験研究で実施した日本，アメリカ，（西）ドイツ，フランス，イギリス，イタリア，オランダ7ヵ国の調査における標本計画である．これ以外に，日系ブラジル人調査およびハワイ・ホノルル調査の概要を参考としてあげる．

ⅷ ブラジルにおける日系人調査(1992年)の標本計画[8]

ブラジル日系人意識調査を実施するための基礎資料は，サンパウロ人文科学研究所が1987～88年に実施したブラジル日系人実態調査[9]である．この調査はブラジル日系移民80年記念事業の一つとして実施され，日系人口が推計され，実態調査のための日系世帯リスティング台帳が整備された．ここでは，まずブラジル日系人の人口推計調査の標本計画の概要から示す．

(ⅰ) ブラジル日系人の人口推計調査の標本計画

サンパウロ市周辺に集中しているが，近年は広大なブラジル全体に拡散している日系人を限られた調査員により，地域単位の全数調査で，しかも日系人の標本をなるべく多数確保できるようにする方策を考える．また，

[日系人の定義]

　最初の移民がきた 1908 年までさかのぼって先祖に日本人がいるかどうかで判定．

　調査を限られた人員・費用で効果的にするため，ブラジル地理統計院(IBGE)の 1980 年センサス資料を利用した．基準人口平均 1,000 として設定された約 14 万のセトール(センサス用調査区，SETOR)を第 1 次抽出単位とし，これを地理的特性(地域は州，サンパウロ州は 3 分割)および市郡別，センサスによる黄色人口，日本生まれ人口，日系団体の有無等により，103 層に層別し，これより一独立標本として 474 セトールの標本 3 組を等確率抽出した(実際に調査したのは 2 組)．

　第 2 次抽出は，抽出された各セトールを人口 100 を目安に地図上で平均 10 のサブセトールに分割し，等確率で各セトールより 1 個のサブセトールを抽出した．

[現地リスティング]

　抽出された各サブセトールでは調査員が現地で，そこに存在する全世帯(約 3 万)のリスティングを行い，日系人の有無，該当者の確認，基礎情報を記録した．これにより，一組の標本につき日系人を含む世帯約 1,000，日系人約 2,000 を得た．

　人口調査の集計は，すべて抽出率に基づく不偏線形推定で，各独立標本ごとに推計可能，最終的に全独立標本の単純平均で推計値を求める．推計値算出と共に推定誤差も求められる．

　(ii)　意識調査の標本抽出計画

日系人口推計調査から得られた A，B 2 組の独立標本のリスティング台帳をもとに，

　1)　18 歳未満の日系人および非日系人を除き，18 歳以上日系人のリストを作成，これをマスターサンプルとする．これより等間隔サンプリングするのを基本とした．

　2)　サンパウロ都市圏では A，B 両リストを利用し，その他は A グループから抽出．

　3)　地域によっては，各世帯より 1 名のサンプルを抽出．

　全体の調査地点数は 278，総サンプル数は 665 である．

　調査完了したものは 492，回収率は 74％，調査結果は，全部ウェイト付集計による．

　厳格に代表性のある日系人の標本を土台にしていること，日系人の定義が明確なこと，すなわち，厳密な全国規模の層別ランダムエリア・サンプリングで作成された正しいサンプルを基礎にして意識調査が実施された．この日系人調査は，発展途上国における移民の厳格な大規模調査として初めてのものである．

ix　ハワイ・ホノルル市民調査の標本計画

　1978 年，1983 年，1988 年の 5 年おきに 3 回実施されたハワイ・ホノルル市民調査の標本計画の基礎になっているのは，1972 年に実施されたハワイ・ホノルル日系人意識調査の際の標本計

画である．その概要を示す．
　（ⅰ）ハワイ・ホノルルにおける日系人調査の標本企画
［調査目的］
　「ハワイ在住の日系人」と「日本国内の日本人」との意見の比較を考え，日本で実施した調査の質問票と同様のものによる比較調査を行うことを考えた．その後の国際比較調査の出発点となる調査である．
［調査計画］
　「ハワイ在住の日本からの移住者およびその子孫（20歳以上の）」を対象に考えたが，費用等の関係でホノルル市域在住の日系人に限定された．
［母集団と抽出枠］
　調査時点における最近の統計資料で入手できたものはハワイ州企画経済開発局の推計値で，ハワイ州の総人口80万のうち日系人の割合は29.8%である．ホノルル市域の居住者は約33万と推計されているので日系人は10万前後と予想される．一方，国勢調査の結果によると20歳以上の人口割合はおよそ55%である．

　個人のサンプリングは日本と異なり，ハワイには日本の住民基本台帳のような個人を網羅した台帳はない．したがって，確率標本抽出法を利用する場合，調査地域を確率抽出した後，抽出された調査地点において，全世帯のリスティングをして，この台帳から世帯をサンプリングする方法をとる．しかし，資料と費用の面からこの方法を利用できなかった．このため，いくつかの代替的方策を比較検討した結果，1970年11月の中間選挙の際の選挙人登録簿が18歳以上の個人の抽出台帳として最良のものと考えられた．これは登録率が高く[10]，住所，氏名を記載した名簿が居住地域（投票区）ごとに整理されているからである．調査では，この名簿で第8選挙区から第18選挙区（ホノルル市域に相当）までを抽出枠とした．したがって，日系人として「選挙人名簿に記載されていて，姓または名前からみて日系人と判断されるもの」が調査対象ということになる．このため，日系人で名簿に登録しなかった人，市民権がなくて登録できない人，日系以外の人と結婚して名前が日本風でないためサンプリングのとき日系人と判断されなかった人は除外され，一方，日系人と結婚した非日系人，姓名が日本風であるが日系とは関係のない人が対象者となる可能性がある[11]．

［調査対象者の抽出と調査実施］
　日系人の割合が30%前後と予想されたので，ホノルル市域の登録者数約13.5万から1/60の割合でサンプリングし，該当サンプルが日系人なら調査対象者とした．抽出された日系人は792である．調査は，ハワイ大学の黒田安昌教授の協力を得て実施された．調査完了数は477で調査完了率は61%である．名簿作成以降の移転が多く，また，拒否も多かった．（1972年ハワイ日

系人調査については報告書その他を参照されたい[12].)

　(ii)　ハワイ・ホノルル市民調査の標本計画

　1978年, 1983年, 1988年のホノルル市民調査の標本計画では, すべて, 1972年のホノルル日系人調査と同様に, 選挙人登録の資料が利用された. 最近時の選挙人登録資料は磁気テープの形でハワイ州の副知事室が管理している. このテープを利用して各回の調査対象者を抽出(系統抽出)している. したがって, 日系人かどうかは抽出時の判断ではなく, 調査項目に対する回答による分類になる. この点が1972年調査とは異なる.

　各回の調査についての詳細は報告書を参照のこと[13].

§3　§2で取り上げた各調査の調査実施経過の概要——調査員の調査状況——

　調査地点内における面接調査員の活動は, 個人(調査対象者)の抽出に抽出台帳を利用できるかどうか, あるいは, 個人抽出と実査に関する調査員指示のあり方によって異なる. それぞれの場合を実例に沿って列挙すれば次のようになる.

A　抽出台帳のある場合

　①母集団を代表する抽出台帳が利用できる……日本調査. 調査地点の住民基本台帳あるいは選挙人名簿より個人を等間隔抽出し, 調査対象者とする.

　②母集団を代表する抽出台帳が利用できるが, 作成時期からの社会移動その他については, 抽出された同一住所の新住民のリスティングにより補足する……イギリス.

　③抽出台帳のカバー率を検討して利用する……ハワイ・ホノルル.

B　抽出台帳のない場合

　①調査地点の全世帯居住者をリスティングして台帳を作成する……ブラジル(日系ブラジル人調査).

　②調査地点内の個人抽出は割当法を利用……フランス. 調査地点を含む最小範囲の地域統計(国勢調査)資料より割当変数(性, 年齢, 世帯主職業)の構成比で割り当てを指定する.

　③調査地点内の道路を確率抽出し, その道路に沿って無作為抽出された出発点の世帯から次々(3軒目ごと)に調査, 世帯内の個人は誕生日ルールにより選定する……(西)ドイツ, イタリア, オランダ, (アメリカも一応これに含まれる).

　このうち, Aの①, Bの①については, 調査対象者の代表性の問題はなく, 調査努力の指標として, 抽出標本のうち調査完了した割合を回収率として示すことができる(回収率はそれぞれ§2のi(p. 288), §2のviii(p. 296)を参照). Aの②は, 補足のためリスティングした部分に若干問題があり, Aの③はカバー率に問題が残る. それぞれの調査状況を表V-5, 表V-6に示す.

表 V-5　1987年イギリス調査の調査状況

A	選挙人名簿より抽出記載した住所と氏名	1920	100.0	
	記載した住所に家がない	14		
	空家	15		
	該当住所なし	17		
	死亡	6		
	移転	222		
B	小　計	274	14.3	
C	(A−B)抽出名簿の住所に居住している人	1646	85.7	
D	移転，空家などで同一住所の人をリスティング	169		
E	(C+D)面接調査可能なサンプル数	1815	100.0	
	誰にも会えない	122	6.7	(%)
	在宅者と接触できた数	1693	93.3	100.0
	一時不在	58	3.2	3.4
	3回以上訪問して指定された本人が外出中	66	3.6	3.9
	忙しい(拒否)	60	3.3	3.5
	拒否	391	21.5	23.1
	病気(長期)	29	1.6	1.7
	病気(一時)	14	0.8	0.8
	言語上の問題	5	0.3	0.3
	他	21	1.2	1.2
	面接調査完了	1049	57.8	62.0

[参考] イギリスにおける一般社会調査からの調査実施状況の例を示す

名簿に記入した住所	2622	
空家，家がない	90	(%)
在宅している対象者	2523	100.0
拒否	565	22.3
不在，病気，会えない	105	4.1
他	101	4.0
面接調査完了	1761	69.5

* Jowell, R. & Airey, C. (1984) *British Social Attitude, the 1984 report,* Gower, Aldershot, Hants, p. 159 より.

表 V-6　1988年ハワイ・ホノルル調査の調査状況

抽出サンプル数	1163	100.0	
移転	269	25.5	(%)
在宅者と接触できた数	867	74.5	100.0
拒否	197	16.9	22.7
一時不在	138	11.9	15.9
長期不在	11	0.9	1.3
病気	26	2.2	3.0
死亡	3	0.3	0.4
面接調査完了	499	42.9	57.6

　表 V-6 は 1988 年ハワイ・ホノルル市民調査の結果である．社会移動の多い都市部のため 1972 年調査と比較した場合移転の比率が高くなっている．

　Bの②については割り当てを達成しているかどうかが示されている（表 V-4 参照）．Bの③については，訪問した家で在宅者と接触できるかどうか，面会して「誕生日ルール」で調査対象者を選定できるかどうかが第一の関門である．表 V-7，表 V-8，表 V-9 にそれぞれの場合を示す．これらの方式は，調査地点は確率(比例)抽出，地域内ランダム・ルート法である．

　標本抽出計画の形式からみて，このグループに一応含まれるアメリカ調査の調査状況はこのような形で報告されていない．

　このグループでは，調査の方式は指定されているが，事前に対象者が指定されていないので，

表 V-7 1987年ドイツ調査の調査状況

訪問した家	2580	100.0	
3回の訪問で誰にも会えない	448	17.4	(%)
在宅者と接触できた数	2132	82.6	100.0
一切の情報提供を拒否	368	14.3	17.3
指定された本人に3回とも会えない	118	4.6	5.5
本人が調査拒否	526	20.4	24.7
病気	38	1.5	1.8
その他(非適格など)	26	1.0	1.2
面接調査完了	1056	40.9	49.5

表 V-8 1992年イタリア調査の調査状況

訪問した家	4695	100.0	
空家	2236	47.6	(%)
在宅者と接触できた数	2459	52.4	100.0
拒否	1086	23.1	44.2
非適格	325	6.9	13.2
面接調査完了	1048	22.3	42.6

表 V-9 1993年オランダ調査の調査状況

訪問した家	5666	100.0	(%)	5213*
在宅者と接触できた数	3732	65.9	100.0	3003(100)
内訳 1回の訪問で接触できた	3501			2812
2回の訪問で接触できた	220			183
3回の訪問で接触できた	11			8
ドアを開けなかった住居数	2220	39.2	59.5	
3回の訪問で対象者が不在	307	5.4	8.2	拒否(66.2)
面接を途中拒否	6	0.1	0.2	
オランダ国籍を持たない人	116	2.0	3.1	
面接調査完了	1083	19.1	29.0	1015(33.8)

* 参考 1993.11 ユーロバロメータ調査

回答者が適格かどうかの判断は調査員にまかされている．意識の国際比較方法論の調査等では，調査対象者がその国の人であることが条件であり，それぞれ，調査の際に調査員の判断が必要になる．「市民であるかどうか」，あるいは国籍に関する質問項目が，それぞれの社会でどのように考えられているかということが問題になる．

§4 他の資料を利用した各調査の標本企画，調査結果の検討

i ユーロバロメータ 1989年10・11月調査結果：
　ランダム・ルート法と割当法との比較の一例

ユーロバロメータ調査は 1972 年よりヨーロッパ共同体加盟国ごとに春秋2回の定期調査を実施している．調査実施機構が 1989 年に交代し，各国の標本企画を統一してランダム・ルート法

表 V-10 "来年は今年よりよいか悪いか？" 1989年10-11月調査[14]

A ドイツ

	(1)	(2) ○	(1)−(2)
よ　い	22	22	0
わるい	11	9	2
変らない	61	57	4
DK	6	12	−6
計	100	100	
N	1000	1031	

B フランス

	(1)	(2) ○	(1)−(2)
よ　い	33	43	−10
わるい	12	14	−2
変らない	48	30	18
DK	7	13	−6
計	100	100	
N	1000	1034	

C イタリア

	(1) ○	(2)	(1)−(2)
よ　い	51	59	−8
わるい	19	17	2
変らない	23	19	4
DK	7	5	2
計	100	100	
N	1000	895	

D オランダ

	(1) ○	(2) ○	(1)−(2)
よ　い	34	37	−3
わるい	10	12	−2
変らない	46	47	−1
DK	10	4	6
計	100	100	
N	999	489	

* (1)はINRA(ユーロバロメータの新調査機構を担当)の調査．(2)はGallup調査(Gallup International Associationによる)．○印は§2に示した各国の調査を担当した調査機関の実施した結果．

によることにした．このため1989年秋(10-11月)調査は従来の方式と新調査機構によるランダム・ルート法との二本立ての調査を併行して実施した．

　各国の結果はそれぞれ両調査ともよく似ており，継続質問項目の経年的調査結果は現在では両者を合わせて表示されている[15]．しかし，その中で"来年は今年よりよいか悪いか？"という質問項目に対する結果は，両者の結果がそれぞれ表示されている．これを関係の各国について，表V-10に示す．

　各国の結果は，標本の偶然な差の他に

　ドイツは(調査機関の差)

　フランスは(1)がランダム・ルート法，(2)は割当法であるから，(調査機関の差)＋(個人抽出方式の差)

　イタリアはフランスと同じ

　オランダは(1)，(2)とも同一の調査機関であるから，結果は標本の偶然な差だけ

　表V-10の結果からみると，地点内の個人抽出方式について，各国の方式を統一することは重

要ということであろう.

ii アメリカにおける確率標本法と割当法(地域確率抽出,割当法)との実際の調査結果に基づく経験的な比較

StephanとMcCarthy(1958)[16]が確率標本法と比較した割当法は,比較的広い範囲の地域の中における性,年齢,民族(人種),経済的地位等の構成比率を割り当ての基準として採用したものである.しかし,そこで比較した方法と"probability sampling with quotas"(PSQ)(Sudman 1966)といわれる新しい割当法の技術の大きな相違点は,個人選出に調査員の主観による選択がない方式ということである.また,調査地点は厳密に制御され確率抽出されるので,これまでの割当法に対する批判は当らない.もちろん,最後の段階は客観的であるが確率的に選択するわけではないので,サンプリング誤差等の計算は正当化されない.

しかし,Sudman(1966)は「適切に設定された割り当てのカテゴリは層として考えることが可能であり,この中から面接される個人の確率は本質的に一定とみられる.したがって,このことからサンプリング誤差の計算は他のクラスターサンプル(2段抽出サンプル)の場合と同様に計算することができる」と考えた[17].この理論の当否については何ともいえないし,ここで深く立入ることはしない.ここでは,PSQ法にみられるいくつかの経験的事実について,これを確率標本法と比較してみる.データは1975年,1976年のNORCの実施した一般社会意識調査の際の実験調査である.この調査は,確率抽出された調査地点を折半して,地点内の個人抽出は一方ではPSQ方式,他方は確率標本法として実施している[18].

両方式による結果の違いは,①家族数に偏りがみられる.PSQでは大家族が多く,確率標本法では過少になる.②したがって,PSQでは調査しやすい層が余計にとれる傾向が強まる.③調査しにくい有職の男性がPSQでは過少になる.これは,この実験調査のときPSQ方式の個人選出段階で指示した割り当ての制御がうまく働かなかったことを示している(King(1983))[19].

iii 確率標本法とギャラップの割当法の標本誤差の例示

ここで,アメリカにおける確率標本抽出法による調査の実施例として,ミシガン大学社会調査研究所の実施した"アメリカ人の生活の質"に関する調査例から,標本誤差の計算例を示す.ここでは,方式の特徴をみる目安として,層を大きくまとめ,調査地点から個人を抽出するという2段抽出と仮定して,標本誤差,2段抽出の影響率を算出した.また,割当法の例としてギャラップ調査の実施例を示す.

この調査をやはり,調査地点から個人抽出した2段抽出と仮定し,層をまとめて計算した.結果を表V-11に示す.これからみると,確率標本法と割当法とも一般質問項目にくらべ,人種,

表 V-11　確率標本法とギャラップ調査方式の計算例
確率標本法（ミシガン大学社会調査研究所，アメリカ人の生活の質調査(1971)より）

	人種	宗教	信頼感
	白人の比率	カトリック	公平である
層別2段抽出としたとき	3.63157	2.46326	1.99046
単純ランダム抽出としたとき	0.58804	0.74867	0.93747
分散の比	6.176	3.290	2.123
その平方根	2.485	1.814	1.457
	(1.706)	(1.245)	(1)

ギャラップ調査（アメリカ人の価値意識調査(1973)）
統計数理研究所

	人種	宗教	信頼感
	白人の比率	カトリック	公平である
層別2段抽出としたとき	2.32533	2.06773	1.50925
単純ランダム抽出としたとき	0.40045	0.83983	0.94797
分散の比	5.807	2.462	1.592
その平方根	2.410	1.569	1.262
	(1.910)	(1.243)	(1)

* 表中の値は実績データをもとに標本数2500としたときの計算値．なお，分析計算には統計数理研究所のサンプリング誤差計算プログラム ESP を利用している（統計数理研究所研究リポート52(1981)）．
* 鈴木・高橋宏一(1991)：『標本抽出の計画と方法』より．

宗教などは地域的にモザイク状であり，2(多)段抽出の影響がより強く現れていることがみられる．

現在，アメリカで実施されている確率標本法の全国標本計画[20]，およびギャラップ調査の標本計画の概要については，鈴木・高橋宏一(1991)『標本抽出の計画と方法』（放送大学教育振興会）p.207〜224を参照のこと．

iv　日本調査の標本誤差[21]

日本調査の標本誤差については，すでに述べたように，『意識の国際比較方法論の研究，報告書』（第8分冊）第4部〔III〕§1「標本計画と日本調査の標本誤差分析」において，日本A調査の全質問項目の結果および基本属性項目はA＋B調査結果を合わせたものに対する結果を示してある．

計算結果の概要を，統計数理研究所の実施している「日本人の国民性調査」の標本誤差の計算例と合わせて示すと表V-12のようになる．一般に2段抽出の場合には，単純ランダム・サンプ

表V-12 層別2段抽出の影響度(一般意見項目)
(サンプリング誤差の倍率)

調査	項目数	回答数(n)	サンプリング誤差の倍率の範囲
1988年「国際比較」A調査	283	2265	～1.63(1.46)*
1983年「国民性」K調査	100	2256	～1.47(1.27)
1978年「国民性」K調査	94	2032	～1.32(1.24)
1973年「国民性」調査	159	3055	～1.60(1.44)

* （ ）内の数値は2,3の例外を除いた大多数の項目の上限を示す．

ルの場合に比較して誤差分散が大きく，標本抽出設計による影響が出ている．したがって，標本抽出計画の是非を検討するとき，単純ランダム・サンプルの場合と比較したサンプリング誤差の倍率を目安にする．これは層別2段抽出の影響度ともいえる．ここでは，サンプリングの誤差の倍率＝(層別2段抽出の場合のサンプリング誤差)/(単純ランダムの場合のサンプリング誤差)をとり上げている．単純ランダム・サンプルの場合に比べ，倍率の範囲は2,3の例外はあるが大略約1.5倍以内になる．

これまでに実施した「国民性」調査の計算結果についても参考までに示すと表V-12のようになる．それぞれの調査でとり上げている質問項目が同一ではないので比較はむずかしいが，大多数の比率項目におけるサンプリング誤差の倍率はおよそ1.5倍以内におさまるということになる．

次に，基本属性項目についてみると，取り上げた基本属性項目によっては，サンプリング誤差の倍率がかなり大きくなる項目のあることがわかる(表V-13)．

1988年日本A調査では回答者の住宅の種別(自宅か，公営住宅か，賃貸住宅か，間借りか等)の各カテゴリ(とくに「公営住宅」の場合は最高の倍率になっている)，また，1983年「国民性」調査では回答者の持ち物のうち，「自宅あり」，「宅地あり」，その他，職業のうち「農業」などがあげられる．これらは，地域的に偏在している可能性の高い項目，すなわち，調査地点(第1次抽出単位)として抽出された地域では，その地域の回答者は誰でも同じ回答をする可能性が高く，地域が異なれば，全然そのような回答をする人はいないというような属性項目である．と

表V-13 層別2段抽出の影響度(基本属性項目)
(サンプリング誤差の倍率)

調査	項目数	回答数(n)	サンプリング誤差の倍率の範囲
1988年「国際比較」A調査	83	2265	～2.23〔1.64〕*
1983年「国民性」K調査	42	2256	～1.97〔1.59〕*
1978年「国民性」K調査	25	3945	～1.76(1.36)**
1973年「国民性」調査	24	4594	～2.00(1.40)

* 〔 〕内の数値は，1978年および1973年の「国民性」調査の最大値を示した基本属性項目に対応する項目についての数値を示す．
** （ ）内の数値は表V-12の注と同じ．

くに「公営住宅」などでは，調査地点の地域の範囲が限られている場合には地点内では一様の回答が得られることになる．

また，どちらの調査も農業に関するサンプリング誤差の倍率が他の項目に比べて高くなっていることが注目される．学歴もサンプリング誤差の倍率が高い．性，年齢等は2段抽出の場合でもサンプリング誤差の大きさは単純ランダム・サンプルの場合とそれほど変わらない．

2段抽出の場合の抽出誤差の分散は，図式的にいえば（市町村を選ぶときの分散）＋（個人を選ぶときの分散）となっているので，地域的にみてどこも一様であり，どの地点が選ばれるかによってあまり差のない事項の場合には2段抽出の影響はそれほど大きくない．しかし，地域的にみて偏在している事項（意見）の場合は，どの地点が選ばれるかによって結果が大きく影響されることになり，抽出誤差の分散が大きくなり，2段抽出の影響（誤差の倍率）も大きくなる．とくに農業とか地域的に特徴のある事項および地域に関連する意見項目等では，2段抽出の影響が出やすいので，サンプリング誤差が大きくなる．

このような傾向が，どの調査の計算結果からも安定して得られる．これらのことは，それぞれの調査が，各調査地点の諸特徴をよくとらえるように実施されたことを示すものといえる．日本調査の調査結果は予期通りのものである．

§5　いくつかの問題点と検討事項

いうまでもなく，比較は社会調査にとって基本的なものである．調査企画では，他の調査との比較可能性を考えることが重要である．このため，
1) 標本抽出企画に当っては，調査目的に沿った適切な母集団を設定し，標本抽出は代表性のある標本が得られるように考える（理想的にはランダム抽出をする）
2) 質問文の作成，調査票の構成については，比較対象社会における測定方法の同等性，信頼性等の確保につとめる

等のことを考えている．

しかし，多様な社会において，標本（調査対象者）の代表性を確保すること，測定方法の同等性，信頼性等を確保することは難しい問題であり，これを現実のものとするために詳細な検討が必要となる．

これに対する一つの方策として，試行錯誤の結果，国際比較における連鎖的比較調査法が提案された．この方法は調査の内容について比較可能性を高めることを主なねらいとして考案されている．調査方法は通常の社会調査の方法と変るものではないが，国内の調査ではなく，国際比較調査になれば，いろいろな問題が生じる．

その一つは質問文の翻訳の問題であるが，これについてはすでに述べてあるので[22]，ここでは，意識の国際比較方法論の研究において，それぞれの比較対象社会で実施した比較調査の標本計画および調査実施状況を取り上げ，実施された各種の調査方法の特徴（利害，特性）について，経験的に検討することを試みた．

代表性の確保と調査内容の比較可能性を高めることはどちらも重要であるが，測定方法（質問文）の問題および調査結果の分析の方に関心が高く，代表性の問題はこれまであまり取り上げられずにきた．実際にも調査対象者の問題は，うまくいって当り前，そうでなければ研究計画全体が無意味になるので，一定水準の質を確保したかどうかを確かめることに重点があった．

研究調査がうまくいくかどうかは，調査を企画するとき，調査の各段階における手続きがしっかりしているかどうかにかかっている．調査の実施上の諸問題を，実施を担当した調査機関にまかせるだけでは，ルーチンとしてのチェックはされるが，それがどのようなものであったのかはブラックボックスのままであり，結果として，ただ与えられた調査データを分析することが普通である．しかし，これでは誤った結論を導く可能性もある．このため，調査企画者は現場を精査し，調査の実施における特徴を把握しておくことが結果を考えるとき不可欠である．

標本抽出計画はその社会の環境と無縁ではない．どのような制度があるか，どのような人口統計資料があるのか等によって，計画自体は大きく左右される．

すでにみたように，各対象社会のあり方の多様性を反映して，各調査機関は，それぞれの社会における代表性の確保について，時間，費用の範囲で最大限の努力を払い，一定水準の質の調査方式を定着させている．それぞれの方式は多様であり，その社会の実情に沿って適正化されてきているとも考えられるが，現場の精査において次のようないくつかの点に留意する必要がある．

 i 調査地点抽出に関する問題

多くの社会では，標本企画にあたり，国勢調査資料を利用して行政単位を層別し，層人口に比例して各層に抽出地点を割り当てる方式をとっている．調査地点の抽出は，人口に比例した確率比例抽出，あるいは無作為抽出する方式をとり，差はない．有権者数を基礎資料とする場合もあるが，手順はほとんど同じである．

問題は，利用できる資料が10年（5年）ごとにしか更新されないので，この間の社会移動に対応できない可能性の高い場合もありうることである（日本の場合の例は鈴木・高橋(1991)[23]）．

 ii 調査地点内における個人抽出

調査地点内の個人抽出には，
1. 抽出名簿よりの系統抽出

2. 調査地点内の世帯全員をリスティングして抽出名簿を作成し，これより抽出
3. 割当法
4. ランダム・ルート法

等の方式があり，それぞれに特有の性質がある．

(i) 抽出名簿を利用する場合

この場合は，利用する抽出名簿が母集団をどの程度カバーしているかが問題となる．日本の場合には，よく合っているとはいえ，移転など社会移動によるもの，住民票の住所と現住所の不一致によるもの等がみられる．

一方，調査地点でリスティングした場合は抽出された対象者が適格かどうかの判断が必要な場合もある．

(ii) 名簿を利用しないことによる問題点

調査目的によっては，調査対象者が適格かどうかを判定する必要がある．これには，

a) 調査票の質問項目による場合：フィルター質問をして適格かどうかを判断する．（これは割当法の場合と同様の方式である）

b) 訪問したときの調査員の判断による場合：たとえば，訪問したときの始めの会話により，適格かどうか判定する．

が考えられ，a)のときは「あなたの国籍は？」，「あなたは市民権をもっていますか？」等のフィルター質問がプライバシーの問題とどのように関連するか検討をせまられる．b)では，調査員の主観的判断にならないかどうかに問題がある（ドイツの例では対象者のドイツ語によって判定可能とのことであるが……）．

(iii) 割当法についての問題点[24]

割当法に関する根本的なものは「回答者の選出機構が不明確であり，通常のランダム抽出のように，目的の母集団に対して適切な推定をするのは難しい」ということである．

この問題は，確率標本法における，（母集団からの標本）抽出枠（フレーム）の欠陥の問題や，無回答，調査不能による偏りの問題と同様なものではあるが，確率サンプルの場合は，抽出枠を慎重に検討することによって，またフィールドワークを十分にやり，調査結果の追跡検討を十分やることによって，結果に含まれる偏りをある一定の限界内に収めることは可能であろう．ところが割当法の場合には，どの程度全体をカバーしているかという程度も不明確であるので，その結果生じる偏りの程度を検討する必要がある．

割当法の偏りの主な原因のいくつかは，たとえば，

a) 回答者の在宅率の違いによる偏り
b) 割当に利用する変数が不十分なこと

c) 調査員が回答者を選択するときの偏り
d) 層の大きさに関する情報が不正確であること

が挙げられる．

　各抽出地点における割当法の属性割当は，その地域をカバーする直近の最小単位における属性の分布に従ってなされる．——通常これは国勢調査の調査区統計資料等になる——この資料が抽出調査地域と完全にはマッチしていないとか，国勢調査時から日時が経過しすぎているとかの程度により，偏りが生じる可能性がある．

　また，割当法では，調査地点当たりのサンプル数を通常同一に固定しているので，調査地点が代表する層（地点抽出のもとになった地域層）の人口分布の大きな変動を反映できないようになっている．これらの影響および他の偏りの可能性のあるもの等を直接的に評価することは一般に困難である．しかし，全国的にはランダム・サンプル（確率標本）との対応により，その妥当性を検討することができる．

　また，確率サンプルの方法よりも割当法には欠陥が多いということは明らかではない（とくに面接調査に対する抵抗が強まるという状況では，何度も再訪問をくり返すとか協力をうながすとかしても回収率はそれほど高くならないから，同様の問題に直面することも念頭に入れておく必要がある）．

(iv) ランダム・ルート法についての問題点

　ランダム・ルート法では，訪問した家で在宅者に接触できてから面接調査が完了するまでにいくつかの問題がある．

a) 調査対象者の選定は年齢順あるいは誕生日ルール等，調査員の主観が入らない客観的なものではあるが，確率的ではない．

b) 選定された対象者を3回まで再訪問するが，それでも不在（拒否）の場合は次の（3軒目の）家を訪問し，同様の手順により対象者を選定する方式は，不在（拒否）の多い場合には問題である．

　このような手順による問題点は割当法についての問題点と共通するところが多いといえる．

　このような多様な標本企画によって調査が実施されているが，調査状況をみると，ランダム・ルート法では，不在，拒否等が多く，面接可能な層のうち，調査が完了するのは30〜50％に過ぎない．通常の回収率という側面からみると，これでは代表性が損なわれると考えられる．しかし，これについては，調査の完了した対象者層の各社会属性別の構成比を国勢調査のそれと対比してみると，かなりよく合っているので，全体としては，これらの属性に関して偏りのない回答者が得られたといえる．確率的に抽出された各調査地点の出発点から調査をはじめ，4人あるいは5人を調査するという方式が役立っているものと考えられる．

ⅲ 調査方式と調査完了層

それぞれの調査の標本企画，調査実施状況をみると，検討すべき点も多い．しかし，これを回答者および調査員の側から考えてみる．

面接調査が完了した層は「調査の趣旨を理解し調査に協力した」のか，「調査にやむなく応じた」のかという側面である．面接調査では，面接調査員の調査努力と同時に，回答者の調査への協力も重要である．この両者がうまくかみ合えば調査の過程は問題なく進行する．しかし，現実は必ずしもそうではない．たとえば，

a) 無作為抽出によって対象者に選定されたというだけで，調査員が何回も訪問して調査に協力するように頼む．

b) 多くの家を訪問しても調査を拒否する場合はあきらめて，つぎつぎに調査に協力する人を求めるということもある．

回答者の側からみると，協力の程度を区分して，

①調査に協力する

②まあ協力する

③あまり協力しない

④協力しない

と考えると，名簿（リスティング）により対象者をあらかじめ選定して調査する場合は主に①〜③の層の協力を得，さらに③，④の層には a) のように何回も訪問して協力を依頼することになる．

一方，調査地点の現地で調査員が訪問し，その場で回答者を選定する場合には，回答者にとってみると，回答者は誰でもよいという印象をもつ可能性があり，拒否する理由をつけやすい．したがって，調査協力は①，②の層が主になるので，面接調査完了層は①，②の層が多くを占める可能性が高いと推測される．このように考えると，調査方式による回収率の差は，③の層のとり込み方によると考えることもできる．

この場合，「実際に③の層があるのかどうか？」，もしあるとすれば「その特性はどのようなものか？」，特に「調査における回答結果にどのような影響があるか？」等，今後検討する必要がある．ここで，参考までに「岐阜３回パネル調査」の事例を示す．

この調査は，無作為抽出された対象者800人について，同一の人に対し４ヵ月おきに３回調査を実施している．このとき，１回目の調査には協力したが，それ以降の調査を拒否した層の１回目の調査の回答結果は，３回の調査にすべて協力した層の１回目の調査の回答結果と比較して，調査の後半における質問項目に対する回答に拒否，無答が多くなることがみられた[25]．これからみると，調査にあまり協力したくないが拒否する理由もない層を含めて調査し，回収率（見かけ

310　第Ⅴ部　CLA による7ヵ国の国民性の比較研究

の代表性)を高めても，その内容は，それ程意味があるともいえないという一面を考えることができる．

　調査における回答の質を考えた時，どのような方式が有利であるかは，これだけの資料からでは何ともいえない．今後の検討課題として残される．

§6　お わ り に

　これまで，各社会における調査の標本計画，調査実施状況について，主に調査報告書からの抜き書によって概要を述べたが，これだけの例示から明確な結論を導くことはできない．通常は，調査が計画通りにうまく完了したことを確認するために添えられている標本計画，調査実施状況について，ブラックボックスのままではなく，その中を見る試みをしたにすぎないが，つぎのことだけは結論できよう．

　すなわち，これまでみた通り，国際比較調査のデータ分析から導かれるものは，その効用と限界を考えに入れて利用すべきであり，そうすれば国際比較データは有用な情報を与える源泉となるものといえるということである．

　国際比較調査について，このような試みを重ねることにより，今後調査法の問題に関して，種々の対応を考える基礎ができてくるものと思う．本章の内容がその基礎資料の一つとしての役割を果すことができたかどうかわからないが，これから比較調査を企画する場合の参考としてまとめた[26]．

　この章は，文部省科学研究費補助金研究の特別推進研究(1)61060002 と試験研究 A(1)04509001 による研究の研究報告書の一部を修正，加筆したものが中心になっている．

　研究代表者の林知己夫氏をはじめ共同研究者の三宅一郎，佐々木正道，林文，吉野諒三の各氏に感謝する．また，ブラジル日系人調査の標本企画では水野坦氏，ハワイ・ホノルル日系人調査，ハワイ・ホノルル市民調査では黒田安昌氏にそれぞれ感謝する．このほか，調査の企画，実施，結果の整理には多くの方々のご協力を得た．あわせて感謝する．

1) ただし，いくつかの問題点については，鈴木，高橋(1991)『標本抽出の計画と方法』放送大学教育振興会，225-249 頁参照．
2) 「意識の国際比較方法論の研究」報告書．第 8 分冊，第 4 部〔III〕§1　標本計画と日本調査の標本誤差分析．第 14 分冊，資料 1：「1988 年日本調査のコードブック及び付属資料」．
3) Politz, A. and Simmons, W., "An Attempt to Get the "Not at homes" into the Sample without Callbacks", *Journal of the American Statistical Association*, vol. 44(1949), pp. 9-31.
4) 1988 年アメリカ調査の標本抽出計画の詳細(抽出調査地域一覧，調査地点地図等を含め)については報

告書(18分冊)資料 5：「1988年アメリカ調査のコードブック及び付属資料」を参照のこと．
5) 1987年ドイツ調査の標本抽出計画および調査実施に関して詳しくは報告書(15分冊)資料 2：「1987年ドイツ調査のコードブック及び付属資料」を参照のこと．
6) 1987年フランス調査の標本抽出計画については，報告書(16分冊)資料 3：「1987年フランス調査のコードブック及び付属資料」を参照のこと．
7) 1987年イギリス調査の標本抽出計画については，報告書(17分冊)資料 4：「1987年イギリス調査のコードブック及び付属資料」を参照のこと．
8) ブラジル日系人意識調査研究委員会(1993)，「ブラジル日系人の意識調査——1991〜1992——」『統計数理研究所研究リポート』74，pp. 5-6．
9) 同上，「ブラジル日系人の意識調査」『統計数理研究所研究リポート』74，付録 6，pp. 221-247 参照．
10) アメリカ合衆国では，日本と異なり有権者は自分で選挙人名簿に登録に行く．一般に登録率は低い(全米の平均は当時で 2/3)ので抽出台帳として好ましくない．しかしハワイの登録率は 80% 以上で，とくに日系人の登録率は高いといわれた(1972年)．
11) 調査対象の中に 2〜3% 含まれた．またハワイ系の名前の人も 8 人いた．
12) 「ハワイの日系人」『統計数理研究所研究リポート』33(1973), Suzuki, T., et al.(1972): A Study of Japanese-Americans in Honolulu, Hawaii. Annals of the Institute of Statistical Mathematics, sup. 7, 60 pp.
13) 1978年調査は，「比較文化における統計的手法の確立——ハワイにおける日系人・非日系人調査——」『統計数理研究所研究リポート』47(1979)，1983年調査は，「比較文化研究における連鎖的調査手法の確立とその展開——1983年ハワイ・ホノルル市民調査——」『統計数理研究所研究リポート』63, (1985)，1988年調査は，「意識の国際比較方法論の研究：連鎖的比較方法の確立とその展開——1988年ハワイ・ホノルル市民調査——」『統計数理研究所研究リポート』70(1991)．
14) European Commission(1994): Eurobarometer, Trends 1974-1994.
15) Eurobarometer(1994): Trends 1974-1994. Table B22, pp. 218-225.
16) Stephan, F., and McCarthy, P. J.(1958), *Sampling Opinion*, New York, Wiley.
17) Sudman, S.(1966), Probability sampling with quotas, *Journal of the American Statistical Association*, 61, pp. 749-71.
18) Stephenson, C. B.(1979), Probability Sampling with Quotas: An Experiment, *Public Opinion Quarterly*, 43(4), pp. 477-496.
19) King, B. F.(1983), Quota Sampling, *Incomplete Data in Sample Surveys*, Vol. 2: Theory and Bibliographies. W. G. Madow, I. Olkin, and D. B. Rubin(eds.), New York, Academic Press.
20) Heeringa, Steven G., Judith H. Connor, and Dorisc. Darrah, 1980 SRC National Sample, Design and Development, February 1986, Institute for Social Research, Ann Arbor, Michigan.
21) 日本調査の標本誤差計算の詳細は前出「意識の国際比較方法論の研究」報告書の第 8 分冊第 4 部〔III〕§1 標本計画と日本調査の標本誤差分析を参照．また，その概要に関する解説は鈴木・高橋(1991)『標本抽出の計画と方法』183-203 頁，あるいは，研究委員会：「意識の国際比較における連鎖的調査分析方法の実用化に関する研究——国民性の国際比較の為のマニュアル——」(1995)，『統計数理研究所研究リポート』77, 96-121 頁を参照．
22) 第 II 部第 2 章，質問文についておよび参考文献，吉野・林・鈴木(1995)．
23) 鈴木・高橋宏一(1991)，『標本抽出の計画と方法』225-243 頁．
24) King, B. F., 前出 "Quota Sampling" 参照．
25) 鈴木達三他(1980)，「社会調査における回答誤差の統計的研究」『統計数理研究所研究リポート』49, p. 16, p. 39-49．
26) 本章は，鈴木「国際比較調査における標本計画と調査実施に関する一考察」『行動計量学』第 23 巻第 1 号(通巻 44 号)1996 年，46-62 頁，を一部加筆，修正したものである．

〈参考文献〉

ブラジル日系人意識調査研究委員会(1993)，「ブラジル日系人の意識調査——1991〜1992——」『統計数理研究所研究リポート』74．

Commission of the European Communities (1994), *Eurobarometer, Trends 1974-1994*. Brussells: Commission of the European Communities.

林知己夫・三宅一郎・鈴木達三・佐々木正道・林文(1991),「意識の国際比較方法論の研究——新しい統計的社会調査法の確立とその展開——」,『統計数理研究所研究リポート』71.

同上(1991),「意識の国際比較方法論の研究」報告書第8分冊,第4部〔III〕§1 標本計画と日本調査の標本誤差分析.

研究委員会(1979),「比較文化における統計的手法の確立——ハワイにおける日系人・非日系人調査——」『統計数理研究所研究リポート』47.

研究委員会(1985),「比較文化研究における連鎖的調査手法の確立とその展開——1983年ハワイ・ホノルル市民調査——」『統計数理研究所研究リポート』63.

研究委員会(1991),「意識の国際比較方法論の研究:連鎖的調査手法の確立とその展開——1988年ハワイ・ホノルル市民調査——」『統計数理研究所研究リポート』70.

King, B. F. (1983), Quota Sampling, *Incomplete Data in Sample Surveys*, Vol. 2 : Theory and Bibliographies. W. G. Madow, I. Olkin, and D. B. Rubin. (eds.), New York, Academic Press.

Politz, A. and Simmons, W., An Attempt to Get the 'Not at Homes' into the Sample without Callbacks, *Journal of the American Statistical Association*, vol. 44 (1949), pp. 9-31.

Stephan, F. and McCarthy, P. J. (1958), *Sampling Opinion*, New York, Wiley.

Stephenson, C. B. (1979), Probability Sampling with Quotas : An Experiment, *Public Opinion Quarterly*, 43(4), pp. 477-496.

Sudman, S. (1966), Probability sampling with quotas, *Journal of the American Statistical Association*, 61, pp. 749-771.

鈴木達三(1972),「ハワイ(ホノルル)における日系人——日本人の国民性調査との関連——」『学術月報』Vol. 24 No. 11 (308号), p. 37-44.

鈴木達三(1996),「国際比較調査における標本計画と調査実施に関する一考察」『行動計量学』第23巻第1号, 46-62頁.

鈴木達三他(1980),「社会調査における回答誤差の統計的研究」『統計数理研究所研究リポート』49.

鈴木達三他(1981),「社会調査の実施過程における調査誤差の統計的研究」『統計数理研究所研究リポート』52.

鈴木・高橋宏一(1991),『標本抽出の計画と方法』放送大学教育振興会.

Suzuki, T., et al. (1972), A Study of Japanese-Americans in Honolulu, Hawaii, *Annals of the Institute of Statistical Mathematics*. sup. 7, 60 pp.

吉野諒三・林知己夫・鈴木達三(1995),「国民性の国際比較調査の為の質問文の作成——翻訳のプロセスを中心として——」『行動計量学』第22巻第1号, 62-79頁.

吉野諒三・林知己夫・鈴木達三・三宅一郎・佐々木正道・林文(1995a),「意識の国際比較における連鎖的調査分析方法の実用化に関する研究——総合報告書——」『統計数理研究所研究リポート』76.

吉野諒三・林知己夫・鈴木達三・三宅一郎・佐々木正道・林文(1995b),「意識の国際比較における連鎖的調査分析方法の実用化に関する研究——国民性の国際比較の為のマニュアル——」『統計数理研究所研究リポート』77.

第3章　諸国の国民性比較

§1　日本人と日系人と諸国の連鎖——大局的位置付け——

　まず，国際比較における各国及び日系人の大局的位置付け，つまり取り上げた各グループの回答パタンを土台として，どのグループがどのグループと近いか，遠いかという関連性を示す構図を知ることは，より進んだ分析に入るとき，大局を見失わないために極めて重要である．そこで7ヵ国調査とハワイ・ブラジルの日系人調査に共通する質問を取り上げ，各国，日系人グループの意見分布を用いてマクロ的な立場から分析を進めてみよう．

　国際比較のための質問項目は，CLAの考え方により，それぞれの国に特有な考え方を引き出す質問，各国間で共通の質問(人間として共通のもの，および近代文明社会という面で共通の考え方)から成っており，日本人の国民性調査に継続して使われてきたものも含み，内容は，経済の見通し，将来の見通し，不安感，健康観，勤労観，家庭観，人間関係，義理人情，信頼感，科学文明観，宗教，政治意識など様々な領域にわたっている．この分析にはこれらほとんど全ての質問についての意見分布を用いているが，ただ，文化発展の情況に強く影響される環境とコンピュータに関する質問を除外した．また，各質問において原則として一つの回答肢をその質問の特徴をあらわすものとして取り上げ，その他・DK・中間的回答——この中間的回答はあとで別に取り上げて論じる——は除外した．回答肢がそれぞれ独立とみなせるものは，すべての回答肢を取り上げた．各質問がいくつかの同じジャンルの小質問にわかれていて回答選択肢の形式が同じ(段階の意味を持つ回答肢など)ものについては，それらを合計して平均値を出し，一つの質問に対する回答として取り扱った．さらに，後述する義理人情スケール，人情スケール(warm-heartedness scale，暖かさのスケール)，中間回答スケールにまとめたものもそれぞれ段階で区分して回答肢と同様に扱い，この分析に含めた．

　各質問のニックネームと取り上げる回答肢は表V-14に示しておく．なお，質問全体を示す調査票は本章の末尾にのせておく．質問番号は調査票の質問番号である．表中の数字は，各グループがその回答肢に反応した比率(%)を示している．

　なお，ここにあげられた義理人情スケール，人情スケール，中間回答スケールの作り方を示しておく．

　　ア）　義理人情スケール

　用いる質問はQ 40, 41, 42, 45, 48, 49, 50である．下記の回答肢に回答するときスコア1

表 V-14 質問ととりあげる回答肢——国別比率——

記号	質問番号とニックネーム	回答肢	ドイツ人	イタリア人	フランス人	日系ブラジル人	日本人	日系ハワイ人	アメリカ人	イギリス人	オランダ人
◆A	金志向										
	18 一生働くか	1 ずっと働く	39.4	56.3	55.2	83.3	64.1	49.4	57.8	55.7	52.4
	19 お金と仕事	1 仕事がなければつまらない	39.8	65.3	51.0	88.0	72.8	61.1	64.6	54.4	60.1
	20 就職選択の条件	1 給料	12.9	20.5	16.7	16.3	19.8	14.4	20.9	16.5	11.6
	22 くらし方	1 金持ち	2.8	9.1	8.1	8.0	13.8	9.4	6.1	7.3	3.9
	33 子供に金は大切と教えるか	1 賛成	26.2	24.3	40.9	23.1	47.8	20.6	16.6	21.1	15.4
	8 国家目標	1 秩序	38.1	39.9	35.6	38.2	20.6	38.3	29.4	40.4	42.5
	8 国家目標	2 政策決定に人々の発言	29.5	34.2	15.4	28.0	27.1	30.6	33.1	31.4	24.2
	8 国家目標	3 物価上昇をくい止める	8.8	15.9	21.5	21.6	35.1	22.2	22.6	14.3	7.9
	8 国家目標	4 言論の自由	18.8	9.0	22.0	5.2	7.5	5.6	10.9	11.0	22.9
◆B	信頼感										
	51 他人のためか自分のためか	1 他人の役に	42.8	20.7	19.2	40.9	31.2	58.3	53.6	52.9	31.9
	52 スキがあれば利用されるか	1 利用される	29.9	61.1	57.7	57.6	32.3	28.3	40.4	37.5	42.9
	53 人は信頼できるか	1 信頼できる	37.8	13.9	22.8	6.1	39.1	60.0	42.4	36.3	47.5
◆E	不安感										
	9 -5(非常に感じる率の平均)		17.7	56.7	41.0	53.3	17.2	32.7	24.8	29.2	10.4
◆F	家庭										
	37 家庭はくつろぐ唯一の場所か	1 そう思う	56.1	73.6	65.4	76.7	80.3	50.6	44.8	50.7	31.6
	38 離婚はすべきでないか	1 すべきでない	9.9	24.8	25.9	42.8	35.4	46.1	45.2	43.1	24.2
	38 離婚はすべきでないか	3 二人の合意でよい	44.7	34.4	37.4	33.5	19.5	13.9	12.2	16.6	42.8
	39 家事や子供の世話	3 男女の区別なく	48.3	48.5	68.6	67.0	28.3	54.4	59.1	51.2	54.1
◆J	先祖・宗教										
	11 先祖を尊ぶか	1 普通より尊ぶ	9.1	36.5	29.0	55.3	47.5	51.7	73.1	41.9	40.9
	12 他人の子供を養子にするか	1 養子につがせる	39.5	59.3	63.9	51.9	19.1	32.8	52.3	34.3	14.4
	35 しきたりに従うか	2 しきたりに従う	16.9	18.5	14.6	35.3	25.7	22.2	19.4	20.6	18.2
	62.1+63.1(信じる・心大切 の%の平均)		66.2	86.9	63.5	90.2	56.0	75.6	86.3	61.6	53.4
◆K	健康										
	15 健康状態満足か	1 非常に満足	19.2	28.6	22.6	48.8	13.6	37.8	46.1	40.2	48.9
◆P	政治										
	34 政治家にまかせるか	1 まかせる	7.7	50.1	37.9	38.4	13.1	10.0	7.4	13.0	8.3
	67 民主主義はよいか	1 よい	86.1	67.2	70.9	63.9	52.1	85.0	83.6	65.8	81.5
	67 資本主義はよいか	1 よい	19.1	13.9	14.0	26.6	27.3	47.2	41.5	23.1	13.3
	67 社会主義はよいか	1 よい	13.7	24.1	30.3	18.4	6.3	11.7	10.9	22.4	33.0
	67 自由主義はよいか	1 よい	20.5	21.2	48.7	17.6	33.5	17.2	16.9	21.6	28.2
◆N'	自然観(国民性タイプ)										
	32 人間らしさへるか	1 賛成(へる)	68.6	60.0	60.6	67.3	44.6	80.6	69.0	69.8	68.5
	36 心の豊かさへらないか	1 賛成(へらない)	20.8	62.1	69.0	52.7	29.6	80.6	76.1	71.9	45.3
	43 自然と人間の関係	1 自然に従う	36.8	66.7	22.0	44.9	36.6	50.6	25.5	22.5	20.5
	43 自然と人間の関係	2 自然を利用	46.6	24.2	66.0	14.4	47.9	38.9	66.2	67.1	64.4
	43 自然と人間の関係	3 自然を征服	6.7	4.8	6.4	33.6	5.3	6.7	4.5	4.5	1.8
◆ア	くらし方										
	22 くらし方	1 金持ち	2.8	9.1	8.1	8.0	13.8	9.4	6.1	7.3	3.9
	22 くらし方	2 名を挙げる	15.6	11.0	5.5	4.8	1.7	3.9	7.2	3.6	3.3
	22 くらし方	3 趣味にあったくらし	32.4	35.4	36.9	35.9	37.3	29.4	33.2	38.0	43.8
	22 くらし方	4 くよくよしないで	21.5	13.3	29.3	25.5	32.0	42.8	37.1	42.0	21.1
	22 くらし方	5 清く正しく	15.6	24.0	8.9	19.2	5.9	10.6	11.2	5.0	19.1
◆ウ	人間関係										
	20 就職選択の条件	3 気のあった人と働く	20.2	9.9	6.6	12.2	29.2	21.7	11.3	14.9	11.8
	25 アリとキリギリス	1 追い返す	12.9	29.2	13.9	19.9	15.3	9.4	11.6	12.6	17.8
	46 他人との仲か仕事か	1 他人との仲	77.9	65.3	62.5	69.5	61.5	81.7	78.6	84.7	87.4
	47 スジがまるくか	1 スジ	28.3	50.5	29.4	21.3	20.2	23.3	47.6	44.4	40.3
	50 めんどうみる課長	1 規則課長	22.8	45.0	30.9	24.7	9.0	40.6	44.9	39.9	16.8

第3章 諸国の国民性比較

記号	質問番号とニックネーム	回答肢	ドイツ人	イタリア人	フランス人	日系ブラジル人	日本人	日系ハワイ人	アメリカ人	イギリス人	オランダ人
	98 人情スケール	5 スケール値5以上	33.0	30.0	35.0	34.4	38.0	29.0	23.0	27.0	22.0
◆エ	義理人情										
	99 義理人情スケール	0 スケール値0	21.0	33.0	21.0	16.6	6.0	25.0	34.0	24.0	16.0
	99 義理人情スケール	3 スケール値3以上	4.4	4.0	6.9	12.0	21.8	4.5	2.3	4.6	2.0
◆オ	中間回答										
	97 中間回答スケール	0 スケール値0	9.8	24.0	19.2	23.6	4.7	16.1	23.8	17.2	35.0
	97 中間回答スケール	5 スケール値5以上	12.1	6.0	3.2	10.8	37.7	7.8	2.4	3.4	4.0
◆カ	AFFECTION スケール										
	98 AFFECTION スケール	5 スケール値5以上	33.0	30.0	35.0	34.4	38.0	29.0	23.0	27.0	22.0
◆キ	就職の条件										
	20 就職選択の条件	1 給料	12.9	20.5	16.7	16.3	19.8	14.4	20.9	16.5	11.6
	20 就職選択の条件	2 失業の恐れがない	36.0	35.9	40.4	21.2	15.4	16.7	21.6	29.1	17.2
	20 就職選択の条件	3 気のあった仲間と働く	20.2	9.9	6.6	12.2	29.2	21.7	11.3	14.9	11.8
	20 就職選択の条件	4 達成感が得られる	23.2	32.1	35.0	40.9	29.4	45.6	43.6	37.0	56.3
◆ク	生活満足										
	29 生活に満足か	1 非常に満足	17.2	16.6	21.0	63.5	32.8	30.0	31.2	31.1	34.4
◆ケ	国と個人の関係										
	44 国と個人の関係	2 国→個人	37.4	31.6	23.3	49.7	22.4	33.3	28.3	31.6	20.6
◆コ	宗教										
	62.1+63.1(信じる・心大切 の平均)		66.2	86.9	63.5	90.2	56.0	75.6	86.3	61.4	53.4
	64 宗教は一つ	1 賛成	61.8	60.9	57.8	64.6	63.3	75.0	56.5	71.2	70.1
◆サ	宗教信じないが宗教的な心大切										
	62.2 & 63.1(信じないもののうち・心大切 の%)		14.0	44.0	31.0	67.0	64.0	67.0	56.0	30.0	22.0
◆シ	生活領域の重要性(7項目)										
	27 −7(7項目の7の%の平均)		26.3	38.1	33.6	60.7	42.6	40.8	43.7	33.7	33.4

を与え,この合計をもってスケール値とする.

	回答肢	スケール値
Q 40	1. そんなことはないという	1
Q 41×42	親のとき2. 会議に出席×恩人のとき1. 帰る	1
Q 45	a. 親孝行×b. 恩返し	1
Q 48×49	親戚のとき1. 1番×恩人の子のとき2. 恩人の子	1
Q 50	2. めんどうをみる課長	1
		最低0〜最高5

* ×は同時に回答することを意味する.つまり"及び"の意味

イ) 人情スケール(affection scale)

質問は同一で下記のカテゴリに反応するときスコア1を与え,この合計をもってスケール値とする.

なお,ア),イ)いずれの場合も,パタン分類の数量化(数量化III類[以下この略称を用いる])を用いて分析すると,一次元スケールとして取扱ってよいことが示されている.

	回答肢	スケール値
Q 40	1. そんなことはないという	1
Q 41	1. 帰る	1
Q 42	1. 帰る	1
Q 45	a. 親孝行	1
	b. 恩返し	1
Q 48	2. 親戚	1
Q 49	2. 恩人の子	1
Q 50	2. めんどうをみる課長	1
		最低0〜最高8

ウ) 中間回答スケール

以下の質問(10問)でいちがいに言えない，時と場合による，どちらとも言えない，などと中間的回答(はっきりしない回答)をした場合にスコア1を与え，この合計をもってスケール値とする．質問番号はつぎの通りである．

Q 12, 32, 33, 34, 35, 36, 67 : a, b, c, d の10問．

この国別の回答分布表(国数×総回答肢数のパーセント表)を用いて，数量化III類，このヴァリエーションの相関表の数量化——これは国と回答カテゴリの間の相関関係を最大にする数量化と等価になる——を行なった．この結果，国の布置，第1軸×第2軸($^1X \times {}^2X$)をみると図V-2のようになり，予想した通りの日本人(J)・アメリカ人(A)・フランス人(F)とイタリア人(I)を頂点とする三極構造の図柄があらわれてきた．但し，アメリカ・フランス間の距離は，それらの国々の日本との距離よりも小さくなっている．そして，日本人，ハワイ日系人(JA)，ブラジル日系人(JB)の関係が日本人，アメリカ人，フランス人の関係の縮図になっているのである．もう少し詳しくみると，アメリカ人に近くイギリス人(E)があり，アメリカ人・イギリス人とイタリア人・フランス人の間にドイツ人(G)が位置する．イギリス人，ドイツ人，オランダ人(D)が小さい三角形(内部に他のものが入らない)を作っている．

* このほか次のような方法を用いることも理解しやすい．同様な図柄が得られるのである．
$$d_{ij} = \frac{1}{K} \sum_{k}^{K} |P_{ik} - P_{jk}|$$ を考える．
ここに i, j は国あるいは民族，グループ
k はある質問のある回答肢，あるいは「あるスケール値を持つこと」を示す
P_{ik} は i 国(民族，グループ)が k において示す比率
d_{ij} は i と j との差の程度をあらわす fuzzy measure
そこで $(d_{ij}) \xrightarrow[\text{MDA-OR}]{} $ 関連性を表現する図柄を求める．

JA は A と J の間にある，JB は (F, I) と J の間にある，という形が出ていることは，第1

第 3 章　諸国の国民性比較　317

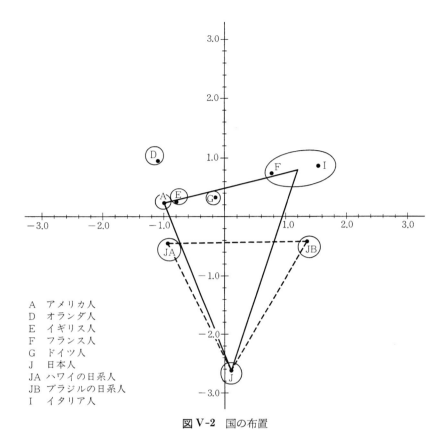

図 V-2　国の布置

章の末尾において日系人に関して述べたことの一つの実証として意味するところは大きい．

　第一次元をみると，JB と (F, I) が近くにある．JA, A, E, D が近く，その対極にある．J と G はその間にあり，かなり近いといえるということも注目すべき結果である．第二次元目は下方に日本人，日系人が位置し，上方に西欧人が位置するという明快な結果である．

　二次元を総合すると，第 1 章で述べた予想の円環的連鎖がここにデータによって描かれたことが解かる．とくに，ブラジル日系人とフランス人・イタリア人というラテン系の人々が連鎖する（リンクする）姿が出てきたのは面白い所である．

　これまで述べてきたことは，常識的にみて首肯できるものといってよい．こうして，一応の理解ができる形が，回答分布の差異の総合として表現されたことは興味深い．単純集計のもつ深遠な意義が理解されよう．マクロ分析の立場から示されたこの日本人の位置付け，7ヵ国の人々と日系人の位置付けは，互いに近いところから徐々に比較の鎖を広げていく CLA の考え方による国際比較調査の意義を示しているものである．

　こんどはイタリア人とフランス人を除いて計算すると，図 V-3 のように JB が I, F に代り一

318　第Ⅴ部　CLAによる7ヵ国の国民性の比較研究

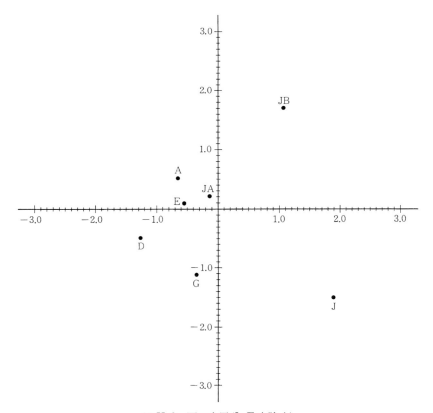

図 V-3　国の布置(I, F を除く)

つの極となることがわかる．JBとフランス・イタリアの類似の様相が見られるのは，注目される．これによって，さきに述べたブラジル日系人とフランス人・イタリア人の関連性がいっそうはっきり見えてきた．また，図をみていると，JAはAとJの間にあることも，図V-2と変らず見えている．一次元目でJとJBが近く，JAとGが (D, A, E) と (J, JB) の間に入る．二次元目ではJBと (J, G) が対極にあり，JとGが近いことがわかる．

　このような相互関係をマクロで捉えた上で，調査質問の様々な領域それぞれについて，国際比較の中から日系人の性格と共に日本人の国民性といわれるもの，あるいは日本と外国の国民性の似ているところと異なっているところをみていくことになる．

§2　領域によって変る諸国の類似と非類似

　§1において，すべての質問を通して，大局的議論をした．質問の種類如何を問わず区別をつ

けずに一緒にした質問で，全貌をとにかく摑み出す大雑把な議論である．しかし，調査票の構成によって円環連鎖の形が探索できたことになる．

ここでは，表質問群を内容の点から分類し，その分類ごとにみたらどうなるかを検討することにしよう（表 V-14 参照）．

　A　金志向か否か
　B　信頼感
　E　不安感
　F　家　庭
　J　先祖・宗教
　K　健　康
　P　政　治
　N′　自然観（国民性タイプ）
　ア　くらし方
　ウ　人間関係
　エ　義理人情
　オ　中間回答
　カ　人情（affection）・暖かさ
　キ　就職の条件
　ク　生活満足
　ケ　国と個人の関係
　コ　宗　教
　サ　宗教は信じないが宗教的な心は大切
　シ　生活領域の重要性

A．金志向

とりあげた質問において，数量化 III 類を行った結果を図 V-4 に示す．

JA, JB はアメリカ人と同じ傾向であり，日本人とフランス人，ドイツ人，オランダ人は離れているが，イタリア人はアメリカ人を中心とするグループに入っている．

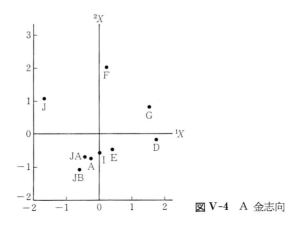

図 V-4　A 金志向

B．信頼感

同様に数量化 III 類で分析したが，このときは一次元で十分であることが解ったので，一次元目を図表化したのが図 V-5 である．このときは A 金志向の場合と全く異なり，JB はイタリア人，フランス人に近く，JA は A と J (さらに G, E, D) に近く，いっそう特徴的であり，JB と全く異なっている．プラスの方が信頼感が高い方である．

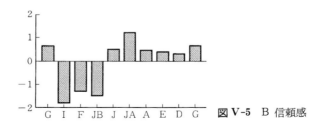

図 V-5　B 信頼感

E．不安感

不安感をもつ比率(%)の各項目の平均値を用いてあるので，そのままを図表化した(図 V-6)．日本人とドイツ人，オランダ人は不安感が少なく，ともに近く，ついでアメリカ人，JA となる．JB はフランス人，イタリア人と近く，JA と異なる傾向であり，この点信頼感に近い．

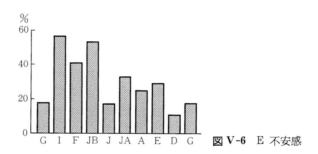

図 V-6　E 不安感

F. 家　庭

　同様に数量化 III 類で分析したが，一次元目は保守的(伝統的)―近代的の軸であることが解った．JA と A が近く保守的・伝統的であり，JB は I, F に近い．ヨーロッパ大陸とそれ以外が異なっている傾向を示している(図 V-7)．総合的には JA は A に近く，JB は J と I, F の中間にある．J は離れていて特殊である(伝統的でありながら，なにか他国と異なるところがある)．

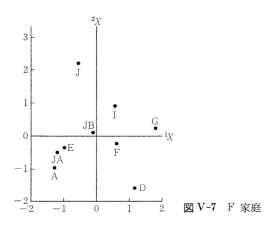

図 V-7　F 家庭

J. 先祖・家・宗教

　数量化 III 類の結果，一次元目は伝統的―近代的の軸であることが解る．ドイツ人，イタリア人，フランス人は全く近代的である．日本人とオランダ人が最も伝統的である．JA はアメリカ人に比して，JB はイタリア人，フランス人に比して，日本により近い傾向が出ている(図 V-8)．

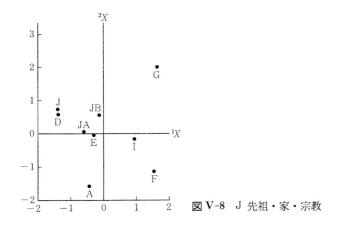

図 V-8　J 先祖・家・宗教

K. 健康観

　非常に満足の比率(%)をとってある(図 V-9)．日本人が最も少なく，ドイツ人も少ない．JA は日本人とアメリカ人の中間でアメリカ人寄り，JB は甚だ高く日本と異なる．これは，内容よ

りも「非常に」という極端な表現をする傾向を測っているという面が強い．なぜならば，この前に「偏頭痛，腰痛，いらいら，うつ状態，不眠症」にかかったことがあるかという質問があるが，そうしたものにかかったことがあるのは日本人が最も少なく，ついでドイツ人，イギリス人であり，フランス人が最も高いという比率が示されているからである．

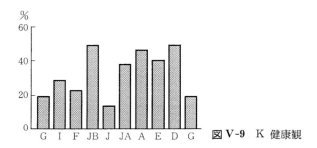

図 V-9　K 健康観

P．政　治

数量化 III 類の結果，図 V-10 に示すように JA とアメリカ人は全く近く，日本人はドイツ人，イギリス人に近い．JB は日本人と異なり I, F 寄りである．一次元目は，民主主義・資本主義好み対そうでない傾向の好みをあらわしていることがわかる．イタリア人，フランス人，JB のみがそうでない傾向を示しているのは注目される．

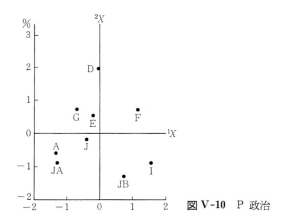

図 V-10　P 政治

N′．自然観(国民性タイプ)

数量化 III 類に用いると図 V-11 を得る．この中で自然を征服するというのが，ブラジルの日系人のみに特異的に多いのである．これは，ブラジルという厳しい自然環境の中における人間の生存を考える上でこう考えざるを得ない点が出ているのであろう．JA は日本人，ドイツ人に近いグループに入り，アメリカと異なっている．A, D, E, F は一図となっている．

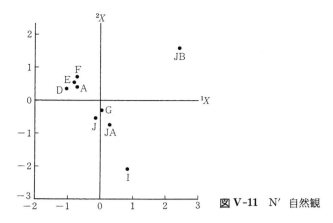

図 V-11　N′ 自然観

ア．くらし方

　くらし方の各回答肢に対する反応比率をもとに数量化 III 類を行った結果を図 V-12 に示す．JA は日本人とアメリカ人の中間に来る．JB はオランダ人に近く，イタリア人にも近い．JB はフランス人と共に日本人とイタリア人の中間にくる．

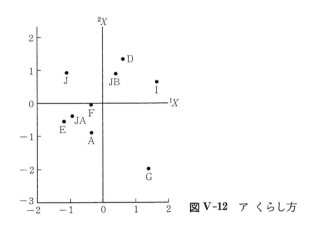

図 V-12　ア くらし方

ウ．人間関係

　人間関係重視の傾向，暖かさの好みに関連する質問を加え数量化 III 類を行った．一次元が重視とそうでない傾向を示すものであることが出てきた．これをもとにグラフ化したのが図 V-13 である．プラス（人間関係重視の傾向）に日本人，ドイツ人，JA，JB があり，アメリカ人，フランス人は逆の方向にある．JA は日本人とアメリカ人の中間，JB はイタリア人・フランス人と日本の中間にあることが解る．第 1 章で述べた J-attitude である．

　また，義理人情に関する質問をとりあげ，これを二つのグループにわける．すなわち (Q 45, 50) と (Q 40, 41, 42, 48, 49) とに分割する．これは，前者がきわめて日本的特色を示す質問

であり，諸外国と著しく異なるものである．

前者について数量化III類を行うと図V-14・1のようになる．JAとアメリカ人は近く，JBはJAより日本人に近く出ており，またイタリア人・フランス人と日本人の中間に入る．

つぎに残りのものについて数量化III類を用いて分析すると図V-14・2のようになり，JAとJBは日本の近くに位置することになる．

以上の分析のごとく，人間関係といっても一様でなく，文化環境による差を絡めて考察することが大事である．

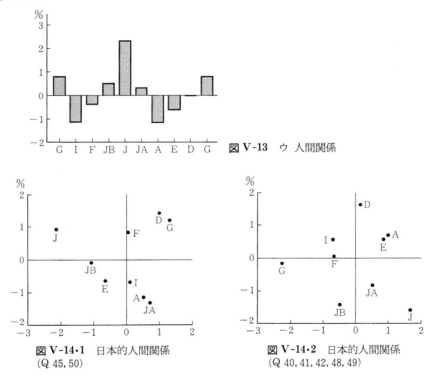

図V-13　ウ　人間関係

図V-14・1　日本的人間関係
（Q 45, 50）

図V-14・2　日本的人間関係
（Q 40, 41, 42, 48, 49）

エ．義理人情

表V-14にある義理人情スケールで，全くそれがないもの，強い傾向のあるものを用い数量化III類を用いてみると，一次元でそれをとらえられたことが解った．図V-15に示す．

JBは日本人により近い．JAは日本人とアメリカ人の中間にあるが，アメリカ人により近く位置していることが解る．当然のことながらこれはJ-attitudeである．

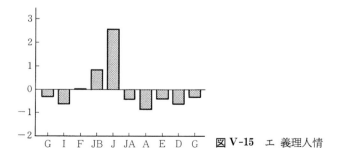
図 V-15　エ　義理人情

オ．中間回答

中間回答の全くない 0 のものの比率とそれの多い 5 以上の比率を用い数量化 III 類を用いたのが図 V-16 である．一次元の値でそれを表現できることが示される．

日本人とドイツ人に中間回答の多い傾向がある．JA は日本人とアメリカ人の中間にあり，JB はイタリア人・フランス人と日本人の中間にあり，これも J-attitude である．日系人が日本らしさを残しているわけである．アメリカ人，オランダ人は中間回答が少ない傾向で，イタリア人，イギリス人がこれにつぐ．

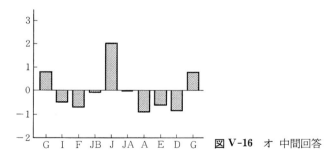
図 V-16　オ　中間回答

カ．人情・暖かさ

表 V-14 でのべた人情 (warm-heartedness) スケールの 5 以上の比率(%)を示したのが図 V-17 である．日本人は最も高いが，JA は日本人とアメリカ人の中間であり，JB はフランス人に近いがイタリア人にくらべ多くなっている．準 J-attitude である．アメリカ人とオランダ人が冷たい傾向であり，ドイツ人，フランス人はかなり暖かい傾向である．イタリア人はその中間にある．

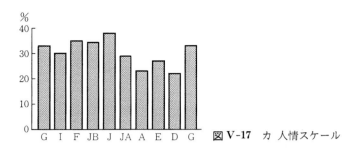
図 V-17 カ 人情スケール

キ．就職の条件

各選択肢に対する回答に対して数量化III類を行ってみると図V-18を得た．JAは日本人とアメリカ人の中間にあるが，一次元目で日本人とJAは近い．この内容をみると気のあった仲間と働くという条件で，この点JAは日本人に近いのである．つまり，人間関係を重要視するという点である．JBはアメリカ人と同じである．ドイツ人はこんどはヨーロッパ群に属するが，オランダ人はアメリカ人に近い．達成感の得られる仕事を好むという点で似ているのである．

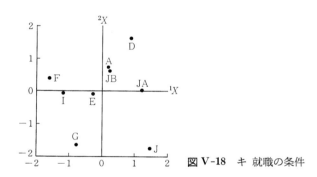
図 V-18 キ 就職の条件

ク．生活満足

非常に満足の比率(%)を目盛ったのが図V-19である．JBがずば抜けて高く，ドイツ人，イタリア人，フランス人は低く，あとはほとんど変らない．

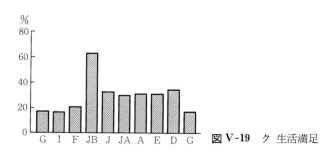
図 V-19 ク 生活満足

ケ．国と個人の関係

　国がよくなって始めて個人がよくなるという比率(%)を目盛ったのが図 V-20 である．JB が高く，ついでドイツ人である．JA は日本人，アメリカ人を抜いて高い．低いのがオランダ人，日本人，フランス人である．

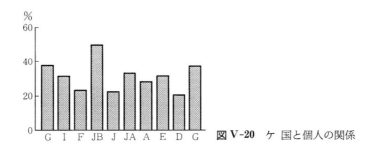

図 V-20　ケ　国と個人の関係

コ．宗　教

　数量化 III 類で分析すると一次元のみ優勢である．図 V-21 のように，JA は日本人とアメリカ人の中間にあり日本寄りである．JB は日本人と大きく異なり，イタリア人，アメリカ人に近い．日本人に近いのはイギリス人，オランダ人である．

　このプラスは宗教を信じる，宗教的な心は大切の国別の平均値であり，マイナスは宗教は同じことを説いているという傾向を示している．

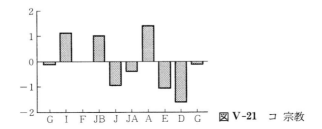

図 V-21　コ　宗教

サ．宗教は信じないが宗教的な心は大切

　これはそのままの比率(%)を示したもので，図 V-22 の通りグループ別の差は大きい．JA，JB，日本人は似ており，高いのである．アメリカ人も他の国にくらべ高いが，1978 年調査では 32%(今回は 56%)であり，アメリカ人の場合，宗教を信じない人の数が少ないため不安定であるきらいがある．いずれにせよ明らかな J-attitude である．

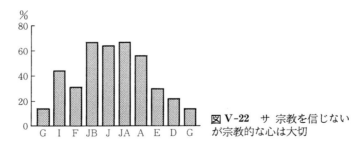

図 V-22 サ 宗教を信じないが宗教的な心は大切

シ．生活上の重要性

重要性を示す最も大切という選択肢7を選んだ比率(%)の平均を目盛ったもので，生活に関連する諸項目をおしなべて非常に大事にするという比率を示すものである(図 V-23)．

JB は高く，JA は日本人，アメリカ人と同じで高目の比率を示している．低目なのがドイツ人である．

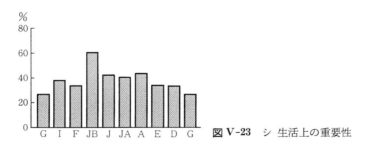

図 V-23 シ 生活上の重要性

このように日本人とアメリカ人は似た傾向があるように思われるので，さらに詳しい分析をしてみた．質問をもう一度みよう．

質問[カードをみせる]次にあげる生活領域のそれぞれについて，あなたが重要だと思う程度に従って1～7の評価をつけてください．

	重要度
a．まず，「家族や子供」についてはどうですか．…………………	1 2 3 4 5 6 7
b．では，「職業や仕事」についてはどうですか．…………………	1 2 3 4 5 6 7
c．では，「自由になる時間とくつろぎ」についてはどうですか．………	1 2 3 4 5 6 7
d．では，「友人，知人」については………………………………	1 2 3 4 5 6 7
e．では，「両親，兄弟，姉妹，親戚」については…………………	1 2 3 4 5 6 7
f．では，「宗教」については……………………………………	1 2 3 4 5 6 7
g．では，「政治」については……………………………………	1 2 3 4 5 6 7

表 V-15

項目	イタリア人	フランス人	ドイツ人	オランダ人	イギリス人	アメリカ人	日本人	順位相関係数
a.	2	6	7	5	3	1	4	0.96
b.	3	2	7	6	5	4	1	0.61
c.	6	4	2	1	7	4	3	0.96
d.	5	7	3	1	6	3	2	1.00
e.	1	6	7	4	5	2	3	0.96
f.	2	5	5	5	5	1	5	0.64
g.	5	6	3	4	6	2	1	0.96

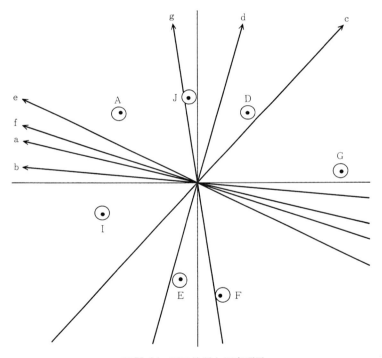

図 V-24　国の位置と調査項目

ここで (6+7) の比率の多いものを考え，各項目別に国の順位を調べたのが表 V-15 である．

ここで APM の方法を用いて図表化したのが図 V-24 である．「宗教」と「職業や仕事」の順位相関係数は高くないが，あとは十分高い．

国別にみると，日本人とアメリカ人が近く，日本人とオランダ人も近い．アメリカ人は比較的にイタリア人に近い．ドイツ人，フランス人，イギリス人は異なっている．この項目では全体の総合比率の近いことと共に構造についても日本人とアメリカ人が近いことが分析されている．

以上，内容的に拾って質問群別にみてきたのであるが，質問の種類によって国の近さ，遠さが出てくることが解るのである．質問の内容により国の集散離合する相が読み取れるのである．この中にあって日系人の位置が質問の種類によって変化する様相は，我々にとって J-attitude を知る上で興味のあるものであった．

§3 各国に共通する一次元尺度の存在とそれによるマクロ分析

調査に用いた全質問のうち，日本人の特徴を示す人間関係に関するもの，宗教に関するある種のもの，中間回答に関するもの，及びそれらの分析の結果，別に取扱った方が望ましいことがわかったいくつかの質問を除外し，残りの全質問をとりあげた．これを次の（ア）から（コ）の10の領域——各領域は数問以上の質問からなる——に分けてみると，それらが（コ）の政治的主義主張を除いて，各国において極似の一次元的スケールをなすことが，数量化 III 類によって明らかになった．これは極めて重要なことである．問題を領域に分けてみるとポジティブ－ネガティブ，伝統－近代，楽観－悲観などと名付けられる一次元的尺度で考えられるということがボーダーレスであるということが出てきた．どこの国も同じ考えの筋道を持っているということが解ったのである．これは大きな知見であった．

（ア）経済と帰属階層意識

（イ）不安感

（ウ）先祖，家，宗教

（エ）科学文明観

（オ）健康観と生活満足

（カ）金に対する態度

（キ）経済に対する態度，これからの見通し

（ク）信頼感

（ケ）家庭に対する近代・伝統

（コ）政治的主義主張

これらの領域に属する質問番号はつぎの通りである．

（イ）Q 9a, Q 9b, Q 9c, Q 9d, Q 9e.

（ウ）Q 11, Q 12, Q 13, Q 27e, Q 27f, Q 35, Q 54e, Q 62.

（エ）Q 55, Q 56, Q 57a, Q 57b, Q 57c, Q 58a, Q 58b, Q 58c, Q 58d.

（オ）Q 7, Q 9a, Q 10a, Q 14a, Q 14b, Q 14c, Q 14d, Q 14e, Q 15, Q 23, Q 28, Q 29, Q 57e,

表 V-16　各国の項目別順位

		G	F	E	A	J	I	D	順位上の方の意味	順位相関係数
(イ)	不安	2	6	4	5	3	7	1	不安なしの方	0.96
(ウ)	先祖	7	4	5	1	3	2	6	先祖重んじる方	0.96
(エ)	科学文明観	7	3	5	1	4	2	6	ポジティブな方	0.96
(オ)	健康	5	6	2	3	4	7	1	ポジティブな方	0.61
(カ)	金志向か	6	5	4	2	7	3	1	非金志向の方	0.57
(キ)	経済・将来	3	7	4	2	1	5	6	ポジティブ・明るい方	1.00
(ク)	信頼感	2	6	3	1	4	7	5	信頼する方	0.82
(ケ)	家庭	7	5	4	3	1	2	6	伝統的な方	0.86
									平均	0.86

Q 58b.
(カ) Q 8, Q 17, Q 18, Q 19, Q 20, Q 22, Q 33, Q 54d.
(キ) Q 1, Q 2, Q 3, Q 4, Q 5, Q 6, Q 7.
(ク) Q 51, Q 52, Q 53.
(ケ) Q 27a, Q 27e, Q 37, Q 38, Q 39.
(コ) Q 67a, Q 67b, Q 67c.

なお，(ア)と(キ)とは全く同じ傾向を示すので，(ア)は(キ)と同じとして除外し，また(コ)政治的主義主張では，自由主義(リベラリズム)はアメリカで特殊な反応を示すのでここでは除外し，残りの8つのスケールについて分析を進める．

8つの領域それぞれに，各国で同様の一次元スケールをなすので，ボンドサンプル(すべての国のデータをプールすることを意味する．標本数はすべて同一に調整する)に対してパタン分類の数量化を行ない(全ての国を一つの筋道の中で見る)，一次元目の個人得点の国別の平均値によって国の順位を決定した．ポジティブ(明るい)の方に若い順位，非金志向，伝統的方向に若い順位を与えた．この結果は表 V-16 に示す通りである．

この表 V-16 に対して APM の方法を用いて明らかになったのが図 V-25 である．この分析では，各国が点で表わされ，各領域((イ)～(ケ))が矢印のついた直線で表わされ，各点の線上への射影点の矢印からの位置で順位を再現できるようにしてある．金志向，健康の領域の順位相関係数は 0.57, 0.61 と高くはなく，再現性は他のものに比して低い点は注意されたい．しかし 8 領域の平均は 0.86 で，図 V-25 は表 V-16 の情報をよく収約しているということができる．

国の位置をみると，イギリス人がほぼ中央にあり，周辺に各国がばらつく．ドイツ人，オランダ人が右側にあり，イギリス人と共に三角形の関係(内部に他のものが入らぬ)にある．イタリア人，フランス人が左上辺で近くにあり，左下辺にアメリカ人と日本人が位置する．概観すると，(日本人，アメリカ人)クラスター，(イタリア人，フランス人)クラスター，(ドイツ人，オラン

332   第V部　CLAによる7ヵ国の国民性の比較研究

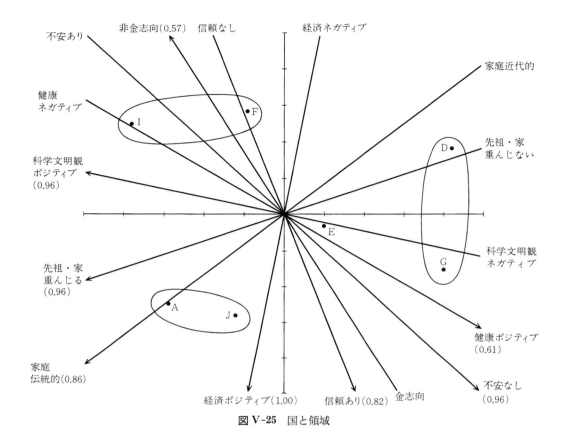

図 V-25　国と領域

ダ人)クラスターが三極となり，いわゆる三極構造が出来ている．さらにみると，アメリカ人とイタリア人がかなり近く，イギリス人はほぼ中央に位置するということになる．ここで日本人とアメリカ人がこうした一般社会意識で近くにあるのは注目される．

　もう少し表 V-16 の内容に立ち入ってみると，日本人とアメリカ人は，金志向かどうかでアメリカ人の非金志向，日本人の金志向という点で大きく異なるが，あとの領域ではかなり近いことが示されている．日本人とドイツ人をみると，日本人とアメリカ人とで近かった家庭・先祖の領域では大いに異なるが，それを除けばかなり近いという傾向が見られる．これをひっくるめた概観では，日本人とアメリカ人は近く，日本人とドイツ人はかなり近いことになる．

　各領域をあらわす矢印のついた直線は，矢印のついている方が表 V-16 の右側に書いてあるカテゴリの"順位の上の方"を意味するものである．領域のクラスターは，

(非金志向)クラスター
　　(科学文明観)クラスター
　　(先祖・家庭)クラスター
　　(経済・信頼感)クラスター
　　(不安なし・健康)クラスター

という形になる．

　こうした部面に限定すると日本人とアメリカ人は近くにある．しかし，§2に述べたように，日本的なものを考えに入れた人間関係，中間的回答・宗教などの事項に関しては日本人とアメリカ人は対極にある，という関係は注目すべき問題で，十分心に留めておくべき事項である．また前述の人間関係，中間的回答では，日本人はこの一般社会意識では隔りのあるドイツ人・オランダ人と近い関係にあるという，興味深い関係が見られるのである．

　このようなAPMの分析は，スケールをなす領域に分類した質問群での国民単位のスケール値に基づく大局的事象把握によるものであり，関連性を考慮していないという意味で，§1で述べた単純集計の大局的見方と同様と見做せるものである．一つ次元の上がった意味での単純集計に基づく分析と言ってよい．

§4　一次元尺度に基づくミクロ分析

　次の分析は，諸国における個人のスケールを構成している各領域への反応をもとにしたとき，つまり，各個人の領域別パタンを情報にしたとき，国別にどういう様相が見られるかの分析である．つまり個人の内部におけるスケール間の関連性をもとにする分析である．このため表V-17に示すAからNの各領域それぞれで7ヵ国すべてのデータを用いて数量化III類を行ない，得られた個人得点の分布を眺めた．個人得点はその人の示す各領域でのスケールを示すわけである．
　一次元目でスケールをなす8つの領域（金志向，信頼感，不安感，家庭観，先祖観，健康観，経済観，科学文明観）については，スケール（個人得点一次元目）の分布が，一応，25％，50％，25％となるように3区分に分類した．二次元目まで考えた方がよりすっきりするあとの一つの領域，政治的主義については，一次元目と二次元目の数値を用い，プラス-マイナスの組み合わせで，それぞれ，民主主義・資本主義好み-社会主義好み-中間，の3分類とした．
　今後の分析を理解するため，表V-17に，これから用いる記号と共に，それぞれの領域のスケールの名称と内容，スケールの3区分のコードとその意味を示しておく．また前述の領域との対応をカタカナで示してある．

334　第V部　CLAによる7ヵ国の国民性の比較研究

表V-17　9つの領域のスケールとカテゴリ

スケールの名と内容			スケールの3区分のコードと意味		
A（金志向スケール）	カ．	金志向か否か	□A1 金志向	△A2 中間	○A3 非金志向
B（信頼感スケール）	ク．	信頼感	○B1 あり	△B2 中間	□B3 なし
C（政治的主義スケール）	コ．	政治的主義	○C1 民主主義・資本主義好み	△C2 中間	□C3 社会主義好み
D（経済観スケール）	キ．	経済・将来の明るさ	○D1 ポジティブよい（明るい）	△D2 中間	□D3 ネガティブよくない（暗い）
E（不安感スケール）	イ．	不安感	□E1 不安あり	△E2 中間	○E3 不安なし
F（家庭観スケール）	ケ．	家庭・結婚	○F1 近代的	△F2 中間	○F3 伝統的
J（先祖・家・宗教スケール）	ウ．	先祖・家	○J1 重んじる伝統を重視	△J2 中間	□J3 重んじない伝統重視しない
K（健康観スケール）	オ．	健康・健康観	○K1 ポジティブよい	△K2 中間	□K3 ネガティブよくない
N（科学文明観スケール）	エ．	科学文明観	○N1 ポジティブ	△N2 中間	□N3 ネガティブ

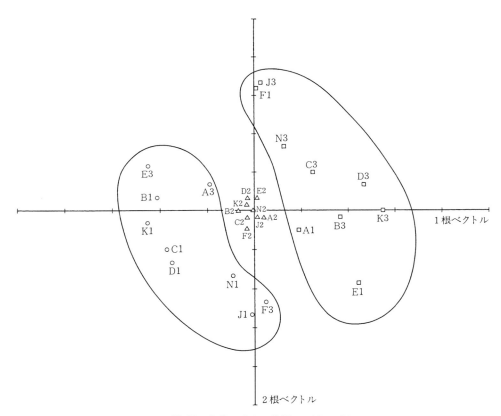

図V-26　全体の考えの筋道，1根×2根

　ここで一つの方向を示すため，上記3分類についてある立場から○△□印をつけておいた．このことが，結果を見易くするために妥当であったことは，これら9項目を用いての国別数量化

第3章　諸国の国民性比較　335

III類の分析で明らかになった．しかし，これは煩雑にわたるので詳細は割愛するが，似たところと異なるところが微妙に重なり合っていることが解ってきた（第1章の文献，林知己夫・林文(1995)参照）．

こうした微妙な考えの筋道の違いを一応不問に付して7ヵ国をポンドしたサンプルにおいて数量化III類を行った結果をのべてみよう．

図V-26に示すように，○と□が分かれ中央に中間△が来るという形があらわれ，我々が表V-17につけたポジティブ・ネガティブ，明るい・暗い，伝統・近代等の方向性は，各国においても大局的には見当違いでなかったことが明らかになった．

こんどは，国そのものも個人の回答カテゴリの一つとしてデータの中に入れ数量化III類を用いて分析したとき，国と回答（意識・態度）との結び付きが，回答相互の結び付きを超えて優勢に出てくるものであろうか．

結果は図V-27に示すが，国の特色が明確に出てきた．国の分類が優勢で，それぞれの国のまわりにその国の特色ある回答（国との結び付きのとりわけ強いもの）が出ているという形になった．総合的分析による各国の布置を図V-27でみると，3つのクラスターが見出せる．つまり（フラ

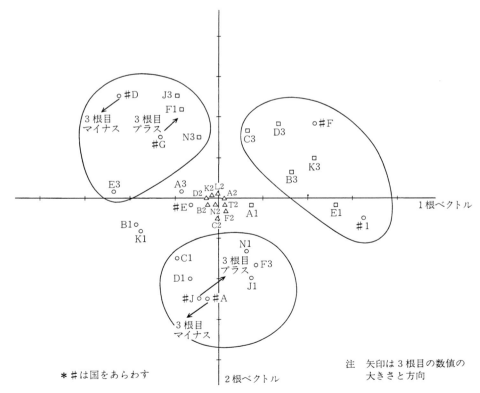

図 V-27　国とカテゴリの布置，1根×2根

336　第V部　CLAによる7ヵ国の国民性の比較研究

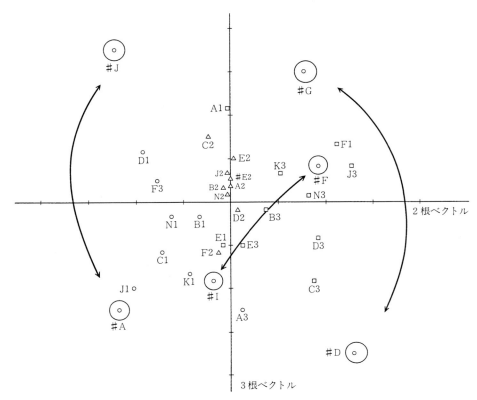

図 V-28　国の位置とカテゴリの布置，2根×3根

ンス，イタリア）クラスター，（日本，アメリカ）クラスター，（ドイツ，オランダ）クラスター，（イギリス）クラスターで，イギリスはすべての国の中央に位置する．（フランス，イタリア），（アメリカ，日本），（ドイツ，オランダ）が三角形の頂点をなし，イギリスがいわば重心の形をしている．

第1軸（^1X）で（フランス，イタリア）（オランダ，ドイツ）が両極で，中央にイギリス，アメリカ，日本が位置し，第2軸（^2X）で（フランス，イタリア），（ドイツ，オランダ），イギリスと（アメリカ，日本）が分れるという形である（第1根 0.20，第2根 0.19，第3根 0.15）．さらに第3根（0.15）まで加味すると図 V-28（第2根・第3根目に対応する数値を目盛ってある）のようになり，オランダとドイツ，日本とアメリカが分離する．分離の仕方はアメリカとオランダが同じ側，日本とドイツが同じ側（第3根目の符号が同一）であるという興味ある姿が見られる．アメリカ寄りに一応○印（ポジティブ）な意見が存在することが見られるのも特徴的である．

その特色をあげてみると表 V-18 のようになる．

一言にしていうと，日本・アメリカの表 V-17 の○（ポジティブ）印志向，ヨーロッパの□（ネ

表 V-18　国の特色

2項目までのデータによるクラスター	特色	各クラスターに近いもの
(フランス，イタリア)クラスター	経済　ネガティブ 　　信頼感　少い F．健康感　ネガティブ I．不安あり 　　社会主義好み	金志向
(日本，アメリカ)クラスター ［3根目で両者分離する］	J．経済観　ポジティブ(明るい) J．家庭観　伝統的 A．民主主義・資本主義好み A．先祖・家　重んじる A．科学文明観　ポジティブ	
(オランダ，ドイツ)クラスター ［3根目で両者分離する］	G．家庭観　近代的 G．先祖・家　重んじない G．科学文明観　ネガティブ 　　不安なし	信頼感あり 健康観ポジティブ 非金志向
(イギリス人)クラスター	非金志向	

＊　特色欄にある記号は3根目における＋－による分離の方向性を示し，国名はその国の特色を示す

ガティブ)印志向ということになろう．この○印・□印は，日本の立場からつけたニックネームを持つものである点は注意しなければならない．外国人からみると別のニックネーム(国により異なる可能性がある)がつけられてくる可能性はある．この点は，外国人との検討をすることも興味のあるところである．

いずれにせよ，ここにあげたような部面に限定するならば，日本はアメリカに近いという点は注目に値するところである．

§5 質問文

第Ｖ部に用いた分析は，7ヵ国共通に用いた調査票による．質問文の飜訳に関する検討は本書のなかで種々論じられている．ここに示す日本語による調査票は，外国語との対応をよく表わしているものである．なお，日本固有の言いまわしを用いた日本語らしい調査票による調査も同時に行っており，詳細な分析もなされている(第Ｖ部，第1章の文献　林知己夫(1996)　参照)．

生活と文化に関する世論調査*

> ＊ 質問番号のあとに〔カード○〕と書いてあるものは，回答肢のうち，その他・わからぬを除いたものをカードに印刷し，これを対象者に見せて「回答を選んでもらう」という調査法を行なったものである．また，回答の右隅の○(( )，〈 〉)の数字は集計用のカラム番号を示している．

昭和63年10月

（国）　（地点No.）　（対象No.）

| 5 | | | | | | |

① ② ③ ④ ⑤ ⑥ ⑦

調査日時	調査員氏名	点検者名
日　　時		

〔性・年齢〕〔訪問する前に記入しておきサンプルを確認する〕

あなたのお生まれは，　1　2　3　　　　　　　　　　ですね．　　⑧～⑫
　　　　　　　　　　　明治 大正 昭和　　年　　月

1　男　　　2　女　　　　　　　　　　　　　　　　　　　　　　　⑬

1　その通りだ　　2　否→　1　2　3　　　　　　　　　生まれだ　⑭～⑲
　　　　　　　　　　　　　明治 大正 昭和　　年　　月

〔該当する生年の上の数字を○でかこむ〕

1	2	3	4	5
昭和38年以降	昭和33年〜昭和37年	昭和28年〜昭和32年	昭和23年〜昭和27年	昭和18年〜昭和22年

6	7	8	9	10
昭和13年〜昭和17年	昭和8年〜昭和12年	昭和3年〜昭和7年	大正12年〜昭和2年	大正11年（明治も含む）

⑳

問1　〔カード1〕　日本人全体の生活水準は，この10年間でどう変わったと思いますか．
　　　1　非常によくなった　　　　5　非常にわるくなった
　　　2　ややよくなった　　　　　6　その他（記入　　　　　　）
　　　3　変わらない　　　　　　　7　わからない
　　　4　ややわるくなった
　　　　　　　　　　　　　　　　　　　　　　　　　　　　　　　　　㉑

問2　〔カード1〕　あなたの生活水準は，この10年間でどう変わりましたか．
　　　1　非常によくなった　　　　5　非常にわるくなった
　　　2　ややよくなった　　　　　6　その他（記入　　　　　　）
　　　3　変わらない　　　　　　　7　わからない
　　　4　ややわるくなった
　　　　　　　　　　　　　　　　　　　　　　　　　　　　　　　　　㉒

問3 〔カード2〕 これから先の5年間に，あなたの生活状態はよくなると思いますか，それとも悪くなると思いますか．
　　　1　非常によくなるだろう　　　5　非常にわるくなるだろう
　　　2　ややよくなるだろう　　　　6　その他(記入　　　　　　　)
　　　3　変わらないだろう　　　　　7　わからない
　　　4　ややわるくなるだろう　　　　　　　　　　　　　　　　　㉓

問4　これから先，ひとびとは幸福になると思いますか，不幸になると思いますか．
　　　　1　　　2　　　3　　　　4　　　　　　　　5
　　　幸福に　不幸に　変わらない　その他(記入　　　)　わからない　　㉔

問5　これから先，心のやすらかさは，ますと思いますか，へると思いますか．
　　　　1　　2　　　3　　　　4　　　　　　　　5
　　　ます　へる　変わらない　その他(記入　　　)　わからない　　㉕

問6　では，人間の自由は，ふえると思いますか，へると思いますか．
　　　　1　　2　　　3　　　　4　　　　　　　　5
　　　ふえる　へる　変わらない　その他(記入　　　)　わからない　　㉖

問7　これから先，人間の健康の面はよくなってゆくと思いますか，わるくなると思いますか．
　　　　1　　　　2　　　　3　　　　4　　　　　　　　5
　　　よくなる　わるくなる　変わらない　その他(記入　　　)　わからない　　㉗

問8　〔カード3〕 わが国の向こう10年から15年間の国家目標をどう設定したらよいかについて，最近盛んに議論されています．ここにいろいろな人が最も重視する目標がいくつかあげてあります．あなたはこれらの中で何が最も重要だと思いますか．(○は1つ)
　　　1　国家の秩序を維持すること
　　　2　重要な政策を決める時，人々にもっと発言させること
　　　3　物価の上昇をくいとめること
　　　4　言論の自由を守ること
　　　5　そ　の　他(記入　　　　　　　　　　　　　　　　　)
　　　6　わからない　　　　　　　　　　　　　　　　　　　　㉘

問9　〔カード4〕 ときどき，自分自身のことや家族のことで不安になることがあると思います．あなたは，次のような危険について不安を感じることがありますか．

	非常に感じる	か感なじりる	少感しじはる	全じくな感い	その他	わからない
a．まず，「重い病気」の不安はどの程度でしょうか．…………	1	2	3	4	5	6
b．では，「交通事故」についてはどうでしょうか．…………	1	2	3	4	5	6
c．では，「失業」についてはどうでしょうか．…………	1	2	3	4	5	6
d．では，「戦争」についてはどうでしょうか．…………	1	2	3	4	5	6
e．では，「原子力施設の事故」についてはどうでしょうか．…	1	2	3	4	5	6

㉙㉚㉛㉜㉝

問 10

a．家計のやりくりをしなければならないことがありますか．

1	2	3	4	
ある	ない	その他(記入　　　　　　)	わからない	㉞
↓	→ (問 11 へ)			

---

b．〔カード 5〕 特にどこを節約しますか．下記のうちからいくつでも上げて下さい．

	あり	なし	
a．医　療	1	0	㉟
b．車の費用	1	0	㊱
c．家庭用品	1	0	㊲
d．食料品	1	0	㊳
e．美　容	1	0	㊴
f．レジャー・休暇	1	0	㊵
g．衣料費	1	0	㊶
h．住居費	1	0	㊷
i．子供の養育費	1	0	㊸
j．タバコ・酒	1	0	㊹

8. そ の 他　㊺
9. わからない

問 11　あなたはどちらかといえば，普通より先祖を尊ぶ方ですか，それとも普通より尊ばない方ですか．

1	2	3	4	5	
普通より尊ぶ方	普通より尊ばない方	普　通	その他(記入　　　　　)	わからない	㊻

問 12　子供がないときは，血のつながりがない他人の子供を，養子にとって家をつがせた方がよいと思いますか，それとも，つがせる必要はないと思いますか．

1	2	3	4	5	
つがせた方がよい	つがせる必要はない	場合による	その他(記入　　　　　)	わからない	㊼

問 13　現在，一般的な家庭にとって望ましい子供の数は何人だと思いますか．

□ 人　　　　9 わからない　㊽

問 14　〔カード 6〕 ここ 1 ヶ月の間に次にあげるものに悩みましたか．(かかりましたか．)

	かかったことあり	なし	
a．頭痛，偏頭痛（へんずつう）	1	0	㊾
b．背中の痛み	1	0	㊿
c．いらいら	1	0	(51)
d．うつ状態	1	0	(52)
e．不眠症	1	0	(53)

8. そ の 他
9. わからない

問15 〔カード7〕 あなたと同じ年の人と比べて，あなたの健康状態はいかがですか．
　　　　1　非常に満足している　　　　　4　満足していない
　　　　2　満足している　　　　　　　　5　その他（記入　　　　　　　　　　）
　　　　3　あまり満足していない　　　　6　わからない　　　　　　　　　　　⑭

問16 〔カード8〕 かりに現在の日本社会全体を，ここに書いてあるように5つの層に分けるとすれば，お宅はこのどれにはいると思いますか．
　　　　1　　　2　　　3　　　4　　　5　　　6　　　　　　　　　　　7
　　　　上　　中の上　中の中　中の下　下　　その他（記入　　　　　）わからない　⑮

問17 〔カード9〕 あなたは次のうちどちらが好ましいと思いますか．
　　　　1　収入が増えること
　　　　2　余暇（自由な時間）が増えること
　　　　3　その他（記入　　　　　　　　　　　　　　　　　　　　　　　　）
　　　　4　わからない　　　　　　　　　　　　　　　　　　　　　　　　　　⑯

問18 もし，一生，楽に生活できるだけのお金がたまったとしたら，あなたはずっと働きますか，それとも働くのをやめますか．
　　　　　　1　　　　　　2　　　　　　3　　　　　　　　　　　　4
　　　　ずっと働く　働くのをやめる　その他（記入　　　　　）わからない　　　⑰

問19 〔カード10〕 仕事について，次の2つの意見があります．どちらがあなたの気持ちに近いですか．
　　　　1　いくらお金があっても，仕事がなければ，人生はつまらない
　　　　2　お金があれば，仕事がなくても，人生がつまらないとは思わない
　　　　3　その他（記入　　　　　　　　　　　　　　　　　　　　　　　　）
　　　　4　わからない　　　　　　　　　　　　　　　　　　　　　　　　　　⑱

問20 〔カード11〕 ここに仕事について，ふだん話題になることがあります．
　　　あなたは，どれに一番関心がありますか．
　　　　1　お金のことを気にしないですむ程よい給料
　　　　2　倒産や失業の恐れがない仕事
　　　　3　気の合った人たちと働くこと
　　　　4　やりとげたいという感じがもてる仕事
　　　　5　その他（記入　　　　　　　　　　　　　　　　　　　　　　　　）
　　　　6　わからない　　　　　　　　　　　　　　　　　　　　　　　　　　⑲

問21 現在，あなたの一週間の予定を立てるとき，仕事上のことがあなたの個人生活や家庭生活とよくぶつかりますか．
　　　　　　1　　　　　2　　　　　3　　　　　　　　　　　　4
　　　　は　い　　いいえ　　その他（記入　　　　　）わからない　　　　　　⑳

問22 〔カード12〕 人のくらし方には，いろいろあるでしょうが，つぎにあげるもののうちで，どれが一番，あなた自身の気持ちに近いものですか．
　　　1　一生けんめい働き，金持ちになること
　　　2　まじめに勉強して，名をあげること
　　　3　金や名誉を考えずに，自分の趣味にあったくらし方をすること
　　　4　その日その日を，のんきにクヨクヨしないでくらすこと
　　　5　世の中の正しくないことを押しのけて，どこまでも清く正しくくらすこと
　　　6　自分の一身のことを考えずに，社会のためにすべてを捧げてくらすこと
　　　7　そ　の　他（記入　　　　　　　　　　　　　　　　　　　　　　　）
　　　8　わからない　　　　　　　　　　　　　　　　　　　　　　　　　　　　　　㉑

問23 〔カード13〕 お宅の付近の環境や住みやすさについて，全体としてどう思っていますか．
　　　1　満足している　　　　　　　　　4　満足していない
　　　2　やや満足している　　　　　　　5　その他（記入　　　　　　　　　）
　　　3　あまり満足していない　　　　　6　わからない　　　　　　　　　　㉒

問24 〔カード14〕 近所の治安についておうかがいします．次に挙げるようなことで問題になっていることがありますか．

	重大な問題になっている	問題になっている	大して問題になっていない	全然問題にはなっていない	その他	わからない	
a．「強盗にはいられること」については，どうですか．	1	2	3	4	5	6	㉓
b．「急に襲われて身の危険を感じること」については，どうですか．	1	2	3	4	5	6	㉔

問25 〔カード15〕 イソップの童話の中に，怠け者のキリギリスと，働き者のアリの話があります．夏の間歌をうたっていたキリギリスが，冬になって，食べる物がなくなり困ってしまい，夏の間働いていたアリのところにやって来ました．この時のアリの答えには，次のような2つの型があります．あなたは，このお話のむすびとして，この中のどちらがご自分の気持ちにしっくりしますか．
　　　1　夏の間怠けていたのだから，困るのが当然だと追い返してしまう
　　　2　怠けていたのはいけないけれども，これからはちゃんと働くのですよ，といさめた上で，食べ物をわけてあげる
　　　3　そ　の　他（記入　　　　　　　　　　　　　　　　　　　　　　　）
　　　4　わからない　　　　　　　　　　　　　　　　　　　　　　　　　　　　　　㉕

問26　あなたにとって一番大切と思うものはなんですか．1つだけあげてください．

（記入）　　　　　　　　　　　　　　　　9
　　　　　　　　　　　　　　　　　　　わからない
　　　　　　　　　　　　　　　　　　　　　　　　　　　　　　　　　　　　　　　㉖

問26b　そのほか，非常に大切と思うものをいくつでもあげてください．

（記入）　　　　　　　　　　　　　　　　9
　　　　　　　　　　　　　　　　　　　わからない
　　　　　　　　　　　　　　　　　　　　　　　　　　　　　　　　　　　　　　　㉗

「生活と文化に関する世論調査」 343

問27 〔カード16〕 次にあげる生活領域のそれぞれについて，あなたが重要だと思う程度に従って1～7の評価をつけてください．

	重要でない						重要	その他	わからない
a．まず，「家族や子供」についてはどうですか．	1	2	3	4	5	6	7	8	9
b．では，「職業や仕事」についてはどうですか．	1	2	3	4	5	6	7	8	9
c．では，「自由になる時間とくつろぎ」についてはどうですか．	1	2	3	4	5	6	7	8	9
d．では，「友人，知人」については	1	2	3	4	5	6	7	8	9
e．では，「両親，兄弟，姉妹，親戚」については	1	2	3	4	5	6	7	8	9
f．では，「宗教」については	1	2	3	4	5	6	7	8	9
g．では，「政治」については	1	2	3	4	5	6	7	8	9

㊽㊾㊿(71)(72)(73)(74)

問28 〔カード17〕 あなたは自分の家庭に満足していますか，それとも不満がありますか．

1	2	3	4	5	6	7
満足	やや満足	どちらともいえない	やや不満	不満	その他（記入　）	わからない

(75)

問29 〔カード17〕 あなたの生活についておききします．ひとくちにいってあなたは今の生活に満足していますか，それとも不満がありますか．

1	2	3	4	5	6	7
満足	やや満足	どちらともいえない	やや不満	不満	その他（記入　）	わからない

(76)

問30 いまの社会で成功している人をみて，その人の成功には，個人の才能や努力と，運やチャンスのどちらが大きな役割をはたしていると思いますか．

1	2	3	4
個人の才能や努力	運やチャンス	その他（記入　）	わからない

(77)

問31 〔カード18〕 次の二つの意見のうち，どちらがあなたの意見に近いですか．
　甲：収入が不十分な世帯を国が経済的に面倒をみることは，その世帯に生活の道を与えることになる
　乙：収入が不十分な世帯を国が経済的に面倒をみることは，その世帯から責任感を全く奪うことになる

(78)(79)＝01
(80)＝1
（カード1）
(1)～(7)＝ID
(8)～(13)＝b

1	2	3	4
甲の意見	乙の意見	その他（記入　）	わからない

(14)

問32 こういう意見があります．
　「世の中は，だんだん科学や技術が発展して，便利になって来るが，それにつれて人間らしさがなくなって行く」
　というのですが，あなたはこの意見に賛成ですか，それとも反対ですか．
　　　1　賛成（人間らしさはへる）　　　4　その他（記入　　　　　）
　　　2　いちがいにはいえない　　　　　5　わからない
　　　3　反対（人間らしさ，不変，ふえる）

(15)

問33　小学校に行っているくらいの子供をそだてるのに，つぎのような意見があります．
　　　「小さいときから，お金は人にとって，最も大切なものの1つだと教えるのがよい」
　　　というのです．あなたはこの意見に賛成ですか，それとも反対ですか．
　　　　　　　　1　　　　　2　　　　　3　　　　　　　　4　　　　　　　　　　　　5
　　　　　　　賛　成　　　反　対　　いちがいには　　　その他(記入　　　　　)　　わからない
　　　　　　　　　　　　　　　　　　いえない　　　　　　　　　　　　　　　　　　　　　　　　　(16)

問34　こういう意見があります．
　　　「国をよくするためには，すぐれた政治家がでてきたら，国民がたがいに議論をたたかわせるよりは
　　　その人達にまかせる方がよい」
　　　というのですが，あなたはこれに賛成ですか，それとも反対ですか．
　　　　　　1　賛成(まかせる)　　　　　　　　4　その他(記入　　　　　　　　　)
　　　　　　2　反対(まかせっきりはいけない)　5　わからない
　　　　　　3　いちがいにはいえない　　　　　　　　　　　　　　　　　　　　　　　　　(17)

問35　あなたは，自分が正しいと思えば世間の慣習に反しても，それをおし通すべきだと思いますか，
　　　それとも世間の慣習に，従った方がまちがいないと思いますか．
　　　　　　　　1　　　　　2　　　　　3　　　　　　　　4　　　　　　　　　　　　5
　　　　　　　おし通せ　　　従え　　　場合による　　　その他(記入　　　　　)　　わからない
　　(18)

問36　こういう意見があります．
　　　「どんなに世の中が機械化しても，人の心の豊かさ(人間らしさ)はへりはしない」
　　　というのですが，あなたはこの意見に賛成ですか，それとも反対ですか．
　　　　　　1　反対(へる)　　　　　　　　　4　その他(記入　　　　　　　　　)
　　　　　　2　いちがいにはいえない　　　　5　わからない
　　　　　　3　賛成(へらない)　　　　　　　　　　　　　　　　　　　　　　　　　　　(19)

問37　〔カード19〕　つぎのような考え方があります．
　　　「家庭は，ここちよく，くつろげる，ただ1つの場所である」
　　　というのですが，あなたはそう思いますか，そうは思いませんか．
　　　　　　　　1　　　　　2　　　　　　　3　　　　　　　　　　　　4
　　　　　　　そう思う　　そうは思わない　その他(記入　　　　　)　わからない　　　(20)

問38　〔カード20〕　つぎの3つの意見の中で，どれが一番あなたの意見に近いですか．
　　　　　　1　離婚はすべきではない
　　　　　　2　ひどい場合には，離婚してもよい
　　　　　　3　二人の合意さえあれば，いつ離婚してもよい
　　　　　　4　そ　の　他(記入　　　　　　　　　　　　　　　　　　　　　　　)
　　　　　　5　わからない　　　　　　　　　　　　　　　　　　　　　　　　　　　　(21)

問39　〔カード21〕　家事や子供の世話について，どうお考えですか．
　　　　　　1　すべてが女性の仕事である
　　　　　　2　いくつかは女性の仕事である
　　　　　　3　すべての仕事は，男性，女性の区別なくやるべきだ
　　　　　　4　そ　の　他(記入　　　　　　　　　　　　　　　　　　　　　　　)
　　　　　　5　わからない　　　　　　　　　　　　　　　　　　　　　　　　　　　　(22)

問40 「先生が何か悪いことをした」というような話を，子供が聞いてきて，親にたずねたとき，親はそれが本当であることを知っている場合，子供には，
「そんなことはない」といった方がよいと思いますか，それとも
「それはほんとうだ」といった方がよいと思いますか．
　　　1　　　　　　　2　　　　　　　3　　　　　　　　　　　　4
　そんなことは　　ほんとうだ　　その他(記入　　　　　　　)　わからない
　ないという　　　という　　　　　　　　　　　　　　　　　　　　　　　　(23)

問41 〔カード22〕 南山さんという人は，小さいときに両親に死に別れ，となりの親切な西木野さんに育てられて，大学まで卒業させてもらいました．そして，南山さんはある会社の社長にまで出世しました．ところが故郷の，育ててくれた，西木野さんが「キトクだからスグカエレ」という電報を受け取ったとき，南山さんの会社がつぶれるか，つぶれないか，ということがきまってしまう大事な会議があります．
　あなたはつぎのどちらの態度をとるのがよいと思いますか．よいと思う方を1つだけえらんで下さい．
　　1　なにをおいても，すぐ故郷に帰る
　　2　故郷のことが気になっても，大事な会議に出席する
　　3　そ　の　他(記入　　　　　　　　　　　　　　　　　　　　　　　　　)
　　4　わからない　　　　　　　　　　　　　　　　　　　　　　　　　　　　(24)

問42 〔カード22〕 いまの質問では，恩人が死にそうなときを，うかがいましたが，もしキトクなのが恩人ではなくて，南山さんの親だったら，どうしたらよいと思いますか．どちらかえらんで下さい．
　　1　なにをおいても，すぐ故郷に帰る
　　2　故郷のことが気になっても，大事な会議に出席する
　　3　そ　の　他(記入　　　　　　　　　　　　　　　　　　　　　　　　　)
　　4　わからない　　　　　　　　　　　　　　　　　　　　　　　　　　　　(25)

問43 〔カード23〕 自然と人間との関係について，つぎのような意見があります．あなたがこのうち真実に近い（ほんとうのことに近い）と思うものを，1つだけ選んでください．
　　1　人間が幸福になるためには，自然に従わなければならない
　　2　人間が幸福になるためには，自然を利用しなければならない
　　3　人間が幸福になるためには，自然を征服していかなければならない
　　4　そ　の　他(記入　　　　　　　　　　　　　　　　　　　　　　　　　)
　　5　わからない　　　　　　　　　　　　　　　　　　　　　　　　　　　　(26)

問44 〔カード24〕 あなたはつぎの意見の，どちらに賛成ですか．1つだけあげてください．
　　1　個人が幸福になって，はじめて国全体がよくなる
　　2　国がよくなって，はじめて個人が幸福になる
　　3　国がよくなることも，個人が幸福になることも同じである
　　4　そ　の　他(記入　　　　　　　　　　　　　　　　　　　　　　　　　)
　　5　わからない　　　　　　　　　　　　　　　　　　　　　　　　　　　　(27)

問45 〔カード25〕 つぎのうち，大切なことを2つあげてくれといわれたら，どれにしますか．

　　　　　　　　　　　　　　　　　　　　　　　　　　あり　なし
　　a．親孝行，親に対する愛情と尊敬……………………　1　　0　　(28)
　　b．助けてくれた人に感謝し，必要があれば援助する………　1　　0　　(29)
　　c．個人の権利を尊重すること…………………………　1　　0　　(30)
　　d．個人の自由を尊重すること…………………………　1　　0　　(31)
　　　　5．その他（記入　　　　　　　　　　　　　）
　　　　6．わからない　　　　　　　　　　　　　　　　　　　　(32)
　　　　（上の質問では，2つの項目をあげてもらうこと）　　(33)～(35)＝b

問46 〔カード26〕 つぎのうち，あなたはどちらが人間として望ましいとお考えですか．
　　　　1　他人と仲がよく，なにかと頼りになるが，仕事はあまりできない人
　　　　2　仕事はよくできるが，他人の事情や心配事には無関心な人
　　　　3　そ　の　他（記入　　　　　　　　　　　　　　　　　　　）
　　　　4　わからない　　　　　　　　　　　　　　　　　　　　　　　(36)

問47 〔カード27〕 物事を決定する時に「一定の原則に従うこと」に重点をおく人と，「他人との調和を
　　はかること」に重点をおく人では，どちらがあなたの好きな"ひとがら"ですか．
　　　　1　物事を決定するときに一定の原則に従うことに重点をおく人
　　　　2　物事を決定するときに他人との調和をはかることに重点をおく人
　　　　3　そ　の　他（記入　　　　　　　　　　　　　　　　　　　）
　　　　4　わからない　　　　　　　　　　　　　　　　　　　　　　　(37)

問48 〔カード28〕 あなたが，ある会社の社長だったとします．その会社で，新しく職員を1人採用す
　　るために試験をしました．入社試験をまかせておいた課長が，
　　　「社長のご親戚の方は2番でした．しかし，私としましては，1番の人でも，ご親戚の方でも，ど
　　ちらでもよいと思いますがどうしましょうか」
　　と社長のあなたに報告しました．
　　　あなたはどちらをとれ（採用しろ）といいますか．
　　　　1　1番の人を採用するようにいう
　　　　2　親戚を採用するようにいう
　　　　3　そ　の　他（記入　　　　　　　　　　　　　　　　　　　）
　　　　4　わからない　　　　　　　　　　　　　　　　　　　　　　　(38)

問49 〔カード29〕 それでは，この場合2番になったのがあなたの親戚の子供でなくて，あなたが昔世
　　話になった人の子供だったとしたら，あなたはどうしますか．（どちらをとれといいますか）
　　　　1　1番の人を採用するようにいう
　　　　2　昔世話になった人の子供を採用するようにいう
　　　　3　そ　の　他（記入　　　　　　　　　　　　　　　　　　　）
　　　　4　わからない　　　　　　　　　　　　　　　　　　　　　　　(39)

問50 〔カード30〕 ある会社につぎのような2人の課長がいます．もしあなたが使われるとしたら，ど
　　ちらの課長に使われる方がよいと思いますか．どちらか1つあげて下さい．
　　　　1　規則をまげてまで，無理な仕事をさせることはありませんが，仕事以外のことでは人のめ
　　　　　んどうを見ません
　　　　2　時には規則をまげて，無理な仕事をさせることもありますが，仕事のこと以外でも人のめ
　　　　　んどうをよく見ます
　　　　3　そ　の　他（記入　　　　　　　　　　　　　　　　　　　）
　　　　4　わからない　　　　　　　　　　　　　　　　　　　　　　　(40)

問51　たいていの人は，他人の役にたとうとしていると思いますか，それとも自分のことだけ考えていると思いますか．
　　　1　他人の役にたとうとしている
　　　2　自分のことだけ考えている
　　　3　そ　の　他（記入　　　　　　　　　　　　　　　　　　　　　　　　　）
　　　4　わからない　　　　　　　　　　　　　　　　　　　　　　　　　　　　　　　(41)

問52　他人は，機会があれば，あなたを利用しようとしていると思いますか，それともそんなことはないと思いますか．
　　　1　他人は機会があれば利用しようとしていると思う
　　　2　そんなことはないと思う
　　　3　そ　の　他（記入　　　　　　　　　　　　　　　　　　　　　　　　　）
　　　4　わからない　　　　　　　　　　　　　　　　　　　　　　　　　　　　　　　(42)

問53　たいていの人は信頼できると思いますか，それとも，常に用心した方がよいと思いますか．
　　　　1　　　　　　　　2　　　　　　　　3　　　　　　　　　　　4
　　　信頼できる　　　常に用心した　　　その他（記入　　　　　）　わからない
　　　と思う　　　　　方がよい　　　　　　　　　　　　　　　　　　　　　　　　(43)

問54　〔カード31〕　次のような意見がいくつかあります．ご自分の立場や個人的な感情を考えて，「賛成」「やや賛成」「やや反対」「反対」のいずれかで答えて下さい．
　a．まず，「たいていの人は，他人を助けるために多少の努力をすることができる」というのですが，あなたのお考えに近いのはどれですか．

（以下同様にb～eを聞く）	賛成	やや賛成	やや反対	反対	その他	わからない
a．たいていの人は，他人を助けるために多少の努力をすることができる	1	2	3	4	5	6
b．結びつきが強い地域社会に自分が属していると思う	1	2	3	4	5	6
c．今日，人は明日のことを心配しないでその日その日を生きざるを得ない	1	2	3	4	5	6
d．収入を得るための手段の方が，得られる収入よりも大切である	1	2	3	4	5	6
e．現代は，自分も含めて，人々は孤独で他人から切り離されていると感じることが多い	1	2	3	4	5	6

　　　　　　　　　　　　　　　　　　　　　　　　　　　　　　　(44)(45)(46)(47)(48)

問55　〔カード32〕　科学上の発見とその利用は，あなたの日常生活の改善に役だっていると思いますか．
　　　1　役だっている　　　　　　4　その他（記入　　　　　　　　　　　）
　　　2　少しは役だっている　　　5　わからない
　　　3　役だっていない　　　　　　　　　　　　　　　　　　　　　　　　　　(49)

問56　〔カード33〕　コンピュータがいろいろなところに使われるようになり，情報化社会などということが言われています．このような傾向が進むにつれて，日常生活の上で変わっていく面があると思います．あなたは，このような変化をどう思いますか．
　　　1　望ましいことである
　　　2　望ましいことではないが，避けられないことである
　　　3　困ったことであり，危険なことでもある
　　　4　そ　の　他（記入　　　　　　　　　　　　　　　　　　　　　　　　　）
　　　5　わからない　　　　　　　　　　　　　　　　　　　　　　　　　　　　　　(50)

問57 〔カード34〕 つぎに読み挙げる事柄についてあなたはどう思いますか.
　それぞれについて，この中からお答えください.　（a～cについてそれぞれ聞く）
　　a. 病気の中には近代医学とは別の方法で治療したほうがよいものもある.
　　　　1　全くそのとおりだと思う　　　　4　決してそうは思わない
　　　　2　そう思う　　　　　　　　　　　5　その他（記入　　　　　　　　　　）
　　　　3　そうは思わない　　　　　　　　6　わからない　　　　　　　　　　　(51)

　　b. 科学技術が発展すれば，いつかは人間の心の中までも解明できる.
　　　　1　全くそのとおりだと思う　　　　4　決してそうは思わない
　　　　2　そう思う　　　　　　　　　　　5　その他（記入　　　　　　　　　　）
　　　　3　そうは思わない　　　　　　　　6　わからない　　　　　　　　　　　(52)

　　c. 今日我々が直面している経済的，社会的問題のほとんどは科学技術の進歩により解決される.
　　　　1　全くそのとおりだと思う　　　　4　決してそうは思わない
　　　　2　そう思う　　　　　　　　　　　5　その他（記入　　　　　　　　　　）
　　　　3　そうは思わない　　　　　　　　6　わからない　　　　　　　　　　　(53)

問58 〔カード35〕 つぎに挙げることは今後25年の間に実現すると思いますか.
　それぞれについてこの中からお答えください.

	多分実現する	実現する可能性は低い	実現しない	その他	わからない
a.まず，「原子力廃棄物の安全な処理方法」についてはどうですか.	1	2	3	4	5
b.「ガンの治療方法の解明」についてはどうですか.	1	2	3	4	5
c.「老人性痴呆症（ぼけ）の治療方法の解明」についてはどうですか.	1	2	3	4	5
d.「宇宙ステーションでの生活」についてはどうですか.	1	2	3	4	5

　　　　　　　　　　　　　　　　　　　　　　　　　　　　　　(54) (55) (56) (57)

問59 〔カード36〕 エネルギーの節約について話題になることがしばしばあります.
　あなたご自身は，このことは重要な問題だと思いますか.
　　　　1　非常に重要である　　　　　　　4　重要ではない
　　　　2　重要である　　　　　　　　　　5　その他（記入　　　　　　　　　　）
　　　　3　あまり重要ではない　　　　　　6　わからない　　　　　　　　　　　(58)

問60 〔カード36〕 環境の保護は，あなたにとってどのくらい重要な問題ですか.
　　　　1　非常に重要である　　　　　　　4　重要ではない
　　　　2　重要である　　　　　　　　　　5　その他（記入　　　　　　　　　　）
　　　　3　あまり重要ではない　　　　　　6　わからない　　　　　　　　　　　(59)

問61 日本文化ときいて，まず思い浮かべることは何ですか.

（記入）　　　　　　　　　　　　　　　　　　　　　　　　9　わからない

　　　　　　　　　　　　　　　　　　　　　　　　　　　　　　(60)

問61b　そのほかいくつでもあげて下さい．
　　　　何かそのほかにありますか．

（記入）　　　　　　　　　　　　　　　　　　　　　9
　　　　　　　　　　　　　　　　　　　　　　　わからない
(61)

問62　宗教についておききしたいのですが，たとえば，あなたは，何か信仰とか信心とかを持っていますか．

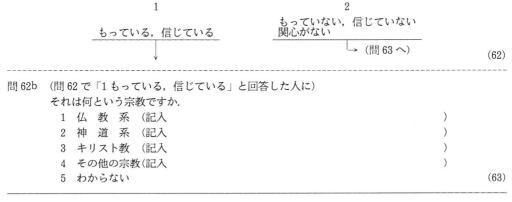
(62)

問62b　（問62で「1 もっている，信じている」と回答した人に）
　　　　それは何という宗教ですか．
　　　　1　仏　教　系（記入　　　　　　　　　　　　　　　）
　　　　2　神　道　系（記入　　　　　　　　　　　　　　　）
　　　　3　キリスト教（記入　　　　　　　　　　　　　　　）
　　　　4　その他の宗教（記入　　　　　　　　　　　　　　）
　　　　5　わからない
(63)

問63　それでは，いままでの宗教にはかかわりなく，「宗教的な心」というものを，大切だと思いますか，それとも大切だとは思いませんか．

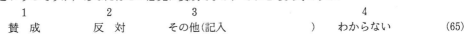
(64)

問64　宗教について，こんな意見があります．
　　　「宗教にはいろいろあり，それぞれ独自の教えを説いているが，そうした教えは，けっきょくは同じものだ」
　　　というのですが，あなたはこの意見に賛成ですか，それとも反対ですか．

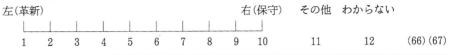
(65)

問65　〔カード37〕　政治の立場を明らかにするに当たって，世間ではよく「左（革新）」とか「右（保守）」とかいいますが，あなたはいかがですか．
　　　　この目盛りを使ってあなたの政治に対する考え方をお知らせ下さい．

　　　　左（革新）　　　　　　　　　　　　　右（保守）　その他　わからない
　　　　├──┼──┼──┼──┼──┼──┼──┼──┼──┤
　　　　1　2　3　4　5　6　7　8　9　10　　11　　12　　(66)(67)

問66　〔カード38〕　あなたは政治に関心がありますか．
　　　　1　非常に関心がある　　　　4　全く関心がない
　　　　2　まあ関心がある　　　　　5　その他（記入　　　　　　　）
　　　　3　あまり関心がない　　　　6　わからない
(68)

問67a 〔カード39〕 あなたは「民主主義」について，どう思いますか．
　　　このうち，あなたの意見に一番近いのはどれですか．
　　　　　1　よ　い　　　　　　　　　4　その他(記入　　　　　　　　)
　　　　　2　時と場合による　　　　　5　わからない
　　　　　3　よくない　　　　　　　　　　　　　　　　　　　　　　　(69)

　　b 〔カード39〕 では，「資本主義」についてはどうですか．
　　　　　1　よ　い　　　　　　　　　4　その他(記入　　　　　　　　)
　　　　　2　時と場合による　　　　　5　わからない
　　　　　3　よくない　　　　　　　　　　　　　　　　　　　　　　　(70)

　　c 〔カード39〕 では，「社会主義」についてはどうですか．
　　　　　1　よ　い　　　　　　　　　4　その他(記入　　　　　　　　)
　　　　　2　時と場合による　　　　　5　わからない
　　　　　3　よくない　　　　　　　　　　　　　　　　　　　　　　　(71)

　　d 〔カード39〕 では，「自由主義」についてはどうですか．
　　　　　1　よ　い　　　　　　　　　4　その他(記入　　　　　　　　)
　　　　　2　時と場合による　　　　　5　わからない
　　　　　3　よくない　　　　　　　　　　　　　　　　　　　　　　　(72)

　　e 〔カード39〕 では，「保守主義」についてはどうですか．
　　　　　1　よ　い　　　　　　　　　4　その他(記入　　　　　　　　)
　　　　　2　時と場合による　　　　　5　わからない
　　　　　3　よくない　　　　　　　　　　　　　　　　　　　　　　　(73)

問68 〔カード40〕 日本の民主政治の運営のしかたについてはどうですか．
　　　　　1　非常に満足　　　　　　　4　全く不満
　　　　　2　かなり満足　　　　　　　5　その他(記入　　　　　　　　)
　　　　　3　あまり満足していない　　6　わからない　　　　　　　　　(74)

問69 〔カード41〕 現在の日本で，裁判制度はよく機能していると思いますか．
　　　　　1　非常によく機能している　　4　全然よく機能していない
　　　　　2　かなりよく機能している　　5　その他(記入　　　　　　　)
　　　　　3　あまりよく機能していない　6　わからない　　　　　　　　(75)

問70 〔カード42〕 労働者と経営者の関係について，次のような二つの意見があります．
　　甲の意見 「労働者と経営者の利害は，全くあい反しているから，労働者と経営者はあくまで戦わ
　　　　　　　なければならない」
　　乙の意見 「会社がもうかれば労働者の賃金も上がるというように，労働者と経営者の利害は結局
　　　　　　　において一致するのだから労働者と経営者は協力しなければならない」
　　あなたは，このどちらの意見に賛成ですか．
　　　　　　1　　　　　　　2　　　　　　　3　　　　　　　　　　　　4
　　　　甲に賛成　　　　乙に賛成　　　その他(記入　　　　　　　)　わからない
　　　　(戦うべき)　　(協力すべき)　　　　　　　　　　　　　　　　　　　　(76)

問71 〔カード43〕 次にわれわれが住んでいる社会についての考え方が3つ挙げてあります．
あなたの意見に最も近いものを1つ選んでください．
  1 われわれの社会の仕組みは，革命によって根本的に変えなければならない
  2 われわれの社会は，改革によって徐々に変えていかなければならない
  3 われわれの現在の社会は，あらゆる破壊的勢力に対して断固防衛されなければならない
  4 そ の 他（記入　　　　　　　　　　　　　　　　　　　　　　　）
  5 わからない   (77)

問72 日本の社会は，根本的な改革を必要としていると思いますか．
  1 　　　　2 　　　　3 　　　　　　　　　　　　　　　4
  思　う　　思わない　その他（記入　　　　　　　）　わからない
  ↓　　　　　　　　　　└→（問73 へ）   (78)

問72b （思うと回答した人に）   (79)＝b
〔カード44〕 では，その変革は漸進的な改革がよいでしょうか，それと (80)＝2
も急激な改革がよいでしょうか．ぜんしんてき   （カード2）
  1 　　　　　2 　　　　　3 　　　　　　　　　　4   〈1〉〜〈7〉＝ID
  漸進的な改革　急激な改革　その他（記入　　　　）　わからない　〈8〉〜〈13〉＝b
  がよい　　　　がよい   〈14〉

問73 しいていえば，あなたは何党を支持しますか．
   1 自 民 党　　　5 共 産 党　　　8 支持政党なし
   2 社 会 党　　　6 社 民 連　　　9 わからない
   3 公 明 党　　　7 その他の政党
   4 民 社 党　　　　（記入　　　　　）
       ↓　　　　　　　　　　└→（問75 へ） 〈15〉

問74 （政党をあげたなら）あなたのお考えはその政党にどの程度近いでしょうか．
「非常に近い」「かなり近い」「非常に近いとはいえない」の三段階のうちどれにあたりますか．
  1 非常に近い　　　　　　4 その他（記入　　　　　　　　　　　）
  2 かなり近い　　　　　　5 わからない
  3 非常に近いとはいえない   〈16〉

問75 〔カード45〕 政党についてお伺いします．もし好意も反感も持たない時には50度としてください．もし好意的な気持ちがあれば，その強さに応じて50度から100度のどこかを指してください．また，もし好意を感じていなければ，やはりその強さに応じて0度から50度のどこかを指してください．

1番目は自民党です．自民党についてはどうですか．
（以下同様に聞く）

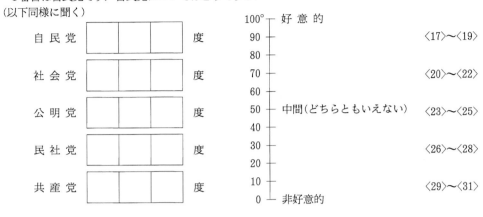

自民党　　□□　度　　　　　　　　　　　　　　　　〈17〉～〈19〉
社会党　　□□　度　　　　　　　　　　　　　　　　〈20〉～〈22〉
公明党　　□□　度　　　　　　　　　　　　　　　　〈23〉～〈25〉
民社党　　□□　度　　　　　　　　　　　　　　　　〈26〉～〈28〉
共産党　　□□　度　　　　　　　　　　　　　　　　〈29〉～〈31〉

〈フェース・シート〉　　　　　　　　　　　　　　　　〈32〉～〈35〉＝b

ご意見をおうかがいするのはこれで終わりですが，この結果を統計的に分析するために，あなたご自身やご家族のことについて少しおたずねします．

F1 〔性　　別〕

　　　　　　1　　　　　　2
　　　　　　男　　　　　　女　　　　　　　　　　　　　　〈36〉

F2 〔年　　齢〕　あなたのお年は満でおいくつですか．　記入 □□ 歳　〈37〉〈38〉
　　　　　　　　　　　　　　　　　　　　　　　　　　　　　　　　〈39〉〈40〉
　　1　18～19歳　　5　35～39歳　　9　55～59歳
　　2　20～24歳　　6　40～44歳　　10　60～64歳
　　3　25～29歳　　7　45～49歳　　11　65～69歳
　　4　30～34歳　　8　50～54歳　　12　70歳以上

F3 〔学　　歴〕〔カード46〕 あなたが最後に卒業された学校はどちらですか．
　　　　　　　（中途・在学中は卒業とみなす）
　　　1　　　　　2　　　　　　　3　　　　　　　4　　　　　　　5
　　小　卒　　旧高小・新中卒　旧中・新高卒　旧高専・大・新大卒　不　明　〈41〉

「生活と文化に関する世論調査」 353

F4 〔本人職業〕 あなたのご職業は何ですか.
　　　　　　　（具体的に記入して下の該当する項目に○をつける）

```
          自 営 者        被 傭 者         家族従業者          無 職
         ┌──┬──┬──┐┌──┬──┬──┬──┐┌──┬──┬──┐┌──┬──┬──┐
          1  2  3    4  5  6  7    8  9  10   11 12 13
          農  商  自    管  専  事  労    農  商  自    無  学  そ
          林  工  由    理  門  務  務    林  工  由    職  生  の
          漁  サ  業    職  ・  職  職    漁  サ  業    の       他
          業  ー          技              業  ー          主       の
              ビ          術                  ビ          婦       無
              ス          職                  ス                   職
              業                              業
```
　　　　　　　　　　　　　　　　　　　　　　　　　　　　　　〈42〉〈43〉

F4a 〔労働組合加入〕 （F4で被傭者に）あなたは, 現在, 労働組合に入っていますか.
　　　　　　　　　　　　1　　　　　　　　　　　　2
　　　　　　　　　　　入っている　　　　　　　　入っていない　　　　　　　〈44〉

F5 〔家族人数〕 ご家族は, あなたも含めて, 何人ですか.（使用人は含めない）
　　　　　1　　　2　　　3　　　4　　　5　　　6　　　7
　　　　1人　　2人　　3人　　4人　　5人　　6人　　7人以上　　〈45〉

F6 〔世帯構成〕〔カード47〕 お宅のご家族は, このように分類した場合どれにあたりますか.
　　　　1　1人世帯　　　　　　　　　4　3世代世帯（親と子と孫）
　　　　2　1世代世帯（夫婦だけ）　　5　その他の世帯（祖父母と孫）
　　　　3　2世代世帯（親と子）　　　6　その他の世帯（　　　　　）　〈46〉

F7 〔世帯内の地位〕 あなたと世帯主との関係をお聞きしたいのですが……．
　　　　　　　　　主としてお宅の生活を支えていらっしゃるのはあなたですか, ほかのかたですか.
　　　　　　　　1　　　　　　　　　　　　　　　2
　　　　　対象者本人（実質上の世帯主）　　　対象者本人以外
　　　　　　　　↳（F9へ）　　　　　　　　　　　　↓　　　　〈47〉

F8 〔世帯主職業〕 （主として）お宅の家計を支えている方のご職業は何ですか.
　　　　　　　（具体的に記入して下の該当する項目に○をつける）

```
          自 営 者              被 傭 者
         ┌──┬──┬──┐┌──┬──┬──┬──┐
          1  2  3    4  5  6  7      8
          農  商  自    管  専  事  労      無
          林  工  由    理  門  務  務
          漁  サ  業    職  ・  職  職
          業  ー          技                  職
              ビ          術
              ス          職
              業
```
　　　　　　　　　　　　　　　　　　　　　　　　　　　〈48〉

F9 〔家事担当者〕 家計のきりもりをしているのはあなたですか，ほかのかたですか．
　　　　　　　　1　　　　　　　　　　　　　　　2
　　　　　　対象者本人(家事担当者)　　　　　対象者本人以外　　　　　　　　　〈49〉

F10 〔本人収入〕〔カード48〕 あなたご自身の収入は，去年1年間で，およそどれくらいになりましたか．この中ではどうでしょうか．ボーナスも含め，税込みでお答え下さい．
　　1 200万円未満　　　　　　　　6 1,000万円～1,500万円未満
　　2 200万円～400万円未満　　　 7 1,500万円～2,000万円未満
　　3 400万円～600万円未満　　　 8 2,000万円以上
　　4 600万円～800万円未満　　　 9 収入なし
　　5 800万円～1,000万円未満　　10 わからない　　　　　　　　　　　〈50〉

F11 〔世帯収入〕〔カード49〕 では，お宅の収入は，ご家族全部あわせて，去年1年間でおよそどれくらいになりましたか．この中ではどうでしょうか．ボーナスも含め，税込みでお答え下さい．
　　1 200万円未満　　　　　　　　6 1,000万円～1,500万円未満
　　2 200万円～400万円未満　　　 7 1,500万円～2,000万円未満
　　3 400万円～600万円未満　　　 8 2,000万円以上
　　4 600万円～800万円未満　　　 9 わからない
　　5 800万円～1,000万円未満　　　　　　　　　　　　　　　　　　　　〈51〉

F12 〔住宅の所有形態〕〔カード50〕 お住まいはこのようにわけると，どれにあたりますか．
　　1 持 ち 家
　　2 都道府県・市区町村営の賃貸住宅
　　3 住宅・都市整備公団・供給公社等の賃貸住宅
　　4 民営の借家または賃貸アパート
　　5 給与住宅(社宅・公務員住宅など)
　　6 住宅に間借り
　　7 会社等の独身寮・寄宿舎
　　8 そ の 他　　　　　　　　　　　　　　　　　　　　　　　　　　　〈52〉

F13 〔乗用車所有〕 お宅では自家用乗用車をお持ちですか．
　　　　　　　　1　　　　　　　　　　　　　　　2
　　　　　　持っている　　　　　　　　　　持っていない　　　　　　　　　　〈53〉

(どうも長い間ありがとうございました．)

〔調査員記入欄〕

F14 全般的な，調査に対する回答者の態度：
　　1 興味深げで，協力的　　　　　　3 落ち着かず，いらいらしている様子　〈54〉
　　2 協力的だが，とくに興味はなさそう　4 非協力的

F15 全体として，回答者は，質問の内容がわかったようであったか．
　　1 よくわかっているようだ　　　　4 その他　　　　　　　　　　　　　〈55〉
　　2 大体のところはわかっているようだ　　(記入　　　　　　　　　　)
　　3 あまりよくわかっていないようだ　5 わからない

〈56〉～〈79〉＝b
〈80〉＝3
(カード3)

第VI部　総　　括

　国際比較調査の企画から調査データの解析までを素材にして，社会調査の方法論の基礎を述べてきた．ここで意図したことは，次のようなことであった．一般に，人が社会の現象について何らかの情報を得ようとするとき，そのために最善と思われる道具立てをして情報を収集し，得られたデータを解析する．

　すなわち，基礎的な接近方法は，既知の論理による(調査票・質問文の作成，調査対象の選定などの)測定方法を用いてデータ収集をはかり，そのデータを解析することになる．しかし，このとき，対象となる社会の現象は本来未知のものであるから，未知のものと既知の論理とがかみ合わず，試行錯誤を繰り返し，ある仮説からのデータ収集を行ない，そのデータ解析を経て，次の新しい仮説に進み，今度はこの仮説によるデータ収集を行ない，このデータ解析に進む．このような過程を経て，さらに次の新しい仮説に進む，などの過程により，蓄積されてきたデータ(情報)が体系化されて，未知の領域が徐々に既知のものとなってくるような接近方法が必要なはずである．

　ところが，身近な社会の現象は，過去における経験も豊富であり，日常生活の上で四六時中，個別的に試行錯誤を繰り返している領域が含まれているので，一定水準の測定手法を用いてデータを収集した結果を解析すれば事が足りると思われていたわけである．とくに，社会全体が例えば，経済成長とか産業化あるいは近代化という一定の目標をもって進んでいるとき，その中での現象解析は，質的な変化より量的な変化の大きさに目をうばわれがちであり，この面からの解析が主になるので，既存の論理に対する反省の生じる余地がなく，さらに幸いなことに，現象解析の上で誤ることが少なかった．したがって，調査法上からいえば，既知の手法が確立されてきた形になり，どのような社会の現象も，この方法で進めばよいという気になっていた．

　しかし，1970年代後半に入り社会の方向が一定の目標に対して進むという形にならないようになると，日常的なことも，個人の経験でははかり知れない現象が多くなり，"不確定性の時代"などという言葉が生まれもしたが，本来，社会の現象は経験によりよくわかっているつもりであっても，我々の論理をこえたところのものであり，我々はそのごく一部をとらえているに過ぎないものである．

　社会調査の方法は，個人的な経験との対比で考えれば，個人では体験することのできない拡がりと一定のシステムと水準を持ったもので，いわば対象となる物を地上でみるのと人工衛星上か

らみるのとのちがいがあるが，基本的には既知の論理により，未知の社会現象に対して何らかの情報を得ることができるだけであるから，社会の現象の動きが，上に述べたように既定の路線を走らなくなるにつれて，未知なる部分があらわに示され，データ解析もままならず，現象解析が行きづまりをみせ，複雑・多様化してきたと表現する以外に手がなくなっていたといえる．これらのことは，本来，社会の現象のあり方と我々の経験・論理のあり方との関係をみれば，いつの時点でも同じであるが，国内における社会調査を行なっている限りでは，なかなかこのことに気がつかないのである．ところが，国際比較研究について考えてみると，我々の社会における既知の論理が，他の社会においては目に見えて通じなくなることが実感されてくる．

これは，社会の現象が本来未知のものであり，我々の論理による測定方法がデータ収集を通してたえず修正され，情報の蓄積と体系化を通して改良されて，よりよい方法となっていく過程を踏まなければ，社会調査の方法により社会の現象を実証的に研究することはできないということを，あらためて思い知らせてくれる．

これまでに本書で述べてきたことは，本来未知のものとして取り扱わなければならない社会の現象の実証的研究に対する，我々の側の対応であった．少なくとも社会の現象の実証的研究を進める上で，取らなければならないと考えられる過程を，一つ一つ石橋をたたいて渡るようにして取ってきた接近方法の一つの例示である．このような接近方法の一つの大きな特徴は，蓄積されてきた情報およびその体系化が，さらに新しい次の接近方法の原動力となるという発展的過程をとることである．その一つの具体例は，第III部第7章で一部を述べたように，

①日本およびハワイにおける経年調査データによる，動態的な比較研究

および

②日本とフランスとの生活の質，くらし方に関する意識の国際共同研究

等の一歩進んだ国際比較研究である．

第V部の研究に先立つ諸研究により，比較に用いる質問文を精選・吟味し，測定方法について同等性を確保することや，比較に関する仮説を精密化することに多大の労力をつぎこむことが基本であるが，これだけでは十分ではなく，より根本的には柔軟な仮説を採用し，共通理解の得やすい質問項目を作成し，それぞれの社会で利用される度数の高い，性質のよく分っている項目と合わせて調査にとりあげる方策（連鎖的調査の一形式）が，得られる情報量が豊かになり体系化もしやすく，より有効な接近方法となり得る可能性が高くなる，などのことがわかってきた．そこで，これを土台として研究をさらに発展させた．

それは，1986年からはじまった，日本，アメリカ，イギリス，（西）ドイツ，およびフランス5ヵ国の比較研究である．これまでの国際比較研究の過程から生まれた新しい方法である「連鎖的比較調査分析法」を，調査企画の段階から適用したはじめての研究である．すなわち，調査対

象社会の選択における鎖，および質問項目の選択に当って，比較対象社会に共通の項目と，比較対象社会のそれぞれにおける固有の発想を重視する項目とをくみ入れて質問項目の鎖を作成している．この研究では1992年にはイタリア，1993年にオランダの調査を実施し，これにハワイ日系人，ブラジル日系人の調査結果を加えている．

これが今回の改訂版で新しく第Ⅴ部において，

③「連鎖的比較調査分析法」による7ヵ国の国民性の比較研究

として示したものである．

この研究では，質問項目の選択，調査票の構成に当り，比較対象社会における時間的連鎖をも考察できるようにしてある．したがって，調査から得られたものが，時間的・空間的に拡がりをもって考察されることになる．

「連鎖的比較調査分析法」は諸国の国民性を考えるとき，対象社会の人びとの"ものの考え方"について，これを共通部分と固有部分とに仕分けして偏りなく記述するのに有効な方法であることが，第Ⅴ部の分析により明らかとなってきた．

これらの調査につづいて，目下，次のような研究が進行中である．

①A. インケルス教授等との日米国民性に関する国際共同研究：

これは国民性の考え方に関する理論的側面の考察と経験的側面の考察とを合わせて，これまでの日米両者の研究を総合して，日本・アメリカの青少年の"ものの考え方"について検討する研究である．

②ドイツ・ケルン大学のE. ショイヒ教授等との日独比較研究：

これは，日本人とドイツ人の"ものの考え方"について，より一層ほり下げた比較を意図した研究である．

③米本土における日系人の共同研究：

これは，シアトル・ワシントン大学のS. フランク・ミヤモト教授等との共同研究で，日系人の"ものの考え方"を通して日本人の特質をみると共に，ハワイ，ブラジル日系人調査との連鎖を視野に入れた研究である．

このように，データが蓄積され，それから得られた情報が体系化されてくると，それに基づく新しい仮説から，次の調査計画が進展するという経過をたどる……

という形が，我々の研究のあり方となっている．

さらに測定方法の面からみると，中間的回答に対するデータ解析の進展に伴い，質問方法の改良——例えば，回答を賛成・反対という二分法的にとるのではなく，4：6で賛成か7：3で賛成かという形式でとる，あるいは，Aという事柄に賛成か反対かを質問するとき，このような事柄を全く考えていなかったかどうかを合わせて質問して結果を分析する——なども進められてい

る[1].

　また，全体的にみて国際比較研究の進展に伴い，比較調査データの蓄積が進みはじめている．先に述べた接近方法による情報の蓄積および体系化を踏まえて，新しい視点からの既存データの二次分析が実行できることも，我々の接近方法の一つの特徴としてあげることができる（この一部については第III部に実例を示してある）．さらに，例えば，調査票にとり入れた質問項目のあり方によって回答が影響を受ける，いわゆる「質問項目の選択，質問の順や文脈，前後関係による影響(context effects)」の研究も比較調査結果の分析・検討には欠かすことができないことが分かってきた[2]．

　「社会調査の方法は社会の現象を実証的に研究する一つの有力な手法である」と社会調査法の本の冒頭によく書かれている．その通りに違いないが，生きた社会の現象を相手にする情報収集の手法，あるいは測定手法としての社会調査の方法となると，本書のはじめにも述べた通り，自ら作った仮説を検証しようという考え方一本槍で進むべきでなく，既存の技法も硬直的に考えるべきものではなく，調査をすればすぐ社会の現象が解明されるような実証的研究ができあがるというものでもないから，ただし書きがつく．すなわち，最善の調査方法に基づく情報収集と，その蓄積をはかり，可能な限りのデータ解析の手法によって情報を整理・体系化し，我々の共通の知識――既知の領域――を拡げる方向で研究を進める接近方法をとって，はじめて，社会調査の方法は社会の現象を〈科学的〉に研究する方法となる．この方法による情報の蓄積と，その体系化が進めば，社会の現象を我々は，より一層よく知ることが可能になるだろう．

　本書で述べることができなかった調査法上の問題も数多い．とくに標本企画法上の問題，測定技法上の問題は，基本的な技法とともに実際の社会に対してそれをどのように適用するか，などの応用上の諸点をふくめ，ごく一部分しかふれられなかった[1]．しかし，これらの点は国際比較に特有の問題というよりも調査法の基本的な問題であり，技法自体はあらためて取りあげるまでもないと考えたので，ここではあえてふれず，分析の視点を〈収集する情報の質〉および〈情報の整理・体系化〉におき，具体的なデータ解析のあり方を通じて社会調査による現象解析への接近法を述べることにした．このように，社会調査法の観点からするとすべてを尽していない面もあるが，従来の研究（書物）で大きく欠けていた「社会調査法を，社会の現象の研究方法と考えたときのあり方」を具体的に示したものであり，調査技法を利用する上での心がまえ，基本的考え方を述べたものである．

　この基礎にあるのは，繰り返しになるが，「データの科学」の考え方，すなわち，どのようにデータをとる計画を立て，どのようにデータを収集するか，どのようにデータを分析するか，ということであり，いわば「データに語らせる」という考え方である．

最後に，最近の国際比較調査の現状と我々の行なっている研究との関連性を述べる．

ここで最近の国際比較調査の現状を簡単にまとめておく．今までに各方面で実施されている国際比較調査は大別すれば次のような二つのタイプになる．第一のタイプは，第III部第1章§2でとりあげた13ヵ国価値観調査あるいはヨーロッパ9ヵ国価値観調査[3]のように，多数の国を同時にとりあげ，共通質問項目を利用して一斉に調査を実施するタイプの国際比較調査である．これは，国際比較調査の経験が豊かな国際的調査機関の連合組織を媒介として，調査を企画した組織が統一のとれた調査を実施できるところに特徴がある．わが国では，例えば，総理府青少年対策本部が実施した「世界青年意識調査」[4]（昭和47年〔1972年〕，昭和52年〔1977年〕，昭和58年〔1983年〕，昭和63年〔1988年〕，および平成5年〔1993年〕，11ヵ国，18〜24歳の男女を対象），「児童の実態等に関する国際比較調査」[5]（1979年，6ヵ国，10〜15歳までの者およびその母親），および，「青少年と家庭に関する国際比較調査」[6]（1981年，6ヵ国，15歳以下の子供を持つ父親または母親）の他，内閣総理大臣官房老人対策室の実施した「老人の生活と意識に関する国際比較調査」[7]（1981年，1986年，1990年，5ヵ国，60歳以上の男女）等がある．

諸外国では，例えば，ヨーロッパ共同体（EC）諸国の実施している，EC加盟各国の共通調査[8]がある．これは現在EU加盟15ヵ国の共通調査になっている．東欧諸国，旧ソ連の各共和国等の共通調査も実施されている．

また，前記のヨーロッパ9ヵ国調査はその後参加国が増え日本を含め13ヵ国になり，1989〜1992年の第2回調査には37ヵ国が参加した．アジアから韓国，中国，またアフリカ，中南米，中近東諸国も参加している．第3回は1995/96年に実施され，40ヵ国以上が参加している．

今一つは，それぞれの国の研究組織（あるいは研究者）が，それぞれ自分の国における継続調査を実施してきたという実績と経験，あるいはそれまでに積み重ねてきた研究交流の蓄積を基礎にし，相互に協力して比較研究に進むタイプの国際比較研究である．これは，それぞれの国で実施されてきた継続調査が，日常生活の基礎に関する調査項目を多数共有するような場合には，国際比較研究を効果的に実施できるところに特徴がある[9]といえる．

前者のタイプの比較研究は，特定主題に関する多数社会相互の位置付けをみるという観点から今後も各方面で実施される可能性が高いと思われる．

一方，後者のタイプの比較研究は，各社会における研究成果の蓄積が進めば進むほど，国際的な共同研究を実施する環境がよくなり，今後の比較研究のあり方の一つの典型になると考えられる．これは，各社会それぞれの日常生活における"ものの考え方"には基本的なところではそれほど大きな違いはないという基礎的認識の上に立って比較研究を進めるという考え方であり，差異と同時に共通性についても十分に配慮した調査計画になる可能性が高いと期待されるからである．この一つとして，イギリス，ドイツ，フランスおよびアメリカの共同研究の計画がある．こ

れは，それぞれの国で実施している「一般社会調査」[10]に各国が共通項目をつけ加えて，各国相互の比較研究を進めようという計画である．

この計画は1984年に具体化され，現在では日本，アメリカ，カナダ，オーストラリア，西欧諸国に東欧諸国までを含む23ヵ国の共通調査(ISSP 国際社会調査計画)となっている[11]．

ところで，第一のタイプは，本書でとりあげた諸方法論からみたように，時に大きな誤解をもたらす可能性もあるが，比較されるべき社会が，同種のものであり，同じ"考えの筋道(思考形態)"があり，かつ質問文の翻訳が無理なく行なわれるならば，情報ある結果を示すことになろう．このあたり表面的な検討は別として，突込んだ方法論上の検討をデータに基づいてした上でないと，調査結果から結論を焦ることは危険である．一見華々しく見えるため，今日至る所で行なわれているが，これに目を奪われることなく，方法上の問題点をよく注意して考えなければならない．本書の第III部で示したように，それほど方法に注意を払っていなくても大局はいい当てているが，「細かい個々の論議は問題である」ということが多いのではないかと思っている．

後者の第二のタイプは，着実で深いところがあるが，比較すべき対象は狭く，これを拡大するのに時間がかかる．一般の人からみると地味な結末になっているが，この方法に基づくものは，調査結果のパーセントに意味があるのではなく，むしろ，データに基づくこうした(本書で述べたような)探索的な過程のうちに，国際比較の目的にふさわしい情報が得られてくるというところに特徴があるものである．煮え切らないように見えながらこの中に深い知見がかくされているのである．

本書で述べた方法のみが最適という積りはない．我々の方法は，この後者のタイプに親近感をもつといえる．しかし，「データの科学」の考え方で示したように，データを分析するとき，常に大局を見失わないようにするため，総合的にものを見，まず大局的構造をとらえた上で，個々の多様性を表現する，次にこの一段上での多様性の構造化を考え，足りないときは常に原点に立戻り，新しいデータ収集をはかるというダイナミックなプロセスを考えている．この観点から現在行なわれている二つの方法を合わせて，三者互いに相補的なものと考え，深く考えて，それぞれの特色を意識的に位置付けて活用することが大事なことであるので，最後に締めくくりとしたい．

1) 林知己夫(1996)，『日本らしさの構造』東洋経済新報社，および林知己夫(1984)，『調査の科学』(講談社，ブルーバックス)にその一部が書いてある．
2) 鈴木達三(1995)，「調査法に関する一考察——質問の順や文脈，前後関係による影響(context effects)——」*ESTRELA*, No. 16, pp. 8-15, および Kalton, G. and H. Schuman(1982), The Effect of the Question on Survey Responses : A Review, *Journal of the Royal Statistical Society*, A. 145, Part 1, pp. 42-73, Schuman, H.(1991), Context Effects : State of the Past / State of the Art, in Norbert Schwarz and Seymour Sudman (eds.), *Context Effects in Social and Psychological*

Research, Springer-Verlag, Chapter 2, pp. 5-20 を参照.
3) L'étude sur les neuf pays d'Europe occidentale, a été réalisée par le European Value Systems Study Group. これに関する研究報告は, 例えば, Stoetzel, J.(1983), *Les valeurs du temps présent : une enquête européenne*, Presse Universitaires de France, Paris.
4) 総理府青少年対策本部編(1973),『世界青年意識調査報告書』(速報編), 昭和48年7月, 596頁. 総理府青少年対策本部編(1978),『世界青年意識調査(第2回)結果報告書』(中間報告), 昭和53年7月, 164頁. Youth Bureau, Prime Minister's Office of Japan(1978), *The Youth of the World and Japan*, Youth Bureau, Prime Minister's Office. 総理府青少年対策本部編(1984),『世界青年意識調査(第3回)細分析報告書』, 昭和59年2月, 400頁.
5) 総理府青少年対策本部編(1980), 国際比較『日本の子供と母親』大蔵省印刷局, 235頁.
6) 総理府青少年対策本部編(1982), 国際比較『青少年と家庭』大蔵省印刷局, 520頁.
7) 内閣総理大臣官房老人対策室編(1982),『老人の生活と意識』大蔵省印刷局, 559頁.
8) 各種調査の報告書が, Commission of the European Communities から出版されている. 最近のものは, 例えば, "European Women and Men in 1983" (1983), また, "Europeans and Aid to Development", European Consortium for Agricultural Development (1984). 定期調査は毎年2回5月, 11月 Eurobarometer として発表されている.
9) 例えば, 日常生活に密接に関連している, "生活の質"に関する比較調査, あるいは "生活時間調査" に関する国際共同研究などがこれに入るであろう.
   Szalai, Alexander and Andrews, Frank M. (eds.) (1980), *The Quality of Life, Comparative Studies*, Sage Publications, California.
   Szalai, Alexander (ed.) (1972), *The Use of Time*, Mouton, The Hague, Paris.
10) 各国の一般社会調査について, イギリスでは, SCPR (Social and Community Planning Research) の実施している「イギリスの社会的態度調査」がある. 最近の報告書は, Jowell, R. and Airey, C. (eds.) (1984), *British Social Attitudes, the 1984 report*, Gower, Hants, England.
    ドイツでは, Mannheim にある ZUMA (Zentrum für Umfragen, Methoden und Analysen) とケルン大学のデータセンター (Zentralarchiv für empirische Sozialforschung an der Universität zu Köln) が全国の社会学者と協力して, ALLBUS (Allgemeine Bevölkerungsumfrage der Sozialwissenschaften; 一般社会科学)調査を1980年から2年ごとに実施している. 調査データの詳細について, 例えば, ALLBUS 1980 のデータのコードブックはケルン大学データセンターの "Codebuch mit Methodenbericht und Vergleichsdaten. ZA-Nr. 1000", Lepsius, M. Rainer, Erwin K. Scheuch, Rolf Ziegler (1982) がある.
    アメリカでは, "National Data Program for the Social Sciences" 計画によって, シカゴ大学の NORC (National Opinion Research Center, University of Chicago) が1972年から毎年実施している一般社会調査 (General Social Surveys) がこれに相当する. この調査計画が手本となって, イギリス, ドイツの調査が企画された. 調査データは, Connecticut 大学のローパー・センターから出ている. 例えば, "National Data Program for the Social Sciences, Cumulative Codebook for the 1972-1977 General Social Surveys (1977), Davis, James A., Tom W. Smith, C. B. Stephenson. National Opinion Research Center, University of Chicago.
    最近のものは, Davis, James A. and Smith, Tom W. (1984), *General social surveys, 1972-1984 : Cumulative code book*, National Opinion Research Center, University of Chicago, p. 483. コードブックは毎年更新されている.
    フランスでは第III部第7章でとり上げた CREDOC の調査が, これに相当するであろう. 1982年調査は, "Situation et perception des conditions de vie et qualité de la vie des Français" であり, 毎年実施されている. 報告書は CREDOC (Centre de Recherche pour l'étude et l'observation des conditions de vie) から出ている.
11) NHK 放送世論調査所編(1996),『世論調査事典』の p. 235「国際比較調査例」参照. また, Rolf Uher (1993), Archiving Rules, *Archiving Data and Documentation of the International Social Survey Programme at the Zentralarchiv.*, Zentralarchiv für empirische Sozialforschung an der Universität zu Köln, April 1993.

あ と が き

　ここで行なわれた多くの調査は，二人だけで行なったのではなく，多くの方々との共同研究になるものである．また，調査実施・分析に関し，多くの方面から多大の研究費をいただき，ご援助を受けた．深く感謝の意を表するものである．

日本人の国民性調査	1953年〜1993年，9回，統計数理研究所国民性調査委員会，文部省科学研究費および統計数理研究所特別事業費による．
ハワイ調査	上記メンバーの一部と，ハワイ大学・黒田安昌氏，文部省海外学術調査費，および，日本学術振興会国際共同研究事業費による．
アメリカ調査	上記国民性調査委員会の一部，トヨタ財団研究助成費による．
東南アジア調査	東京工大・穐山貞登グループとの共同研究，文部省科学研究費特定研究，「東アジアおよび東南アジア地域における文化摩擦の研究」による．
フィリピン調査	東京工大・穐山貞登グループとの共同研究，文部省科学研究費特定研究，「国際環境に関する基礎的研究」による．
フランス調査	CREDOC・L. ルバール氏との共同研究，日本学術振興会国際交流事業費による．

本書旧版刊行後に実施した共同研究は以下の通りである．

日本・アメリカ・イギリス・フランス・西ドイツ5ヵ国調査	意識の国際比較方法論研究委員会，1986年〜1991年．文部省科学研究費補助金特別推進研究，「意識の国際比較方法論の研究」による．
イタリア・オランダ調査	同上委員会，1992年〜1994年，文部省科学研究費補助金試験研究，「意識の国際比較における連鎖的調査分析方法の実用化に関する研究」による．
ブラジル日系人調査	ブラジル日系人意識調査研究委員会，1991年〜1992年，前記委員会の一部と水野坦氏およびサンパウロ人文科学研究所・山本勝造氏・河合武夫氏・脇坂勝則氏・宮尾進氏・森幸一氏との共同研究，笹川平和財団研究助成費による．
ハワイ・ホノルル市民調査	前記委員会の一部と，ハワイ大学・黒田安昌氏，文部省科学研究費補助金国際学術研究による．

なお，本書の核心をなす部分のうち，第III部に示したものは，トヨタ財団の研究助成による研究において報告されたものである．第V部は，主として文部省科学研究費補助金特別推進研究，試験研究等の助成に基づくものである．

また，比較研究に利用した国民性調査の質問文に関する翻訳には，多年にわたりR. P. ドーア教授および西山千氏のご協力を得ている．ここに記して深く感謝の意を表するものである．

■岩波オンデマンドブックス■

社会調査と数量化 増補版
——国際比較におけるデータの科学

	1997年7月16日　第1刷発行
	2014年1月10日　オンデマンド版発行
著　者	林知己夫　鈴木達三
	はやしちきお　すずきたつぞう
発行者	岡本　厚
発行所	株式会社　岩波書店
	〒101-8002　東京都千代田区一ツ橋2-5-5
	電話案内　03-5210-4000
	http://www.iwanami.co.jp/
印刷／製本・法令印刷	

© 林玲子, Tatsuzo Suzuki 2014
ISBN978-4-00-730086-8　Printed in Japan